유고(1869년 가을~1872년 가을)

니체전집
KGW III 3

4

유고(1869년 가을~1872년 가을)

아이스킬로스, 소포클레스, 에우리피데스에 대하여 외

Nachgelassene Fragmente Herbst 1869 bis Herbst 1872

최상욱 옮김

책세상

일러두기

1. 이 책은 독일에서 출간된 《니체전집*Nietzsche Werke, Kritische Gesamtausgabe,* vol. VIII 2(Walter de Gruyter Verlag, 1970)》을 완역했다.
2. 주요 인명은 처음 1회에 한하여 원어를 병기했다.
3. 옮긴이주는 1), 2)로, 원저 편집자주는 (1), (2)로 표기하여 미주로 처리했다.
4. 본문과 미주에 나오는 단행본과 잡지, 음반은 《 》로, 단편, 음악 · 미술 작품은 〈 〉로 표시했고, 인용문은 " "로, 강조 문구는 ' '로 표시했다.
5. 니체 자필 원고에서 보이는 완벽하지 않은 구두법, 예를 들어 구두점이 없거나 괄호가 한쪽이 빠진 것은 그대로 살렸으며, 그침표(:)는 살리고 머무름표(;)는 가능한 한 마침표(.)로 바꾸었다. 문장이 완결되지 않은 경우는 원고 그대로 ― ― ―로 표시했으며, 글의 맥락상 역자가 숨겨진 의미를 드러내는 경우에는 { }로 표기했다.
6. 원서에서 자간을 벌려 표기되어 있는 부분은 고딕체로, 원서에서 굵은 서체로 되어 있는 부분은 굵은 서체로 표기했다.
7. 맞춤법과 외래어 표기는 1989년 3월 1일부터 시행된 〈한글 맞춤법 규정〉과 《문교부 편수 자료》에 따랐다.

차 례

[1= P II 1b. 1869년 가을]

1 [1]

오늘날 아이스킬로스, 소포클레스, 에우리피데스에 대하여 말하
거나 듣는 사람은, 무의식적으로 그들을 우선 시인으로 생각한다. 왜
냐하면 그는 원서든, 번역서든 책을 통해 그들을 알게 되었기 때문이
다. 그러나 이것은 마치 어떤 사람이 〈탄호이저〉에 대하여 말할 때,
그 책 외에 더 이상 아무것도 생각하지 않고, 이해하지 않는 것과 같
다. 따라서 앞의 세 명은 가극 각본 작가가 아니라, 오페라 작곡가로
불려야 한다. 그렇지만 나는 내가 여러분에게 '오페라'라는 단어로
어떤 풍자화를 안겨주는 것일 수도 있음을 잘 안다 : 여러분 중 단 몇
명만이 우선 그것을 인정할지라도. 하지만 나는 여러분이 결국엔 고
대 음악드라마에 비하면 오페라가 그저 풍자화에 불과하다고 확신
한다면 그것에 만족한다.

그 근원이 이미 특징을 드러내고 있다. 오페라는 감각적인 본보
기 없이, 어떤 추상적 이론에 따라, 의도적으로, 고대 드라마의 효과
를 얻으려는 목적에서 생겨났다. 따라서 오페라는 인조인간 호문쿨
루스이며, 실제로 우리의 음악사에서 악의를 지닌 요괴이다. 이는 고
대적인 것을 직접 모방하는 것이 해를 끼칠 수 있다는 경고의 예이
다. 이렇게 부자연스러운 실험을 통해 무의식적이고 국민의 체험에
서 우러나온 예술의 뿌리는 절단되거나, 적어도 심하게 훼손된다. 프
랑스 비극이 그 예인데, 이것은 처음부터 학문적 소산이며, 비극적인

것의 정수를 아주 순수하게, 개념적인 추상성 안에서 유지할 수밖에 없다. 독일에서도 드라마의 자연스러운 뿌리인 사육제극은 종교개혁 이후 소멸되었다 : 고전주의 시대에 이를 때까지, 그리고 이것을 포함하여, 순수하게 학문적인 방법으로 새로운 창작이 시도되었다.

5 동시에 우리는 여기서 실러와 괴테의 드라마와 같은 왜곡되고 부자연스럽게 발생한 예술 장르에서도, 독일인과 같은 강인한 천재가 스스로 길을 개척한다는 사실에 대한 증거를 가지고 있다 : 똑같은 것이 오페라의 역사에서도 인식된다. 만약 심연 안에 잠들어 있는 힘이 진정으로 전능하다면, 그 힘은 마찬가지로 낯선 혼합도 극복한다 :

10 자연은 가장 괴롭고 때로는 자신을 찢어 헤치는 투쟁에서 물론 매우 늦게 승리한다. 만약 그런 조건에서 모든 현대 예술이 종종 붕괴되고, 느리지만 헤매면서 전진하는, 매우 무거운 갑옷이 무엇인지에 대해 간단히 서술하고자 한다면, 그것은 바로 학문성, 의식적인 앎, 너무 많이 아는 것이다. 그리스인에게 있어 드라마는 민족의 욕구에 대

15 한 이해하기 어려운 표현에서 유래한다 : 그러한 열광적인 디오니소스 축제에는 정도의 탈자-존재, 즉 황홀경이 지배하여, 인간은 스스로 변화된 자와 마술에 걸린 자로 행동하며 그렇게 느낀다 : 독일 민족의 생활에서도 그다지 생소하지 않은, 그러한 상태는 단지 꽃으로 피어나지 않았다는 것이다 : 적어도 나는 섬뜩할 정도로 점차 커져

20 가는 집단 안에서 춤추고 노래하며 이 마을에서 저 마을로 돌아다니는, 성 요한 축제의 춤과 무도병에서 바로 그러한 디오니소스적인 열광적 행동을 본다. 설령 오늘날 의학에서 그 현상을 중세의 국민적 유행병이라고 말한다 하더라도 바로 그러한 국민적 유행에서 고대 음악 드라마가 만발했다 : 그리고 현대 예술은 그러한 비밀스러운

원천에서 나오지 못했다는 점에서 불행하다.

1 [2]

　　그러한 왜곡된 표상으로는, 마치 드라마가 고상하면서도 매우
서정적인 특징을 무엇보다도 점차적으로 얻은 것, 또는 익살극이 드
라마의 뿌리라는 것과 같은 것을 들 수 있다. 오히려 그것은 흥분되
고 황홀한 사육제적 기분이다. 이러한 충동이 더 많이 사라질수록,
연극은 더 냉정하고 음모를 띤 가정적 · 시민적 연극이 된다. **연극은
장기의 한 방식이 된다.**

1 [3]

　　그리스인들이 가진 신에 대한 믿음의 가치 : 그들의 믿음은 힘
들이지 않고 자신의 옆을 스치면서, 철학하는 것을 방해하지 않는다.

1 [4]

　　비극은 전생과 관련 있는 헬라적인 불멸성에 대한 믿음이었다.
사람들이 이 믿음을 포기했을 때, 헬라적 불멸성에 대한 희망도 사라
졌다.

1 [5]

　　오디세우스는 점차 교활한 노예가 되었다(희극에서).

1 [6]

　　웃음은 새로운 희극의 영혼이었고,

관객은 음악 드라마의 영혼이었다.

비극의 노인 소포클레스.

복수의 여신 푸리에의 숲 안에서, 오이디푸스 콜로네우스와 더불어 비극의 죽음.

소포클레스는 개인으로서 평온한 한 지점에 이르렀다. '광포한 데몬.'

소포클레스 시대는 해체의 시대이다.

수사학은 대화를 극복한다.

주신(酒神) 송가는 음악가의 전형적인 시합장이 된다 : 음악 드라마의 인위적인 두 번째 탄생이 이루어진다. 뒤늦은 개화. 이제 음악은 비극에서 완전히 사라진다. 그리고 모든 이상적인 경향.

1 [7]

소크라테스와 비극

— 새로운 희극에서 선호되고, 영향력 있는 에우리피데스 : 그는 사람들에게 하나의 언어를 주었다 : 그는 관객을 비극으로 끌어들였다. 거기까지가 헬레니즘의 이상적인 과거 : 이제 아테네인은 거울에 비친 자신을 본다.

소포클레스, 아이스킬로스는 *장황한 문체kompoi*, 에우리피데스는 *예술적 문체katatechnon*.

시를 쓰는 비평가이자 관객으로서 그의 입장 : 음악의 서곡의 통일성 안에서, 등등 수사학적인 대화들.

— 아리스토파네스의 분류. 소포클레스는 '이인자'이다.

— 그는 정의를 행한다, 의식적으로.

— 소크라테스는 그를 도왔다고 의심받는다 : 그의 친구와 연극배우.

— 신탁 후에 더 현명해진 자, 의식의 측면에서.

— (논쟁하는)인간과 (변론하는)예술가에게 내재한 무의식에 대한 경시. 플라톤적인 국가로부터 예술가의 추방 : **광기를 인정했지만, 그것을 비꼬았던** 플라톤으로부터.

비극 시인이자 동시에 희극 시인. 철학자만이 시인이다.

— 이에 따르면 소크라테스는 소피스트에 속한다. 데몬('음악을 행하라'), 전도된 세계(그의 죽음은 비극적이지 않다).

— 플라톤과 견유학파에 있어 형식을 절멸시킨 소크라테스주의의 영향력. (그 자신은 글을 쓰지 않았음.)

— 비극의 대화 : 변증법이 무대의 영웅들에게 파고들어, 그들은 논리적인 것의 거대한 생산력Superfötation으로 인해 죽는다. 에우리피데스는 그 점에 있어 소박하다. 변증법은 건축(무대장치)에까지 범위를 넓힌다 : 음모. 오디세우스 : 프로메테우스. 노예.

— 전개되지 않은 윤리 : 의식은 너무 강하고 특히 낙천적이었다. 이것은 염세적인 비극을 멸절시켰다.

— 음악이 대화와 독백 안으로 밀쳐져선 안 된다 : 셰익스피어의 경우엔 다르다. 비극의 어머니로서 음악.

— 예술의 붕괴 : 소포클레스 이전 시대 : 절대적 예술은 나무가 더 이상 과일을 맺을 수 없는 징표이며 : 동시에 예술의 퇴락. 시는 정치, 운문이 된다. 산문의 왕국이 시작된다. 이전에는 산문 자체 안에도 시가 있었다. 헤라클레이토스, 무녀.

데모크리토스. 엠페도클레스.

1 [8]

　　우리 시대의 소크라테스주의는 완성된-존재에 대한 믿음이다
: 예술이 완성되었고 미학이 완성되었다. 변증법은 인쇄기이고 윤
리학은 기독교적 세계관에 대한 낙천적인 받침대이다. 소크라테스
주의는 조국을 위해선 의미가 없으며, 단지 국가를 위해서 의미가 있
을 뿐이다. 게르만적 예술의 미래에 대한 동감 없이.

1 [9]

　　그리스적 시학(그리고 음악)의 놀라운 건강성 : 서로 병존해 있
는 장르는 없고, 단지 전 단계와 성취, 마지막으로 퇴락, 다시 말해 여
기선 지금까지 하나의 충동에 의해 성장한 것의 붕괴가 있을 뿐이다.

1 [10]

　　그리스 문학으로의 도입.
　　성장하고 쇠약해지는 몸 전체.

1 [11]

　　나는 하나의 희화화를 가리킨다. 모든 사람이 그것을 희화화로
인식하기를 의도하는 것은 아니다 : 궁극적으로 그것이 각 사람에
게 희화화로서 명료해지기를 바라는 것이다.
　　본질, 후엔 퇴락.

1 [12]

    1. 자연에 걸맞는 근원.

    2. 종교적인 내용과 축제적 기분.

    3. 주기적인 상영들.

    4. 민중극장, 따라서 놀라운 범위.

    5. 내적인 통일성, 또한 음악과 언어 사이의 통일성.

1 [13]

    아이스킬로스는 정감(情感)을 자유롭게 드러내는 것을 유행시켰다.

1 [14]

    고대 무대가 가지고 있는 장식의 본질은 사원 영역의 태고적부터 성스러운 장치와 아주 비슷했다.

1 [15]

    소크라테스는 비극 안에서, 그리고 이것(비극)을 해체한 음악 드라마 자체 안에 존재했던 요인이었다 : 소크라테스 이전에 비극은 살아 있었다.

    음악의 결점, 다른 한편 과장되게 독백적인 감정의 전개로 변증법의 등장이 불가피해졌다 :

    대화에는 음악적 파토스가 없다.

    고대 음악 드라마는 원리의 결핍 때문에 파멸되었다.

    오케스트라의 결핍 : 노래하는 세계의 상황을 확고히 할 수단

이 존재하지 않았다.

합창이 음악적으로 주도적이었다.

1 [16]

음악 드라마와 오페라

전자는 정당함을 향한 씨앗이고, 후자는 예술 영역이 아니라 인위성에서 생명을 갖는다.

1 [17]

아이스킬로스는, 사제와 횃불 봉송자들이 따랐던, 토가의 우아함과 단정한 몸가짐을 생각해냈다. 그리스인의 옷은 이전에는 야만적이었고, 자유롭게 주름잡는 것을 알지 못했다.

세 가지 근본형식들 : 짧은 치마, 속옷, 겉옷

부인용 스커트와 남성용 바지는 이 짧은 치마에서 유래한다.

내의Chiton는 속 에서 유래함 : 가톨릭의 사제복은 아시아적인 이중 내의이다.

아시아의 겉옷은 감싸는 천임(우리 부인들의 경우 캐시미어 목도리).

자유로운 드라페리Draperie로 옮겨가는 것은 예술미를 갑작스

럽게 파악한 결과이다 : 그리스의 전체적인 비약은, 문명화된 이웃민족의 배후에 오랫동안 머문 후 이루어진 갑작스런 것이었다.

고대 건축물과 조형물이 지닌 다양한 색상의 외관, 이러한 것에 따르면 그 외관은 벗겨진 채 사용된 재료의 색상에 덮여 있는 것이 아니라, 색깔 있는 겉옷을 입은 듯이 보인다.

절대적으로 야만적인 예술을 경멸하는 것은, 헬라인 스스로, 즉 헤로도토스, 크세노폰, 크테시아스, 폴리비오스, 디오도르, 대(大) 스트라보, 그리고 이러한 야만적인 작품들의 조화가 표한 경이를 망각하는 것이다.

5   헬라적인 중재 재판소는 그러한 작품들에 대한 평가의 척도로 이바지 했음에 틀림없다. 그러나 우리는 헬라인들보다 더 헬라적으로 사고한다 : 야만주의는 변형된 식인 의식의 한 방식이다.

1 [18]

10   예술작품의 권위는 고대인의 경우, 전적으로 건축의 웅대함, 거기에 든 재료의 비용과 세공의 어려움에 달려 있다.

세공의 비싼 비용과 어려움, 재료의 희귀성.

델피의 사원은 기원전 529년경에 완성되었다.

15   1 [19]

아펠레스와 프로토게네스의 유명한 대결, 고트프리트 젬퍼,《방직 기술》, 470쪽. 플리니우스, XXXV 10

1 [20]

20   오직 한 독일인만이 다시 엄청나게 부지런한, 하지만 약간의 정신으로 관리하는 새 영역을 드러냈음에 틀림없다 : 이렇게 그는 유명해졌다. 수많은 후계자를 발견했기 때문이다. 이렇게 오토 얀의 명성은 매우 선량하고 둔하며 발전이라곤 없는 인간의 그것이다.

1 [21]

"사육제 양초에서 나는 연기는 예술의 진정한 분위기이다." 젬퍼, 231쪽.

1 [22]

소포클레스와 아이스킬로스 자신이 첫번째 배역을 맡았던, 그 배우의 시대는 어떠했던가!

1 [23]

그리스 철학자와 시인의 역사에 대하여.

책 I.

대결하는 사람인 호메로스.

책 II.

철학자의 역사에 대하여.

책 III.

아이스킬로스의 미학

책 IV.

— — —

1 [24]

소크라테스는 이상적인 '건방진 자'이다 : 이 표현은 어쩔 수 없는 동정심으로 이해해야만 한다.

'글을 쓰지 않은 자'로서 소크라테스 : 그는 아무것도 전하려 하지 않았고, 질문만 했을 뿐이다.

유고(1869년 가을~1872년 가을)

1 [25]

과정의 진부함 : 광신적 변증법자 소크라테스의 특히 소박한 상태.

내용을 통한 형식의 폐기 : 더 정확하게는 직선을 통한 예술적 아라베스크의 폐기.

소크라테스주의는 플라톤에게서 이미 형식을, 더욱이 견유학파에 이르러서는 표현형식을 폐기했다.

1 [26]

오페라 멜로디의 발전은 음악에 있어 이교이다.

1 [27]

절대 음악과 일상 드라마 : 양자는 음악 드라마에서 서로 찢어진 부분들이다.

가장 운이 좋은 단계는 디오니소스 송가이며, 더 오래된 아이스킬로스적인 비극이다.

학문의 원리가 소크라테스에게로 밀려 들어온다 : 무의식에 대한 투쟁과 그것의 멸절이 함께.

1 [28]

그리스적 음악 드라마.

음악 드라마 자체 : 2부. 멸절.

심오한 윤리의 결핍.

현대 음악의 기교의 발달.

그리스인에게 있어 미학적 인식과 실제 창작 사이의 무한한 차이.

따라서 예술 장르의 성장은 지극히 정상적이다.

각각으로부터 예술 장르의 성장 : 각각의 개화한 단계는 이전

5 단계를 폐기시킨다.

우리는 차후에 모방된 시풍(詩風)을 가질 뿐이다.

음악 드라마는 최고점이다 : 그것은 확대된 반성Reflexion과 정체된 윤리적 발달을 통해 해체된다.

10 1 [29]

우리에게 그리스 정신은, 마치 가톨릭 신자에게 성서와 같은 가치를 지닌다.

1 [30]

15 신사를 표현하는 가장 아름다운 독일어 단어(13세기 마이어 헬름브레히트에 의해) : "당신이 나를 따르길 원한다면, 쟁기를 들고 땅을 갈아라! 그러면 많은 사람이, 가난한 자와 부자가 틀림없이 당신의 것을 즐기고, 늑대와 독수리 그리고 모든 피조물이 당신의 것을 즐기리라." 울란트Uhland, 72쪽

20 1519년, 들쥐들에 대한 농부의 감동적인 금언. "개와 고양이로부터 안전한 안내를 제거하는 자를 위하여, 그리고 수태한 아주 작은 생쥐를 위하여도 14일 간의 유예를 허용한다."

1 [31]

서사시와 서정시에서 추상화한 시적인 것이, 동시에 극적인 시를 위한 법칙을 포함하는 것은 불가능하다. 전자의 경우는 모든 것이 청자의 재창조하는 판타지를 향해 말해진다 : 후자의 경우 모든 것은 현재화하며 보여진다 : 판타지는 변화하는 그림에 의해 억압된다.

1 [32]

개별적으로 살아가는 독일인들은 법정 투쟁과 토론에서 하나의 드라마를 보았다 : 이러한 유추에 따르면, 예를 들어 여름과 겨울에 대한 토론과 여신 비너스에 이르는 가장 오래된 극적인 시작(詩作)은 분쟁을 조정했다(울란트, 21쪽).

1 [33]

로이카드 절벽에서 추락하는 것은, 거센 폭우 속으로 뛰어든 파이트 축제의 춤꾼, 즉 타란텔라를 추는 춤꾼의 경우와 마찬가지다 : "그대들이 나를 치료하길 원한다면, 나를 바다로 데려다다오, 바다 저 멀리로! 이렇게 나의 아름다운 이는 나를 사랑한다. 바다로, 바다로! 내가 살아 있는 한, 나는 그대를 사랑한다!" 울란트, 402쪽

1 [34]

디오니소스의 열광적인 모습들은 성 요한 축제의 춤꾼과 성 파이트 축제의 춤꾼과 꼭 닮았다(퀼른. 크론, 1491년 출간) : "성 요한님, 이렇게 이렇게 힘차고 즐겁게 성 요한님"은 그 노래의 후렴구이다. 비교. 헤르커, 춤에 열광함은 중세의 국민병(國民病)의 하나, 베를린 1832.

1 [35]

　　영웅의 정신을 깨우는 새소리의 능력. 나이팅게일은 다음과 같이 운다 : 오치 오치 죽여라, 삐약 삐약 덤벼라.

　　고향을 잃은 고독한 영웅의 아들들에게 황야의 소리가 들리게 된다.

1 [36]

　　내가 비록 겨우 하나의 훌륭한 칠현금이라면, 등등의 *그리스 연회의* 노래는 독일 소망의 노래와 매우 비슷하다. 울란트, 282쪽.

1 [37]

　　천박하고 어리석은 게르비누스는, 실러가 대지의 아름다움에 파괴의 역할을 부여한 것을, '진기한 실수'라고 불렀다.

1 [38]

　　"셰익스피어의 시적인 뮤즈는 또 하나의 동반자인 음악을 곁에 지니고 있다 : 괴테의 뮤즈는—조형물이다." 대단하군!

1 [39]

　　기분의 부드러움과 상징성으로의 성향은 그에게 중요하지 않은 행위도 중요하게 보이게 한다. 따라서 상연하기 부적합함.

1 [40]

　　그리스 합창은 한때 살아 있는 공명판이었고, 그 다음은 그 공명판을 통해 배우들이 자신의 느낌을 크게 관객에게 소리치는 확성기였으며, 세 번째로는 시끄럽고 서정적으로 들리며 격정적으로 노래하는 관객이 되었다.

5   1 [41]

1549년에 한 이탈리아인이 말했다 : 그들은 5월의 향기로운 꽃이라기보다 오히려 1월의 고양이와 같다.

1564년 여덟 명의 추기경 위원회는, 노래에서 성스러운 말씀은 빠짐없이, 분명히 들려야만 한다고 요청했다. 이러한 요청을 팔레스
10   트리나가 받아들였다.

팔레스트리나의 작곡은 어떤 특정한 상황을 계산해넣고 있다. 특히 예배 중 특정한 부분을 염두에 두었다. 예배 행위의 극적인 성격.

예술적인 악장(樂章)의 형식은 자기 목적을 상실했다 : 그것은 표현
15   을 위한 수단이 되었다.

표현은 작품 전체 안에서 추구되었다. 그 작품들은 정기적으로 일요일마다 되풀이되고, 따라서 매우 친숙해졌다.

어떤 작품이 한 번의 상연을 위해 만들어졌는지, 또는 재공연을 위해 만들어졌는지는 중요하다 : 그리스의 드라마들은 철저하게 단
20   한 번의 청자를 위해 시작(詩作)되고 작곡되었다 : 그리고 또한 바로 그 다음에 평가되었다.

멜로디와 하모니의 무시무시한 투쟁 : 후자는 국민 속으로 파고들었고, 다성(多聲)적인 노래 전체로 퍼져서, 단성적인 노래는 완전히 사라져버렸다 : 이와 동시에 멜로디도.

그리스의 극적인 합창음악도 독주보다 오래되지는 않았지만, 바로 언급한 합창과는 전적으로 달랐다 : 그것은 동음적unisono이었다 : 말하자면 단지 50배로 증폭된 단성음이었다. 그리스인은 멜로디와 화음의 투쟁을 전혀 경험하지 않았다.

1 [42]

1600년에 멜로디가 새롭게 발견되었다.

1 [43]

그리스 비극은 소크라테스에게서 자신이 절멸됨을 발견했다.

무의식적인 것이 소크라테스의 무지보다 더 위대하다.

데몬은 무의식적인 것인데, 이것은 의식적인 것을 방해하면서 여기저기에서 맞선다 : 그러나 그것은 **창조적**이 아니라, 단지 **비판적**일 뿐이다. 가장 기묘하게 전도된 세계! 그렇지 않을 경우 무의식적인 것은 항상 창조적이며, 의식적인 것은 비판적인 것이다.

플라톤의 예술가 시인 추방론은 논리적인 귀결이다.

델피의 신탁은 지혜의 가치를 의식에 따라 분류한 것이다.

그 과정은 어떠한 세계사적인 것도 갖지 않는다.

1 [44]

소크라테스와 그리스 비극.

자신의 선행자에 대한 비판자로서 에우리피데스. 개별적인 것들 : 머리말, 통일성.

에우리피데스   극적인 소크라테스.

소크라테스   변증법의 열광주의자.

소크라테스   비극의 멸절자.

아리스토파네스가 옳았던 것 : 소크라테스는 **소피스트**들에 속했다.

아이스킬로스는 알지 못한 채 정당한 것을 행했다 : 따라서 소
포클레스는 정당한 것을 알면서 행하리라 믿었다. 에우리피데스는,
소포클레스가 무의식적으로 올바르지 않은 것을 행했다고 생각했다
: 그는 올바른 것을 알고 있었다. 소포클레스의 **앎**은 단지 기술적인
방식이다 : 소크라테스는 전적으로 그에게 정당하게 맞섰다.

신적인 의식의 순위 안에서 델피의 신탁은 소포클레스를 에우
리피데스보다 덜 현명한 자로 칭했다.

1 [45]

우리는 안타깝게도 예술을 개별적인 것 안에서 즐기는 데 익숙
해졌다 : 미술관과 음악회관의 광기.

절대적인 예술들은 슬프고도 현대적인 하나의 기형물이다.

모든 것은 뒤죽박죽이다. 여러 예술을 예술로 통괄해 다루는 구
성체들, 즉 그 안에서 여러 예술이 함께 이루어지는 그러한 영역이
존재하지 않는다.

각각의 예술은 일정한 부분에서 자신만의 길을 가지며, 다른 부
분은 다른 예술들과 함께 이루어진다.

근대에 이르러, 예를 들면 위대한 이탈리아의 트리온피는 이같
은 예술들의 종합이다. 고대의 음악 드라마는 가톨릭의 대미사와 비
슷하다 : 단지 진행이 더욱 상징적이거나 또는 단순히 말하는 방식
으로 묘사될 뿐이다. 뿐만 아니라 이것은 연극 향유에 대한 고대적

표상Vorstellung을 아이스킬로스의 시대와 홀로 연결시킨다 : 그 표상에 따르면 모든 것이 더 밝고 명랑하고 신뢰할 수 있으며 명료하다는 사실, 또한 물론 덜 내적이고, 덜 강렬하고, 덜 의심스럽고-덜 무한하다는 점이 다를 뿐이다.

1 [46]

운동의 운율학은 무엇을 통해 정지(즉 직관)의 운율학과 구별되는가? 운율학의 큰 균형들은 오로지 직관을 통해 파악될 수 있을 뿐이다. 반면 운동의 운율학은 개별적이고 미세한 부분에 있어 훨씬 더 정확하고 수학적이다. **박자**는 운율학에서 고유한 것이다.

1 [47]

예술이란 무엇인가? 의지 없이 의지의 세계를 창작할 수 있는 능력? 아니다. 작품에 다시 의지하지 않고, 의지의 세계를 다시 창작하는 것. 따라서 의지를 통해서 그리고 **본능적으로** 무의지를 창작하는 것이 중요하다. 의식적으로 사람들은 이것을 수작업이라 부른다. 반면에 생식과의 유사성이 분명히 하는 것은, 단지 여기서 충만한 의지가 다시 생긴다는 점이다.

1 [48]

모든 것을 가장 감동시키는 것이 아티카 무대에서 상연되지 않았다는 사실은 단순히 연약함인가? 그렇다면 : 그것은 본질적으로 취급되지 않았고, 단지 그 행위 전에 선행하는 것과 후에 따라오는 것이 무엇인지에 대해서만 너무 많이 말하고 행해졌다. 영국 무대는 반대다.

1 [49]

    음악은 무슨 일을 하는가? 그것은 어떤 직관을 의지 안으로 해소시키는 일을 한다.

    음악은 모든 욕구 상태가 지닌 보편적인 형식들을 포함한다 : 그것은 완전히 충동의 상징학이며, 자신(음악)의 가장 단순한 형식들(박자, 리듬) 안에서 철저하게 모든 사람이, 그러한 것으로 이해할 수 있는 것이다.

    따라서 음악은 항상 모든 개별적인 행위보다 더 일반적이다 : 따라서 우리는 음악을 모든 개별적인 행위보다 더 잘 이해한다 : 그러므로 음악은 드라마를 위한 열쇠이다.

    우리가 보았듯이, 통일성에 대한 부당한 요구는 오페라와 노래를 완전히 왜곡하는 근원이 된다. 사람들은 이제 **전체**의 통일성을 만드는 것이 불가능함을 알았다 : 이제 사람들은 통일성을 **부분들** 안에 놓고, 전체를 순수하게 분해하는 절대적인 부분들로 **부수는** 데 이르렀다.

    개별 드라마 작품 내에서 통일성을 구현하려던 에우리피데스의 행보도 위와 비슷하다.

    그리스적 음악 드라마는 절대 음악의 전(前) 단계이며, 전체 과정 중의 한 형식이다. 서정적이고 음악적인 부분들은 우선 일반적이고 정관적 · 객관적인 내용들이다 : 즉 **모든** 고난과 기쁨, 충동과 이별들을 묘사하는. 이러한 것들에 대한 **동기**는 시인에 의해 상상되었다 : 왜냐하면 그는 어떤 절대 음악과 절대 서정시도 알지 못했기 때문이다. 그는(시인), 그 안에서 이러저러한 일반적인 분위기가 자신의 서정적이고 음악적인 표현을 요구했던, 그러한 과거 상태를 날조했다. 이것은 친근하고 아늑한 본질이었음에 틀림없다 : 그러나 우리의 가장 일반적인 상태들을 이상적이고, 이상화하는 과거 안에서 비추어보는 신비적 세계와 더 유사한 것은 아무것도 없다. 이로써 시인은 모든 시대에 타당한 음악적-서정적인 분위기의 일반성을 주장한다. 즉 그는 절대 음악으로의 한 행보를 딛는 것이다.

이것이 고대 음악의 한계이다 : 고대 음악은 즉흥 음악에 머문다. 다시 말해 사람들은 특정한 음악적 상태들이, 그리고 또다시 비음악적인 상태들이 있다고 가정한다. 그 안에서 인간이 **노래하는** 상태가 척도가 된다.

이런 방식으로 사람들은 각각의 두 세계를 갖게 되는데, 이 두 세계는 대체로 서로 교체되기에, 만약 귀의 세계가 시작되면 눈의 세계는 사라지며, 그 반대가 되기도 한다. 행위는 단지 고난에 이르게 하는 역할을 하며, 격정을 **방출하는 것**은 다시금 또 하나의 새로운 행위를 필요로 하게 만든다. 그 결과 사람들은 두 세계의 매개가 아니라, 날카로운 대립을 찾는 것이다 : 사람들의 정감이 그 왕국을 표시했었다면, 이제는 오성 역시 정당한 권리를 가져야만 한다. 에우리피데스는 변증법, 즉 법정의 음향을 대화에 도입했다.

여기서 우리는 불쾌한 결론을 보게 된다 : 사람들이 정감과 오성, 음악과 행위, 지성과 의지를 이와 같이 부자연스럽게 분리한다면, 각각의 분리된 부분들은 쇠약해진다. 그리고 이런 식으로 **절대음악**과 **가족드라마**가, 서로 찢긴 고대 음악 드라마에서 생겨난다.

1 [50]

시인과 작곡가의 통일성. 우리의 현대는 이러한 통일성을 처음으로 파악할 능력이 있을 것이다. 그 이유는, 우리의 시대가 전능한 자연의 힘이 분출하는 것에 놀라지 않는다면, 그리고 코리반트 여신의 소동을 통해 그 공포에서 벗어나고자 노력한다면, 우리에게는 우리 자신과 이념 사이에(이것을 가톨릭에서는 성인, 즉 고전적인 본보기라 불렀다) 한 명의 중재자가 있기 때문이다. 그 사이에 그 성인은 알려지지 않은 채 살았고, 죽었다. 그렇지만 후세에는 감동적인 기억이 되리라!

1 [51]

리하르트 바그너의 경우 동물을 향해 품는 감동적인 동정은 발작에까지 이르렀다.─리하르트 바그너를 적대하는 유대인 반대자 중한 사람이 그에게 편지를 써 하나의 새로운 게르만주의, 즉 유대적 게르만주의를 통고했다.

1 [52]

고대의 의식적인 윤리가 이른 정점은 우정에 대한 이론이다 : 이것은 확실히 무자게테(아폴론 신의 별명)인 소크라테스에 힘입은 것으로, 윤리적 사유가 상당히 뒤틀려 전개되었음을 보여주는 표식이다!

1 [53]

드라마 내에서 통일성을 요구하는 것은, 편하게 직관하는 것이 아니라 접어든 길을 방해받지 않고 끝까지 돌진하려는, 조급한 의지를 요구하는 것이다. 드라마의 아름다운 구성 : 사람들은 일련의 장면들을 그림들로 병치시키고, 이 전체 상을 자신의 구성에 따라 탐구하려고 시도하면서 유혹된다. 이것은 예술 원리에 대한 실제적인 혼란이다 : 이 점에서 사람들은 병치를 위한 법칙을 선후(先後)에 적용한다.

사람들은 이러한 순수한 선후를 통찰하려 하지 않는다 : 예를 들어 음악 작품의 경우 : 여기서 전체의 건축술에 대해 말하는 것은 오류이다. 그것은 드라마의 경우도 마찬가지다. 선후의 법칙은 어디에 놓여 있는가? 예를 들면 서로를 자극하는 색채 안에, 해결을 요구하는 불협화음 안에, 정감의 흐름들의 연속 안에 놓여 있다.

외면상의 통일성으로, 예를 들어 많은 교향악곡을 들 수 있다. 4부분으로 구성된 교향악곡의 근본 특성은 정형적인 통일성을 이룬다는 것이다. 사람들은 고양되는 듯한 부드러운 아다지오 다음에 격렬한 알레그로를 요구한다. 아마도 여기서는 유머러스한 것을, 마지막으로는 주신 바쿠스제를 요구한다. 이미 사카다스의 피티오스의 노래Nomos Pythios 안의 대조도 비슷한 것이다.

선후는 의지를 표현하고, 병치는 직관 안에 머무는 것을 표현한다.

그렇다면 통일성을 추구하는 그리스 드라마의 실제적인 노력은 어디서 유래하는가? 특별히 철학이 어떠한 요구도 하지 않는 곳에서?

예술가가 완성된 예술 이론을 갖지 못했으면서도 예술을 발전시켰던 놀라운 시대!

이렇게 고대의 드라마는 하나의 위대한 음악 작품이다 : 그러나 사람들은 음악을 결코 **절대적으로** 향유한 것이 아니라, 오히려 종교 의식과 환경, 또는 사회와의 연관 안으로 이끌어들였다. 간단히 말해 그것은 **상황 음악**이었다. 매우 중요한 통찰력! 연관되는 대화는 단지 중개자인 것이다. 말하자면 각각의 음악작품이 자신의 예리한 상황적 성격을 분명히 하기 위한 중개자인 것이다 : 기분의 통일성, 같은 정도의 흥분.

1 [54]

근원적인 비극은 다양한 통일성을 포함하고 요구한다 : 즉 음악적-서정적인 부분들의 통일성 : 서사적 이야기의 통일성, 모방한 형상들의 통일성.

얼핏 볼 때에도 통일성 내에서가 아니라 평행선상에서 나란히 전개되는 두 개의 세계가 존재한다 : 무대의 세계와 오케스트라의 세계.

또한 그리스인은 **절대적인 조상**(影像)도 알지 못했다 : 그것은 무대와 합창의 관계처럼 건축술과 평행을 이룬다.

예술들을 이론적으로 구별하여 개별적으로 향유해야만 하는 현대적 기형은 개별 능력의 발달과 연관되어 있다. 헬라적인 것의 특징은 조화에 있으며, 현대적인 것의 특징은 멜로디(절대적인 특징으로서)에 있다.

1 [55]

비극 시인은 서사 시인보다 지루함에 더 많이 방치되어 있다. 왜냐하면 서사 시인은 훨씬 더 많은 변화를 이끌어야 하기 때문이다.

1 [56]

왜 그리스의 드라마는 묘사된 서사시에서 나오지 않는가?

가장 중요함. 비극에서 행위는 대화와 더불어 비로소 나타난다. 이것은, 행위가 어떻게 예술 방식 안에서 처음부터 결코 *수행dran*이
5 아니라, *격정pathos*을 겨냥했는지 보여준다. 그것은 우선 객관적인 서정시, 즉 특정한 신화적 본질을 지닌 상태에서 나왔으며, 따라서 또한 동일한 풍속 안에 있는 노래에 닿지 않았다. 우선 그것들은 스스로 자신의 서정적인 기분의 바탕을 진술했다 : 후에 한 인물이 등장한다 : 이로써 합창곡들의 순환이 재료적인 통일성으로 이끌어질
10 수 있었다. 등장한 인물은 주요 행동들을 이야기한다 : 중요한 사건에서는 서정적인 폭발이 일어난다. 이제 이 인물 역시 가장한다 : 즉 합창단의 주인이거나 자신의 행동을 이야기하는 신으로. 그렇다면

연관된 이야기와 함께 합창단을 위한 노래의 순환 : 이것이 그리스 드라마의 출발이다.
15 예술 법칙에 맞게 작곡된 형태인 *과정극prosodion* : 이것이 드라마에 영향을 끼치지 않았을까? 관객은 동반자가 아니라, 앉아 있는 사람일 뿐인가? 아마도 희극은 여기서 발생했을 것이며, 비극도 마찬가지다 : 그 의미는 : 새로운 노래들과 더불어 항상 새로운 그룹들이 생기지만, 전체는 하나의 통일성과 하나의 이야기를 상연한다. 사
20 람들은 그러한 상연들을 얕은 부각(浮刻)과 비교한다.

이렇게 가면을 쓴 형태들을 위해서는 근저, 즉 신화적 재료에 대한 일반적 이해가 먼저 필요하다.

1 [57]

사티로스극에 대하여. 프랑스인들의 경우 본극 후에 1막 또는 2막은 통례적이다. 가릭Garrick의 작은 익살극도 그렇다. 라프Rapp는 〈햄릿〉이 거의 고대 드라마 오레스티를 패러디한 것이라고 말한다.

1 [58]

셰익스피어는 트로일로스와 크레시다에서 그리스 정신이 지닌 근본적인 결점은 채 견고하지 않은 윤리적 힘이라고 규정했다.

1 [59]

에우리피데스의 시대는 신들의 황혼의 시대였다 : 그는 그것을 느꼈다.

그는 델피의 신탁과 아폴론의 진실에 대하여 심하게 반발했다.

〈바쿠스의 여인들〉은 아르켈라우스의 **궁중 무**대에서 상연되었다.

1 [60]

로마인들은 오랫동안 연극을 선 채 보았다 : 앉는 것은 유약한 것으로 간주되었다.

1 [61]

에우리피데스의 무덤이 번개에 맞았다. 다시 말해 거기에 누워 있는 자는 신들의 사랑을 받는 자이며, 그곳은 성스러운 곳이다.

1 [62]

"고대인들의 견해에 따르면, 예술은 개인적인 향유를 위한 것이 아니며, 예술의 위치는 고통 속에 있으며, 많은 이를 위로하는 데 있다. 판결을 내리는 관객들이 예술가를 끌어내린다." 에우리피데스는 그러한 흐름에 역행하려는 흔치 않은 시도를 했다. 철학자는 자신의 작품을 그 시대에 헌정할 수 있었다 : 음악 드라마의 시인은 현재를 고려해야만 했다.

1 [63]

*3부작trilogia*은 더 오래된 단계를 보여준다 : 서사적인 랩소디와 서정시의 결합. 낭송자는 세 번 등장한다 : 그리고 위대한 과거를 이야기한다. 그는 서정적인 요소들을 찬미하는 합창단과 교체한다. 중요한 것은, 서사시를 낭송하는 자가 가장한 채 등장한다는 점이다 : 이후에는 극장에서도 그랬다.

1 [64]

에우리피데스에 대한 적절한 결론(플라톤, 파에드로스 245, 슐라이어마허 역) : "부드럽고 성스럽게 보존된 영혼은 뮤즈에 의한 세 번째 영화(靈化)와 광기를 놀라움과 기쁨으로 포착하며 축제의 노래와 다른 시문학 작품에서 선조들의 수천 가지 행동들을 치장하면서, 그 영혼은 후손을 형성한다. 그러나 이러한 뮤즈의 광기 없이 시문학의 주랑 안에 스스로 도착하는 자는, 생각건대 예술만을 통해 충분히 시인이 될 수 있으며, 그러한 자 자신은 신성하지 않으며, 또한 이해될 수 있는 그의 시는 광기의 시에 의해 어두워진다."

1 [65]

아리스토텔레스에 따르면 학문은 열광주의와는 아무 관계가 없다. 사람들이 이러한 비일상적인 힘을 신뢰할 수 없기 때문이다 : 예술 작품은 열광주의에 속하는 예술가 기질에 의한 예술적 통찰의 창작물이다. 속물!

1 [66]

비극에서 통일성은 처음부터 목적*telos*보다 고유한 것이 아니다 : 그러나 아마도 통일성은 전개의 과정 중에 있으며, 따라서 우리는 노력해서 그것을 발견해야만 한다.

서정적인 시 안에 있는 통일성은 무엇인가? 느낌의 통일성.

그러나 더 위대한 서정적인 악곡 안에서?

1 [67]

희극을 *trygodia*, 즉 '포도주 노래'라고 칭한 것은 매우 중요하다 : 그 명칭은 나로 하여금 *tragodia*에 대한 새로운 어원, 즉 '신(醋) 노래'로 이끈다. *targanon*은 '식초'이고, 따라서 *targodia*는 *tragodia*로 변환된다. 그때 기원은 사티로스극에서 벗어난다 : 가장 본질적인 것! 가장 오래된 포도 따기 노래 중 일부는 포도즙과 같이 달콤하고 분방하며, 다른 부분은 식초와 같이 시고, 움츠리는 것이다. 포도즙이 승자의 상(賞)이라는 것은 비유일 뿐, 불합리하다.

중요한 것은, 시키온에서 아드라스트에게 불려진 노래들이 비로소 공식적으로 디오니소스에게 바쳐졌다는 점이다. 그렇지만 이것은 사티로스극은 아니었다 : 아드라스트가 사티로스들과 무슨 관계가 있단 말인가? 그것은 바로 신비였다.

마치 씨앗 안에서처럼 그 내부에서 비극과 사티로스극, 희극이 졸고 있는, 그러한 시의 형식이 존재하는가?

사티로스극은 비극과 희극을 위한 전 단계이어야 하는가?

주신 송가에서 비극이 탄생했다는 것, 주신 송가에서 티모데우스 시대까지 이르는 드라마의 실제적인 전개에서 파생된 잘못된 결과가 아닌가? 그래서 비극적 노래*tragon ode*라는 잘못된 어원론이 생겨난 것은 아닌가? 중요한 것은 미스터리가 제공했음에 틀림없는 충격이다. 조명 효과로 빛을 받으며, 닫힌 공간 안에 있는 무대 효과와 더불어 성스러운 연기. 아마도 드라마는 **공적인 신비**로, 제사장의 비밀주의에 대한 반작용으로, 주권의 입장에서 민주주의를 보호하기 위해 생겨났을 것이다. 나는, 신비함이라는 제사장의 권위에 맞서는 입장에서 전제군주들이 이러한 '공적인 신비'를 도입했다고 생각한다. 피시트라투스에게서 우리는, 그가 테스피스를 비호했음을 안다.

1 [68]

중세의 가장 오래된 오르간들에는 신발 길이 반 정도의 폭과 뚜렷한 중간 공간들을 지닌 건반이 있는데, 주먹이나 팔꿈치로 연주되었음에 틀림없다.

단음적이고 세속적인 합창과, 단지 다성 합창만을 아는 학술적인 음악과의 대립. 반주하는 악기와 음성의 동음(同音).

합창 음악은 처음에는 예술적으로 전개되었다. 그러나 텍스트와 음악 사이에 일치하는 것은 없었다. 이것은 모든 네덜란드인에게 적용된다. 절대적인 무차별주의, 즉 의미 없이 뒤섞여, 왜곡된 채 노래되는 텍스트 언어들에 대한 증오.

사람들이 표현의 부족한 점과 마주치는 것처럼, 매우 본연적인 것으로 : 사람들이 식물, 들판, 포도원은 초록색이고, 빛과 태양은 자주색이라는 등과 같이 말하듯이, 악보를 사물들의 색으로 칠한다. 그것이 **문학음악**, 읽는 음악(낭송음악)이었다. 가장 중요한 것은 : 음악의 전개 과정도, 독일 드라마와 같이 이렇게 **부자연스러운** 길을 걸어갔다는 점이다.

이러한 모든 입장과 달리 그리스적인 것은 변치 않는 모범이다.

추기경 도메니코 카프라니카는 교황 니콜라우스 5세에게 다음과 같이 말했다 :

"만약 당신이 거기서 함께 노래를 한다면, 그것은 마치 내게 작은 돼지들로 가득 찬 자루와 같습니다. 왜냐하면 나는 끔찍한 소음과 꿀꿀 소리와 울부짖는 소리가 뒤섞인 것은 잘 들을 수 있지만, 고유하게 분절된 하나의 소리를 구분할 수는 없기 때문입니다."

1 [69]

사티로스극의 기원은 내겐 기이하고 낯설다 : 그렇지만 그 이름을 말한다. 어쨌든 주신 송가와 *남근 숭배phallika*는 분명히 다른 것이다.

그런데 사티로스극은 후에 자의적-공적으로 복구되었는가? 그것은 만들어진 *이야기mythopoiia*가 아닌가?

디오니소스 축제 때 염소 가죽을 쓰고 부르는 노래*tragodia*는 처음엔 가장한 채 노래하는 그룹이 되었다.

*남근 숭배*는 익살꾼들이 노래 부르면서 함께 이동하는 행진이

었다. 따라서 자연히 처음부터, 변화하는 주위와, 조롱과 경멸을 항상 새롭게 유발시키는 것들과 가장 개인적인 방식으로 대화하는 사육제극은 도시를 돌아다니는 가장행렬이다.

아마도 주신 *송가의 시작eksarxontes tou dityrambou*은 전체, 즉 노래하는 그룹이 우선 설명해야만 하는 그러한 것인가? 가령 에우리피데스적인 서곡에서? 또는 후자는 단지 부당하게 고대의 서곡이라 특징지워지지 않았는가? 나는 그렇다고 생각한다. 그러한 광경이 아폴론 찬가가 아니라, 단지 주신 송가와 연결되어 있다는 사실은 무엇때문인가?

1 [70]

그리스 비극은 가장 알맞은 환상으로 가득 차 있다 : 이것은 희극이 증명하는 것과 같은 것이 부족해서가 아니라, 의식적인 원리에 의한 것이다. 이와는 반대로 영국의 비극은 더 소년적이고 감각적으로 광포하며 디오니소스적이고 꿈에 취한 환상적 사실주의를 지닌다.

안단테의 종교적인 합창무(舞)는 그리스 비극 시인의 판타지, 즉 사원의 벽에 채색된 것과 같은 생동감을 갖는 형상들을 제한한다.

생동감 있는 형상들에 대해 음악은 지속적이다 : 이것은 안단테 안에서의 전개 과정과 격정적인 내적 생활을 규정한다. 에우리피데스는 명백히 소재의 새로움이나 이야기의 놀라움을 통해서가 아니라, 무미건조한 이야기를 소재로 창작한 격정적인 장면을 통해 감동을 주려 했다. 무엇보다도 그는 서곡을 통해, 자신이 그 이야기를 어떻게 변형시켰는지, 방청자들에게 가르치려 했다 : 방청자들이 잘못된 추측에 머물지 않도록 하기 위하여.

1 [71]

매우 중요한 것은, 드라마가 영국 · 독일 · 프랑스 드라마의 경우와 같이, 서사시에서 직접적으로 발생한 것은 아니라는 점이다 : 오히려 그것은 음악적-서정적인 서사시에서 발생했다. 사카다스의 피티오스의 노래를 생각한다면 : 여기서는 음악이 표현하는 것에, 형상들이 들어서게 되는데 : 무도 많은 것이 전개되지 않고, 순수한 느낌의 토로가 빠르고도 쉽게 모든 눈과 기억을 자극하도록, 당연히 잘 알려진 소재를 채택해야 한다. 나에겐 희극이 근본적으로 다른 근원을 갖고 있는 듯이 여겨진다 : 희극의 영향으로 비극은 대화적이고-변증법적인 것을 받아들이게 되었다.

1 [72]

자동 해결사인 신에 대하여. 군주 국가에서 자동 해결사인 신은 극중에서 종종 영주의 역을 맡을 뿐이었지만, 아테네에서는 결코 그렇지 않았다. 그리스의 왕들만이 삶의 비극을 정당하게 이해할 수 있었다. 그들은 충분히 높은 지위에 있었기 때문이다 : 따라서 페르시아인은 다리우스-크세르크세스의 궁중에서 공연했다.

1 [73]

점잖은 젊은 남성들이 영국 무대에서 담배를 피웠다 (셰익스피어가 사망한 해인 1616년) : 그들이 앉은 의자들이 무대에 놓여 있었다. 플레처가 한탄했다.—오후에 공연했다 : 브리지스탠드Bridgestand는 점심을 11시에, 저녁을 6시에 먹었다 : 연극 공연은 그 중간에 이루어졌다.

1 [74]

셰익스피어는 분명 자기 시대에 충분히 인정받지 못했다 : 군중들의 애호나 그들의 문제거리에 대한 패러디 등이 이 사실을 증명한다.

1 [75]

영국 희극에서 매우 자주 나타나는, 왕의 법정 앞에서 모든 문제를 해결하는 것은, 자동 해결사인 신의 한 방식이다.

1 [76]

그리스 극장의 중요한 차별성 : 상연은 주기적이었고—긴 휴식 시간이 있었다 : 관객은 지위에 따라 분류되지 않았다 : 전체는 국민 종교와, 성직자 계급과의 조화와 화합 안에 있었다 : 시인의 경우 돈을 벌려는 것은 기대하지 않았다 : 관객은 남성들이었다 : 어쨌든 판정자는 원로 남성들이었다 : 품위 있는 여성들은 제외되었다 : 철저하게 자유인 안에서의 연기 : 공연 시간은 밝은 대낮이었다 : 소수의 연기자들은 많은 것을 떠맡아, 휴식을 취할 시간을 가져야만 했다 : 가면은 개인적인 특징들이 아니다 : 놀라운 차원들, 따라서 너무 조형적으로-길게-멈추는 장면들 : 전체의 가장 느린 리듬 : 지배적인 안단테. 철저하게 국민 극장.

1 [77]

순례지를 향한 길에서의 수난곡들 : 만약 이러한 것들을 사람들이 걸으면서 생각하고, 관객은 고정시킨다면, 그때 그것은 드라마의 또 하나의 서곡이다.

1 [78]

　　나는 항상, 에우리피데스가 국민 신앙의 결과를 과장하여 드러
내려 했다고 생각한다 : 특히 《주신 바쿠스의 시녀들》 안에서 : 그는
신화에 대해 경고했는데, 한 순수한 젊은이를 파멸시키는 아프로디
테, 그리고 헤라클레스를 미치게 만들어 자신의 부인과 자식을 교살
하도록 한 헤라와 이리스를 예로 들고 있다. 《주신 바쿠스의 시녀들》
의 시구는 아이러니가 아니던가?

　　경건한 아버지들이 우리에게 가르쳐준 것, 시간이 우리를
　　오래 전에 신성케 한 것, 어떤 궤변도 그것을 물리치지 못한다,
　　비록 최고의 인간 정신이 꾸며낸 것이라 하더라도.

1 [79]

　　번하디Bernhardy는 에우리피데스를 우민 정치의 대변인 또는
풍속화가라고 불렀으며, 그의 시를 우민 정치에 대해 쓴 가장 존경할
만한 기념물이라고 칭했다.

　　뮐러O. Müller는, 에우리피데스가 신화를 더 이상 현재에 대한
근저나 예언으로 파악하지 않고, 오히려 단지 아테네인들로 하여금
자신들의 국가 영웅에 대한 칭송이나 비방을 하게 함으로써, 그들의
적들이 기뻐할 수 있도록 하는 계기로 파악했다고 보았다.

1 [80]

비극의 발달의 신속성 : 영국 여왕 엘리자벳은 자신의 통치 기간 동안 드라마가 꼭두각시 극에서부터 최고 수준으로까지 발달한 것을 보았다.

중세의 프랑스 극장, 즉 영적이고 세속적인 내용의 신비들은 방언과 더불어 사멸되었다. 활짝 피어난 독일 사육제의 꽃은 15세기에 지기 시작했다. 그것은 16세기에도 살아 있었지만, 종교개혁 투쟁 동안 사멸했다. 양쪽 문학 작품들은 주로 대화체였다 : 그것들은 별 성과 없이 번성했다.

16세기 초 포르투갈에서 시작된 스페인 극장은, 안달루시아를 거쳐 카스틸로 옮겨갔는데, 그곳에서 소박한 초창기가 지난 후 영국 극장과 거의 동시에 발달했다. 이것은 논쟁의 여지없이 발달했으며, 17세기를 통틀어 꽃피었고, 18세기에 들어오면서 비로소 소진되어 사라졌다. 이것은 거의 200년 간 지속되었다.

고대 영국 극장은 16세기 중반에 생겨나 17세기에 들어오면서 절정에 이르렀다. 그리고 17세기 중반에 정치적 혁명으로 인해 강제로 사라졌다. 영국 극장의 전성기는 100년을 넘기지 않았다.

1 [81]

국민 극장의 중요성. 스페인과 영국에서 극장은 전적으로 서민적인 토대에서 벗어나 점차 궁중 극장이 되었다. 프랑스에서는 중세적인 서민극이 방언과 더불어 사라졌다. 코르네유Corneille는 순수하게 학문적인 무대 방식을 확고히 하고, 스페인의 완성된 형식을 받아들였다 : 불행한 것은, 처음부터 **궁중 무대**였던 그 형식이 다시는 서민적인 토대를 찾지 못했다는 점이다. 독일 사유제는 종교개혁을 통해 매장되었다 : 지금은 레싱까지 이어지는 학자들의 외로운 노력이 있을 뿐이었다. 지금 셰익스피어의 영향. 그를 통해, 프랑스인들의 스페인적 무대를 근본적으로 구속했던, 고대를 모방한다는 한계에서 벗어나게 되었다. (아티카적인 연극의 우아함.)

　　여성들의 영향. 고대 영국의 무대에서 여성의 역은 소년들이 맡았으며, 상연은 바로 이렇게 근본적·도덕적으로 소심한 제도를 통해 지나치게 음탕해졌다. 아리스토파네스의 음담은, 고대 영국 최후의 극장 학교가 지닌 부도덕과는 달리, 개별적인 돌발사건들 안에서의 극도한 방종이었다.

1 [82]

　　빙켈만은 고대인들에게 아름다움은 표현의 저울에 달린 지침이었다고 말한다.

1 [83]

　　무시무시한 것의 우아함──'두려운 전아(典雅)함' : 고대인들에게만 제대로 알려졌을 뿐.

1 [84]

　　절망의 목양신적 특징들 : 예를 들면 클라이스트의 경우, 이별의 편지를 보라, 또는 어머니와 함께한 어린아이의 죽음을 그린 레싱의 그림을 보라.

1 [85]

　　철학자는, 괴롭고 지친 오이디푸스가 어떻게 푸리아(복수의 여신)의 숲 안에서 비로소 휴식과 평안을 갖는지를 발견한다.

1 [86]

　　슐레겔은 소포클레스적인 시를, 월계수와 올리브나무, 포도나무가 푸르고 나이팅게일의 노래가 끊임없이 울리는, 그러한 어두운 운명의 신의 성스러운 숲이라고 말했다.

1 [87]

　　"예술과 시학에서의 완전성은, 위에 올려진 무게를 지탱하지 못하고, 곧바로 쉼없이 다른 쪽으로 다시 굴러 내려가는 가파른 산의 정상에 비교된다. 이것은 스스로에 대해 경박함을 지닌 채 빨리 진행되며, 스스로 만족하는 듯이 보인다. 대중은 완전성의 자연적인 경향을 따르기 때문이다 : 반면에 수고에 찬 노력은 거의 고통스러운 광경이다."

1 [88]

　　플라톤은, 비극 시인들이 자기가 만들어낸 영웅들에게 지나친 비탄을 토로하게 함으로써 사람들에게 정열이란 강렬한 힘을 주고 그들을 약하게 만든다고 고발했다.

1 [89]

　　"에우리피데스의 서술은 신들에 대한 불신을 드러낸다."

1 [90]

서곡들에 대한 **레싱**의 말 : 에우리피데스는 단지 상황의 효력만을 신뢰했을 뿐, 호기심의 긴장은 고려하지 않았다. —슐레겔은, 사람들이 이러한 방식을 오래된 그림에 그려진 인물들의 입에서 나온 포스터Zettel들과 비교하려 한다고 생각했다. 그것은 아주 옳지 않다 : 우리가 인물을 사건 전개와 연관시키지 않는 한 역사적인 형상은 이미 오래 전에 작용할 힘을 잃기 때문이다 : 이것은 진행되는 연극이 아니라, 회화에서 요구되는 과제이다 : 왜냐하면 우리가 계산하는 한, 우리는 즐길 수 없기 때문이다.

슐레겔에 따르면 기계가 인간을 지배하는 것을 통해서만 신은 자동 해결사의 역할을 할 수 있다는 것이다.

1 [91]

II. 희극 작가 필레몬은, "누군가 생각하듯이, 만약 죽은 자가 실제로 여전히 감각을 갖고 있다면, 나는 에우리피데스를 보기 위해 스스로 목을 매겠다"고 말했다.

1 [92]

델피의 신탁에서 해방되기 위한 에우리피데스의 비정상적인 모험. 그렇지만 신탁에 따르면 그는 소크라테스만큼 현명했다는 것이다.

1 [93]

II. 아리스토파네스는 "오 삶과 메난더Menander, 너희 둘 중 누가 누구를 모방했는가?"라고 말했다.

1 [94]

레싱은 : 거미 하나가 다른 거미를 먹는 것을 보다니, 아주 메스꺼운 광경이다(두 비판자가 서로를 죽이려 하는 경우)고 말했다.

1 [95]

슐레겔은, 웃음거리에 대한 두려움은 프랑스 비극 작가의 의식이었다고 말했다.

그리스인의 경우 무시무시한 것에 대한 두려움은 시민적인 감상극에 대한 두려움이었다.

1 [96]

에우리피데스의 수사학에 대하여 : "관습적인 가치는 아픔이 내면 깊은 곳으로 침투하지 못하도록 막는 갑옷이다. 프랑스 비극에서 영웅들은 망토와 왕관 그리고 왕홀을 걸친 채 침대에 누워 있는 고대 프랑스의 동판화 왕들과 비슷하다."

1 [97]

슐레겔은 '순간의 성스러움'이 충분히 가르쳐지지 않았다고 보았다 : 고대 비극에서의 순간의 성스러움으로는 서정적인 휴지(休止)부를 들 수 있다.

1 [98]

모든 남녀 영웅은 마치 시중 드는 시종처럼 친구를 수행한다.

1 [99]

에우리피데스의 많은 서곡에 대해서는 게옴 숄리에가 크레비용의 《라다만토스》에 대하여 한 말이 타당하다 : "작품에 해설이 없다면, 그것은 더욱 완벽하게 명료했을 텐데."

1 [100]

에우리피데스의 비극은 프랑스 비극과 비슷하게 추상적 개념으로 형성되었다. 슐레겔은 : "그것은 비극적 품위와 위대함, 비극적 상황들, 고난과 격정을 어떠한 낯선 첨가물 없이, 전적으로 명료하고 순수하게 요구한다"고 말했다.

1 [101]

에우리피데스의 숙고 : 처음부터 강하게 동감할 수 있기 위해서 각자에게는 전제가 있어야 한다. 그가 그 전제를 천천히 계산하고 총괄해야 한다면, 그러는 사이에 감정은 사라진다 : 그리고 더 나쁜 것은, 그가 아마도 잘못 계산할 수 있다는 것이다. 그런 이유로 서곡이 필요하다.

1 [102]

사람들은 프랑스 드라마에서 서정적인 것을 제거하여 생긴 공백을 어떻게 메웠는가? 술책을 통해서.

1 [103]

시학적(詩學的) 정의에 관한 어리석은 이론은 시민적 가족극 그리고 천민 존재가 반영된 것에 속한다 : 그것은 비극의 죽음이다.

1 [104]

　　고귀한 인물들은 무대 양 옆에 자리를 차지하며, 연기자들은 열
걸음 정도의 폭을 움직이지 않는 것이 관례였다. 사람들은 이러한
'합창단'을 위해 무대 장치를 바꾸지 않았다! 모든 무대 효과는 거리
를 필요로 한다 : 따라서 무대 효과는 불가능했다. 과제는 현미경으
로 보여지는 유화가 효과적이게 하는 것이 숙제이다. 무대는 현관과
같은 격식을 갖추게 된다.

1 [105]

　　점심식사 시간에 영(靈)이 등장하는 것은 웃기는 일이다. 슐레
겔의 수려한 묘사 : 시학에 있어 호메로스의 서사시는 조각에서 반
부각(半浮刻)의 작업에 해당하며, 비극은 자유로운 집단에 해당한
다.—얇은 부각은 무제한적이며, 그것은 전후로 계속 진행된다. 따
라서 고대인들도 기꺼이 그러한 소재들을 선택했는데, 규정될 수 없
는 것까지 확장된 그 소재들은 희생 행렬, 무도, 일련의 투쟁 등이었
다. 그렇기에 그들은 또한 얇은 부각을 꽃병 같은 둥근 표면에, 또는
원형 건물의 띠 모양 장식인 프리즈Fries에 설치했는데, 거기서 양쪽
끝은 굴곡을 통해 우리에게서 멀리 우리가 움직임에 따라 하나가 나
타나면 다른 하나는 사라지는 것이다. 호메로스의 노래를 읽는 것은
마치 이런 순환과 매우 비슷하다. 그의 노래들은 항상 눈앞에 놓인
것에 우리를 붙잡아두고, 앞선 것과 뒤에 오는 것을 사라지게 하기
때문이다.

1 [106]

II. 소크라테스의 경우 윤리적인 것 안에 있는 **소박한 합리주의**. 모든 것은 윤리적이기 위해 의식되어야 한다.

II. 에우리피데스는 이러한 소박한 합리주의 시인이다. 모든 충동적인 것을 증오하는 자로, 그는 의도적인 것과 의식된 것을 추구했다. 사람들은 더 이상 말하는 것과 같이 존재하지 않는다.

II. 소포클레스와 아이스킬로스의 인물들은 그들의 언어보다 훨씬 심오하고 위대하다 : 그들은 자기 자신을 넘어서, 스스로에 대해 어눌하게 말한다.

II. 에우리피데스는 인물의 형태들을 해부학적으로 발생시킴으로써 창조해냈다 : 그들 안에 숨겨진 것은 아무것도 없다.

II. 윤리학에서의 소크라테스는 물리학에서의 데모크리토스와 같다 : 감격적인 편협한 마음, 열광적인 경솔함 : 그렇지만 '편협한 마음'과 '경솔함'에 대한 판단이 비로소, 헬라적인 것보다 더 풍부하고 강렬하게 충동적인, **독일적인 형이상학**의 세계를 선언한다 : 인식의 광신자.

II. 에우리피데스는 의식의 미학을 따랐던 최초의 극작가이다.

II. 에우리피데스의 신화는 윤리적 합리주의를 이상적으로 반영한 것이다.

II. 에우리피데스는 소크라테스에게서 개인의 **개체화**를 배웠다.

1 [107]

I. 비극에서의 합창 : 전체 활동의 공개성 : 모든 것은 **자유로운**

자들 안에서 심의되었다.

I. 연기하는 인물들과 밀접하게 연관된 남성과 여성들의 그룹을 **고안할** 필연성. 이상적인 관객이 아니라, 드라마, 즉 연기자에 대한 서정적이고-음악적인 공명판으로서.

I. **집단 감정**의 돌출, 특히 기도하는 분위기를 자주 만들어내는 요인을 찾아야 한다.

I. 종교적 근원과 예식 축제는 송가와 밀착되어 있었다. 사티로스는 최초로 근엄하고 비(非)바쿠스적인 인물로 전이되었다 : 비극적이고-근엄한 것의 근원은 합창이다. 비극은 명랑하고 - 호메로스적이며-올림푸스적인 국민 신화 전체를 **심화시켰다**. 센티멘털한 아이스킬로스의 시대에 비해 순환적이고-호메로스적인 것은 소박하다.

I. 위대한 비극적 인물들의 전형은 그 당시 위대한 남성들이다 : 아이스킬로스가 그린 영웅들은 헤라클레이토스와 유사하다.

1 [108]

비극 작가의 윤리적 철학 : 그들은 널리 알려진 철학자들과 어떤 관계에 있는가? (에우리피데스의 경우를 제외하고는) 사람들은 시학과 철학을 결코 외적으로 나누지 않았다. 윤리학은 시학에 속했다 : 따라서 그것은 교육학의 한 분과였다.

II. 플라톤의 철학적 드라마는 비극에도 희극에도 속하지 않는다 : 그것에는 합창, 음악적인 것, 종교적인 주제가 결핍되어 있다. 그것은 오히려 서사시이고 호메로스의 학교이다. 그것은 고대의 소설이다. 무엇보다도 상연이 아니라 읽기 위해

선택되었다 : 그것은 하나의 랩소디다. 문학 드라마이다.

1 [109]

3부극

황금시대의 관례에 따르면, 주신제(극적인 상연 중심의 축제)의 경우 모든 비극 작가는 4개의 드라마, 3개의 희극, 하나의 사티로스극을 상연했다. 반면 희극작가는 하나만 가지고 등장했다. 목록들은 아직도 몇 가지로 보존되어 있다 : 우연히 소포클레스에 관한 것은 그렇지 않다. 에우리피데스의 경우 작품들 간에 연관성은 발견되지 않는다. 반면 아이스킬로스의 경우엔 예외가 없다. 오레스티. 4부극의 발생. 이처럼 아이스킬로스는 신화적 소재를 선택했고, 그것을 4부분으로, 비극적이고-근엄한 색채의 형상들과 동일한 소재의 더 밝은 부분으로 나눴다. 드라마의 병치가 드라마를 진행시켜나갔다 : 3개의 막들. 사티로스극은 디오니소스적 예식의 요구이다.

1 [110]

고대적인 고찰들.

아리스토텔레스의 미학.

고대 연구.

비극 작가의 미학에 대하여 I. II.

호메로스의 개성.

고대에 있어 염세주의.

그리스적인 서정시.

데모크리토스.

헤라클레이토스.

피타고라스.

엠페도클레스.

소크라테스.

5

살인자에 대한 복수.

종족의 이데아.

자살.

사교와 고독.

10 수작업과 예술.

우정.

헤시오도스의 신화.

예술가로서 철학자들.

15 1 [111]

현재와 미래의 문헌학.

고대 문학의 역사.

호메로스의 질문.

음악 드라마.

20 소크라테스와 드라마.

아리스토텔레스의 미학.

염세주의.

음악의 미학에 대하여.

선험적으로 구성된 헬레니즘.

1 [112]

1870

4월 — 언어학자 : 데모크리토스의 교의.

2월 — 플레크아이젠Fleckeisen : 알키다마스의 단편들. 텍스트.

3월 — 라인 박물관 : 결투의 형식에 대하여.

4월 등. 가을에 : 강연 : 헤시오도스 — 호메로스, 결투.

1 [113]

데모크리토스의 작품 ⎫
                    ⎬ 30쪽.
레르티우스의 작품 ⎭

1 [114]

억압된 이상성의 상태   1869.   그때 트립셴Tribschen에서
                                  의 크리스마스의 인식

[2 = P I 14 b. 1869/70년 겨울~1870년 봄]

2[1]

　　기독교, 즉 근원적으로 재능의 문제는 민주화되어야 한다. 세계
종교는 오랜 격투를 통해 이르는데, 그것은 단지 심오한 모든 것, 비
교적인 것, 재능이 풍부한 개인에게 허용된 것이 근절될 때 가능하
다.―이런 이유로 그것 없이는 어떤 세계 종교도 유지될 수 없는 낙
관주의가 다시 등장하게 된다. *정죄Purgatorio*와 *배치Katastasis*는 세
계 종교의 창조물이다.

2[2]

　　헤시오도스와 호메로스의 투쟁Das certamen Hesiodi et Homeri.

　　호메로스의 질문들.

　　헤시오도스의 질문들.

　　데모크리토스와 플라톤 이전의 철학자.

　　소크라테스와 비극.

　　우정 개념.

　　음악과 예식.

　　윤리적 민주주의로서 기독교

　　플라톤의 질문.

　　아리스토텔레스의 미학.

　　국가 종교의 중심으로서 델피.

바쿠스 예식과 알렉산더의 출정.

플라톤적인 국가(음악 국가로서 크레타 국가).

2[3]

합리주의로서 민주주의는 본능과 투쟁하여 승리했다 : 본능은
일그러졌다.

2[4]

도입부. '선생.'(게르만주의.)

노예 제도. 헬레니즘에서 본능적인 것.

플라톤에게 있어 종족 충동의 이상화.

로마적인 시작(詩作)의 알렉산드리아주의.

이집트화된 헬레니즘.

2[5]

전적으로 신화화된 세계에 대한 **비신화적인** 계시 종교로서 기
독교의 승리.

학문의 놀라운 영향 : 이론가theoretikos를 위해서는 우선 하나
의 **삶의 방식**이 창조되어야만 한다 : 최초의 그리스에서 이론가는 불
가능했다.

2[6]

헬라적인 **광적 표상**들은 필연적이고, 헬레니즘을 위한 본능의
유익한 예방책이었다.

그리스 정신은 페르시아 전쟁 직후 파멸했음이 분명하다. 그것들은 강력하고 근본적으로 비헬라적인 이상성의 산물이었다. 다른 국가들과 결투했던, 뜨겁게 작열하는 사랑스러운 작은 국가의 근본 요소는 그러한 전쟁에 의해 무엇보다 윤리적으로 파괴되었다. 그 전쟁 전에는 단지 트로이 전쟁이 있었을 뿐이다. 그 후엔 알렉산더의 출정이 있었다.

신화 이야기는 트로이인을 헬라화했다 : 그 전쟁은 헬라적인 신들의 경기였다.

엘레아 학파와 엠페도클레스에게서 철학의 최고점.

헬라적인 것의 '의지'는 페르시아 전쟁으로 파괴되었다 : 지성은 과도하고 거만하게 되었다.

2[7]

고대적인 고찰들.

1. 호메로스와 고전 문헌학.
2. 결투자로서 호메로스.
3. 그리스 음악 드라마.
4. 소크라테스와 비극.
5. 데모크리토스.

2[8]

1870~71년 겨울	6강좌
1870년 여름	1강좌
71~72년 겨울	6강좌

1871년 여름   2강좌
1872년 여름   2강좌
_____
17

5   따라서 1872년 가을에 '고찰들'은 완성될 수 있다.
겨울엔 그것들이 공포되어야 한다.
70년 가을에 결투자로서 호메로스가 공포되어야 한다.
71년 가을엔 레르티우스 에오게네스가.
72년 가을엔 고찰들이.

10

2[9]

그리스의 고대의 음악 드라마.
소크라테스와 그리스 비극.

15   2[10]

음악은 무한한 의미화가 가능한 언어이다.

언어는 단지 개념을 통해 의미를 갖는다. 따라서 사상을 매개로
공감이 생겨난다. 이것이 공감의 한계를 정한다.

이것은 단지 객관적인 문자 언어에 적용될 뿐, 말-언어는 소리
20   내는 것이다 : 그리고 간격, 리듬, 템포, 강도와 강조들은 모두 묘사
하는 감정 내용에 대해서 상징적이다. 동시에 이것은 모두 음악에서
고유한 것이다. 그러나 감정의 대부분은 말을 통해 표현되지 않는다.
그리고 또한 말들은 바로 다음과 같은 것을 암시한다 : 말하자면 거
칠게 심연으로 몰아대는 바다에 비해, 말이란 움직이는 바다의 표면

이다. 여기에 말에 의한 드라마의 한계가 있다. 즉 병치적으로 상연할 수 있는 능력이 없다는 것.

음악 안에서 놀라운 노화의 과정 : 상징적인 모든 것은 추후에 만들어질 수 있고, 그런 식으로 생명이 상실될 수 있다 : '악절'의 지속적인 발전.

그 점에서 음악은 가장 천박한 예술들 중 하나이다. 즉 그것은 광대의 예술에서 어떤 것을 얻는다. 단지 전문가의 정감적 생활이 장구한 시간에 앞서 존재하도록 하곤 한다. 악절에 이르기까지 이해할 수 없는 불가사의한 문자의 전개.

시작(詩作)은 종종 음악에 이르는 길이다 : 그것이 아주 섬세한 개념들을 찾아내는 한에서, 또는 그러한 영역 안에서 개념의 조야한 재료들이 거의 사라지는 한에서—

2[11]

오페라에서 말과 음악. 말은 우리에게 음악을 설명해야 한다. 그러나 음악은 행위의 영혼을 드러낸다. 이렇게 말은 결함이 많은 기호이다.

드라마는 우리를 의지의 **판타지**로 자극한다. 이것은 외형적으로는 무의미한 표현이다. 반면 서사시는 지성, 특히 눈의 판타지로 자극한다.

읽는 드라마는 의지의 상상력을 정당하게 자극과 창조로 조율할 수 없다. 왜냐하면 관조의 상상력은 너무 선동적이기 때문이다.

서정시 안에서 우리는 우리 자신을 벗어나지 않는다 : 그러나 우리는 고유한 영혼의 기분을 산출하도록 자극받는다. 대부분의 경우 *기억anamnesis*을 통해서.

2[12]
  이상적인 학자로서 레싱, 이상적인 딜레탕트로서 헤르더.

2[13]
  경이를 더 이상 체험할 용기가 없는 자, 그는—개신교 단체로
달려가라—최고 근거의 근거ultima ratio rationis —

2[14]
  음악, 즉 그 안에서 본능이 압도적으로 지배하는 예술의 경우,
개인은 자신이 이해하는 것과 이해하지 못하는 것의 경계에 놓여 있
는, 예술가와 예술 작품에 대한 비토(거부)를 매일 어떻게 말하는지
체험한다. 만약 소리 예술의 모든 뮤즈가 우리에게 허락을 구해야 한
다면, 우리는 그들을 떠나게 될 것이다 : 그러나 뮤즈들, 즉 친밀하고
신뢰적인 뮤즈들은 자발적으로 생기며, 또한 이들이 이전에 보에티
아적인(우둔한) 농부들에게 말을 걸 때 썼던 힘찬 언어들을 망각하
지 않았다 : 그대 들판의 목자들, 게으르고 불쾌하며 욕심 많은 천민
들이여!

2[15]
  서사시를 경청할 때 만족하게 되는 것과 동일한 충동은 후에 드
라마에서 만족을 발견했다. 이를 통해 드라마는 서사시의 완성된 형
식임이 입증된다. 거기까지는 단지 상상된 회화들의 실현일 뿐 :

1. 과거에 대한 인위적인 의존에서 탄생한 오페라는 음악 드라마가 자연스럽게 생겨나는 것을 방해한다 : 왜냐하면 이것은 출생을 위한 힘들을 그 자체에서 얻기 때문이다.
2. 극적인 것은 강렬한 충동에서, 불가능한 것과 기적에 대한 믿음에서 생겨난다 :
   그것은 서사시보다 더 높은 감정의 단계이며, 서사시의 유산 전체를 이어받는다. 이와 더불어 서사시는 생명이 다해 죽는다.
3. 드라마를 경청할 때(서사시의 경우와 마찬가지로) 판타지는 뚜렷하게 작용하지 않기 때문에, 우리 자신을 낯선 것으로 전치시킬 수 있다 : 자기 망각은 두 예술들을 위한 전제이다. 즉 후자(서사시)의 경우 가장 강렬한 판타지를 통해, 전자(드라마)의 경우 가장 강렬한 정서 활동을 통해. 의지는 드라마를 통해, 직관은 서사시를 통해 생산적으로 조율된다.
   사람들은 이야기와 자살에 대한 개인적인 직관을 비교한다.

2[16]

창조적인 본성과 비판적인 본성을 명목상으로 나누는 것은 하나의 착각이다. 그러나 그러한 나눔은 매우 그럴듯하기도 하며, 중간지대의 정신 아래에서는 적절히 애용된 것이다.

이 모든 것은 단지 후에 태어난 우리들의 판단을 위해 위대한 예술가와 사유가 각각의 개인적 관계를 우리에게 해명해주는 지식이 얼마나 중요하고 결정적인지를 명백하게 해주는 것이 분명하다. 그들에게는 무엇보다도 그들의 본능에 대한 전적으로 정직한 지혜가 작용하는데, 그 본능으로 그들은 투시되지 않는 덮개 아래에서도 순수한 것과 좋은 것을, 또한 시간·공간적으로 멀리 떨어져 있는 것의 경우에도, 그들과 유사한 것으로 발견한다. 이러한 본능의 마술 지팡이로 그들은 보물이 있는 과거의 어두운 곳을 해석하며, 오늘날에는 금으로 여겨지는 것을 검정 숯으로 변환시킨다. 이렇게 모든 세대에 흩어져 있으면서도 충실하게 손을 뻗치는 천재들의 작은 모임은 가차없이 견고한 과두체제적인 정부를 이끄는데, 단지 일시적인 광기의 착각 안에서만 이 정부에 대해서 방어할 수 있을 뿐이다. 그러나 이러한 광기 없이는 이미 언급된 중간 세계와 지하 세계의 정신은 계속 존재하게 될 수 없다 : 그들에게 있어서 광기는 살기 위해 홀짝홀짝 마시는 도취적 마술 음료인 것이다 : 만약 그 힘이 갑자기 사라진다면, 그들은 그 정도 위치에서 힘들여 매달려 있는 사다리에서 당장 떨어지게 될 것이다. 이러한 꿈과 같은 상태에서 그들은 사다리의 가장 높은 발판과 거기에 서 있는 천재들을 본다 : 그러나 이 천재들은 광기에 현혹된 자에게는 약간 떨어져서, 검은 점들로 가득 찬 모습으로, 저급한 고난의 표정으로, 서로 서로 끊임없이 일치하지 않으며, 시샘하는 눈짓으로 나타난다.

이것은 문학적-역사적 탐구의 근본 명제들이다 : 우리에게 고대부터 판단으로 전승된 것은 기질이 같기도 하고 그렇지 않기도 한데, 후자의 경우는 모두 일그러지고 창백하며 칭찬하는 것이거나 미세하며, 적개심에 찬 것 등이다.

여기서 나는 당장 질문한다 : 그것은 저러한 광기의 기형물인가, 또는 결투하는 **호메로스**에 대한 상징적 이야기에서 은폐된 것과 같이, 타자를 뛰어넘는 위대한 천재를 무한히 높게 평가할 수 있는

증거인가? ─ ─ ─ ─ 안에 있는 호메로스

2[17]

　　그들이 천재를 윤리적으로 핍박할 때, 그들은 스스로 자신의 지
성에서 더 이상 눈멀지 않고, 아주 가까이 있다고 느낀다.

　　주의. 광기를 더 분명히 묘사하는 것이 필요하다 : 즉 광기를 자
신의 문학적 ─ 역사적 작용 안에서, 모든 찬란한 것의 노력 속에서 가
장 어둡게 채색하는 것이 필요하다.

2[18]

　　공공연한 의견 앞에서 극단적인 용맹함으로 가득 찬 것은 **윤리
적인 천재**의 증거이다 : 그것은 결코 미학적인 판단이 아니다. 왜냐
하면 호메로스와 헤시오도스는 단지 **소재들**을 위한 이름일 뿐 형식
이 다른 것은 아니기 때문이다.

　　단지 높은 곳에서만 평화롭게 된다 : 정신의 중간 영역에서는
모든 것이 서로에 대한 격렬한 투쟁으로 빠져든다.

2[19]

　　반쯤 허약한 모든 절름발이는 이러한 지배자들에 의해 가차없
이 분쇄된다 : 어떠한 전제정치도 정신의 영역에서의 전제정치보다
더 뛰어나지는 않다. 이 지배자들에게서 벗어나 유일하게 구원되는
것은 맹목성과 개체의 광기이다. 시력을 상실한 자는 이러한 광기 안
에서 심연의 틈을 보지 못한다.

　　하나의 행복한 시력 상실은 그의 눈을 보존한다.

이러한 정신의 지배를 대중의 주권이 유지한다는 것은 미신이다 : 그 정신들은, 마치 고대 일곱 현인들이 각각 황금 쟁반의 고귀함과 가장 현명한 가사자(可死者)의 상을 다른 사람들에게 수여할 때, 자신을 불러냈던 것같이, 스스로를 불러냈다. 즉 다음과 같은 보편적인 근본 명제에 따라 완결되기까지 : 사람들은 현인을 알아보기 위해서 현명해져야만 한다.

2[20]

위대한 천재들은 평범한 파리들에겐 포착되지 않고, 본래 정당하게 평가되지 않는다. 그렇지만 만약 그들에 대한 정당한 평가가 점차 확정된다면, 그와 같은 변화된 정신은 그들을 알아보는 정신이다. 미학적 판단의 총체는 위대한 천재에게로까지 거슬러올라간다 : 단지 소수의 원형이 존재할 뿐이다. 따라서 위대한 정신들 상호간의 태도는 놀라울 만큼 중요하다. 그들의 판단은 강력한 본능과 심오하게 의식된 통찰력을 남긴다.

고대인들은 그러한 판단들을 세심하게 보존했다.

2[21]

만약 어떤 문법학자가 헤시오도스와 호메로스의 만남 역시 날조했더라도, 그것은 놀라운 일이 아닐 것이다.

2[22]

호메로스에 대한 확고하고 사라지지 않는 평가는 고대 그리스인들에겐 커다란 수수께끼였다 : **만약** 그러한 평가라는 게 정말 존재

했다면. 그러나 일리아스 오디세이아의 독점적 지배권은, 후에 영웅
서사시의 작가들이 인정했다. 이것은 그들이 얼마나 높이 서 있었는
지를 잘 보여준다.

호메로스에 대한 무조건적인 평가는 그리스인들에게는(또한
최상의 시대에는) 순수한 본능이다. 그렇다면 그들은 이러한 호메로
스적인 세계를 어떻게 느끼기를 원할까?

놀랍다! 바로 그리스 문학 입구에 최고의 걸작이 위치한다.

2[23]

예술과 사상의 대가에 대하여, 전체적으로 그 대가의 평가 가치
를 할 수 있는 자, 그리고 소위 말하는 모든 교양인들의 고유성을 보
는 자, 그리고 많은 정당한 판단들이 전파되어 있음을 발견하며 그러
한 전파와 가차없는 유효성에 대하여 스스로 놀랄 수 있는 자는 ; 즉
그는 또한 계속 숙고하면서도, 통속적인 판단력에 의해 좀더 잘 사유
하기보다는, 올바른 원천에 입각해서 바르게 판단하는 것의 근원을
찾는 것을 배우게 된다. 자신을 스스로 판단하는 위대한 천재 자신에
게서. 문헌상으로나 또는 구전으로 전해진 뛰어난 통찰력들이 나중
에 전파된다는 사실, 이것은 허영심과 정신의 병적인 흥분의 도움으
로 일어나며, 또한 종종 후에 들어온 노예적인 숭배에 대한 광증 등
에서 일어난다. 모든 위대한 예술가와 사유가의 개별적인 음성들은
세계 역사에 크게 울린다. 그래서 세계 역사가 자신 안의 전쟁의 소
음과 국가 행위들로 인해 시끄럽고 불안정한 듯 행동할 정도로. 그
소리들은 침투해 들어간다. 비록 그러한 천재들에 맞서서, 지배적이
고 평범한 머리들의 황폐한 소음이 일어나고, 비록 자신들의 판단에

비해 소음을 동반하는 수많은 불합리들이 유효하게 되고 신망을 얻기를 원하려 함에도 불구하고 : 그것들은 마치 페달음처럼 침투하여 가장 크게 소리치는 소란 속에서도 흩어지지 않고, 빗나가지 않고 머무르며, 마침내 승리해 빛나는 영웅처럼 나온다. 중도에서 형성된 시대의 지배적인 미학은, 그 시대가 위대한 걸작들의 판단과 가치평가에 근거하는 한, 교의적으로 전달되고 체계적으로 조합된, 진정으로 판단 능력이 있는 머리들, 즉 위대한 걸작들의 창작자들의 격언 모음과 다르지 않다. 그런데 그러한 걸작들은 결코 완성된 것이 아니라, 항상 다음 천재가 수정하고 그래서 완벽하게 되기를 기다리는 것이다.

2[24]

모든 창작에는 어떤 어두운 요소가 달라붙어 있다. 자기 의식은 눈에 안대를 했다. 호메로스는 눈이 멀었다. 이것은 가장 신중히 숙고된 시대에도 적용된다. 호메로스 시대의 의식적인 미학에 대하여 사람들은 충분히 소박한 개념을 결코 만들 수 없다. 여기에서 모든 것은 충동이었다. 청자들은 아직도 숙고하지 못했다 : 마치 어린아이들이 동화를 듣듯이, 그들은 최상의 소재에 따라서 가수들을 평가했다 : 소재는 욕구된 것이다. 그러한 시대의 시인에게 있어 고유함과 낯설음은 아직 형성되지 않았다.

천재 시인 호메로스가 한 그다운 질문에 대한 모든 견해는 호메로스의 설명을 놓치고 있다.

고대 투쟁 이야기Agonsage 안에 표현된 소재성은 다음과 같다 :
벨커Welcker의 견해 …… *시대 착오적anachronismos*,
호프만의 '시인'은 불필요함.

2[25]

고대 영웅 찬미가 내에서 드라마, 서정시, 서사시의 통일에 대해 말하는 것은 어리석다. 왜냐하면 여기서는 비극적인 것이 극적인 것으로 받아들여졌기 때문이다 : 반면에 또다른 극적인 것은 단지 모방한 것das Mimische뿐이다.

감동을 주는 결말, 말하자면 공포*phobos*와 전율*eleos*은 드라마와는 전혀 상관이 없다. 그것들은 비극에서 고유한 것이다. 비극은 드라마가 아니기 때문이다. 모든 이야기는 공포와 전율을 가질 수 있다 : 그러나 이것은 음악적 서정시의 경우 가장 많다. 형상을 위한 형상의 느리지만 고요한 전개가 서사시의 과제라면, 서사시는 예술 작품 자체보다 더 높은 위치에 있다. 모든 예술은 '자기 밖에 존재함', 즉 *망아경ekstasis*을 요구한다 : 여기서부터 드라마로의 일보가 일어난다. 즉 우리가 **우리 안으로 돌아오는 것이 아니라**, 낯선 존재로, 즉 우리의 *망아경*으로 들어가는 한에서이다. 즉 우리가 마술에 걸린 사람처럼 행동할 때이다. 거기서 드라마를 볼 때 심오한 경이로움이 생긴다 : 즉 지반과, 개체의 비분해성에 대한 믿음이 흔들린다.

서정시의 경우에도 우리는 놀랍게도 우리의 가장 고유한 느낌을 다시 느끼고, 그것을 다른 개체에게서 되돌려 받는다.

2[26]

드라마의 근본 법칙의 발생이 설명되어야 한다.
상연되는 거대한 행진들은 이미 **드라마**였다.
서사시는 우리들이 형상을 눈앞에 갖기를 원한다.
형상들을 동시에 상연하는 드라마—

그림책을 볼 때, 나는 무엇을 원하는가? 나는 그것을 이해하길 원한다.

따라서 반대로 : 나는 서사적인 화자를 이해하고, 개념에 입각해 개념을 얻는다 : 이제 나는 상상력으로 개념들을 익히고 모든 것을 총괄하고 하나의 형상을 갖는다. 이로써 목표에 이른다 : 나는 형상을 이해한다. 왜냐하면 나 스스로 그것을 만들었기 때문이다.

드라마의 경우 나는 형상에서 출발한다 : 만약 내가 이제 저러저러한 것이 이 형상을 뜻한다고 간주한다면, 내게서 즐거움은 사라진다. 그것은 '당연'하다.

2[27]

책을 읽기 전에 우선 서문을 읽는—그렇지만 이로써 책에 대한 의무를 다하지 못한다—사람들이 있다. 또다른 사람들은 기본적으로 단지 서문만 읽을 뿐이다. 그들은 무언가를 어렵게 배우려 한다. 그러나 특히 저토록 공허하고, 가슴을 드러낸, 심하게 두근거리는 서문 안에서 낯선 인물들이 그들의 호기심을 끈다 : 마치 개인적인 것에 대한 욕구 자체가 잡담Philologois하에서도 종종 그 모든 문헌학 Philologia의 근본일 뿐이듯이.

첫째 부류를 내가 어떻게 평가하고, 그것 외의 부류를 얼마나 경멸하는지 알 수 있도록, 이제부터 서문 안에서는 결코 나에 대해 아무것도 언급되지 않아야 한다 : ———

2[28]

가장 오래된 시인들.

고대 철학자들.
－－－－사람들

2[29]
그리스 시인의 역사와 철학자의 역사에 대해.

오르페우스 교도들.
호메로스와 헤시오도스.
데모크리토스.

2[30]
계승diadoxai에 대하여. 시민적 삶에서의 철학자들의 위치. 시
인의 위치.

인도게르만적인 미학 : 드라마에서 서정시와 서사시로.

레르티우스.
수이다스와 헤시키우스.

2[31]
도입부. 그리스인의 미학적 직관의 역사.
이와 연결된, 고대 에피쿠로스 학파에 대한 표상들의 전개.
교의를 향한 아폴론적인 것의 전개.
소크라테스와 비극의 관계와 같은 헤시오도스와 호메로스의 관계.

[3 = P I 15 a. 1869/70년 겨울~1870년 봄]

3[1]

유감스럽게도 우리는 예술들을 개별적으로 즐기는 데 익숙하다. 이것은 자신의 우매함 속에서, 아주 화려한 그림이 있는 화랑과 이른바 연주회에서 드러난다. 이러한 절대 예술이라는 서글픈 현대적 기형에는, 예술들을 전체 예술로 다루고 형성하는 그러한 체제가 결핍되어 있다. 이러한 방식이 마지막으로 나타난 것은 아마도 거대한 이탈리아적인 트리온피trionfi였을 것이다. 현재 고대 음악 드라마는 가톨릭 교회 예식 내에서, 여러 예술들이 하나가 되는 가운데 빛바랜 채 그와 유사한 것으로 남아 있을 뿐이다.

이렇게 고대 드라마는 하나의 거대한 음악 작품이다 : 그러나 사람들은 음악을 결코 절대적으로 즐기지 않았으며, 오히려 항상 예식, 건축술, 조형예술, 시학과의 연관성 안으로 끌어들였다. 그것은 간단히 상황 음악이었고, 연결시키는 대화는 단지 제각기 자신의 예리한 상황적 특성을 고집하는 음악 작품들을 위한 중개자였다.

전체의 통일성은 결코 초기 예술 단계에서 근원적으로 추구되지 않았다. 무엇이 신비와 도덕성을 그리스적 디오니소스 송가들에서 구분시키는가? 전자들은 처음부터 행위이다. 언어가 비로소 그것을 유지시키고, 항상 정당성으로 다시 이끌었다. 디오니소스 송가는 원래는 무대 의상을 입은 가수들의 그룹이었다. 언어를 통해 판타지를 보게 하는 것은, 연기를 통해 비로소 판타지를 보게 하는 것보다

앞선다. 향유와 예술을 듣는 것은 그리스인들에게 있어 서사적인 낭송자들과 연주자들Meliker에 의해 이미 강력하게 형성되었다. 다른 한편 재생되는 판타지는 그들의 경우 훨씬 행동적이고 생동적이었으며, 그것은 연기의 보여지는 성격을 그다지 필요로 하지 않았다. 반면에 게르만인은, 내면의 풍부함으로 연기되는 것을 제외하고는, 내면성의 표현을 훨씬 덜 필요로 했다. 그리스인들은 자신의 생각을 가다듬기 위해 비극을 보았으나, 게르만인은 자신에게서 벗어나 분열로 나아가기를 원했다. 신비와 도덕성은 소재에도 불구하고 훨씬 본질적이었으며, 사람들은 오고갈 뿐, 처음과 마지막은 화제가 되지 않으며, 아무도 하나의 전체를 원하지도 주지도 않았다 : 반대로 그리스인들은 관람할 때 종교적 기분에 젖어들었는데, 그것은 하나의 장엄한 미사였고 결국 그것은 사람들이 고대했음에 틀림없는 신에 대한 찬미였다.

사람들은 일련의 장면들을 마치 그림과 같이 병치했고, 이 그림 전체를 자신의 구성에 따라 조사하려고 노력하도록 유혹받았다. 이것은 사람들이 병치의 법칙을 선후의 법칙에 적용시키는 한, 예술 원리에 대한 실제적인 혼란이다. 드라마에서 요구되는 통일성은, 편안히 관람하지 않고 설치된 무대 끝까지 자유롭게 돌진하려는 성급한 의지의 통일성이다.

3[2]

행위는 대화와 더불어 비로소 비극으로 이끌린다. 이것은 이러한 예술이 처음부터 결코 *수행dran*이 아니라, *격정pathos*을 목표로 했음을 보여준다. 그것은 처음엔 객관적인 서정시, 즉 특정한 신화적 본질의 상태에서 나온 노래, 따라서 그러한 의상을 입은 채 부르는 노래와 다르지 않았다. 우선 의상을 걸친 가수 스스로 서정적 기분의 근거를 노래하고 나면 한 인물이 나타나 주요 행위를 이야기한다. 그와 같이 중요하게 언급된 사건의 경우에는 서정적인 폭발이 일어난다. 이러한 인물도 마찬가지로 의상을 걸치고, 합창단의 지휘자로, 자신의 행위를 이야기하는 신으로 여겨진다. 이런 식으로 그리스 드라마는 그 시초부터, 연관된 이야기를 포함하는 합창을 위한 연작 가곡이다. 그리스 음악 드라마는 절대 음악의 전 단계이다. 서정적 음악적인 부분들은 ㅡ ㅡ ㅡ

10

3[3]

의지의 축하연으로서 예술은 생을 향한 가장 강력한 유혹자이다. 학문 역시 생에 대한 충동의 지배를 받고 있다 : 세계는 가치 있는 것으로 인식된다 : 인식의 승리는 생명 안에 고정되어 있다. 역사는 고갈될 수 없으며 무시간적이고 무한한 것이기 때문에, 학문의 무절제한 축제가 벌어지는 중심 장소이다.

3[4]

그리스에서 예술과 학문 간의 투쟁이 묘사되어야 한다. 그 전개 과정에서의 *이론가들theoretikoi*의 위치. 소크라테스와 비극이란 제목.

3[5]

자살은 철학적으로 부정될 수 없다. 그것은 이러한 의지의 순간적인 형태에서 벗어날 수 있는 유일한 수단이다. 가장 우연한 자연의 사건을 매분마다 분쇄할 수 있는 것을 거부하는 것이 어째서 허용되어서는 안 되는가? 차가운 미풍도 치명적일 수 있다 : 생명을 거부하는 기분이 항상 그러한 미풍보다 더 합리적이지는 않은가? 그렇지만 그것을 거부하는 것이 절대적으로 어리석은 것은 아니다.

세계 과정에 몰두하는 것은 개별적인 의지를 부정하는 것과 마찬가지로 어리석다. 왜냐하면 세계 과정은 단지 인류의 과정을 미화한 표현법이며, 그것의 사멸과 더불어 개별적 의지는 아무것도 얻지 못하기 때문이다. 인류는 개체와 마찬가지로 왜소한 것이다. — 만약 자살 또한 단지 실험에 불과하다면! 왜 그럴 수 없겠는가!

게다가 자연은 너무나 많은 자가 이 행위에 착수하지 않도록, 그리고 소수만이 '모든 것은 헛되다'는 순수한 인식에서 그런 행동을 하도록 배려한다.—자연은 모든 측면에서 우리를 옭아넣는다 : 즉 의무, 감사함, 이 모든 것은 그 안에서 우리를 포박하는 전능한 의지의 올가미이다.

3[6]

소크라테스주의는 중단되지 않은, 고대 비극의 희생축제이다.

그리스 시학의 모든 단계에서 완성.

진정한 건강의 징표는 아름다운 죽음, 즉 안락사이다 : 이것은 그리스 예술과 시작품의 특징이다. 그리고 음악 드라마의 죽음은 끔찍하다 : 음악 드라마에는 어떤 고귀한 후예도 없다. 이것은 자신의 본질의 약함을 입증한다. 모든 후예는 자신들이 에우리피데스와 연결되어 있음을 이해한다. 에우리피데스에 대한 정당한 판단은 우리에게 이러한 약함을 보여준다.

상실에 대한 슬픔은 희극 작가의 시작(詩作)을 관통한다. 사람들은 시인의 가치에 대해 언쟁한다 : 더 나은 지식과는 반대로, 취향을 고백하는 것이다.—관객이 무대 위에 나타났다.

시학은 상실되었다 : 사람들은 그것을 찾으려 했다. 사람들은 빵 부스러기를 찾기 위해, 굶주린 에피고네를 지하 세계로 보냈다.

비극의 몰락은 변질에서 기인한다.

3[7]

비교문헌학, 그리고 고전문헌학에서 사상과 감정의 우유부단함에 반해.

고전 문헌학에서, 직관들과 판단들에 대한 근본적인 체계(예. 호메로스의 질문에서).

3[8]

헤겔 시대의 세계관.

고전 시대의 세계관.

학자 신분과 사회.

국가 이론과 경제 이론의 낙관주의.

국가를 위한 삶과 민족을 위한 삶.

세계주의는 하나의 이상이며, 대부분의 사람들에게 하나의 환상이다.

3[9]

책에 대한 구상 : 1. 정치와 역사에 대해.

2. 윤리적인 것.

3. 미학적인 것.

4. 전기(傳記)적인 것.

5. 종교의 역사에 대해.

6. 운율학적인 것.

7. 호메로스의 질문.

8. 그리스어 문법

9. 라틴어 문법

10. 플라톤의 질문

11. 플라톤 이전의 철학자들.

12. 에르가.

13. 오이디푸스 왕.

14. 그리스 역사가.

15. 서정시인.

16. 루크레티우스.

17. 호라티우스.

18. 레르티우스 디오게네스에 대해.

3[10]

완전한 인식은 행동을 죽인다 : 말하자면 인식이 인식 자체에 관계한다면 그것은 자기 스스로를 죽이는 것이다. 만약 팔 다리의 운동에 무엇이 속하는지 미리 완전하게 인식하기를 원한다면, 사람들은 팔 다리를 전혀 움직일 수 없다. 이제 완전한 인식은 **불가능**하며, 또한 그 때문에 행동이 가능하다. 인식은 끝이 없는 나선이다 : 즉 인

식이 시작되는 매순간 하나의 무한성이 시작된다 : 따라서 그것은
결코 행동에 이를 수 없다.—이 모든 것은 단지 의식적인 인식에 적
용된다. 내가 호흡의 마지막 근거를 입증하려 하자마자, 나는 그전에
죽게 된다.

예를 들어 민족 경제와 같은 실천적인 의미를 제쳐놓으려는 모
든 학문은 아직 학문이 아니다.

3[11]

학문의 목적은 세계 파괴이다. 어쨌든 그때 일어나는 것은 바로
그 다음의 작용이 작은 통의 아편이라는 점이다 : 즉 상승되는 세계
긍정. 이런 식으로 이제 우리는 정치학에서 이 위치에 서게 된다.

그리스에서 이 과정이 이미 소규모로 완수되었다는 사실이 입
증되어야 한다 : 비록 이러한 그리스 학문이 그저 조금 중요할지라도.

예술에는 국가를 절멸시킬 과제가 있다. 이것 역시 그리스에서
일어났다. 그 후 학문은 예술도 해체시켰다. (그 후 한동안 국가와
학문이 함께하는 시기, 즉 소피스트들의 시대가 나타났다—우리의
시대.)

궁극적으로 언제나 또다시 새롭게 부추겨지는 국가 감정을 잠
재우기 위해 전쟁이 있어서는 안 된다.

3[12]

도취를 수반하는 유희 : 화해의 신 아폴론.

디오니소스적인 인간은 스스로 마술에 걸린 것을 보며, 주위가

마술에 걸린 것도 본다.

　　마스크(창이 두꺼운 신발Kothurn)와 장식을 통한 예술적인 보조, 양자는 가상의 예술들로 속이지 않는다. 그러나—이제 만약 우리가 약간 도취에 빠져든다면, 그때 우리는 또 하나의 현실, 즉 마술에 걸린 하나의 세계를 믿는다. 동일한 것이 모방과 춤동작에도 적용된다 : 이것은 위의 현실성을 본능적으로 극히 일부만 모방한다 :

　　예술 작품은 도취를 맞아들인다 : 그렇지만 그 최고의 것을 요구하지는 않는다. 예술 작품은 도취를 풀어놓는다.

　　음악은 전적으로 열광적이지는 않지만, 그것은 아폴론적인 것보다 더 도취적이다.

　　합창단은 국민이 아니라 대중의 상징이다. (이제 겨우 개별자가 디오니소스적인 도취에 이른다.)

　　전체는 이러한 충동이 **분출되는** 것이다 : 이 분출이 존재한다는 것이 하나의 전제이다.

3[13]

　　음(音)의 상징학의 형성 : 많은 음향들의 느낌은 연습을 통해 확고해진다. 텍스트는 여기서 아주 밀접하게 작용한다. 예를 들면——

3[14]

　　통일성으로 용해된 다양성 안에서 의지는 조화를 이룬다. 그때 각각의 음의 성격은 공명하는 상음(上音)들 안에서 **약간** 일치하지 않는다 : 이렇게 각 개별 존재의 성격은 전체 존재와 **조금은** 일치하지 않는다.

3[15]

　　몸짓을 수반하는 고함에서 언어가 발생했다 : 여기서 억양, 세
기, 리듬에 의해 사물의 본질이, 입 모양을 통해 수반되는 표상이 표
현되며, 본질의 형상, 현상이 표현된다.

　　확고한 자연법칙에 따라 성장한, 수많은 결점을 지닌 상징학 :
상징을 선택할 때 드러나는 것은 자유가 아니라 본능이다.

　　하나의 **인지된** 상징은 항상 하나의 개념이다 : 사람들은 그들이
표시할 수 있고 구분할 수 있는 것을 포착한다.

3[16]

　　고함과 맞고함 : 화음의 힘.

　　자연인은 단지 가상들의 상징만을 확고히 가지고 있지만, 그는
불려진 노래에서 그것의 상징들을 다시 완전한 음에 적용시킨다 :
의지, 본질은 다시 더 **완전히**, 더 **감각적으로** 묘사된다. 감동이 고조되
면서 그 본질은 더 분명히 드러나고, 그 때문에 상징과 음 또한 더 두
드러진다. 말하는 식의 노래는 어느 정도 자연으로 돌아가는 것이며,
항상 고조된 흥분이 낳은 산물이다.

　　그런데 이제 하나의 새로운 요소 : 어순(語順)은 어떠한 진행의
상징이어야 한다 : 리듬, 음력Dynamik, 화음은 다시 힘 안에서 필요
하다.

　　점차 더 높은 범위는 항상 더 작은 범위를 지배한다. 즉 말들
의 선택과 배치가 필요하다. 시학은 전적으로 음악의 지배하에서

시작된다.

> 두 가지 근본 종류 : 형상들 또는
>
> 감정들이

그것을 통해 표현되어야 하는가?

말하는 식의 노래Sprechgesang는 말의 울림의 순서 같은 것이 아니다 : 왜냐하면 하나의 말은 아주 밀접하게 관련된 하나의 울림과 음을 갖기 때문이다 : 그때 중요한 것은 전적으로 내용이다 : 울림이 말에 관계하듯이, 멜로디는 연속되는 말과 관계한다. 말하자면 화음, 음력, 리듬을 통해 말들이 정돈되는 더 큰 전체가 발생한다.

서정시와 서사시 : 감정과 형상에 이르는 길.

3[17]

만약 모든 **쾌감**이 의지의 만족과 의지의 요구라면, 색에서의 쾌감은 무엇인가?

음에서의 쾌감은 무엇인가?

색과 음은 의지를 요구해야만 한다.

3[18]

하르트만 : 200쪽.

"감정과 사상은 단지 번역될 수 있는 만큼만 **전달될** 수 있다. 만약 항상 극도로 빈약한 본능적인 몸짓 언어가 무시된다면 : 왜냐하면 단지 번역되어야 하는 만큼, 감정과 사상이 말들 속에서 다시 주어지기 때문이다."

정말인가?

몸짓과 음!

전달된 쾌감은 예술이다.

몸짓 언어의 의미 : 그것은 보편적으로 이해되는 상징들, 반사작용의 형식들에 의한 언어이다. 몸짓을 창조하는 상태에서 눈은 당장 감긴다.

본능적인 음의 경우도 마찬가지다. 귀가 당장 닫힌다. 이러한 음조는 상징이다.

3[19]

감정은 무의식적인 열망과 표상이다. 표상은 몸짓 안에서 상징화되고, 열망은 음 안에서 상징화된다. 그러나 열망은 쾌감이나 불쾌감, 즉 다양한 형식으로 표현된다. 이러한 형식들은 음이 상징화하는 것이다.

아픔(갑작스런 놀라움)의 형태는 두근거리고 팽팽해지고 욱신거리고 찌르고 자르고 깨물고 근질거린다.

쾌감과 불쾌감, 감각적 지각은 분리되어야 한다.

쾌감은 항상 하나,

의지의 간헐적인 형식—리듬.

의지의 양　　　　　—음력.

본질　　　　　　　—화음.

3[20]

모방 운동 : 모상.

표정과 몸짓 : 상징들을 미리 선정하는 것, 특히 시선.

음을 통한 표정과 몸짓의 강화.

상승하는 즐거움 : 미에 대한 충동 : 특정한 형식 안에 현존하
는 쾌감.

무엇이 광채나는 것, 즉 색에서 느낄 수 있는 쾌감인가?

무엇이 음에 있어서의 쾌감인가?

고통받을 때 어떻게 쾌감이 가능한가?

공생. 모든 쾌감의 전제 : 또한 미학적 눈의 쾌감의 전제.

리듬은 이미 **상징적으로** 작용하고 있음.

상징. 어떠한 사물을 아주 다른 영역으로 전이시키는 것.

음악 안에서 새로운 상징학에 대한 계속되는 일치 과정 : 이 과
정은 부단히 다시 의식되지 않았다.

3[21]

디오니소스적인 음악과 서정시에서 인간은 스스로를 류적 본
질Gattungswesen로 말하려 한다. 그가 개별적 인간이기를 멈춘 것
은, 사티로스 축제의 열광을 통해 **상징적으로** 묘사된다 : 그는 자연
인 중의 자연인이 된다. 그는 이제 모방(상징학)을 통해 말하며 일반
적으로 인간적인 것을 모방한다. 그 류적인 것의 천재의 가장 분명한
언어는 유혹하는 음성과 슬픔의 음성으로서의 음이다 : 이것은 개별
적인 것에서 벗어나기 위한 가장 중요한 수단이다.

3[22]

비극의 탄생.

비극적 시대의 철학자들.

우리의 교육시설들의 미래에 대하여.

3[23]

세계의 한 측면은 완전히 **수학적**이며,

다른 측면은 단지 의지, 쾌감, 불쾌감이다.

절대 가치를 인식하는 것은 순전히 수와 공간 안에서 가능하며,

다른 가치는 충동과 그에 따른 가치판단을 인정하는 것이다.

후자의 경우는 단지 **원인**과 **결과**, 절대적 논리학이며,

전자의 경우는 단지 **목적 원인**이다.

음악에 대한 비유 : 한편으로는 순수한 수

　　　　　　　　　다른 편으로는 순수한 의지.

두 세계의 엄격한 분리.

3[24]

비극 시대의 위대한 사상가는, 예술에서도 포착하는 현상만을 생각한다.

3[25]

소포클레스의 세계관에서 아폴론과 디오니소스는 다시 승리한 다 : 그들은 서로 화해한다. 아름다움의(숭고의) 세계―즉 가장 심 오한 지혜로 뛰어오른―와 고양된, 즉 인간의 세계 사이에 놓인 거 대한 틈이 열린다. 디오니소스가 신적인 지혜로 이 세계에 놀라운 형 상으로 끌어들인 진리는 다시 인식될 수 없다 : 그러한 신적 세계의 가상은 더 이상 아름다운 가상이 아니며, 그것은 올바르지 않고 무시

무시한 것으로 나타났다. 인간은 신들의 진리를 믿는다 : 미학은 다시 인간의 문제가 되었다.

3[26]

《코에포렌Choephoren》에 대해.

3[27]

고대의 주신 찬가는 완전히 디오니소스적이었다 : 실제로 음악 안에서 변화한다. 이제 거기에 아폴론적 예술이 합류한다 : 이 예술은 배우와 무용가를 창작하고 도취를 모방하며 장면을 덧붙이고 자신의 모든 예술 도구를 동원하여 지배하려고 한다 : 특히 말과 변증법을 가지고. 그것은 음악을 시녀, 즉 향료*hedysma*로 변환시킨다 : ―
― ―

3[28]

관객이 없는 예술 작품으로서의 도취된 인간.

예술 작품은 무엇을 받아들이는가? 무엇으로 우리는 예술 작품을 파악하는가?

모든 인식과 의지로.

3[29]

쇼펜하우어의 가정 :

의지의 세계는 수의 세계와 동일하다는 것 : 수의 세계는 의지가 나타나는 형식이라는 것.

근원적 일자의 표상 세계 — 본래적인 실재성 없이,

본래적인 실재성이 없는 모든 수의 세계.

그러나 의지는 — — —

우리의 지성은 사물에 상응한다. 즉 지성은 생겨나고 항상 **사물들과 비슷해진다.** 그것은 사물들, 논리학 등과 같은 소재들로부터 존재한다 : 그것은 무조건적으로 의지의 하인이다. 그것은 함께 수의 왕국에 속한다.

3[30]

3. 비극적 사상

4. 비극적 예술 작품.

5. 희극.

6. 합창.

3[31]

저주와 큰 웃음.

놀라운 것과 웃기는 것.

전율, 구토증, 웃음.

현재에 대한 염세주의.

그로테스크한 형식들 안에서 전도된 것.

3[32]

비극은 디오니소스적인 것에 대한 자연 치유력이다. 그것은 스스로 **살도록** 내버려두어야 한다 : 따라서 순수한 디오니소스주의는 불가능하다. 염세주의는 실천적이며 이론적으로 비논리적이다. 논리학은 단지 의지의 장치 *수단mechane*이기 때문이다.

3[33]

의지의 의도는 무엇이었는가? 그것은 궁극적으로 **하나의 의지**이다. 비극적 사상, 미를 통해 진리에서 구원하는 것, 가장 놀라운 인식으로부터 올림푸스적인 것 아래 무조건적으로 복종하는 것 등이 이제 세계 안으로 들어왔다. 이와 함께 의지는 다시 존재할 수 있는 새로운 가능성을 얻었다 : 즉 개체 안에서 삶의 **의식적인 욕구**. 물론 이것은 비극적 사상에 따라 직접 얻어지는 것이 아니라, 예술을 통해 얻어진다.

따라서 이제 하나의 새로운 예술, 즉 비극이 등장한다.

서정시에서 디오니소스로 그리고 아폴론적인 음악으로 가는 길.

마술 : 서사시의 **행위**와는 반대로 **고뇌**가 소리를 낸다 : 아폴론적인 문화의 '형상'은 마술을 통해 인간에 의해 묘사된다.

더 이상의 형상은 없으며, 변화만 있다. 지나친 모든 것은 울리기를 멈춰야 한다.

인간은 진리 앞에서 전율해야만 한다 : 인간은 **치유되어야** 한다 : 힘이 빠져 광란을 그칠 때까지 내버려두어서 마침내 고요해짐, 놀라운 동요를 통한 가상에 대한 추구.

올림푸스 신들의 세계는 **윤리적인** 세계 질서로 바뀌었다. 가련한 인간은 그 앞에 무릎을 꿇었다.

3[34]

　　중세적 직관들의 영향을 받는 우리의 학교들, 즉 우리의 모든
교육 기관들.

3[35]

　　디오니소스와 아폴론.

　　비극적 이념과 음악.

3[36]

　　음악은 말이 된다.

　　예언자로서 아폴론. 진리와 아폴론은 서로 가까워진다 :

　　　　일곱 현인의 시대. 변증법의 탄생.

　　변증법을 통한 비극의 절멸 : 그 그리스인은 *이론적 인간anthropos
theoretikos*으로 계속해서 살았다.

　　'가상'의 예술로서 변증법은 비극을 멸절시켰다.

　　'진리의 가상', '사물의 형상들'로서 '개념의 예술'.

　　플라톤의 경우, 원상Urbilder으로서의 사물에 대한 최고의 찬
미, 즉 세계를 완전히 눈(아폴론)의 시점에서 바라봄.

3[37]

　　반짝이는 것, 빛나는 것, 빛, 색.

　　개별 사물들이 의지에 관계하듯이, 아름다운 사물들은 개별 사
물들에 관계한다.

　　음은 밤에서 유래한다 :

가상의 세계는 개별화를 확고히 한다.

음의 세계는 서로 연결된다 : 그것은 의지와 유사함에 틀림없다.

음은 : 그 장르의 천재의 언어이다.

현존의 상태로 유혹하는 소리로서의 음. 인식 표지, 본질의 상징.

현존을 위협하는 슬픈 소리로서.

모방과 음 : 의지의 운동의 두 가지 상징.

3[38]

I.	고대 드라마와 현대 드라마. 근본적 반대 명제인 고난과 행동, 전자의 근원은 서정시에서, 후자는 서사시에서. 전자는 말들, 후자는 표정극. 아마도 아리스토텔레스의 정의에서 시작했을 것이다. (버네이Bernays.)
II.	근원. (에피카르무스Epicharmus, 로렌츠Lorentz.)
III.	드라마 안에서 음악. (헨델Händel, 게르비누스Gervinus.)
IV.	다른 시학 장르들과 비교되는 드라마. (희극과 비극과 사티로스극. 핀다로스. 순환.)
V.	비극에서 언어. (게르트Gerth.) 변증법에 대한 개관.
VI.	고대 드라마의 영향들과 모방들. 오페라. 프랑스 비극. 괴테, 실러.
VII.	고대의 세 비극 작가. (아리스토파네스. 국가의 본보기. 알렉산드리아인.)
VIII.	소포클레스의 삶.
IX.	아이스킬로스와 소포클레스. 4부극.
X.	소포클레스와 에우리피데스. 소크라테스주의.

5

3[39]

소크라테스와 그리스 비극.

프리드리히 니체.

10 3[40]

아폴론적 음악리듬적 중요성에서 조형 예술과 유사함.

정감에 탐닉하는 것은 결코 아폴론적 음악의 목적이 아니었으며, 오히려 교육적 작용이었다.

반면 음악의 망아적인 작용.

15 상〈이한〉 음계의 특성 안에서 본능적으로 화음이 드러난다.

3[41]

음악과 비극적 사상.

20 3[42]

삶을 위한 종교 : 완전히 내면적이다 : 미(美)를 위한 종교 : 결핍이 아니라, 번영으로서.

염세주의자도 아니고, 낙관주의자도 아님.

무시무시한 것.

(세계에서 도피함.) 서사시에 걸맞는 비극적 사상은 종교와 상응한다 : 완전히 새로운 하나의 인식 : 순전히 소포클레스의 경우.

그의 특성

이러한 새로움은 어디서 오는가? 디오니소스적-음악적 서정시 : 열망되고, 개념을 통해 더 정확히 특징지워진 음악에 다름 아니다.

비극적 소재에서 나온 음악—더 이상 아름다움을 이야기하지 않고, 세계를 설명한다 : 그렇기 때문에 음악에서, 아름다움에 반하는 비극적 사상이 나온다.

3[43]

포도 숭배, 즉 마취 상태의 숭배. 마취 상태는 하나의 이상적인 원리이며 개체를 멸절하는 길이다.

마취 상태를 숭배하는 그리스인의 놀라운 이상주의.

3[44]

야만인들(즉 우리들)의 노예 근성.

노동 분업은 야만인 체제의 원리이며, 기계론의 지배이다. 유기체 안에는 분리되는 어떤 부분들도 없다.

근대의 개인주의와 고대와의 대조. 완전히 개별화된 인간은 너무 미약해, 학문, 개념, 악덕 등의 노예로 추락한다.

인식의 도가 상승하면서 한 유기체가 강해지는 것이 아니라, 오히려 약해진다. 말하자면 인식하지 않고 끊임없이 활동하면서 강해진다.

노예와 자유인을 구분한 고대인들의 소박성 : 우리는 정숙한 체하며 거만하다 : 우리 성격의 노예성.

아테네인들이 능숙했던 이유는 모든 측면에서 요구되었기 때문이며, 요구들의 한계가 그렇게 좁지 않았기 때문이다. 그러나 이러한 모든 요구는 **일반적인** 것이었다.

3[45]

그리스의 세계, 의지의 만개(滿開). 해체시키는 요소들은 어디서 왔는가? 만개 자체에서. 자신 안으로 진리의 이념을 흡수한, 놀라운 미적 감각은 진리를 점차 자유롭게 했다. **비극적** 세계관은 한계점이다 : 아름다움과 진리는 서로 균형을 유지했다. 우선 비극은, 인식에 대한 아름다움의 승리이다 : 자신에게 가까운 피안의 세계를 관조하는 자들은 예술적으로 창작된 것이고, 이와 더불어 그들의 과도한 해체력은 기피되었다. 비극은 신비적-염세적 인식의 조절관으로, 의지에 의해 지배되었다.

3[46]

세계의 본질로서 음악의 본질—피타고라스적인 직관.

시학.

3[47]

예술에 대한 플라톤의 적대 행위는 매우 중요한 것이다. 그의 학문 성향, 즉 앎을 통해 올바른 것에 이르는 길에서 가장 큰 적은 아름다운 가상이다.

3[48]

괴테가 말하기를 : 세계문학에서 독일인이 상실해야 할 것이
가장 많다.

3[49]

인간은 유희할 때 비로소 인간이라고 실러는 말했다 : 올림푸
스 신들의 세계는 (그리고 그리스 정신은) 그 대변자들이다.

3[50]

읽는 시학(詩學)의 탄생, 플라톤에 의해 고정되었음(*이론적 인
간anthropos theoretikos*을 통해).

3[51]

염세주의는 세계 질서에서 절대적으로 비논리적인 것을 인식
하는 것이다 : 가장 강력한 이상주의는 추상적 개념, 즉 진리, 도덕
성 등의 깃발을 들고 비논리적인 것과의 투쟁에 자신을 내던졌다.
그것의 승리는 본질적인 것이 아니라, 가상적인 것으로서의 비논리
적인 것을 부정하는 것이다. '실제적인 것'은 단지 하나의 *이데아*일
뿐이다.

　　─괴테의 '데몬적인 것!' 그것은 '실제적인 것'이고 '의지'이며
*필연성anagke*이다.

사멸하는 의지(**죽는 신**)는 개성들로 산산조각났다. 그의 시도는
항상 잃어버린 통일성이며, 그의 목적*telos*은 항상 더 넓은 붕괴이다.
획득된 각각의 통일성은 그의 승리이다. 특히 예술과 종교.

최고의 충동은 모든 현현에서 스스로를 긍정한다. 그 현현이 궁극에는 목적으로 몰락할 때까지.

3[52]

최고 인간 법정의 창립 : 플라톤적인 국가는 현실성이 되었다. 그러나 그곳에서 예술은 추방당했다. 이 예술이 이제 국가를 제압하고자 한다.

3[53]

§. 헬레니즘을 위한 비극의 목적론.
§. 서정시와 음악에서의 근원과 관계.
§. **낭만주의적 드라마로의 몰락과 전이.**
§. 통일성.
§. 합창.
§. 아리스토텔레스에 반대해.
§. 디오니소스 예식과 아폴론(그리스인의 이상주의).
§. 헬레니즘적 세계관.
§. 예술가.
§. 시학적 정의.
§. 마취 상태.

3[54]

아름다움은 전적으로 음악의 영역에 관여하지 않는다.
리듬과 화음이 주요 부분이고, 멜로디는 단지 화음 약기(略記)

법의 하나이다.

음악의 변용시키는 힘, 거기에서는 모든 사물이 변한 것으로 보인다.

3[55]

인식을 통해서 세계를 파괴하는 것! 무의식을 강화해 새롭게 창조하는 것! 미련한 '지그프리트'와 알고 있는 신들!—염세주의가 비존재를 절대적으로 열망할 수 없다 : 단지 더 나은 존재로!

예술은 추구할 만한 가치가 있는 열반에 비해 하나의 확실한 긍정성이다. 질문은 단지 이상주의적인 천성을 위해 제시될 뿐이다 : 긍정적인 행동을 통한 세계의 극복 : 첫째, 환상의 파괴자인 학문을 통해, 둘째, 남겨진 유일한 실존 형식인 예술을 통해 : 논리적인 것을 통해서는 해결되지 않기 때문이다.

3[56]

소크라테스와 그리스 비극

3[57]

이야기 — 조형 예술을 향한 길. │ 이념을
서정시 — 음악을 향한 길.   │ 통해
드라마 — 음악을 향한 길 — 조형 예술을 통해
         — 조형 예술을 향한 길 — 음악을 통해.

3[58]

　꿈 — 조형 예술들을 위한 자연의 징조.

　황홀경(도취) — 음악을 위해.

3[59]

　근본 질문 : 어떻게 비극은 헬라인에게서 존속할 수 있었는가?
아테네인들에게는 무슨 이유로? 그것은 왜 몰락했는가?

3[60]

　삶의 유일한 가능성 : 예술 안에서. 그 외에는 삶을 외면하는
것. 환상을 완전히 깨뜨리는 것이 학문의 충동이다 : 그것은 정적주
의를 따랐을 것이다—만약 예술이 존재하지 않았더라면.

　예술의 고유한 신탁 중심지인 독일.—목적 : 국가적인 예술 조
직—교육을 위한 수단으로서 예술—**특히** 학문적인 훈련들의 제거.

　아직도 살아 있는 종교적인 느낌이 예술의 영역으로 용해되는
것—이것이 실천적인 목적이다. 예술의 점증하는 **봉헌**을 통해 예술
의 비판 정신을 의식적으로 깨뜨리는 것.

　이것은 독일 관념론의 충동으로 증명됨.

　따라서 : *이론적 인간anthropos theoretikos*의 과도한 지배에서의
해방.

3[61]

　확고한 것들은 충동을 전제로 한다 : 후에 힘이 감소된 경우, 그
것들은 협정과 관습에 의해 제소리가 나지 않는다.

자유의 축제, 동일화의 축제, 자연과의 재합일로서 봄의 축제.

3[62]

헬라인은 낙관주의자도 염세주의자도 아니다. 무시무시한 것을 실제로 쳐다보고 은폐하지 않는 본질적으로 **남성**이다. 신정론은 헬라적인 문제는 아니었다. 세계를 창조하는 것은 신들의 행위가 아니기 때문이었다. 헬레니즘의 위대한 지혜는 신들 역시 *필연성anagke*에 굴복한 것으로 이해했다는 점이다. 그리스 신들의 세계는, 가장 놀라운 것을 은폐했던 나부끼는 너울이다. 그들은 **삶**의 예술가들이다. 그들은 삶에서 소외되지 않고 살 수 있기 위해 신을 믿었다.

중요한 것은, **삶으로 생명체를** 이끄는 **이상주의이다.**

비밀에 싸인 괴테처럼, 장미로 십자가를 감싼다.

3[63]

그리스 예술이 **여성을** 이상화했던 방식.

3[64]

신화적 충동은 사라지지 않는다. 그것은 철학자와 신학자 등의 체계 안에서 나타난다.

3[65]

하나의 더 약한 증상 안에서 신화적 충동.

비극은 이 충동이 탄생하기 전에 어디에 있었는가?—예를 들면 오이디푸스, 아킬레스 등의 이야기 안에.

3[66]

*시력ophis*과 슬픈 노래*melos*를 단지 *비극의 양념hedysmata*으로 평가하고 : 그는 이미 읽는 드라마를 인정했던 **아리스토텔레스**에 전적으로 반대하여

3[67]

기독교의 역사.

불교.

이탈리아 여행.

바이로이트에서의 음악 드라마.

그리스 철학 : 플라톤 이전의 철학자.

플라톤.

헤로도토스.

3[68]

*히토크리테스Hytokrites*는 '설명자', '해석자'이며, 주신 찬가의 합창은 열광적인 흥분의 전(前) 역사와 원인을 알리기 위해 설명하는 이야기로 중단된다. 따라서 연기자가 설명하는 드라마. 아리스토텔레스, 수사학. III 1, 3.

쿠르티우스는 이것을, 특히 합창에 이어지는 *변사agonistes*로 파악했다. Rh. Mus. 22, 515.

3[69]

그리스의 계몽 : 여행을 통해.

헤로도토스 : 그는 얼마나 많이 보았는가!

그의 비교로부터 그의 동시대적인 드라마와 삶에 대한 재구성.

3[70]

이름 : 비난받아야 할 음악 드라마(리하르트 바그너에 따르면).

3[71]

도입부 : '쾌활하고 물질적인 헬레니즘', 근대인은 이것을 비난

하기를 꿈꾼다!

비극과 비극적 세계관 : 단 한 번 민족적이었던!

위대한 *우울병자melagcholikoi.*

고르고와 메두사.

3[72]

엘레아 학파에 이르러 최고점에 이른 인식론.

3[73]

소크라테스와 본능

I. 윤리학에 대하여.

의지에 이바지하는 도덕. 염세주의의 불가능성.

우정 개념. 이상화된 종족 충동. 개념적인 도덕성.

행복주의적 개념하에 있는 금욕적 경향 :

그리고 그 반대(유대적-기독교적 세계 안에서).

자족하는 이상주의(헤라클레이토스, 플라톤).

의식의 지배로서의 스토아주의. 격언.

II. 미학에 대하여.

의지에 이바지하는 예술.

음악과 시학.

통일 개념과 부조(浮彫). 호메로스의 질문.

비극 안에서 소크라테스주의.

플라톤의 대화. 예술 안에서 견유주의.

알렉산드리아주의.

아리스토텔레스의 미학. 플라톤의 도덕적 입장.

그리스의 탈아적 예술계.

III. 종교와 신화.

가난에서 나온 일원론. 약화된 그리스 문화의 의지에 대한 유대적 세계의 승리. 신화적 여성. 신화의 운명과 염세주의. 신화에 있어 추한 것의 시대. 디오니소스와 아폴론. 불멸성. 개인의 우상화(알키비아데스, 알렉산드로스). 플라톤의 이데아에 대한 신화적인 전형(종족의 저주 등) 의지의 약화된 상태로서 개별화의 원리.

IV. 국가론, 법률, 국민 교육.

*이론적 인간anthropos theoretikos*과 그의 목적론. 국가의 수단으로서 음악. 선생. 사제. 비극 작가와 국가. 유토피아. 노예 상태. 여성. 헤로도토스가 생각한 외국. 방랑. 광기에 대한 헬라적인 표상. 복수와 권리. 야만적 상태에 대한 정복자와 극복자인 그리스인(디오니소스 예식). 깨어난 개인.

3[74]

선생으로서 예술가.

헬레니즘은 그 형식 자체 안에서 생존할 수 있는 유일한 것 : 아름다움의 가면을 쓰고 있는 무시무시한 것.

논쟁적 측면들 : 새로운 그리스 정신(르네상스, 괴테, 헤겔 등)에 반대해서.

3[75]

읽는 시의 아버지로서 플라톤의 대화 : 읽는 서사시, 읽는 드라마, ― ― ―

3[76]

빙켈만 이후 '헬라적인 것' : 가장 강력한 천박화.

그 다음엔 그것을 넘어서 지배하려는 기독교적-게르만적 오만. 헤라클레이토스, 엠페도클레스 등의 시대는 알려지지 않았다. 사람들은 로마적-전 세계적인 헬레니즘의 형상, 즉 알렉산드리아주의를 갖고 있다. 아름다움과 천박함의 결탁, 아 필연적인! 분격을 일으키는 이론! 유대 왕국!

3[77]

그리스의 종교는 그 후 생겨난 어떤 종교보다 더 고귀하고 심오하다. 그리스 종교는 예술과 연결되어 있었다. 그 정점은 소포클레스 : 염세주의적 사상가들 사이에서 그리스 종교의 목표는 현존재의 지복이었다. 비극적 세계 조망은 단 한 번 있었다. 예를 들면 소포클레스에게서(염세적인 명랑함*eukolos*).

3[78]

종교들의 가치는 그 **목적**이 판단한다 : 목적*telos*은 무의식적 의지 안에 있다.

3[79]

독일인의 본질 : 이상화된 낙관주의를 지닌 불만족성Dyscolie.

3[80]

자신을 누에고치처럼 만들어버리는 그리스적인 교활함.
고대 헬레니즘에 있어서 여성의 의미.
학문적인 흥분, 예를 들면 피타고라스주의자들의 경우.

3[81]

의지는 자신의 무한한 현존재를 한껏 추구하면서, 현존재가 지속하도록 보증해주는 모든 것을 가장 강력하게 긍정한다. 예를 들면 기독교. 도덕. 의지는 유토피아를 추구한다. 그것은 최고로 우주적으로 생각하며, 개별자는 자신이 현존재를 요구할 능력 외에는 의지에게 더 이상 가치가 없다.

5   윤리학은 현존재를 향한 순수한 갈망에서 나온다.

그것에 무조건적으로 굴복하지 않는 유일한 것이 추상적 개념인데, 본래 하나의 수단이었던 이것은 점차 해방되었다.

3[82]

10   조닉소스*Zonnyxos*(= 레스보스-에올리아 방언으로 *Dionisos*. 원래는 *Dionysos*). 이것은 또다른 어간인 *vek*, 즉 *vekus*, *vekros*(둘 다 '죽다'란 뜻) 등으로 이어진다.—neco('죽다'란 뜻).

디오니소스는 헤라클레이토스에 따르면 하데스이다.

제우스의 쿠레텐 예식은 근원적이다.

15   조닉소스Zonnyxos는 '죽은 제우스' 또는 '죽이는 제우스'이다—사냥꾼 제우스＝자그레우스 Zagreus 그리고 식육하는 자 home-stes.

3[83]

20   어원론이 이야기를 만들어내는 배아로, 국민들 사이에서 끼치는 영향 : '신화를 어원론적인 씨앗과 함께' 모으는 것. 그러나 이것은 개별적인 것은 아니다. 오히려 언어 안에서 말들의 의미는 그러한 어원론을 통해 끊임없이 변하는 것처럼 보인다. '잘못된, 그리고 올바른 어원론의 영향하에서 의미의 전개.'

특히 문장론에서. 나는 명사의 격이 모든 문장론적 연결의 근원
이라고 생각한다 : 또한 동사를 위해서도 본래 계속적인 증인이다.

3[84]

플라톤 이전의 철학자들.

그리스의 현인.

아낙시만드로스.	우울함과 염세주의. 비극과 유사하다.
피타고라스.	6세기의 종교 운동.
크세노파네스.	호메로스와의 결투.
파르메니데스.	추상화.
헤라클레이토스.	예술가적인 세계 고찰.
아낙사고라스.	하늘의 자연사. 목적론. 아테네적 철학자.
엠페도클레스.	이상적이고 완전한 그리스인.
데모크리토스.	보편적인 인식자.
피타고라스 학파.	헬라인에게 있어 척도와 수.
플라톤.	교육, 사랑.
	보편적이고 공격적인. ｝ 교육에 대한 투쟁.

3[85]

교육에 대하여. 플라톤적인 표상.

생식(생산) — 명예 — 교육.

그 이름이 전파되는 것은 이것과 연결되어 있다.

전파에 대한 충동. 전파의 소재가 더 풍부히 전개될수록, 그 충
동은 더욱 격해진다.

따라서 전파의 충동을 자신 안에 느끼는 자는 **아름다움**을 추구한다. 만약 아름다움을 소유하게 되면, 거대한 광기에서 해방되기 때문이다.

3[86]

의지에 봉사하는 도덕과 예술
소크라테스주의 국가론에서
윤리학에서
예술에서
그리스 세계와 목적론에서 *이론적 인간*.
음악과 그리스 시학.
의식을 통한 신화의 절멸.
(항상 불투명한 개념 안에서) 국민 본능의 해소.
유대적 세계를 통한 그리스 문화의 멸절.
우정 개념.
이상화된 종족의 충동.
선생.
디오니소스와 아폴론.

3[87]

미학에 관한 책.
윤리학에 관한 책.
신화 등에 관한 책.
국가론에 관한 책? 법률. 국민 교육.

통일 개념과 부조(浮彫).

역사 구성의 필연성.

3[88]

고대 그리스의 소크라테스주의.

소크라테스와 본능.

역사 철학에 대한 기고.

3[89]

개념적인 도덕성 : 의무. 개개인에 있어서 의무의 개념이 된 것은 어쨌든 여전히 의지의 문제일 뿐이다.

3[90]

'윤리학의 이상주의', 명백히 말하면 직관의 관념론(칸트).

3[91]

사람들은 의지를 넘어설 수 없다 : 금욕자의 경우엔 어떤가? 자살자의 경우엔? (단지 의식 존재의 도취나 멸절을 통해서만 가능한가?) 단지 더 행복한 존재를 추구할 때에만 자살은 가능하다. 비존재는 생각될 수 없다.

추상의 유용성, 예를 들면 무조건적인 진리성.

금욕적 성향은 가장 자연에 반하는 것이며, 대부분의 경우 단지 왜곡된 자연의 결과일 뿐이다. 이 왜곡된 자연은 더 나빠진 인종을 유전시키려 하지는 않을 것이다. 기독교는 오로지 부패한 세계 안에서 승리할 수 있었다.

3[92]

　　고전주의적 문헌학의 대부분의 '긴급한 질문들'은 대체로 소수
의 사람만이 볼 수 있는 핵심적인 질문들에 비해 **하찮은** 것이다. 플라
톤의 대화가 어떠한 순서로 씌어졌는가 하는 것은 얼마나 시덥잖은
가! 아리스토텔레스만의 순수한 질문이란 얼마나 무익한가! 한 시가
(詩歌)를 운율학적으로 고정시키는 것은 사소한 것이다.

3[93]

　　플라톤의 대화(이것은 그리스 시학이 아테네 국가와 관계하듯
이 플라톤의 국가와 관계한다).
　　예술에 대한 적개심.
　　윤리학의 이상화된 낙관주의. (도덕과 예술.)
　　정치적 격정.
　　국가에 대한 비극 작가의 입장.

3[94]

　　증명 : 이상주의자의 경우 유토피아 없는 현존재는 견딜 수 없
다(종교, 예술, 국가의 영역 내에서).
　　위대한 이상주의자들 : 피타고라스, 헤라클레이토스, 엠페도클
레스, 플라톤. 자연과 본능의 계몽주의자이며 해소자로서 *이론적 인
간aner theoretikos*. 개념들의 시학.
　　그러나 아리스토텔레스와 플라톤은 실천가이기를 원했다.

3[95]

사람들은 의지를 넘어서지 못한다 : 도덕과 예술은 의지에 봉사하고 있으며, 단지 의지를 위해 일할 뿐이다. 아마도 그것이 의지에 반해 필연적으로 생긴다는 사실은 환상일 것이다.

염세주의는 비실천적이며 결과를 남길 가능성이 없다! 비존재는 목적일 수 없다.

염세주의는 단지 개념의 왕국에서만 있을 수 있다. 그것은 단지 세계 과정의 필연성에 대한 믿음과 더불어서만 겨우 존재할 수 있다. 이것은 거대한 환상이다 : 즉 의지는 우리를 현존재에 고착시키고, 현존재를 가능케 하는 조망으로 모든 확신을 향하게 한다는 것. 이것이야말로 예시에 대한 믿음이 사라지지 않는 이유이다. 그 믿음은 악을 넘어서기를 돕기 때문이다. 불멸성에 대한 믿음도 마찬가지다.

[4 = N I 1. 1870년 8월~9월]

5 　4[1]

8월 20일 토요일 에어랑엔에서.

　8일 전부터 이곳에 : **토요일**, 부상당한 프로이센인, 프랑스인, 터키인을 태운 기차로 도착했다. 오전에 린다우로부터 : 모젱엘 Mosengel, 누이동생 그리고 나. 발피쉬에 숙박했는데, 넓고 편했다. 야전병원에 대한 정보를 얻기 위해 우리의 카드를 저녁에는 **하이네** **케**에 보냈다. 이것은 아우크스부르크인의 번호를 통해 같은날 알게 되었다.

　일요일. 하이네케는 여기에 없다. 침젠Ziemsen이 방문했고, 다음은 에브라르트Ebrard. 병원에서 헤스Hess 박사를 알게 되었고, 침젠은 주중에 우리와 여행하기로 약속했다. 저녁 회진 때 모젱엘은 통역자로. 매일 아침 9시 30분에서 10시 헤스 박사의 붕대 감는 법 강의. 아침 7시, 저녁 6시 회진 때.

　월요일 저녁. 평온한 가운데 샤스포(총)가 제시되었다. 화요일 플리트Plitt의 방문. 목요일 내 누이동생이 월닛츠로 출발. 이틀 내내 전투 소식들. 오늘(토요일) 자신의 지휘하에 결정적으로 승리했다는 왕의 전문. 우리는 곧바로 한 프랑스인을 마취시키고 붕대로 깁스를 했고(총에 맞아 그의 손이 찢어졌다 : 그는 마취 속에서 "맙소사, 맙소사, 나는 간다mon dieu mon dieu je viens"라고 외쳤다), 그전에 열한 살 먹은 한 소녀의 다리에서 부골(腐骨)을 제거했다. 이삼일 전에 어떤 집에서 한 소년이 마취되었다. 아주 힘들었음. 어제 허파에 총상을 입은 한 프로이센인이 병원에서 죽었고 오늘은 두 번째이다. 한 프로이센인 '리비히Liebig'의 양호한 건강 상태 : 잘 먹고 잘 자고. 그렇지만 희망은 별로 없다. 팔이 부러졌고 깁스도 불가능하다. 터키인은 마음에 든다. 그는 호감가는 환자이다.

무시무시한 교수의 표본으로, 테이블에 마주 앉아 있는 크라우스(우리에게 '달콤한 입술'로 잘 알려진 식물학자)와 롬멜(쉬놀러라고 불리는 양조업자, 그러나 원래는 물리학자).

어제 트립셴Tribschen에게서 온 편지. 곧바로 악곡으로 답장했다.—파리에서 모젱엘의 놀라운 운명, 사랑 이야기, 그리고 헝가리 백작의 방탄복(오르신의 암살 계획 당시 황제가 입게 했던?)

병원에서 **디프테리아** 발발. 라인쉬Reinsch 박사와 그의 가족들 : 엄청난 불안감이 일다. 검정, 빨강, 노랑으로 된 프로이센의 무덤.

월요일. 우리에게 주권을 준 단체의 명령. 침젠과 함께 출발. 뉘른베르크에서는 독자적으로. 우리는 슈투트가르트로 향했다(나폴리산 담배갑).

(에어랑엔에서 식사 중의 불쾌한 담화, 경악할 정도인 바이에른적 야만성과 속물 근성.)

'든든하던' 시기는 내 누이동생의 출발과 함께 끝났다. 어느 날 저녁 학생 술집에서 헤스 박사와 함께('바이로이트 사람'인).

지독하게 느린 기차 : 우리는 화요일 뇌르틀링엔에 도착했을 뿐이다. 그곳 여관에서 닥터 바젤을 만나다(쿠르브아지에Courvoisier 박사).

수요일—아침 5시 : 여관 주인이 우리에게 거짓말하는 동안, 우리는 빠른 기차로 슈투트가르트까지, 거기서부터 칼스루에(4시간 30분)까지, 그리고 여기서 우리는 30분 동안 막사우 행 기차를 기다린 것은 잘된 일이었다. 왜냐하면 거기서부터는 연결되는 기차가 없었기 때문이다. 우리는 당글레테르 호텔에서 저녁을 매우 잘 먹었고, 프린츠 막스 호텔에 묵었는데, 좋았다. 엄청나게 잤다. 목요일 8시 30분 기병 장교와 함께 막사우로 향했다. 거기에서는 2시 30분까지 연결되는 기차가 없었다. 우리는 한 호텔에 모여 앉았다. (칼스루에에서 우리는 소시지와 수통에 넣을 부르군트 포도주를 샀다.)

시장의 축포.

왕의 생일. 주인은 유대인. 다음은 빈덴까지. 여기서는 천천히 계속. 저녁 때 바이센부르크에, 아름다운 저녁 조명, 고풍스런 도시가 견고했고, 우리는 엥엘에 묵었는데, 멋졌다. 그곳에는 소포물을 2만 4천 탈러에 호송하는 뤼베크인이 있었다. 에들러 리히터Edler Richter 박사. 금요일 비. 가이스베르크로 가는 길에 재난을 당하다. 기차를 두 대나 놓쳤다. 1시 30분 기차에 앉아, 3시경 계속해서 슐츠로 향했다, 수다스러운 라인바이에른인. 슐츠에서는 아름다운 히르쉬 여관에서, 그 다음엔 군의관과 바이에른 장교와 함께. 잘 먹었음. 토요일 아침 아름다운 곳인 게르스도르프로, 마이르Maire 목사와 함께. 아무 소식도 듣지 못함. 뵈르트Wörth의 무덤, 배낭과 무기를 싣다. 매우 비쌌고, 신문이 없었다. 전투.

4[2]

요한 수도회의 계란 케이크. 그 중 3분의 2는 프랑스어를 몰랐다. 그놈들이 나를 프랑스 병원의 관리자로 만들었다. 2학기 중인 대학생.

4[3]

　　전쟁터 편지들. 책들. 군복. 기관총의 지독한 냄새. 폭격된 집,
'몇몇은 부유했음'(랑엔슐츠바흐를 향해, 그곳의 한 농부와 함께 예
거Jaeger 목사에게로(개신교적이며-우울하고-친절한). 거기서부터
아름다운 숲을 거쳐 게르스도르프를 지나 슐츠로, 총 12시간이 걸렸
다. 담배갑의 운명. 일요일 아침 기차에서 2시까지 기다리다, 갑자기
뛰어넘어서 하게나우로. 그곳 호텔은 드 라 포스트가 아니라, 소바주
였다. 저녁에 우리는 육군 소령을 다시 만났고, 하이델베르크에서 온
대학 강사들과 한 명의 베를린 유대인을 만났다. 스트라스부르의 요
한 수도회원에 대해. 무의미한 소문들, 메츠와 파리, 샬롱은 난공불
락이며, 베르됭에서 맥마흔Mac Mahon 전투 등.

　　월요일 비슈바일러까지. 카발레리, 거기서 긴 밤. 스트라스부르
크의 화재.

4[4]

　　스트라스부르크의 사령관은 시장을 총살하라고 했다.

4[5]

　　마차에 매달린 말 한 마리. 군인의 카페 사격. 적개심에 찬 철도
공무원들, 차버른에서 정오까지 : 깊은 밤에 뤼네빌까지, 철도는 만
원이었다. 13량의 기차. 수요일 첫번째 호텔, 아름다운 공원. 카페. 진
압된 사람들 : 어제 백만이, 오늘은 십만이 행방 불명되었다. 정오,

성당, 카페, 공원. 저녁때 뷔르템베르크의 장군. 파리 카페. 목요일 아침 5시경 출발.

목요일 아침 5시경 출발.

낭시를 향해, 동바슬 호텔. 시장 스타니슬라우스 광장의 군인들. 스파이. 오염. **금요일** 공원 에어랑엔인 호프만 바르토시 역Hoffmann Bartosch. 아르스 쉬르 모젤Ars sur Moselle을 향해. 부상자를 실은 기차. 요한 수도회의 부인들. 거기서 장교, 동양의 담배들. 리비히 Liebig. 부상자들. 라이프치히에서 온 스톨비Stolbie 씨. [─]의 그림. 도시로 가는 길이 파괴되었다.

화톳불. 밤.

토요일. 바인켈러라는 카페.

요한 수도회 동맹.

4[6]

괴테, 4권, 149쪽

4[7]

말하는 것에 양음(揚音)이 있다면─악센트와는 구별되는─, 그 것은 시행 안에서 다시 발견되어야 한다. 그러나 단어들은 시행 안에서 가장 비슷한 입장을 갖는다. 다시 말해 때로는 발산되는 음에서, 때로는 억제되는 음〈에서〉, 단어들은 아무런 양음도 갖지 않는다.

하나의 시행의 양음Versictus(a)이 있다면, 분명 어떤 단어의 양음Worticus(b)도 없다.

그러나 만약 어떤 단어의 양음(b)도 없다면, 확실히 아무런 시구의 양음(a)도 없다.

    a가 존재하면, 확실히 b도 존재하지 않는다.

    b가 존재하지 않으면, 확실히 a도 존재하지 않는다.

    따라서 a는 존재하지 않는다.

    시구의 양음이 존재하지 **않**으면, 단어의 양음이 가능하다.

    단어의 양음이 존재하면, 시구의 양음이 가능하다.

4[8]

    오 승리자여 *o kallinike*.

    — —/u —/u

    그리스인과 로마인의 경우 국민 갈채의 모음.

    위대한 승리자여*tnella kallinike*

    — — /u —/u —/u

4[9]

    에우리피데스의 〈바쿠스의 여인들!〉 내 학생의 진술에 따르면
하나의 강력한 인상을 지니며 쾌감을 불러일으킨다.

4[10]

    지리학!

[5 = U I ₃₋₃ₐ. 1870년 9월~1871년 1월]

5   5[1]

'비극과 자유정신'에 대한 사상

"그리고 나는 가장 열망하는 힘에게
가장 고유한 형태의 생명을 부여해야 하지 않겠는가?"

《파우스트》

10   1870년 가을

5[2]

비극을 그 본원에서 발견하기 위해, 우리는 고찰의 어떠한 심연
도 회피해서는 안 된다 : 이러한 본원들은 의지, 광기, 아픔이다.

15   1970년 9월 22일

5[3]

'음악을 통한 게르만 정신의 변형과 지속적 형성.'

20   5[4]

괴테, 클로프슈톡에 대해 :
그리고 그 자신은 다른 나라의 신들을 경배하는 골고다의 언덕
으로 초서사적인 십자가의 행진을, 이끌었다.

5[5]

　　— 눈물의 힘facultas lacrimatoia —

5[6]

　　표어로서 리비우스의 문장 :
　　"우리 시대에서 우리는 우리의 오류도, 그것을 방지하는 수단
도 참을 수 없다."

5[7]

　　운명.
　　신탁.

5[8]

　　1 아폴론과 디오니소스.
　　3 소크라테스와 비극.
　　2 비극, 무대 장치, 합창단, 4부극
　　　즉 근원, 본질, 해결.
　　　아리스토텔레스의 미학.

5[9]

　　도입부. 연극의 도움으로 새로운 원리들에 따른 청년 교육.
　　종교를 경멸하는 것에 대한 방어. 학자적인 교육은 경험들, 사
건들, 세계관이 획득된 후에야 비로소 가능하다. '수년 간의 헬레니
즘.' 윤리성은 특히 독일적 본질에서 하나의 전제이다.

또는 결론 장(章). 교육 수단으로서 비극.

5[10]

4, 324.

게르비누스 : "오성 교육이 전면에 등장하는 현대는, 음유 시인과 서사 시인의 잔잔한 이야기 내용을 현재화할 줄 아는 생생한 상상력을 잃어버렸다는 점, 그리고 이러한 상실을 보충하기 위해 시인은 무뎌진 기관들에 더 활발한 영향을 끼칠 수 있는 극적 수단들을 그가 포착했다는 점에 대해 우리는 수없이 한탄했다 : 묘사의 현재화와 대화에 대한 더 생동감 있는 서술 : 격정의 흥분을 통해 외적 감각들과, 또한 동정심에 찬 관객의 관심에 더 강력한 영향을 끼침."

예술에 대한 정당한 합리주의와 나쁜 합리주의!

5[11]

플라톤의 《국가Staat》 3에서, 소포클레스가 에로스에 대해 취한 입장.

5[12]

소크라테스는 《국가Politeia》 X 4에서 극적인 시학에 대해 말했다 :

"음악적 마술의 색채미를 배제하고, 완전히 단순한 박자를 연주한다면—그때 당신들은, 청춘을 상실한 얼굴은 젊은이의 얼굴이긴 하지만 아름답지 않다는 것을 알게 될 것이다."

5[13]

콜로노스Colonos의 오이디푸스에 대해.

7막에 대하여. 불운, 오랜 삶의 과정과 고귀한 감각을 통해 배운 체념.

5[14]

120쪽.

플라톤《법률legg》83a : 존재가 아직 그에 걸맞는 이성적인 통찰력을 갖지 못한 중간 시대에, 각각의 존재는 날뛰고 법칙 없이 돌아다니며, 단지 올바로 걷는 것을 배우자마자, 그것은 또다시 똑같이 뛰어오른다. 이것이 음악과 체조 예술의 시원들이다.

lib. II 68쪽.

쾌감과 불쾌감은 본래 유아적인 느낌들이며 덕과 부덕은 이러한 형태들 안에서 영혼 앞에 나타난다.

게다가 인간이 신들과 함께함으로써 교육을 다시 초기 상태로 되돌리는 것을 배우기 위해, 축제들이 현존하는 것이다. 아직 어린 모든 것은, 육체와 목소리에 한 순간도 평안을 줄 수 없다. 신들은 리듬과 화음을 위한 감정의 수여자이다.

우리의 첫번째 교육은 아폴론과 뮤즈에서 연원한다.

5[15]

취기와 주연(酒宴)의 의미에 대해 플라톤은 국민 교육과 연관해 중요한 고찰을 시도한다.《법률》1. 2권.

5[16]

비극에서 합창은 오케스트라와 비교되는가?

비유는 장르적인 것을 통해 이해되는가? 어떻게?

5[17]

개별 예술들이 아이스킬로스의 드라마에서 절정에 이르지 못했다는 사실에서, 이 개별 예술이 필수적이라는 사실이 도출되지는 않는다.

왜 연극술, 회화, 음악이 절정에서 더 이상 음악 드라마에 봉사하지 않는가?

드라마 안에서 음악은 마치 회화와 같이 다른 것이 되었다 : 그것은 속이려 하며, 더 이상 순수한 가상의 예술이 아니다. 그것은 더 본질적으로 작용하며, 수단이고, 더 의식적이다. 왜냐면 **조형적**이어야 하기 때문이다. 그러나 노래의 경우는 어떤가? 가장 단순한 이 관계 내에서?—

5[18]

막스-에피소드와 테클라-에피소드에서 실러는 가장 독일적이다 : 그러나 여기서 그에겐 소리, 즉 음이 결핍되어 있다. 베르테르와 이피게니에는 이러한 무한한 부드러움을 가지고 있다.

홈부르크 왕자에 관한 장면, 죽음에 대한 공포.

5[19]

실러와 클라이스트—음악의 결핍.

후자는 더 높이 놓여져야 한다. 그는 이미 계몽주의 시대에서 완전히 벗어나 있다. 예술이 그를 꽉 잡고 있다 : 그러나 정치적인 광적 표상은 여전히 더 강력했다.

5[20]

오케스트라는 교육받은 우리의 청각을 위해서 감정의 관현악적 운동을 발전시켰으며, 느낌의 춤으로 구체화되었다.

5[21]

아이스킬로스적인 드라마를 해체시키는 것은 아테네 민주주의를 해체시키기 위한 증상일 뿐 아니라 수단이었다.

어떠한 철학도 비극과 연결되지 않았다는 사실에서 하나의 쇠약함이 보인다.

또는 **드라마**를 소중히 여긴 **오르페우스적 피타고라스** 학파는 존재하지 않았는가? 또는 아르케실라우스Arcesilaus나 폴레몬Polemon은? 존재하지 않았다!

철학자들은 예술과 어떤 관계가 있었는가? 드라마와는?

그들은 자신들의 소크라테스적 근원 때문에, 거기에 결코 이르지 못했다.

5[22]

'비극과 자유 정신.'
음악 드라마의
윤리적-정치적 중요성에

대한

고찰.

5[23]
'계몽주의'와 그 대표적 시인을 극복하는 것.

거꾸로 향하는 그리스로서 독일 : 우리는 페르시아전쟁의 시대에 이르렀다.

5[24]
광적 표상들.

예술의 더 진지한 과제.

단지 음악적 극적 예술뿐.

헬레니즘의 예. 아폴론과 디오니소스.

소크라테스주의 안에서 해체.

자유정신이라는 새로운 교육 제도.

드라마와 비교해, 국가의 의무.

5[25]
의식적인 정신의 형식 안에서 본능은 어떻게 드러나는가?

광적 표상들 안에서.

자신의 본질을 인식하는 그 자체는 자신의 작용을 절멸시키지 못한다. 그러나 인식은 확실히 고통스러운 상태를 만들어낸다 : 이에 반해 치유는 단지 예술의 가상 안에서만.

이러한 본능들의 유희.

아름다움은, 예를 들어 연인 등과 같은 존재를 광적 표상하에 드러내는 형식이다.

예술은 그 내부에서 세계가 그것의 필연성이라는 광적 표상하에 드러나는 형식이다.

그것은, 스스로를 인식 사이에 끼워 넣는 의지를 유혹적으로 묘사한다.

'이상적인 것'은 그러한 광적 표상이다.

5[26]

광적 표상들 : 그것을 꿰뚫어보는 자는 누구든 오로지 예술에서 위안을 얻을 뿐이다. 이러한 꿰뚫음은 이제 자유 정신에서 필수적이다 : 군중들이 거기에 어떻게 관계되는지는 알 필요 없다. 단지 우리가 예술을 필요로 한다는 사실로 충분하다 : 우리는 예술을 모든 수단을 동원해, 필요하다면 투쟁을 해서라도 원한다. 못쓰게 되고 구토를 일으키는 오늘날의 교육을 넘어서는 재판관과 지배자로서, 하나의 새로운 교육 종파. 실제적인 교육 요소들, 순수한 학문적 열광, 엄격한 군사적 복종, 부인들의 정감에 대한 깊은 욕구 등 아직도 존재하는 기독교 정신에 대해 언급해야 한다.

교육된 지혜로서 소크라테스주의는 (모든 현상들 안에서, 정통 기독교 안에서, 오늘날 유대주의 안에서) 예술을 싫어하거나 또는 예술에 무관심하다.

오이디푸스와 같이, 우리는 복수의 여신Eumeniden의 성스러운 숲에서 비로소 평안에 이른다.

5[27]

개체의 광기.

　조국애.
　신앙 고백.
5　종족.
　학문.
　의지의 자유.
　경건성.

10　5[28]

　　현재적 삶에 대한 사실주의와 자연과학은 믿을 수 없을 정도로 교육적으로 몰아가는 힘을 갖는다 : 예술은 이것들에 맞서야 한다.
　　고전적 교육은 항상 소심한 가르침으로 기형화될 위험성이 있다. 예술에 대한 경건성이 결핍된 것 : 끔찍한 크로노스 현상, 즉 시15간은 자신의 고유한 자식을 삼켜버린다. 그러나 전혀 다른 욕구를 가진 인간이 존재하며, 이 욕구들은 현존을 강요하며, 이 내부에 독일의 미래가 놓여 있다.

　5[29]

20　　결론 장 '소크라테스가 음악을 행했다.'

　5[30]

　　시적인 세계를 설명하는 데 최소한도로서의 유일신론.
　　유대인의 경우 하나의 민족신, 즉 하나의 깃발을 가지고 전투하

는 민족 : 하나의 윤리적 엄격함을 육체화하는 것, 자기 자신에 대한 엄격함, 정언명령적인 신 (특징적인 것은, 그가 자신의 유일한 아들을 희생물로 요구한다는 사실이다).

우리의 민족신들과 이에 대한 우리 감정은 그것과 바뀐 괴물을 얻었다 : 우리는 이것에 우리의 모든 느낌을 바친다.

민족신들이 사람들의 주문을 통해 사라진 후, 종교의 종말이 온다. 이것은 예술 안에서 끔찍한 고통을 야기시켰다. 저러한 낯선 비민족적인 멍에를 끊어버리는, 독일적 본질의 놀라운 작업 ; 그리고 그것은 성공했다.

인도(印度)적 숨결은 아직 남아 있다 : 우리와 유사하기 때문이다.

5[31]

왕, 아버지, 제사장의 형태로서의 신성(神性)들―

그리스 신화는 중요한 인간성의 **모든** 형태를 신으로 만들었다.

하나의 정신을 믿는 것은 하나의 상상이다 : 곧바로 의인적인, 즉 다신론적인 대리자들.

현존에 대한 쾌감으로서의 숭배 충동이 하나의 대상을 창조한다. 이러한 느낌이 결핍된 것―불교.

부처는 자신의 인식을 관철시켰을 때, 극적인 표상들에 몰두했다 : **결론**.

어떤 민족은 더 높게 또는 더 심오하게 도덕적인 재능을 부여받았다 : 그리스인은 그러한 경지에 이르지 못했다. 그러나 아마도 그것은 세계 부정으로 변하지 않기 위한 필연적 한계였을 것이다. 그들의 인식과 삶은 전체적으로 볼 때 함께 엮여 있다.

세계 부정은 놀랄 만한 입장이다 : 어떻게 의지는 그 입장을 허용하는가?

첫째, 그것은 최고의 호의와 원함과 연결되어 있고, 그것은 아무것도 방해하지 않으며 공격적이지 않다.

둘째, 그것은 곧바로 현존재를 다른 방식으로 경배하고, 불멸적인 것을 믿고 지복을 추구함으로써 또다시 마술에 의해 사라진다.

셋째, 정적주의 역시 하나의 현존 형식이다.

5[32]

"모든 것은 헛되다."

이것은 진실이 아니다—라고 많은 사람들은 말한다.

이것은 진실이다 : 우리는 더 이상 살거나 활동하기를 원치 않는다—라고 다른 사람들은 말한다.

그러나 그들은 계속해서 활동한다—정적주의 역시 최소한의 활동이다. 그리고 그것은 오래 사는지 그렇지 않은지에 무관심하다.

따라서 우리는 완전한 자기 긍정 안에서 활동한다—라고 다른 사람들은 말한다 : 우리는 세계 과정에 이바지한다. 개인이 벗어날 수 없는 인식이 우리를 감싸고 있다.

그러나 그것은 개인이 이에 대해 무엇을 생각하는지의 질문이 결코 아니다 : 어쨌든 개인은 헛됨을 인식함에도 불구하고, 활동하고 살아야만 한다. 이러한 인식은 매우 드물다 : 그러한 인식이 있는 곳에서, 그 인식은 종교적 또는 예술적 요구와 합해진다.

하나의 세계 교정—그것은 종교 또는 예술이다. 살 가치를 지니기 위해 세계는 어떻게 나타나야만 하는가?

이제 의인론적인 도움의 표상이 나타난다. 종교들 역시 의식적인 인식을 위해 존재하며, 동물에게는 그것에 대한 어떤 것도 없다. 헛됨에 대한 인식이 클수록, 더 강렬하게 종교를 원한다. 그리스인의 경우 그것이 경미했던 반면 현존재에 대한 증오는 신들의 세계를 통해 교정되었다.

5[33]

대부분의 사람들은 종종 환상의 그물망 안에서 유유자적함을 느낀다. 그러나 소수의 사람들은 이러한 환상이 얼마나 넓게 퍼져 있는지 인식한다.

환상에 지배받지 않도록 하는 것은 매우 소박한 믿음이지만, 그것은 지성적인 정언명령이며 학문의 계명이다. 이러한 거미집의 덮개 안에서 이론적 인간은 자축하며, 그와 더불어 현존재에 대한 의지는 망아적 축제가 된다 : 그는 호기심이 끝나지 않음을 알며 학문적 충동을 현존재에 대한 가장 강력한 *장치 수단들mechanai*로 고찰한다.

5[34]

유대인은 놀랄 정도로 집요하게 삶에 집착한다.

5[35]

우리가 결국은 이러한 환상의 바다에서 벗어날 수 있을 것이란 사실을 믿는 것은 순진한 일이다. 인식은 철저히 비실천적인 것이다.

5[36]

1장. 의지 안에 있는 기만적인 메커니즘에 대한 설명.

하나의 개체는 전체 목적에 이바지해야만 한다 : 그것을 인식
하지 않고서. 모든 동물과 식물이 이것을 행한다. 이제 인간의 경우
의식적인 사유 안에서 가상 목적, 즉 유예된 광기가 들어선다 : 개인
은 어떤 것에 스스로 이를 수 있으리라 믿는다.

우리는 본능을 동물적인 것이라고 해서 스스로 억제한다. 거기
에 바로 본능 자체가 놓여 있다. 자연적인 인간은 자신과 동물 사이
에서 강력한 균열을 느낀다. 어디에 그 균열이 존재하는지 개념적으
로 분명히 하면서 그는 어리석은 구분에 빠진다. 학문은 인간이 자기
스스로를 동물로 고찰하도록 가르친다. 그는 결코 거기에 따라 활동
하지 않을 것이다. 인도인들은 가장 올바른 통찰력을 가졌으며 본능
적으로 그 통찰력에 따라 활동한다.

5[37]

'인간'은 '생각하는 자'를 뜻한다 : 거기에 정신착란이 숨어 있
다.

5[38]

우리의 음악적 발전은 디오니소스적인 충동의 개진이다. 그것
은 점차 세계를 강요한다 : 그것은 음악 드라마 안에서 예술을 강요
하고, 철학 또한 강요한다.

음악은 아주 건전하다―서사시적인 문화가 무시무시하게 영
락한 경우에.

5[39]

"인간은 자기가 얼마나 의인론적인지 결코 파악하지 못한다"고 괴테는 말했다.

5[40]

양의 머리 위에 심어진 기독교는 아직도 옳은 것이다라는 막⟨스⟩밀러의 고루한 확신. 마치 인간이 종교를 통해 평준화될 수 있는 듯이!

5[41]

음악 드라마와 자유 정신.

5[42]

비극과 자유 정신

음악 드라마의
윤리적-정치적 의미에
대한
고찰들.

5[43]

1. 광기의 메커니즘의 법칙.
2. 그것에 대한 인식. 학문.
3. 그에 반하는 수단들 : 종교. 그
4. 예술.
5. 불교도와 독일의 자유 사유가.

6. '계몽주의'의 극복.

7. '낭만주의자'의 극복.

8. 실러와 괴테의 경우 문화의 의미 내에서 드라마.

9. 디오니소스와 아폴론.

10. 디오니소스적 종교.

11. 음악과 드라마.

12. 합창. 통일성. 4부극.

13. 에우리피데스.

14. 소크라테스주의.

15. 예술에 반대한 플라톤. 알렉산드리아 학파의 학문.

16. 음악적 교육.

17. 학생 : 미래적 문화.

18. 학문적 교육 : 사실적 교육. 프랑스. 유대주의.

19. 자유 정신과 민족.

20. 국가와 음악 드라마.

철학 학부. 선생에게.

5[44]

불교에는 예술이 결핍되어 있다 : 따라서 정적주의.

독일의 자유 사유가의 머리엔 항상 광적 표상들, 즉 예술가적 이상들이 떠다닌다 : 따라서 아름다운 것 안에서의 그의 창작, 세계 투쟁.

진리에 대한 모든 인식은 창조적이지 않다 : 우리는 숲 안에서 새 소리를 이해하는 기사들이며, 우리는 그 소리들을 따른다.

5[45]

계몽주의는 본능을 경시한다 : 그것은 단지 근거들만을 믿는다.

낭만주의자들에겐 본능이 부족하다 : 예술적인 광적 표상들은 그들을 행동으로 자극하지 않으며, 그들은 자극의 상태 안에 머문다.

사람들은 그러한 상태를 실천적으로 극복할 때까지는, 이론적으로 극복하지 못한다.

5[46]

우리의 서사적인 문화는 괴테에게서 완전히 표현된다. 실러는 비극적 문화를 지시했다.

이러한 서사적인 문화는 우리들의 자연 지식, 사실주의, 소설의 본질에도 확산되었다. 그러한 철학자는 헤겔이다.

5[47]

우리들은 예술가로서, 아테네의 비극 작가가 모든 병리학적인 관심 없이 창작물들 안에서 행했듯이 종교 위에 자유롭게 존재해야 만 하며, 종교의 신화로 조종해야만 한다.

5[48]

우리들의 서사적인 문화가 꽃핀 것은 이탈리아에 머물던 괴테로 인해서이다.

5[49]

괴테에게 있어 시작(詩作)은 천성에 걸맞게, 그를 완전한 인식으로부터 보호하는 치료제이다—비극적인 천성들에 있어 예술은 인식에서 해방시키는 치료제이다. 삶은 단 한 사람을 불안하게 한다 : 당장 그것은 하나의 그림과 같이 그의 앞에서 물러나고, 그는 불안한 삶이 묘사할 만한 가치가 있음을 발견한다.

5

5[50]
　　"피지인들은 스스로 목숨을 바친다 : 그들은, 이 삶의 가련함에서 해방되기 위해서는 자신의 가장 친한 친구를 죽이는 것이 정당하다고 여긴다. 그들은, 어떤 부모가 교살을 부탁하면 그 아들이 부모를 교살해야 하는 것이 사실상 자기 의무라고 여긴다."

10
　　인도 철학자는 만약 세계에서 배울 수 있는 모든 것을 배웠다고 생각하면, 그리고 신성(神性) 안으로 들어가기를 갈망한다면, 고요히 그 길을 걸어간다.
　　유대교는 죽음 앞에서 말할 수 없는 공포를 가지는데, 그들 기도의 주목적은—더 오랜 삶이다.

15
　　— 그리스인의 경우는 여기서도 모든 것이 중용적이다. 모든 염세주의적인 인식에서도 그것은 결코 염세주의적 행동으로 나타나지는 않는다.

20
5[51]
　　인도에서 종교와 철학은 모든 실천적인 본능을 흡수해버렸다. 직관과 본능으로서 인식 —

5[52]

　　광기의 표상들, 예를 들면 비신앙인들의 손 안에 놓인 성스러운 무덤.

5[53]

리그베다, 책 X, 송가. 129쪽

"그리고 사랑은 맨 처음 일자(一者)를,

정신적 열정의 첫번째 창조적인 태양을 덮친다,

현명한 예언가는 가슴 속에서 숙고하면서

존재를 비존재에 연결하는 오래된 끈을 감지했다."

5[54]

　　조로아스터교도들은 빛과 불 앞에서 설명할 수 없는 경외를 가졌으며 담배를 피지 않는 유일한 동양인들로서 빛이 꺼지는 것을 경계했다.

　　조로아스터교도들의 종교는 다리우스가 정복되지 않았다면, 그리스를 지배했을 것이다.

5[55]

　　"조로아스터교도는 기도가 향하는 단 하나의 신을 믿는다 : 그의 도덕은—사상과 말들, 행위들의 순수성이다. 그는 악의 형벌과 선의 보상을 믿으며, 신의 은총에 의한 죄의 사면을 고대한다."

5[56]

"자유로운 사유가인 한 잉카인은 끊임없는 태양의 운행이 노예성의 특징임을 알아챘다."

5[57]

'모든 신은 죽어야만 한다'는 원(原)독일적 표상은 지금까지 최고의 힘으로 학문을 이끌었다. "오딘의 후예 시구르트의 죽음은, 오딘의 아들인 발더의 죽음을 예방할 수 없었다 : 발더의 죽음에 이어 곧바로 오딘의 죽음 그리고 다른 신들의 죽음이 뒤따랐다."

5[58]

그의 제자에게 내린 부다의 일곱 번째 계명은—스스로 공적인 연극을 피하는 것이다.

5[59]

덕이란 무엇인가? "그것은 다른 예술로 넘어가는 것을 돕는다", 즉 비존재로.

5[60]

부다 : "그대 신성한 자들이여, 행실들을 숨기고, 그대들의 죄를 보이면서 살아라."

5[61]

이데아는 신적인 본성이 아니라 환상이다.

5[62]

그리스 드라마의 단수성. (비《극》). 어디서부터?

5[63]

나는 하나의 예를 이야기한다.

그리고 나서 세계관에 대해 말하라.

그리고 실천적인 결과를 이끌어내라.

5[64]

우리는 소수의 지혜를 취해, 그 중 일부를 다수의 유용함으로 명백히 한 부다를 모방해야 한다.

5[65]

"아틀리Atli는 게나르Geenar를 묶어 뱀들에게 던졌다. 그렇지만 결국엔 살모사 중 하나가 기어 올라와 게나르를 죽일 때까지, 그는 이로 하프를 연주하면서 뱀들에게 마술을 걸었다."

5[66]

게르비누스는, "마치 한 마리의 독수리가 우리 젊은이의 가슴을 갉아먹는 것과 같은" 그러한 파우스트적인 문제들을 항상 되풀이하는 것보다, 우리의 민족적인 교육을 지속시키는 데 불쾌한 방해물을 부수기 위해 모든 힘을 다해 노력하는 것이 더 올바르다고 믿었다. 물론 이것들은 역사적 본성의 문제들이며, 이 문제들은 자유로운 정치적 운동의 경우 사라진다!! 천민들! 무뢰한들! 역사적 무뢰한 천민들!

5[67]

괴테는 모든 경우에 "자신의 삶의 도취를 지면에" 옮겼다.

괴테의 자연과 예술에 대한 헌신 : 하나의 종교.

5[68]

의지의 최고의 표지(標識) :

환상과 이론적 염세주의를 믿는 것은 스스로 자신의 꼬리를 무는 것이다.

5[69]

진정한 연극 배우는, 마치 드라마 작가가 자신이 묘사한 삶에 관계하는 것과 같이 자신의 배역에 관계한다. 아이스킬로스는 배우가 연기하듯 시를 썼다.

이에 따르면 극적 음악은 최고의 의미에서 조형미술이다 : 예술가적 눈은 태양과 같이 전체를 바라본다.

5[70]

여기서 (음악에 있어서) 의지를 지배하는 것은 상상력의 힘이다. 이런 식으로 어쨌든 음악은 본질을 바꾼다.

그렇지만 이것, 즉 극적 음악은 모순이 아니다. 노래는 가장 단순한 형태이다.

5[71]

막스 뮐러는 독일의 본질을 배반하고 영국적 미신에 굴복한 독

일인으로서 교수대에 처해져야 한다. 그때 그는 칸트(원문대로!), 헤
겔, 셸링을 평가절하해 경멸하는 사람들의 불순함에 대해 말한다. 뻔
뻔한! 뻔뻔한! 그리고 멍청한! (에세이, I 203쪽.)

5   5[72]

나는 **이름**을 부르는 것을 부끄러워하지 않을 것이다 : 사람들이
여기저기서 '사람들에게' 드러낸다면, 그들은 자신의 입장을 더 빨리
명확히 할 것이다. 나에게 있어 모든 것은 명백성에 달려 있다.

10   5[73]

인식에 반하는 예술의 작용.
건축술에서 : 인간의 영원성과 위대함.
회화에서 : 눈의 세계.
시학에서 : 전체 인간.
15   음악에서 : 자신의 감정을
찬탄하고, 사랑하며, 열망하는 것.

5[74]

"단지 갈레선을 젓는 노예들만이 자신들을 안다" : 따라서 — 예
20   술.

5[75]

I부.
본능, 광기, 예술

II부.

음악 드라마

III부.

소크라테스와 자유 정신들.

5

5[76]

의식적인 지성의

하나로서 의지.

10 5[77]

표상의 세계는 우리를 행동의 세계 안에서 확고하게 만드는 수단이고, 우리에게 본능에 이바지하는 행위를 하도록 강요하는 수단이다. 표상은 행위를 위한 동기이다 : 반면 표상은 행위의 본질에는 전혀 접촉하지 못한다. 우리를 행위로 강요하는 본능과, 동기로서 우리의 의식 안으로 들어서는 표상은 각각 놓여 있다. 의지의 **자유**는 이 사이로 떠밀쳐진 표상들의 세계이며, 동기와 행위가 필연적으로 서로 의존한다는 믿음이다.

15

5[78]

20 표상의 세계가 현실보다 더 사실적이라는 것은 **예술가의 천성**으로서, 플라톤이 이론적으로 제시한 믿음이다. 실천적인 면에서 그것은 모든 창조적인 천재들의 믿음이다 : 이러한 믿음은 의지의 주장이다. 본능의 탄생으로서 이러한 표상들은 어쨌든 사물만큼이나 사실적이다. 따라서 전례없는 그것들의 힘.

5[79]

표상은 모든 힘 중 가장 미미한 것이다 : **원동력으로서** 그것은 단지 **기만**일 뿐이다. 오로지 의지만이 행동하기 때문이다. 그렇지만 개체는 표상에서 나온다 : 만약 이제 표상이 기만이라면, 단순히 가상적이라면, 다시 말해 들어보지 못한 다양성 안에서 통일성을 위해 — 의지가 행동한다— 의지가 행동하도록 돕는 것이라면. 그것의 인식 기관과 인간의 기관은 일치하지 않는다 : 이러한 믿음은 소박한 의인론이다. 동물과 식물, 인간의 인식 기관들은 단지 **의식적인** 인식 기관이다. 그것이 형성될 때의 놀라운 지혜는 이미 지성의 작용이다. 개체는 이제 어쨌든 의식적인 인식의 작업이 아니라, 저러한 원(原)지성의 작업이다. 이것을 칸트적-쇼펜하우어적 이상주의자들은 인식하지 못했다. 우리의 지성은 **결코** 의식된 인식 이상으로 우리를 인도하지 **못한다** : 그러나 우리가 아직도 지성적 본능이라는 점에서 우리는 원(原)지성을 넘어서는 어떤 것을 말할 수 있다. 어떤 화살도 이것 너머로 벗어나지 않는다.

국가와 교회와 같은 거대한 기관 안에서 인간적 본능은 유효하며, 민족과 사회, 인간성 안에서는 더욱 그렇다. 천체의 역사 안에서는 훨씬 더 큰 본능 :

국가… 교회… 등에는 무한한 표상들, 방해받는 광기들이 존재한다. 반면에 이미 이곳에서 전체 본능은 창조된다.

의식된 사유의 입장에서, 세계는 마치 서로 연관된 상자 같은 개체들로 이루어진 무한한 총계처럼 보인다 : 이와 더불어 개체의 개념이 본질적으로 지양된다. 세계는 자기 스스로 행동하고 보존하는 거대한 기관이다 : 다양성은 사물들 안에 놓여 있다. 지성이 사물들 안에 있기 때문이다. 다양성과 통일성은 동일하게—생각될 수 없는 사상이다.

무엇보다도 개체화는 의식적인 정신의 산물이 아니라는 사실을 직시하는 것이 중요하다. 거기에 대해서 우리는 개체화의 실재성이란 가정하에 광적 표상에 대해 말해도 좋다.

5[80]

동정적인 행위는 투쟁하고 있는 세계를 교정하는 것이다. 사유의 왕국 안에서 여기에 상응하는 것이 종교이다.

아름답다고 느끼는 것의 근처에 있다.

개체적 체계는 선(善) 안에서 파괴되는가?

의지의 단순한 실존을 얻으려 애씀은 윤리학을 도출시키기에 충분하다.

의무 : 표상들에 대한 복종 : 하나의 착각! 의지의 올바른 운동 근거는 이러한 의무표상에 의해 은폐된다. 사람들은 조국 등에 대한 의무를 생각한다. 의무행동은 의무행동으로서 윤리적으로는 가치가 없다. 왜냐하면 하나의 시나 하나의 행위는 추상적으로 만들어지지 않기 때문이다. 그러나 그 행위가 가치 있는 까닭은 그것이 바로 추상화와 의무에서 발생할 수 없지만, 그럼에도 이미 존재하기 때문이다.

선과 사랑은 **천재적인** 속성이다 : 최고의 힘이 여기에서 나온다. 따라서 여기에서는 본능과 의지가 말하는 것이다. 그것은 통일에 대한 충동이고, 선 안에서 사랑, 자비심, 동정심을 알리는 더 높은 질서의 계시이다.

선과 사랑은 실천적인 세계 교정에 대한 충동이다—광적 표상
으로 그 사이에 끼여드는 종교 외에.

그것들은 지성과 유사하지 않으며, 지성은 그것들을 파악할 수
있는 아무런 수단이 없다. 그것들은 순수한 본능이고, 표상들과 섞인
감정이다.

감정 안에서 표상은 본래적인 의지의 자극에 대해 단지 상징의
의미만을 갖는다. 이러한 상징은, 하나의 일반적인 충동으로 하여금
하나의 주체적이고 개체적인 자극을 행하도록 하는 환각이다.

감정—의지와 무의식적 표상과 함께하는

행동—의지와 의식적인 표상과 함께하는.

행동은 어디서 시작하는가? '행동' 또한 하나의 표상, 어떠한 정
의될 수 없는 어떤 것이 아닌가? 눈에 보이게 되는 의지의 자극? 그러
나 보인다고? 이러한 가시성은 우연적이고 피상적인 것이다. 직장의
운동 역시 의지의 자극으로서, 우리가 거기까지 볼 수 있는 눈 JAugen
을 끌어낼 수 있다면 보일 것이다.

의식적인 의지는 또한 행동을 특징지우지 않는다. 왜냐하면 우리
는 아직 행동이라고 부를 수 없는 어떤 느낌 역시 의식적으로 추구할
수 있기 때문이다.

의지의 자극이 의식화된다는 것은 무엇을 뜻하는가? 계속해서
분명해지는 상징화. 언어, 말은 상징과 다르지 않다. 사유, 즉 의식적
인 표상은 결합 전 언어 상징들의 현재화에 불과한 것이다. 그 안에
서 원(原)지성은 완전히 다른 것이다 : 그것은 본질적으로 목적 표상
이며, 사유는 상징의 기억이다. 또한 체험된 현실을 다양한 변화 속
에서 뒤죽박죽 재생산하는, 감겨진 눈의 경우에 시력 기관의 역할과

마찬가지로, 사유는 체험된 현실에 관계한다 : 그것은 조금씩 되새김질하는 것이다.

의지와 표상의 분리는 원래는 사유 안에서의 필연성의 결과이다 : 그것은 하나의 재생산이고, 체험에 따른 유추이며, 그래서 우리가 어떤 것을 원할 때, 그 목적은 우리 눈앞에 떠도는 것이다. 그러나 이러한 목적은 재생된 과거와 마찬가지다 : 이러한 방식으로 의지의 자극은 이해된다. 그러나 목적은 행동의 동기나 원동력은 아니다 : 비록 그렇게 **보일지라도**.

의지와 표상이 필연적으로 결합된다는 주장은 불합리하다 : 표상은, 사물의 본질 내에서 전제할 필요가 없는 기만의 메커니즘임이 입증된다. 의지가 현상이 되자마자, 기만의 메커니즘은 시작된다.

의지 안에서 다양성과 운동은 단지 표상을 통해 존재한다 : 영원한 존재는 표상을 통해 비로소 변화, 의지가 된다. 즉 변화, 의지 자체는 작용자로서 하나의 가상이다. 영원한 정지, 순수한 존재만이 존재할 뿐이다. 그러나 이러한 표상은 어디서 오는가? 이것은 수수께끼이다. 당연히 그 시초도 마찬가지로 수수께끼이며 그것은 결코 발생될 수 없다. 혼동하지 않는 것이, 지각을 갖는 실재 안에서의 표상의 메커니즘이다.

그러나 만약 표상이 단순한 상징이라면, 마찬가지로 영원한 운동, 존재에 대한 모든 추구는 단지 **가상**이다. 그렇다면 하나의 표상하는 자ein Vorstellender가 존재한다 : 이것이 존재 자체일 수는 없다.

그렇다면 영원한 존재 외에 완전히 다른 수동적인 힘, 즉 가상의 힘이 있다 ── 수수께끼!

이에 반해 만약 의지가 다양성, 변화를 자체 안에 포함한다면,

하나의 목적이 존재하는가? 지성, 표상은 변화와 의지에 의존하지 않음이 틀림없다. 계속되는 상징화는 순수한 의지의 목적을 갖는다. 그러나 의지 자체는 어떠한 표상도 필요치 않으며, 그렇다면 그것은 어떠한 **목적도** 갖지 않는다 : 그것은 하나의 재생산이며, 의식적인 사유 안에서 체험된 것을 되새김질하는 것과 마찬가지다. **가상은** 의지의 계속되는 상징화이다.

광적 표상들의 경우 우리가 의지의 의도를 인식했기 때문에, 이렇게 표상은 의지의 산출이고, 다양성은 이미 의지 안에 있으며, 가상은 의지 자체를 위한 의지의 *장치 수단mechane*인 것이다.

사람들은 **한계들을** 경계짓고 다음과 같이 말할 수 있어야 한다 : 이러한 필연적인 사유 결과들이 의지의 의도이다.

5[81]

나는 공간, 시간, 인과율을 가련한 인간의 의식에서 도출하기를 꺼린다 : 그것들은 의지의 특징이다. 그것들은 가상들의 모든 상징학을 위한 전제들이다 : 이제 인간 자신이 그러한 상징학 자체이며, 또다시 국가가 그렇고, 또한 대지가 그렇다. 이제 이러한 상징학이 무조건 인간 개개인을 위해서만 거기 있는 것은 아니다—

5[82]

우리 시대의 신학을 예리하게 특징짓는 것.

학교의 의도들도 마찬가지.

목적 : 실러적인 것을 현저하게 고양시키는 것 : 예술을 통해 교육을 게르만적 본질에서 도출하는 것.

5[83]

지성은 스스로를 합목적성 안에서 확증한다. 만약 이제 목적이, 경험들에 대한 본래적인 원동력을 은폐하고 있는 되새김질과 다르지 않다면, 우리는 목적 표상들을 추구하는 것을 결코 사물들의 본성으로 전이시켜서는 안 된다. 즉 우리는 어떤 표상을 갖는 지성을 결코 필요로 하지 않는다. 지성에 관해서는 단지 하나의 왕국 안에서, 즉 그곳에서 어떤 것을 잘못할 수 있고, 오류가 발생하는, 그러한— 의식의 왕국 안에서만 말할 수 있을 뿐이다.

자연과 필연성의 왕국 안에서 합목적성은 하나의 불합리한 전제이다. 필연적인 것이 유일하게 가능한 것이다. 그러나 그렇다면 사물들 안에서 우리는 또 하나의 지성을 전제할 필요가 있는가?—만약 의지와 어떤 표상이 분명히 연결되어 있다면, 의지는 또한 자연의 핵심을 위한 표현이 아니다.

5[84]

헬라적인 광적 표상들과, 그것에 반대하는 해체의 힘들. 이러한 해체에서 의지의 의도는 무엇인가?

—새로운 현존재의 형식들로서 학식과 학문의 탄생.

5[85]

대부분의 학자들에게는 배움에 대한 사치스런 충동이 있다. 누가 더 현명해지길 바라는가? 누가 행동하기 위해 더 사유하고 탐구하기를 원하는가? 학식을 지닌 물질의 타성 : 그들은 항상 더 깊이 침몰한다. 사람들은 40주 동안 광야로 나가야 한다 : 그리고 수척해져야 한다.

5[86]
　　극적 예술 작품의 통일성—

5[87]
　　만약 음악적 요소가 사라져도 음악적 세계관이 남아야 한다면, 그 요소는 어디로 달아나는가?

5[88]
　　비극과 비극이 주는 감동의 사실을 파악하기 위한 의식의 실험—그것들이 예술 작품에 끼치는 소급 효과 안에서. 게다가 파국에 대한 고찰이 필요함.—운명과의 투쟁, 새로운 시대에 대한 조망. 자살 등.

5[89]
　　우리 인식을 확장시키는 모든 것은 무의식의 의식화에서 생겨난다. 이때 의문점은 우리가 그 의식화를 위해 어떤 기호 언어를 가지고 있는가 하는 것이다. 많은 인식들은 단지 소수를 위해 존재하며, 다른 것들은 편안하게 인식되길 원한다.

5[90]
　　　　'행위'로서 '드라마'의 개념.
　　이 개념은 근본적으로 매우 소박하다 : 여기에서는 세계와 눈의 습관이 결정한다. 그러나 결국—더 정신적으로 고찰해볼 때—무엇이 행위가 아닌가? 스스로 알려주는 감정, 스스로 명료해짐은—행위가 아닌가? 항상 교살되고 피살되어야만 하는가?—그러나 한 가지는 필요하다 : 존재와 조형 예술에 반하는 변화. 거기에선 계기의 화석화—여기에선 현실.

　　그러한 현실의 목적은 어쨌든, **그러한 것으로서** 작용하는 것이다. 우리는 가상과 진리 사이에서 흔들리지 않아야 한다. 여기에서는 병리학적 관심이 계명이다. 우리는 마치 우리가 그것을 체험한 것처럼 느낀다. 이러한 가상을 가장 강력하게 자극하는 자가 최고의 시인이다 : 단지 본질적인 것은 그가 **누구를** 현혹하는가 하는 점이다. 이상적인 것은 그가 스스로 현혹되었음을 아는 것이다. 여기서 어쨌든 척도는 예술 작품의 밖에 놓여 있는 것이다. 그것은 '영향력 있는 현실적 예술 작품'으로서, 인식과 행동으로 몰아가는 것이다.

5[91]

　　만약 사람들이 광적 표상 자체를 해체한다면, 이제 의지는 —만약 의지가 우리들의 지속적 존재를 원한다면—하나의 새로운 광적 표상을 창조해야만 한다. **교육**은 광적 표상에서 더 고귀한 표상으로 끊임없이 교체되는 것이다. 즉 우리들의 '동기들'은 사유 안에서 항상 더 정신적이고, 더 큰 보편성에 속하는 것이 된다. '인간성'의 목적은, 의지가 우리에게 유령으로서 제공할 수 있는 가장 극단적인 것이다. 근본적으로는 아무것도 변하지 않는다. 의지는 자신의 필연성에 따라 행하며, 표상은 보편적으로 배려된 의지의 본질에 이르고자 한다. 개체보다 더 큰 유기체의 증진이란 생각 안에 교육이 놓여 있다.

5[92]

사유와 존재는 동일하지 않다. 사유는 존재에 가까이 가서, 그것을 싸담을 능력이 없다.

5[93]

음악의 거대한 **모방적 힘**—대단히 **절대적인** 예술 발전의 토대 위에서.

문학작품에 대한 음악의 영향.

5[94]

문학작품에서의 운율학은 음악적 요소가 갇힌 상태로 여전히 살아 있음을 입증한다.

실제로 헬라적 비극은 단지 더 **높은** 문화의 전조일 뿐이다 : 그 것은 그리스인이 이를 수 있었던 마지막이자 최고의 것이었다. 이 단계는 이르렀어야 할 가장 어려운 것이었다. 우리는 상속자다.

헬레니즘의 최고의 행동 : 동양적인 디오니소스 음악의 제어와 그것을 형상적으로 표현하려는 준비.

아이스킬로스는 신비들을 불경하게 만들었다고 고소되었다 : 하나의 상징!

동양적-기독교적 운동과 더불어 고대 디오니소스주의는 세계 에 넘쳐흘렀고, 모든 헬레니즘의 작업은 헛수고로 드러났다. 하나의 심오한 세계관, 즉 비예술가적 세계관의 길이 열렸다.

사람들은 단지, 피디아스와 플라톤이 비극 없이 존재했었으리란 점을 믿지 않았다.

고대 철학자들, 즉 엘레아 학파, 헤라클레이토스, 엠페도클레스는 비극적 철학자들이었다.

오르페우스교의 경우 비극적 종교. —

엠페도클레스는 아주 비극적인 인간이다. 에트나 화산으로의 그의 뛰어듦— 앎에 대한 충동! 그는 예술을 갈구했으나 단지 앎을 발견했다. 그러나 앎은 파우스트들을 만든다.

축제와 비극적 세계관.

비극적 여성.

비극 안에서 종족애.

민족 설교자로서 아이스킬로스.

희생. 종파심.

장면 묘사들의 근원으로서 이집트.

영웅 이야기들 안에서 비극적 소재들.

예술을 통한 편력.

비극적 그리스가 페르시아에 승리했다.

약한 상태로서, 세계 고통의 멸절.

비극적 인간은 자신의 창조와 인식의 가장 큰 힘 안에 있는 자연으로서 고통을 분만하는 것이다 :

인간은 최고의 재능을 가진 경우조차도 대부분 한 방향으로 퇴화한다.

5[95]

비극적 예술 작품.

비극적 인간.

비극적 국가.

5[96]

부끄러움─우리가 그것을 꿰뚫어봄에도 **불구하고**, 환각의 영역
아래 서 있다는 감정.

이러한 느낌과 더불어 우리는 **살아야만** 하며, 우리의 현세적 계
획들을 진척시켜야 한다. 이것은 우리가 개체화의 원리에 바치는 공
물이다. 인간과 우리의 교제는 자신의 신변에 이렇게 부드러운 피부
를 지니고 있다─말하자면 비극적 인간을 위해.

5[97]

대지 위에서의 안녕은 유대적 종교의 경향이다.

기독교적인 것은 고난에 있다. 그 대비는 엄청나다.

5[98]

민속 문학에 대하여 언급되는 상황은 불분명해서, 우리는 그것
을 창작한 천재의 이름을 부를 수도 없다. 그러나 언어, 종교, 신화의
창작과 마찬가지로 위대한 민속 문학의 창작은 개인에게로까지 거
슬러올라간다 : 수신자에 비해 단지 항상 소수의 창조자가 존재할
뿐이다. 어떤 것이 전체 민족에 의해 승인된다는 사실은, 단지 민족
의 대중들 가운데에서도 판단력이 있는 천재가 존재한다는 사실과

같은 가치를 지닌다.

민족 안에서 우리는 정신을 관통하는 사자가 남긴 흔적을 도처에서 발견한다 : 도덕, 정의, 신앙의 내부 어디서나 대중은 개인의 영향력 아래 고개 숙인다.

5   '순수한 인간'이란 것은 공허한 표현이다. 더 나아가 : 가장 공통적인 방식의 환각이다.

5[99]

지금 개념들과 표상들을 창작하는 지성과 명백한 세계 사이에
10 분리될 수 없는 끈이 있다면!

5[100]

세계의 형이상학적 의미는 하나의 정제 과정인가?—그렇지만 스스로 괴로워하는 것은 의지이며, 고통 또한 의지 안에 놓여 있고,
15 지성은 유령을 통해 기만된다—그렇지만 무엇 때문인가? 그럼에도 불구하고 의지는 지성을 두려워함이 틀림없다. 이 유령을 쫓아낼 수 없다 : 왜냐하면 우리는 행해야만 하기 때문이다. 그에 반해 의식은 미약하다. 고난과 고난을 은폐하는 광기는—관통하지 못하는 의식이다.
20 여기에 예술이 들어서며, 여기에서 우리는 그러한 고난과 광기의 본질에 대해 본능적으로 인식하게 된다.

5[101]

아리스토파네스의 희극은 고대 극적 시학의 멸절이다. 그것으

로 고대 예술은 끝난다.

5[102]

비극으로 하나의 세계가 구원되는 것을 예감하는 동안, 그 비극
은 가장 숭고한 환각을 제공한다 : 즉 현존재 **자체로부터의 자유.**

여기에 고난의 필연성이 있다—그러나 하나의 위로이다.

비극이 지닌 환각의 배경은 불교의 배경이다.

이때 가장 큰 슬픔을 인식하는 가운데 지복이 나타난다. 그 안에서
의지가 승리한다. 그 의지는 자신의 가장 무시무시한 상황을 하나의
현존재의 가능성의 **샘으로** 간주한다.

5[103]

지상의 **천국이라는** 무가치한 유대적 상투어에 반해—

그러한 고양은 전적으로 종교적이며—따라서 극적인 예술 작
품은 종교를 대신할 능력이 있다.

5[104]

왜 우리는 예수의 신성화라는 그리스인들의 입장에 이르러서
는 안 되는가? 그렇지만 디오니소스적 축제는 명백히 그 종교가 지
닌 가장 진지한 것이었다—비교(秘敎)를 예외로 하고—그러나 그
안에서도 극적 상연은 또다시 일어난다.

5[105]

비극적 인간—인간을 가르치는 소명을 받은 **선생으로서.**

교양과 교육은 *에토스ethos*와 지성에 대한 평범한 재능을 규범으로 삼아서는 안 되며, 오히려 비극적 천성들을 규범으로 삼아야 한다—

여기에 사회적 질문에 대한 해답이 있다. 훌륭하거나 재능 있는 이기주의자는 병자이며, 동정에 의해 희생된다.

나는 거대한 집단이 개별적 자본가 대신 들어서는 것을 본다. 나는 주식거래소가, 지금은 도박장들이 **빠져** 있는 그러한 저주에 **빠**지는 것을 본다.

5[106]

교육이란 무엇인가?

사람들이 당장 체험된 모든 것을 특정한 광적 표상하에서 파악하는 것. 이러한 표상의 가치는 교양과 교육의 가치를 규정한다.

이러한 의미에서 **교육**은 지성의 문제이며, 이와 더불어 어느 정도는 실제적으로 가능하다.

이러한 **광적 표상들**은 단지 인격의 무게를 통해서만 전달된다. 이런 한에 있어 교육은 도덕적 크기와 선생의 성격에 좌우된다.

인간에 대한 인간의 마술적인 영향력은 모든 더 높은 의지의 현상이다 (이 의지 현상은 이미 개인적 삶과 긍정의 궤도에서 벗어나며, 이로써 아직은 더 낮은 의지 현상들에 굴복된다).

이러한 영향력은 광적 **표상들**의 전이 안에서 표현된다.

5[107]

교육 : 광적 표상들의 특성에 따라.

교육은 어떻게 전달될 수 있는가? 순수한 인식을 통해서가 아니라, 인격의 힘을 통해서.

인격의 힘은 의지를 위한 자신의 가치 안에 놓여 있다(의지가 지배하는 세계가 더 넓고 클수록).

이로써 하나의 문화를 새롭게 창조하는 모든 것은 강력하고 모범적인 천성들을 통해 이루어진다.

5[108]

비극적 인간

결론장.

표상의 메커니즘.

교육의 가능성.

'학문'과 그 목적의 모순.

새로운 '그리스.'

5[109]

우리가 항상 새롭게 에트나 화산으로 돌진한다면, 항상 새롭게 태어나는 자 안에서 지식에 대한 충동은 현존재의 형식으로서 우리에게 나타난다 : 그리고 단지 지혜에 대한 부단한 아폴론적 충동 안에서, 천성은 예술과 종교를 더 완전하게 하는 세계를 건축할 것을 **강요받는다.**

5[110]

비극적 세계관 안에서 진리에 대한 충동과 지혜에 대한 충동은 화해한다. 논리적 발전은 이러한 것을 해체시키며, **신비적** 세계관을 창조하도록 강요한다. 국가들, 종교들 등 거대한 유기체는 이제 파멸한다.

디오니소스적인 것과 아폴론적인 것의 관계는 그와 같은 국가 형식 안에서도, 그리고 민족 정신의 모든 외형 자체에서도 또다시 인식된다.

절대 음악과 절대 신비주의는 함께 전개된다.

일반적인 것이 된 헬레니즘적 계몽주의에서 고대 신들은 **유령적인** 성격을 갖는다.

5[111]

노예는 어떻게 발생하는가 : 이것은 그리스 국가에 대한 논의로 이어진다.

5[112]

'탄생'의 계속.

만약 헬라 문화의 목적이 예술을 통해 더 높이 예찬하는 것이라면, 거기에서 그리스적 본질은 파악되어야만 한다. 이러한 예술 의지가 이용하는 수단은 무엇인가?

노동과 노예제도.

여성.

정치적 충동.

자연.

학자들이 지닌 부족함.

5[113]

예술의 **절멸**.

예술들의 개체화와 상호적인 간섭.

분별 있는 예술.

소크라테스주의.

신들의 유령적인 성격.

비극적 인간.

5[114]

비극적 인간.

도입문. 비법 전수자들.

1. 비극적 사상의 탄생.

2. 헬라적 예술 의지의 수단들.

3. 비극의 죽음.

4. 비극적 인간.

5[115]

예술의 신들.

그리스인들의 명랑한 세계에서 출발한다면, 그들에 대해 무엇을 배울 수 있는가? 그리고 진지함을 은폐한다면? 따라서 고전적 고대를 논박하는 것은 아주 타당하다.

사람들은 하나의 심오한 예술적으로 접종된 종교를 지닌, 우리
의 분열된 상태보다 고전적 고대 안에 세계 개시가 놓여 있음을 보여
야만 한다. 우리가 이 종교 때문에 죽든가 또는 이 종교가 우리 안에
서 죽든가이다. 나는 원(原)게르만적인 말을 믿는다 : 모든 신들은
죽어야만 한다.

고대 정신의 친구로 행동하는 모든 이들은, 자신이 어떠한 길로
고대정신에 접근했는지 유의하는 게 좋다 : 단지 우리가 요구해야만
하는 것은, 이렇게 열망하는 친구들 각자는 현실적이고 진지하게 마
술에 걸려 모습이 변한 성을 얻으려 애쓰며, 그것을 통해 잠입할 수
있는 어딘가 숨겨진 출입구를 발견하기 위해 애쓴다는 점이다. 말하
자면 이것이 단지 어떤 곳에서 누군가에 의해 성공한다면, 그는, 우
리가 계속해서 올바로 관조하고 체험한 사물의 세계에 대해 말하는
지를 판단할 수 있을 것이다.

5[116]

I 막. 엠〈페도클레스〉는, 그에게 대답하기를 거부하는 목양신
판을 떨어뜨린다. 그는 스스로 추방된 것으로 느낀다.

아그리겐트인들은 그를 왕으로 뽑으려 한다. 엄청난 영예이다.
그는 오랜 투쟁 끝에 종교의 광기를 인식한다.

가장 아름다운 여성이 그에게 왕관을 수여한다.

II. 무시무시한 페스트. 그는 거대한 연극, 즉 디오니소스적 바
쿠스 축제를 준비하며, 예술은 인간의 고통을 예언하는 자로 나타난
다. 자연으로서 여성.

III. 그는 어떤 장례식에서, 그 민족을 고통에서 해방시키기 위

해 멸절시키기로 결심한다. 페스트에서 살아남은 자들은 그에겐 아직도 동정의 여지가 있다.

　　판 사원에서. "위대한 판은 죽었다".

5　5[117]

　　그 공연에서 여성은 밖으로 뛰쳐나와, 그녀의 애인이 침몰하는 것을 본다. 그녀는 그에게 가려 하지만, 엠페도클레스는 그녀를 제지하며, 그녀를 향한 자신의 사랑을 발견한다. 그녀는 이에 응하고, 죽은 자는 말하며, 엠페도클레스는 자신 앞에 현현한 자연 앞에서 겁을
10　먹는다.

　　5[118]

　　엠페도클레스, 그는 모든 단계들, 종교 예술 학문을 통해 내몰리고, 마지막 것을 해결하면서 자살한다.
15　　종교로부터 벗어남. 그것이 기만이라는 인식을 통해.

　　이제 예술적 가상에 있어서의 쾌감, 인식된 세계 고난에 의해 그 쾌감에서 내몰림. 자연으로서 여성.

　　이제 그는 해부학자로서 세계 고난을 고찰하고, 전제 군주가 되며, 종교와 예술을 이용하고, 점점 더 냉혹해진다. 그는 민족을 절멸
20　시킬 것을 결심한다. 그 민족을 구원하는 것이 불가능함을 인식했기 때문이다. 분화구 주위로 모인 민족 : 그는 광적이 되며, 자신이 사라지기 전에 재생의 진리를 선포한다. 한 친구가 그와 함께 죽는다.

5[119]

23. 왜 비극에서 아티카의 희극이 나왔는가. 변증법. 윤리학의
낙관주의.

24. 학문.

25. 교육.

26. 명랑성-메커니즘.

5[120]

비극과 그리스의 명랑성.

서문

도입문.

1. 비극적 사상의 탄생.

비극의 준비들.

2. 헬라적 의지의 수단,

비극에 이르기 위한.

3. 비극적 예술 작품.

4. 비극의 죽음.

5. 교육과 학문.

6. 호메로스.

7. 예술의 형이상학

5[121]

VIII, 10장부터, 민주주의와 전제주의의 묘사.

Lib. X 시인들의 추방.

5[122]

　　논문들

　　비극적인 것의 철학에 대해.
5　　운율학자로서 문헌학자.
　　헤시오도스.
　　호메로스의 질문과 대답.
　　강의에 있어서 언어.
　　김나지움.
10　　강의에 있어서 역사.

5[123]

　　주요점들.

15　　신비와 드라마는 한 시대의 탄생물이며, 또한 그 시대의 세계관
에 따르면 유사한 것이다.

　　정점으로서 6세기 : 파우스트적인 현재에서 서사시의 소멸. 엄
청난 정치적인 결투.
20

　　그리스적인 것의 단순성 : 자연의 음성은 여성과 노예에 비해 타
락하지 않았음. 승리한 적. 인본주의는 완전히 비그리스적 개념이다.

　　종교들은 형상과 개념을 통해 세계를 수정하는 것이다. 헤시오

도스적인 신의 계보는 세계를 인간 안에서 해체시킨다 : 인간은 아직도 스스로에게 가장 잘 알려진 것처럼 보이기 때문이다.

독일인에게 아름다운 것은 '빛나는 것'이며, 로마인에게는 대단히pulcer '강한 것'이고, 그리스인의 경우에는 '순수한 것'이다.

설명하기 어려운 것 : 고대 드라마의 무한한-견고성.—아주 다양한 사물들 : 시민극(새로운 희극)과 고대 비극.

어떻게 비민족적인 종교가 가능한가? 예를 들면 기독교.

의식하는 지성은 약한 것이며, 실제적으로 단지 의지의 작용일 뿐이다. 그러나 지성 자체와 의지는 하나이다.

헤로도토스, 인식의 주원천.

도입문을 위해. 그리스인들의 단순성. 그 다음 인접한 문제들의 중요성. 반면에 멀리 있는 것은 드물게 성과를 제시할 뿐이다.

적절한 인용문들의 모음.

5[124]

아리스토텔레스의 미학.

향료hedysmata로서 음악과 눈ophis.

모든 예술의 정점들은 드라마보다 후에 위치한다 : 드라마는
그것들을 수용하지 않으며, 오히려 구식인 채 머문다.

5[125]
소크라테스는 스스로 신비에 빠져들지 않도록 하였다.

[6 = U I 1. 1870년 말]

　　6[2]

　　　　다른 모순 :

20　　　다른 세계를 무대 위에서 숭배하고, 다른 세계는 삶에서.

　　　　도처에서 다른 학설들.

　　6[3]

　　　　만약 의지의 자유가 없다면, 사상의 자유가 없다면, 그리고 우리가 단지 가상들이라면, 어떻게 교육이 가능한가?

그에 비해 말할 수 있는 것은, 교육은 의지의 자유—말하자면 필연적인 광적 표상으로, 우리를 완전히 벗어나는 현상들을 위한 유보된 설명 근거로—와 같은 의미로 존재한다는 사실이다. 따라서 만약 어떤 교육도 시작되지 않는다면, 그것은 그러한 현상이 존재하지 않는다는 증거이다.

따라서 비극적 인식에 대한 교육은 성격의 규정 가능성, 자유로운 선택 결정 등을 전제한다—실천을 위해, 그러나 이론적으로는 이러한 것을 부정하고, 당장 이러한 문제를 교육의 정점에 세운다. 우리는 항상 우리가 **존재하는** 방식으로 행동하지, 결코 존재해야 할 방식으로 행동하지는 않는다.

천재는 세계를 하나의 새로운 환상으로 엮인 그물로 감쌀 힘을 갖는다 : 천재에 대한 교육은, 모순에 대한 진지한 고찰을 통해 필연적으로 환상의 그물망을 만드는 것을 뜻한다.

비극적 인식은 근원적 일자-존재과 달리, 단지 하나의 표상, 그림, 광기에 불과하다. 그러나 모순, 즉 비화해적인 것이 이러한 그림 안에서 보여지는 한—예를 들면 우리는 어떻게 미친 어린이에 대한 장면이 변용을 요구하는지 체험하게 된다. 교육된다는 것은—단지 —스스로 주름 접혀진다는 것을 뜻한다. 사람들은 단지 황무지와 성인들의 고통을 황홀경을 위한 필연적인 전제로 간주한다.

통례적으로 천재의 영향력은, 대중들이 살아갈 수 있는 새로운 환상의 그물망이 대중을 삼켜버린다는 사실에 있다. 이것은 종속된 등급에 대한 천재의 마술적 영향력이다. 그러나 동시에 천재를 향해 상승하는 길도 존재한다 : 마침내 이른 천재 안에서 더 높은 예술 목적을 달성할 때까지 이 길은 항상 이미 존재하는 그물망을 찢는다.

6[4]

　　모든 현상이 물질적이라는 것은 명백하다 : 따라서 자연과학에는 아주 정당한 목적이 있다. 왜냐하면 물질로 존재한다는 것은 현상을 뜻하기 때문이다. 그러나 동시에, 자연과학은 단지 그것이 최고로 진지하게 실재성으로 간주하는 현상 배후에만 존재한다는 사실이 생겨난다. 이런 의미에서 표상들, 광적 형상들 등의 왕국 역시 자연이다 : 그리고 동일한 연구 가치가 있다.

6[5]

　　인간이 구원되어야만 한다는 표상—마치 우리 안에서 구원될 수 있는 것은 세계의 본질이 아니라는 것처럼!

6[6]

　　소크라테스—학문.
　　　　교육. 광적 표상들.
　　　　원(原)일자, 모순.
　　　　요점의 개괄. 예술과 천재의 목적.

6[7]

　　논리적인 것의 목적은 세계의 '비논리적 중심을' 인식하는 것이다 : 마치 도덕이 논리학의 한 방식이듯이. 이렇게 인식을 통해서 아름다운 것은 필연적인 것이 된다.

논리적인 것은 현상에 대한 순수 학문이며, 단지 가상과 관계한다. 이미 예술 작품은 그 학문 외부에 존재한다. 논리적인 것을 반영하는 아름다운 것, 즉 논리의 법칙은 아름다운 것의 법칙의 대상이다.

6[8]

호메로스적 명랑성.
예술의 형이상학.

6[9]

24. 학문적 세계상과 종교적 세계상은 투쟁 중이다 : 아폴론적인 것과 디오니소스적인 것의 새로운 대비. 단지 예술 안에서 정복된다. 철학자와 신비주의자 (예술들은 어떤 것 또는 다른 것과의 연관 속에서 발전할 수 있다).

하나의 유일한 예술, 즉 음악은 그것을 넘어선다. 세계 연극과 원초적 힘. (서문의 명랑성) 비극적 인간에 대한 서술.

25. 그 세계상들 사이에서 교육 : 광기의 필연성을 확신하는 것은 치료제이다.

26. 문헌학자, 즉 선생.

6[10]

예술과 학문.

6[11]

어떻게 소크라테스는 음악을 행할 수 있었는가?

1. 비록 그에게서 모든 것이 파멸하더라도.

2. 플라톤의《향연》에서 소크라테스의 명랑성, 그의 아이러니.

3. (예술 작품들 안에서와 마찬가지로) 명랑성에서 면제됨.

4. 명랑성의 원인―세계 교정.

5. 예술적이고 학문적인 세계 교정.

6. 학문적인 진리에 대한 경향.

7. 광적 표상.

8. 학문이 예술 안에서 어떻게 전도되는지에 대한 메커니즘.

9. 학문적 교육. '본능에서 해방됨.'

10. 학문의 이상적 선생―아폴론적.

11. 신비주의자와 성인.

12. 학문과 신비주의의 투쟁―디오니소스와 아폴론.

13. 음악과 드라마.

14. 비극적 인간.―음악을 행한 소크라테스.

6[12]

직관하는 인식에 대한 쾌감을 경험하고, 어떻게 이것이 계속 투쟁하면서 현상들의 전체 세계를 포괄하고자 노력하는지 인지한 자는, 그것으로부터 고통을, 모든 것을 정복하고, 그물망을 꿰뚫을 수 없이 꽉 조이는 열망안에서, 현존을 가능케 하는 독침을 가장 강렬하게 느낄 것이다. 그런 기분에 사로잡힌 자에겐 그 다음 플라톤적인 소크라테스의 형상이 **보상으로**, 즉 현존재의 지복에 대한 완전히 새로운 형식으로 나타난다.

헬라적이고 아폴론적인 예술을 멸절하는 자로서 이론적 천재

: 즉 철학과 기독교의 세계사상과 종교, 본능적 힘들의 세계상 일반
: 파괴적인 예술이 쇠망하고 신비주의가 꽃핀다. 광적 표상들에 반
해 : 새로운 세계상들이 대비되고, 이어서 그것들은 다시 논리적으
로 분해되고, 새로운 창조물들로 촉구된다. 항상 더 견고한 근저, 항
상 더 조심스런 건축, 항상 더 큰 사유 복합체들이 함께 작업하며, 이
것은 헬라적이고 소크라테스적인 세계 선교이다. 외형상으로 신화
는 더욱 더 제외된다. 진실에서 신화는 항상 더 심오하고 웅대해진
다. 왜냐하면 인식된 법칙성이 항상 더 웅대해지기 때문이다. 사람들
은 신비적인 사상으로 내몰린다. 그러나 그 다음엔 논리적 사유의 중
압 자체가 반동력을 산출하고, 그런 다음 그 반동력은 종종 천년 간
논리학과 한패를 이뤄왔다.

　　이러한 예술의 두 형식들의 투쟁 : 철학적 세계상들은 스스로를
입증 가능한 진리라고, 종교적인 세계상들을 입증 불가능한 것, 따라
서 계시된 진리라고 주장한다. 이론적 천재와 종교적 천재의 대립. 하
나의 합일이 가능하다 : 한편 논리적인 것의 한계를 가장 예리하게 규
정짓는 것, 다른 한편 우리의 실존을 위해 가상이 필요하다는 인식.

　　이것은 아폴론적인 것과 디오니소스적인 것의 새로운 대립인
데, 이 대립은 비극적 예술과 음악 안에서 합일을 발견할 수 있으며,
그 합일은 여기서 갈등의 목적에 이른다. 세계의 완전한 가상성, 그
리고 예술 또한 우리를 스스로 발전하는 존재로 드러내야만 한다 :
그러나 그것은 다시 해결되어야만 한다.—별자리(운명)의 영향력.

6[13]
　　1. 이론적 인간, 비활동적, 인과율, 논리적 인식 안에서의 향유.

새로운 현존재의 형식. 무한정한 아폴론주의, 과도한 인식욕,
의심에서의 대담함.

2. 광적 표상들의 해체.

3. 교육.

4. 비극적 인식과 예술(종교).

6[14]

1. 소크라테스, 신비의 적대자, 죽음의 공포를 근거들을 통해 가
라앉히다.

　근거, 그의 전제, 근거 해명. 변증법의 낙관주의.

　개념이 사물의 본질과 일치한다는 믿음 : 플라톤적 이데아.

　따라서 논리의 형이상학 : 사유와 존재의 동일성. 사유의 목
적과, 선과 미의 목적을 전제함. 명랑성.

2. 광기.

3. 의지의 자유를 전제함. 단지 인식만이 존재한다 : 모든 활동
은 표상들을 따른다.

4. 인식의 알렉산드리아주의, 인도행 열차. 디오니소스적인 것
의 거친 분출. 요한.

6[15]

1. 아폴론적인 것과 디오니소스적인 것의 메커니즘. 명랑성.

2. 호메로스, 타이탄의 정복 후에.

3. 헤시오도스와 맞서 결투한 유일한 자로서 호메로스.

4. 비가(悲歌)와 합창 서정시.

6[16]

　　이론적 인간 역시 예술가와 마찬가지로 존재하는 것에 아주 만족하며, 후자와 같이 디오니소스적인 지혜로부터 보호받는다. 말하자면 그 예술가가 진리와 자연을 드러내는 모든 경우 항상 단지 황홀한 시선으로, 드러낸 직후에도 여전히 덮개에만 매달린다면, 이론적 인간은 내동댕이쳐진 덮개를 즐기고, 그것에 만족하는 것이며, 그가 모든 덮개를 벗긴다는 표상 안에서 최고의 쾌감을 갖는 것이다.

6[17]

1. 테오그니스Theognis.　　　　　　　　약 45쪽

2. 레르티우스 디오게네스의 원전에 대해De Laertii Diogenis
　 fontibus.　　　　　　　　　　　70

3. 레르티우스 모음집들Analecta Laertiana. 1866, 67, 68, 69, 70
　 .　　　　　　　　　　　　　　16

4. 레르티우스의 비판과 사료학에 대해.　　45

5. 다네Danae의 비탄.　　　　　　　12

6. 투쟁Certamen. 판(版).　　　　　　22

7. 피렌체 조약.　　　　　　　　　16

8. 호메로스와 고전문헌학　　　　　　24
　　　　　　　　　　　　　　　250쪽

그리스의 명랑성.

6[18]

1. 꿈과 도취.
2. 디오니소스와 아폴론.
3. 올림푸스의 신들.
4. 아폴론적 예술.
5. 아폴론적 윤리학.
6. 숭고한 것과 웃기는 것.
7. 아이스킬로스와 소포클레스.
8. 그리스의 노예와 노동.

새로운
현존재의 형식
으로서
비극적
사상—
디오니소스적인 의지의
목적.

9. 개체화의 본질 안에 있는 잔인함.
10. 그리스 국가.
11. 국가와 천재.
12. 플라톤적 국가.
13. 그리스 여성.
14. 피티아.
15. 신비들.
16. 오이디푸스.

천재에
이르려는
목적을
위한
헬라적
의지의
수단

17. 프로메테우스. 합창. 통일성.
18. 에우리피데스와 디오니소스.
19. 새로운 희극.

비극적인
얼굴들.

20. 에우리피데스의 경향.
21. 에우리피데스와 소크라테스.
22. 플라톤. 에우리피데스.—소설. 연극.

비극의
죽음.

23.
24.   } 학문과 예술
25.
26.
27.
28.   } 예술의 형이상학.
29.
30.

그리스의 명랑성.

서문.

도입문.

I. 비극적 사상의 탄생.

II. 비극적 예술 작품의 전제들.

III. 비극적 예술 작품의 이중적 본성.

IV. 비극의 죽음.   호메로스.

V. 학문과 예술.   언어.

VI. 예술의 형이상학.   운율학.

[7 = U I ₂ b. 1870년 말~1871년 4월]

7[1]

모든 예술 안에서 아름다움은, 완전히 논리적인 것이 극복되는 지점에서야 비로소 시작한다. 예를 들면 조화의 발전은 생리학적-아름다움이 더 높은 아름다움으로 피어남, 즉 아름다움이 점점 더 **탈육화된** 형식임을 나타낸다.

모든 언어 안에서 아름다움의 개념은 다양한 원초적 의미, 예를 들면 '순수한' 또는 '빛나는'에서 발전한다(반대어로서 '더러운 것'과 '어두운 것').

7[2]

그리스 언어와 음악, 조형예술에서 형성된 비 라는 천재적인 의미는 표준의 도덕률에서 나타난다. 디오니소스적 예식은 *비논리성 alogia*을 덧붙인다.

7[3]

아폴론의 헬라적 세계는 디오니소스적 힘에 의해 차츰 내적으로 극복된다. 기독교는 이미 그전에 **나타났다.**

7[4]

헬라인 여성의 지위는 올바른 지위였다 : 여기에서 여성의 지

혜에 대한 공경이 생겨났다 : 디오티마, 피티아, 시빌라, 그리고 안티
고네까지.

여기서 우리는 타키투스가 묘사한 독일 여성을 생각한다.

7[5]

그리스인들이 노예에 대해서 말할 때면, 그들은 자연과 같이 소
박하다. 그러한 것은 : 문화가 존재하는 곳이라면 도처에 **존재한다.**
하나의 도식에 의해 문화를 희생시키는 것은 나에겐 가공할 만한 것
으로 보인다. 어떤 점에서 인간은 동일한가? 어떤 점에서 인간은 자
유로운가? 우리가 타자의 희생을 근거로 삼을 수 있다고 느끼는 한,
우리는 동포애를, 즉 그들과 우리와의 깊은 동정심을 폐기한다. 우리
는 스스로를 의도적으로 속여 사물 안에 놓여 있는 무시무시한 것을
모르게 한다.

7[6]

헬라인에게 엄격한 고향 개념은 하나의 위대한 문화 세계를 위
해 필수적이었다. 슬프다 절대국가여!

7[7]

*이론적 인간anthropos theoretikos*에게서 고대 세계는 파멸했다.
아폴론적 요소는 다시 디오니소스적 요소에 의해 분리되고, 이제 양
자는 퇴화되었다. 의식과 둔감한 욕구는 이제 동일한 유기체 안에서
맹위를 떨치는 힘들의 적대적인 존재로 대립된다.

7[8]

표어 : "위대한 판Pan은 죽었다."

7[9]

무시무시한 배경에서 올림푸스 신들의 세계의 탄생과 비교할 수 있는 것은, 페스트 시대에 데카메론의 탄생이다.

7[10]

인간을 싫어하는, 제우스의 최초의 성격은 프로메테우스 신화에서도 인식할 수 있다.

7[11]

카툴Catull(Westph⟨al⟩ 120)에 따르면, 페르시아인의 경우 근친상간으로 한 마법사가 태어났다.

7[12]

전율의 쾌감과 매력은 자연 치유력의 한 작용이다.

7[13]

요한복음은 그리스적 분위기에서, 디오니소스적 지반에서 태어났다 : 그것이 기독교에 끼친 영향, 유대적인 것과는 달리.

7[14]

I. 비극적 사상의 탄생.

II. 비극 자체.

III. 비극의 몰락.

IV. 요한.

게다가 : 내 친구에 대한 서론. 예술의 목적.

7[15]

II에 대해.

여성.

노예.

국가. 전쟁. (국가의 희생물로서 영주들.)

강의.

IV에 대해.

비극의 은폐 (조각의 세계와 같이).

취한 '학문' ('지혜'의 자리에).

위대한 판은 죽었다. 신들의 몰락.

비극적 인간—엠페도클레스.

7[16]

우리가 생식에 대해 생각하듯이, 헬라인들은 **노동**에 대해 생각했다. 양자는 부끄러운 것으로 간주되었지만, 누구도 그렇기 때문에 그 결과가 굴욕적인 것이라고 말하지는 못할 것이다.

'노동의 고귀함'은 가장 미련한 방식의 현대적인 광적 표상이다. 그것은 노예의 꿈이다. 모든 것이 가련하게 더욱더 무성생식으로 번식하려고 애쓴다. 그리고 노동이라 불리는 소모적인 삶의 곤궁이 '고귀해야' 하는가? 그렇다면 현존재 자체가 어떤 고귀한 것이어야만 할 것이다.

의지의 자유를 가진 주체가 행하는 노동만이 고귀하다. 이와 더불어 진정한 문화 노동에는 확증되고, 근심 없는 현존재가 속한다. 반대로 : 노예제도는 문화의 본질에 속한다.

7[17]

플라톤의 이상국가가 독특한 지혜인 것은, 우리가 기묘하게 여기는 바로 그것 안에서, 헬라적 의지가 지닌 격심한 자연 능력이 나타나기 때문이다. 실제로 그것은, 여성과 노동이 완전히 정당한 위치를 갖는, 진정한 사유가의 국가의 한 전형이다. 그러나 오류는 단지, 사유가의 국가라는 소크라테스적 개념에 있다 : 철학적 사유는 세울 수 없고, 단지 파괴할 수 있을 뿐이다.

7[18]

예술을 통해 의지를 찬미하는 것이 헬라적 의지의 목적이다. 이와 더불어 예술 작품을 창작할 수 있었다는 사실이 마련되어야 한다. 예술은, 실존을 위한 투쟁에서 탕진되지 않는, 한 민족의 자유롭고 잉여적인 힘이다. 여기서 한 **문화의 잔인한 현실**이 생겨난다—문화가 압제와 절멸 위에서 자신의 개선문을 건축하는 한.

7[19]

《구약성서》의 유대인이 위협이라고 생각했던 가장 무서운 것은

영원한 고통이 아니라, 완전한 절멸이다. 〈시편 1 : 6, 9 : 6.〉 무조건
적인 불멸성은 《구약성서》에서는 알려지지 않았다. 비존재는 최고의
악이다.

7[20]

문화의 후원자—독수리에 의해 쪼아 먹히는 프로메테우스.

한동안 삶 속에서 우리를 장악하는 예술의 영향력—뱀들이 경
청하는 아틀리Atli. 만약 현악기가 사라지면, 뱀들이 그를 죽이는 것
이다.

7[21]

최고의 예술의 번영과 더불어, 무제한적으로 요구되는 학문의
논리학도 발전한다. 여기서 비극적 예술 작품은 죽는다. 본능의 성스
러운 보존자인 음악은 드라마에서 멀어진다. 학문적 현존재는 의지
의 최후의 것이다 : 의지는 더 이상 은폐된 채 나타나는 것이 아니라,
자신의 끝없는 다양성에서 실제의 의지로 유혹한다. 모든 것은 설명
되어야 한다 : 가장 사소한 것은 흥미로워지고, 시선은 강압적으로
(예술가의) 진리에서 벗어난다. 종교, 예술, 학문—모든 것은 단지
지혜에 맞서는 무기일 뿐이다.

7[22]

오이디푸스는 아버지를 죽인 자이며 근친상간 안에서 살아가
는 자이면서, 동시에 스핑크스, 즉 자연의 수수께끼를 푼 자이다. 페
르시아의 마법사는 근친상간으로 태어났다 : 이것은 같은 표상이다.

즉 사람들이 자연의 규칙 안에서 살아가는 한, 자연은 우리를 지배하고, 자연의 비밀은 은폐된다. 염세주의자는 그 수수께끼를 풀면서, 그것을 심연으로 내던진다.

오이디푸스. 학문의 상징.

5

7[23]

　　민족의 선생으로서 고대 비극은 국가에 헌신적이었다. 정치적 삶과 국가를 위한 충성이 고조되었기에, 예술가들 역시 무엇보다 국가를 생각했다. **국가는 예술 현실의 한 수단이었다** : 그 때문에 국가에 대한 열망은 예술을 필요로 하는 모임에서 최고의 것이었다. 이것은 오로지 자기 지배를 통해 가능할 뿐이고, 자기 지배는 지배 능력이 있는 시민들 중 소수만이 생각할 수 있는 것이다.—그렇지만 국가와 사회 단체들의 엄청난 경비는 결국 몇몇의 소수만을 위해 책정되었다. 이들은 위대한 예술가와 철학자들이다—즉 이들은, 플라톤의 《국가》에서 요구되듯이, 단지 정치적 단체 안으로 함께 들어가는 것을 요구해서는 안 되었다. 대중을 위해서는 단지 천재의 쓰레기로 충분한 반면, 그들을 위해서 자연은 최고의 광적 표상들을 필요로 했다.

　　국가는 가장 잔인한 방식으로, 지배를 통해서 그리고 무위 도식자 종족의 생식으로 생긴다. 이제 국가의 더 높은 사명은 이러한 무위 도식자에게서 하나의 문화가 성장하도록 하는 것이다. 정치적 충동은, 계속해서 처음부터 시작하지 않도록, 문화를 보존하는 것으로 이어진다. 국가는 천재의 생식과 이해력을 준비해야 한다. 그리스인의 교육의 목적은 **비극**을 완전하게 즐기는 것이다. 그것은 비슷하게

10

15

20

언어도 관계한다 : 언어는 가장 천재적인 존재의 산물이며, 가장 천
재적인 존재를 위해 사용된다. 반면 국민은 최소한의 언어를 필요로
하며, 마치 쓰레기처럼 사용한다.

개별적으로 가장 이기적인 실존재는 결코 문화를 촉진시키는
5 데 이르지 못할 것이다. 그렇기 때문에 정치적인 충동이 존재하며,
거기에서 우선 이기주의가 진정된다. 자신의 고유한 확실성에 대한
염려로 이 사실에 대해서 아무것도 알아채지 못한다. 그것은 더 높은
목적을 위해 기꺼이 하인이 되며.

10 7[24]
식물은 거친 생존 투쟁에서 밀리자마자 미적 감각을 드러낸다.
인간에게 국가는 현존재를 위한 투쟁을 제거하기 위한 수단 중 하나
이다 (더 높은 잠재성 투쟁이 안에서 국가 전쟁으로 계속되는 동안
―개인은 **자유로워진다**). 자연은 아름다움을 통해서 번식한다 : 아름
15 다움은 세대에 봉사하는 유혹 수단이다.―자연은 항상 최고의 표본
들을 번식시키며, 거기에 대한 눈을 가지고 있다.

7[25]
노예. 국가의 발생, 야만적인 전시법.
20 현존재를 위한 투쟁에서 개체가 발전함. 식물의 아름다움.
지속적인 문화는 **강렬한** 정치적 충동 속에서 보증받는다.
웃음에 대한 자연의 열망. 비상 상태의 국가와 도둑 국가, 때로
는 문화 국가로서. 정치적 충동이 계속 커지면서, 전쟁과 소비적인
당파적 삶. 이렇게 충동은 가끔 충동의 고유한 목적에 스스로 해를

끼친다.

　　문화의 후견인으로서 (정치적 욕구의 정점으로서) 전제군주는
―하나의 예이다.

　　플라톤적인 국가는 하나의 모순이다 : 그것은 사유가의 국가
5　로, 예술을 배제한다. 그 외에는 전적으로 **그리스적 토대** 위에 있다.

7[26]

　　의무―어떤 사상의 형태 안에서 나타나는 충동에 대한 복종.
일반적으로 사상은 충동에 부합하지 않고, 오히려 **미학적인** 자극을
10　포함하고 있다 : 그것은 하나의 아름다운 표상이다.

7[27]

　　아름다운 것은 무엇인가?―의지가 현상 안에서 갖는 본래 의도
를 우리에게 은폐하는 쾌감. 이제 무엇을 통해 쾌감이 자극되는가?
15　객관적으로 : **아름다운** 것은 자연의 웃음이고, 쓰고 남은 현존
재의 힘과 쾌감이다 : 식물을 생각해보라. 그것은 스핑크스의 젊은
여성의 육체이다. 아름다운 것의 목적은 현존재로 유혹하는 것이다.
그렇다면 그러한 웃음과 유혹적인 것은 본래 무엇인가? 부정적으로
: 곤궁의 은폐, 모든 주름의 말살과 사물에 대한 더 명랑한 영혼의
20　시각.

　　"그는 모든 여성 안에서 헬레나를 본다", 현존재에 대한 욕구는
추한 것을 은폐한다. **곤궁의 부정**, 곤궁에 대한 진정한 부정 또는 가
상적 부정 둘 중 하나가 아름다운 것이다. 외국에서 모국어의 음향은
아름답다. 다른 악곡에 비해 싫게 느껴지는 가장 나쁜 악곡도 불쾌한

울부짖음에 비하면 여전히 아름답게 느껴질 수 있다. 식물의 아름다움과 같은 것도 역시 그러한 관계에 있다. 곤궁의 부정에 대한 요구와 그러한 부정 **겉모습**은 절충되어야만 한다.

이제 이러한 **겉모습**은 무엇 안에 존재하는가? 광포한 것, 욕구, 자기 압박, 기형적인 자기-확장은 인지되어서는 안 된다. 근본적인 질문은 : 이것이 어떻게 가능한가?이다. 의지의 무시무시한 자연에게서? 단지 하나의 **표상**을 통해서, 주관적으로 : 욕구하는 세계 의지의 미세한 것을 그럴듯하게 보여주는 유보된 광적 표상을 통해 ; 아름다운 것은, 이제 희망 속에서 웃고 있는 용모를 지닌 실재의 얼굴에 보이는 행복한 **꿈**이다. 이러한 꿈, 이러한 예감과 더불어 머리 속에서 파우스트는 모든 여성 안에서 '헬레나'를 보는 것이다. 따라서 우리는 개인적 의지도 꿈꿀 수 있고 예감할 수 있으며, 표상들과 환상적 그림들을 가진다는 사실을 경험한다. 자신의 현상들의 아름다운 웃음 안에서 자연의 목적은 다른 개체를 현존재로 유혹하는 것이다. 식물은 동물의 아름다운 세계이고, 전체 세계는 인간의 아름다운 세계이며, 천재는 원초적 의지 자체의 아름다운 세계이다. **예술의 창조물들은 의지가 지닌 가장 큰 쾌감의 목적이다.**

모든 그리스 조각들은, 아름다운 것이 단지 부정성이라는 것을 가르칠 수 있다.─의지는 그 최고의 것을 디오니소스적 비극에서 누린다. 왜냐하면 여기서 현존재의 놀라는 모습 자체는 황홀경적 흥분을 통해 더 발전된 삶으로 자극받기 때문이다.

7[28]

플라톤적인 이데아는 충동을 부정한(또는 **충동** 부정의 **가상**을 지난) 사물이다.

화음은 부정성에 대한 악장이 얼마나 맞는지 입증한다.

7[29]

삶 안에서 무시무시한 것을 창조하는 충동이 여기서 예술 충동으로, 자신의 웃음과 더불어 유희하는 아이로 나타나는 한, 비극은 아름답다. 그 안에는 비극이 감동시키고 파악하는 것이 그 자체로 놓여 있어, 우리는 우리 앞에서 예술 충동과 유희 충동으로 향하는 놀랄 만한 충동을 본다. 동일한 것이 음악에도 적용된다 : 그것은 비극보다 여전히 더 보편적인 의미에서 의지의 형상이다.

다른 예술들 안에서는 현상들이 우리를 웃음짓게 하는데, 드라마와 음악 안에서는 의지 자체가 그렇다. 이러한 충동의 불행에 대해 더 깊이 확신할수록, 이러한 충동은 더 감동적으로 자신의 유희를 시작한다.

7[30]

어떤 자에게 세계가 존재해서는 안 될 어떤 것으로 현상하기 위해, 사람들은 단지 어떤 것으로 **존재해야만** 한다.

7[31]

플라〈톤의〉 국가〈의〉 여성. 이것이 시작품의 영웅적 여성들이나 아테네 여성에 대한 범죄는 아니다. 이 여성들이 자연의 음성으로 말한다는 의미에서 그들은 현명한 여성들이다(피티아, 디오티마). 타키투스. 그리스에서 여성의 위치가 비자연적이었다는 사실은 이미 여성들에게서 태어난 위대한 남성들이 부정했다. 여성은 타락시키기 어렵다 : 여성은 항상 그 자신과 동일하게 머문다 : 가족의 미미한 본질. 남자아이는 국가가 교육한다. 가족의 교육은, 만약 국가가 부패하고, 자신의 문화 규정에서 벗어날 경우, 하나의 **긴급수단**이다. 우리의 문화에서 세계관을 그르치게 하는 것은 여성적인 것이다 : 그리스 남성들은 자연과 같이 냉정했다. 여성의 광적 표상들은 남성의 것과 다르다 : 교육에서 한편 또는 다른 편이 승리하자마자, 문화는 여성적인 것 또는 남성적인 것을 갖게 된다. 안티고네의 형제애.—국가에게 여성은 **밤**이다 : 그리고 더 정확히 표현하자면 **잠**이다 : 남성은 **깨어 있음**이다. 그것은 외형상 아무것도 아니며 항상 동일하게 머물며, 치유하는 자연으로의 복귀이다. 남성 안에서 미래 세대는 꿈꾼다. 왜 문화는 여성적이 되지 않는가? 헬레나에도 불구하고, 디오니소스에도 불구하고.

여성의 올바른 위치 : 가족의 분열. 남성은 국가가 그에게 행하는 놀라운 요청들에 있어 더 나쁘지 않은가? 여성은 출산해야 하고, 그 때문에 *식물로 사는 것lathe biosas*으로서, 인간의 최고의 사명을 지닌다. 그들은 노동하지 않으며, 헤시오도스에 따르면 무위 도식자들이다.

7[32]

1) 전체 영웅들 세계가 **호메로스**로 인해 존재한다는 사실을 누가 의심하려 하겠는가? 그리고 데모도쿠스와 페미오스가 그러한 개인들이란 사실을?

7[33]

장님 가수는 개인의 상징이면서 동시에 예언자이며 제사장이다.

7[34]

여성.

신탁.

7[35]

아름다움.

교육.

비극적 인간.

신비.

학문.

7[36]

개인들은, 새로운 개인들을 산출하는, 새로운 세대에 대한 정신
적 어머니들로서의 선생이어야 한다.

7[37]

민족의 원리는 도시국가에 비해 야만적으로 조야하다. 이러한
제한 안에서, 대중에겐 아무것도 주지 않고, 다수의 야만인들보다는,
오히려 소수에게서 더 많은 것을 체험하는 천재가 나타난다.

짧은 존속 기간 역시 천재의 표징이다.

결론적으로 천재와 그리스의 비교. 로마는, 의지가 최고의 목적

에 이르지 못한, 전형적인 야만 국가이다. 그것은 야비한 체제들과 졸렬한 도덕성을 지녔다 : 졸렬한 도덕성은 하나의 무기이며, 방어이다. 왜냐하면 비꼬인 성향과 연결된 아주 야비한 주먹들은 모든 것을 타도하고, 완전한 파멸을 초래할 것이기 때문이다. 누가 콜로세움에 대해 경외심을 갖는가?

7[38]

국가를 완전하게 하기 위해 여성에게 예감의 능력이 있어야만 한다. 최고의 의미에서의 피티아 : 그 외에 남성에게 이러한 능력이 나타나는 곳, 그곳에는 '개인'의 표지가 존재한다. 예언자인 장님 티레시아스, 상징으로서 피타고라스 리쿠르그 : 원래 훌륭한 아폴론 출생. 사람들이 이것을 느낀다는 사실에 대한 표현 : 사람들은 소포클레스를 위한 성전을 건립했다(구원의 천재로서).

개인은, 개인에 의한 새로운 세대의 어머니여야 한다.

7[39]

악과 트로이 전쟁 등 근원으로서 여성.

7[40]

국가 목적의 개인들─그러나 이제 세계 목적을 지닌 개인들, 개개인이 혼합된 다수 예술 작품으로서 인간, 드라마, 음악도 나타난다. 신비들이 국가에 맞선다. 여기서 더 높은 현존재 가능성이, 국가가 멸절하는 **경우에도** 존재한다.

7[41]

국가 예술 작품은 어떻게 멸망했는가? 학문 때문에. 이것은 어디에서 왔는가? 지혜를 외면함 그리고 예술의 결핍.

아름다운 것.

신성한 것(신비적 가르침과 비극적 가르침의 목표점으로서). 환상을 지닌 은자. 드라마.

비극적 인간—엠페도클레스.

철학자.

도입문. 교육. 새로운 문화 시기들. 그리스적 명랑성.

7[42]

학문은 웅변술에서, 웅변술은 정치적 충동에서. 그 '증거'. 소피스트는 항상 학자의 본보기로 남는다. 분별 있는 인간은 그에게 말을 거는 자이다 : 관심이 촉발되어야 한다.

7[43]

독일 여성은 국가에 도움을 주길 원한다 : 타키투스를 볼 것. 반면에 지금의 독일 여성은 국가 개념을 윤나게 한 **노예**이다. 고대의 매춘부와 비교.

7[44]

자신의 궁극 목적에 이를 수 없는 국가는 비자연적으로 거대하게 부풀려지곤 한다. 로마의 세계 제국은 아테네와 비교해 전혀 숭고하지 않다. 본래 꽃을 피워야 하는 힘은, 지금은 충만한 잎들에 머물고, 줄기들에 할당된다.

7[45]
　　현재 교육의 신봉자들의 가련한 종족 : 우리는 침묵하면서 그
종족을 넘어서자 : 그러면 그것은 분쇄될 것이다.

7[46]
　　아름다운 것이 본질의 꿈에서 나온다면, 숭고한 것은 본질의 **도
취**에서 나온다. 바다의 폭풍, 황무지, 피라미드. 자연의 숭고한 것은
고유한 것인가?
　　무엇을 통해 아름다운 화음이 생기는가?
　　무엇을 통해 의지의 자유, 의지의 표현이 산출되는가?
　　의지의 과잉은 숭고한 인상들, 과도한 충동들을 만들어내는가?
끝없는 의지에 대한 소름끼치는 느낌.
　　의지의 **양**이 아름다움을 산출한다.
　　아름다운 것과 빛, 숭고한 것과 어두움.

7[47]
　　언젠가 **칸트**는, 모든 번식을 종족의 이중성에 결합시키는 자연
의 계획이 자신에게는 항상 놀랍고, 인간 이성을 위한 사유의 심연과
같이 기묘하다고 말했다.

7[48]
　　감상적인 그리스인들은 자신의 의견을 말할 수 없었으며, 헬라

적 의지가 그러한 진술을 방해했다.

그로 인한 표현의 소박성.

감상적인 것은 종종 **의식적인** 지혜의 결과이다.

소포클레스의 경우 소박한 것은 종종 단지 원시적 입장 안에 있
는 의식의 조숙함일 뿐이다.

아이스킬로스는 감상적인 자이다.

소박한 것은 도처에서 하나의 결핍이다. 그것은 흔들리지 않는
확실성과 무해한 재능을 자신 안에 지니고 있는 천재의 유아성이다.

7[49]

예술에 이르지 못한 국가가 존재하듯이, 꽃피지 못한 식물들도
존재한다 : 통통한 잎들과 튼튼한 가지들은 우리에게 보상하지 못한
다!

7[50]

성 요한춤과 성 파이트춤을 언급할 것!

7[51]

국가에서 개별적인 것을 상세히 설명하기―잠으로서 여성!

7[52]

자연이 종족의 이중성에 생식을 연결하듯, 자연은 예술 작품이
란 최고의 창작을 개체화 자체와 연결한다.

7[53]

　　강한 사람은 누구도 한탄하지 않는다 oudeis muoumenos odurtai. ―
무엇으로 헬라적 의지는 인간을 현존재가 겪는 고난의 힘에서 피하
게 했는가?

　　모든 충동이 강렬할 때 헬라인들의 삶은 더욱 고통에 가득 찬
다. 그 해독제는 무엇인가!

7[54]

　　피디아스의 불굴성과 확고한 시선은 어디서 나오는가? 호메로
스의 확고한 시선은?

　　하나의 불굴의 형이상학, 그러나 축제의 순간에 보존되었다 :
그 안에서 신적 본질은 모두 사라졌다.

　　국가의 목적 : 아폴론. 현존재의 목적 : 디오니소스.

7[55]

　　개체화로서 자그레우스. 데메테르는 디오니소스의 새로운 탄
생을 희망하면서 다시 기뻐했다. 이러한 기쁨은―천재가 탄생하는
것을 알리는 자로서―헬라적 명랑성이다.

7[56]

　　오르페우스, 반신화적인, 불교적인.

　　피타고라스는 헤라클레이토스와 마찬가지로 디오니소스적 망
아의 축제를 배척했다.

7[57]

　　헬라적 예술가의 확실성―움직이지 않는 형이상학을 근거로. 이것은 **감상적인 것**(여기서 지하는 부식되었다)과 대립되는 **소박성**이다.

　　이러한 확실성의 근저에서 사유가 발전한다.

7[58]

　　살 수 있기 위해, 사유 안에 있는 필연적 모순. 학문을 열망하는 논리적 사유는 하나의 새로운 현존재 형식을 창조했다.

　　순수한 사유는 모든 것을 설명하고자 하고, 능동적이고 변형하는 것으로 작용하지 않는다.―학문은 대중을 실험과 새로움에 근접하지 못하게 하려는 의지의 한 *장치/mechane*이다 : 신비스런 예술의 적으로서 이론적 인간은 고대 정신을 **보존하는 자**이다 : 이것이 의지의 의도여야 했는가? 위대한 예술 작품들의 지속적 실존?

7[59]

　　자연에 대한 인간의 마술적 영향력.

7[60]

　　첫번째 논문들에서, 그 후에 수정한 것을 참조하도록 지시해야 한다.

7[61]

　　개체화―그 다음 디오니소스의 재생에 대한 희망. 그때 모든 것은 디오니소스가 된다. 개체화는 신의 **고문(拷問)**이다─내막을 아는 사람은 더 이상 슬퍼하지 않는다. 경험적인 현존재는, 존재해서는 안 될 어떤 것이다. 기쁨은 이러한 재생산을 향한 희망 안에서 가능하다.─예술은 그러한 하나의 아름다운 희망이다.

생식(生食)하는 디오니소스*dionisos omestes*와 잔인한 자*agrionios* = 자그레우스*Zagreus*. 이 신에게 테미스토클레스는 살라미 전투 전에 세 젊은이를 바쳤다.

7[62]

최고의 아폴론적 준비는 윤리학의 성스러움과 절제에 있다. 학문은 논리적 귀결이다. 현존재가 지닌 무시무시한 것의 완화. 인간의 엄격한 절제. 제사장적 예술가의 목적. 전형적으로는 피타고라스 : 서사시적 시인.─따라서 아폴론의 '개인들'은 '제사장적 시인들'이다. 비극은 아폴론으로부터 설명될 수 없다.

신비들─새로운 메커니즘. 여기서 현존재를 넘어서는 경이는 완화되지 않았고, 신의 분열로 깊이 애도되었다. 하나의 강력한 형이상학이 결국 다시 기쁜 표정을 지었다.

7[63]

우리는 단지 첫번째 논문들에서만 서언을 말한다.

7[64]

국가 외부에서의 아폴론적인 개인은─*이론적 인간anthropos theoretikos*. 과도한 아폴론적 충동은─예술을 넘어 사라진다.

국가 외부에서의 디오니소스적 인간—은자. 과도한 디오니소스적 충동은—예술을 넘어 사라진다.

아름다운 것의 본질.

비극적인 것의 본질.

자기 괴로움의 모순—자기 향유—라는 표상은 자기분열을 통해서만 가능하다. 완전한 향유—아름다움. 자기 괴로움 안에서 향유—숭고함.

도입부. 그리스적 명랑성.

7[65]

교육.

단순한 그리스인들.

'명상적인 사람들.'

서언을 말하는 것. 헬라적인 것이 은폐에서 점차 벗어남.

7[66]

결론적으로 : **빙켈만**을 언급할 것 : 헬라적인 것의 단순함과 고귀함에 대한 설명.

7[67]

이것은 바로 이러한 전쟁 시기와 승리의 시기가 행한 가장 낯선 광경이다. 현대적인 **은자적 정신**, 국가와의 공생은 불가능하다.

7[68]

완벽한 예술 작품의 필요성.

7[69]

바그너의 작품들을 대하면서 무엇인가를 한 번쯤 느낀 자는 그 작품에 사로잡힌다. 그렇지만 소수에 불과하다 : 그것에 대해 우리는 놀라고 싶지 않다.

7[70]

정점 : 디오니소스와 아폴론의 합일. 그러나 지금 개별적 원리들은 다시 따로 성장한다. 소크라테스. 에우리피데스. 플라톤.

7[71]

자연, 감상적인 관심의 대상이 아님.

7[72]

단지 짧은 시간 동안 아폴론와 디오니소스의 병존―이것이 예술 작품들의 시간이다. 그 다음 두 충동은 고조된다―사유의 극단주의가 광대할수록, 디오니소스적인 것의 전개도 광대해진다. 절대 국가, 절대 음악, 절대 학문 (로마, 기독교, 아리스토텔레스), 꽃 없는 식물들. 알렉산더의 절대 국가, 아리스토텔레스의 절대 학문. (신비주의의 절대적 천재.]

천재가 태어나는 데는 엄청난 예비 작업이 필요하다. 다른 한편 준비하는 그 충동들의 여파는 엄청나다.

준비하는 충동들은 언젠가 스스로 절대적으로 해방되어야 한다. 그리고 나면 의지는 하나의 열매를 맺기 전에, 무수한 씨앗들을 만든다. 엠페도클레스적인 직관. 데메테르의 얼굴에 핀 웃음.

7[73]

소피스트들이 명명되어야 한다.
결론적으로 표상의 목적.

7[74]

고대 연구들의 개혁. 빙켈만.
언어 연구를 나는 이해한다. 그러나 고전 문헌학자는 한 사람의 학문적 인간 이상이어야 한다 : 그는 전형적인 선생이어야 한다. 또는 그 이하여야 한다 : 만약 더 대담한 정신이 수집된 것을 그에게서 빼앗는다면, 그는 그때 그것이 사라지도록 내버려두어야 하는 겸허한 수집가여야 한다. 예술적 비판—어리석음!
도대체 무엇을 가르칠 수 있겠는가!
어떻게 사람들이 '선생'으로 실존할 수 있는가! 그리스 철학자들은 우리의 표본이다. 내 친구를 향한 갈채.—만약 문헌학이 잡동사니나 사기가 아니어야 한다면, 문헌학은 고대 영역에서 지속적으로 살 수 없다. '레싱'도 결국은 불가능하다.

7[75]

언어학은 고전 문헌학과 어떤 관계도 맺으려 하지 않는다는 것이 결론이다. 단지 절반의 자연만이 타협하려고 한다.

"사람들은 고대인의 특성을 가져야만 한다." 이것을 나는 보충해야만 한다 : 단지 그 특성이 너무 강해서는 안 된다. 그렇지 않으면 사람들은 분명 그 어떤 '고전 문헌학자'도 되지 못할 것이다. 이런 의미에서 나는 문헌학자에게 경고한다.

7[76]

고대인들의 남색 역시 언급해야 한다 : 그렇게 지나친 충동의 필연적 결과로서.

7[77]

언어의 근원.

호메로스와 헤시오도스.

고전 문헌학.

리듬학.

플라톤.

7[78]

호메로스에서 소크라테스까지.
하나의 미학적 논문.

리하르트 바그너에 부치는 서언.

1장. 호메로스

2장. 서정시의 근원들.

3장. 소크라테스와 비극.

4장. 그리스 고대 정신의 재탄생에 대해.

7[79]

만약 프리드리히 아우구스트 볼프가 한 문화의 이해관계에서 노예들이 필수적이라고 주장했다면, 이것은 다른 사람들은 인식하기 어려운 나의 위대한 선배들이 지닌 강력한 인식 중 하나이다.

7[80]

절대적 신비주의는 그 이름과 씨앗을 동양에서 얻었을지라도, 신비들을 잉태했던 정신의 열매인 요한복음이라는 아주 그리스적인 산물 안에서 나타난다.

7[81]

오이디푸스—마법사와 스핑크스—신비들의 목적으로서 현자 (찢어짐 후의 변용).

신탁 (그의 전율적 운명을 신들은 **안다**).

오이디푸스는 자신이 절멸되어야 한다는 **정치적 충동**을 신뢰한다.

여성.

오이디푸스는 상징적으로 의지 때문에 고난받았다 : 그리고 이런 식으로 모든 영웅은 디오니소스의 상징이 된다. '많지 않은 오성을 지닌' 겔러르트 등. 이것은 고대 인물들의 **전형**이고 신성은 그들 배후에 존재한다.

아폴론과 디오니소스의 공존, 그 드라마는 어떻게 몰락했는가?

그 특성들은 신과의 연관성을 상실했다.

바쿠스—잔인한 자*agrionios*, *생식하는 자omestes*와 부드러운 자 *meilichios*로서 디오니소스. 소크라테스주의에 대한 항의. (테미스토 클레스의 희생에 대해.)

현존재의 목적 자체는 결코 인식되지 않으며, 오히려 항상 또다 시 유한한 목적들이다. 아폴론적인 이것은 항상 새로운 환영을 자신 앞에 내세운다. 다른 한편 그것은 고난받는 신, 즉 디오니소스이다. 고난받는 자로서 서사적 영웅들.

7[82]

아름다움은, 각각의 충동들이 서로 대립하지 않고 평행을 이룰 때 나타난다. 이것은 의지를 위한 하나의 즐거움이다.

7[83]

프로메테우스—디오니소스를 찢어버린 타이탄들 중 하나, 그 런 자신의 피조물과 같이 영원히 고난받으며, 다가오는 세계 종교를 느끼면서 제우스에 대항한 자. 단지 티탄들의 행위로 찢어짐을 통해 서만 문화는 가능하며, 훔침을 통해서 타이탄 종족은 계속 보존된다. 프로메테우스.—디오니소스를 찢은 자이면서 동시에 프로메테우스 적 인간의 아버지.

7[84]

이러한 세계에 이제 소크라테스가 등장한다—그는 오르페우 스와 같이, 디오니소스에 다시 반대해 나타나, 스스로 메나데에 의해 찢겨지는 아폴론적 개인이다. 그의 죽음은 근거들에 의한 것이 아니라, 감정들에 의해 초래된 것이다 : 근거들은 단지 가련함만을 발견하기 원한다. 그렇지만 그는 승리했다. 비극의 멸망은 그와 연결된다.

5 　　비극의 통일성.

7[85]
　　아폴론　　디오니소스
　　신들의 세계들.
10 　비극적 사상.
　　노예.
　　국가.
　　여성 신탁.
　　신비들.
15 　오이디푸스　　프로메테우스　　바쿠스.
　　에우리피데스.
　　소크라테스.
　　학문.
　　아름다운.
20 　성스러운.
　　교육.

7[86]
　　개체화로 엄격히 고착되어 있는 한, 모든 학문은 가상을 향하는 것이며 본질성은 결코 인지되지 않는다. 이런 의미에서 그것은 아폴론적이다.

7[87]

"만약 어린이들이 백발이라면."

7[88]

1) 나는, 두 번째 헬레나인 비너스를 루브르에서 해방시키기 위해 독일이 전쟁을 일으켰다고 상상할 수 있다. 이것은 전쟁에 대한 영적인 해석일 것이다. 아름다운 고대가 지닌 현존재의 부동성은 이 전쟁으로 개시되었다—진지함의 시대가 시작된다—우리는 이 시대 또한 예술의 시대가 될 것이라고 믿는다.

7[89]

그리스인들은 지금까지 단지 그들 존재의 한 면만으로 우리에게 영향을 끼쳤다.

7[90]

1) 가장 내적인 궁핍함이 없는, 무시무시한 지하가 없는, **조화**—이것을 우리의 '그리스인들'은 고대인 안에서 찾는다!

7[91]

끔찍한 깊이가 없는 아름다운 표면은 존재하지 않는다.

7[92]

1) 그리스적 삶의 투명성, 명확성과 외형적인 얕음은 마치 아주 맑은 바닷물과 같다 : 사람들은 그 밑바닥을 더 높게 본다. 다시 말해 그것은 실제보다 더 얕아 보인다. 바로 이것이 위대한 명료성을 만든다.

7[93]

위대한 고요함과 명확성은 깊이를 잴 수 없는 천성의 결과이다.

7[94]

2. 소포클레스의 비극에서 언어는 인물에 비해 **아폴론적이다.** 인물들은 그것을 통해 **번역된다.** 예를 들어 오이디푸스와 같이, 인물들은 그 자체로 심연인 것이다. 이런 의미에서 소포클레스의 비극은 어느 정도 그리스적 본질을 모상한 것이다. 표면에 나타나는 모든 것은 단순하고 투명하며 아름답게 보인다. 그것들은 항상 아름답게 **춤춘다**—마치 춤 안에서 거대한 힘이, 단지 잠재적이지만 운동의 유연함과 호화로움 안에서 스스로 나타나듯이—이렇게 그리스적인 것은 외면적으로 하나의 아름다운 춤이다. 이런 의미에서 그것들은 자연의 승리이며, 아름다움에 이르는 것이다.

비극이 동기를 부여하는 것은 완전히 아폴론적이다. 대화는 아폴론적인 것의 주요 장소이다. 음악의 정신은 항상 더 내적인 것을 지시한다. 실러는 합창을 반성의 저장소라고 했다.

7[95]

아름다운 것, 은자의 환상으로서 드라마.

7[96]

2. 신비의 적대자로서 소크라테스 : 근거들을 통해 죽음의 공포를 이겨낸 자.

7[97]

형식의 확고함은 아폴론적인 결과이다 : 동기 부여와 근거들의 절제.

2. 신비의 과정은 하나의 **비슷한** 꿈으로 번역되고, 후에 이 꿈을 다시 깨어 있는 인간이 재현한다. 합창은 꿈의 언어로 말한다.

은자에 의해 세계 현상들 자체가 관조되는 경우, 그에게 친숙한 인물로 번역되듯이―디오니소스적인 형태들은 아폴론적 형태들로 번역된다. 이것은 가면들과 오이디푸스에게 적용된다. 이것은 또한 드라마에도 적용된다 :

디오니소스적으로 이해할 때, **합창**은 함께 고통받는 개인들의 통일이다

디오니소스적인 한 '개체'로서 **영웅**은 의지의 쾌감이고, 디오니소스 자체이다

무희, 가수, 시인의 통일성, 디오니소스적으로, 전 자연의 최고의 몸짓언어

행동의 통일성―세계의 통일성, 개체화의 해체.

소수의 연극 배우들―개체화가 발현되었기 때문에, 단지 하나

의 디오니소스만 존재하며 최대한 두 가지 현상만이 존재한다.

민족의 의식으로서 플라톤적 이데아, 그것은 개체가 아니다(개체란 가소로운 것이다).

7[98]

샅샅이 수색하고 다니는 말라빠진 논리학자와, 미소짓는 살찐 회의주의자에 반대해.

7[99]

볼테르. "잉여물, 그것은 얼마나 필요한가!Le superflu, comme est necessaire!"

7[100]

1. 인간성의 목적이 미래에 놓여 있다는 견해에 대해 맞서 싸우는 것은, 전적으로en masse 완전히 부정하는 것이다. 인류는 그 자체를 위해 존재하는 것이 아니며, 그 목적은 인간성의 정점, 즉 위대한 성인들과 예술가들에게 놓여 있다. 따라서 그것은 우리 앞이나 뒤에 놓여 있는 것이 아니다. 의지는 치유와, 아픔 없는 최상의 향유를 추구한다. 그것을 위해 의지는 치유와 예술 작품으로 스스로 고양하는 기만장치인 광적 표상을 요구한다.

7[101]

가면들.

에우리피데스적인 가면들.

소크라테스, 디오니소스의 적대자.

디오니소스적-아폴론적 비극.

아폴론적 충동(예술과 달리 아폴론적으로)으로서 학문.

아름다운 것 (현대인의 경멸에서 시작하는 하나의 나쁜 인식).

인식의 어떤 형식이 예술에게만 정당한가? 엠페도클레스처럼 에트나로 떨어지는 **비극적 학문**. 정도도 한계도 없는 학문. 이러한 충동은 심지어, **치유하는 여인**으로서 예술을 산출한다.

이런 의미에서 우리의 문화에 대한 과제도 파악해야 한다. 연약하고 방탕한 모든 현상들의 파괴, 황무지를 여행하는 자와 같이 진지함과 두려움에 대한 교육. 주의 : 학문의 아폴론주의는 발현되지 않는다.

교육의 가능성.

비극적 인식의 테러주의.

"아 친구여, 이러한 어조는 삼가하게!" 등.

철학자의 목가적 생활.

7[102]

올림푸스 신들의 세계에서 모든 사람은 회의적인 생각을 던져버릴 수 있었다. 신비들에 대해서는 거부적이었지만, 그 외에는 아폴론에 의지한 소크라테스의 경우는 다르다(마치 아폴론의 하인인 백조 같이).

7[103]

'레싱'도 결국은 불가능하다 : 지금까지는 하나의 이상.

7[104]

인류가 **죽어가는** 가운데 의지의 치유와 목적을 보는 특별한 열광자들!

7[105]

플라톤적 이데아에 대한 그리스 민족의 재능, 예를 들면 종족의 저주, 국가, 디오니소스적 군중의 행렬. 그들의 신화.

7[106]

꿈에 관한 학설에 대해 : 루크레티우스Lucretius V, 피디아스 Phidias, 헤라클레스, 소포클레스.

7[107]

소포클레스는 아스클레피오스Asclepios의 승려로 숭배되었다.

7[108]

페스트와 비교.

7[109]

그리스적 명랑성.
리하르트 바그너에게 부치는
서문과 함께.
바젤 대학 교수
프리드리히 니체 박사로부터.

7[110]

　　나는 사물들과 사유가 서로 일치하지 않음을 의심한다. 말하자면 논리학에서는 **아마도** 사물들에게는, 모순율이 지배적이다. 즉 상이한 것, 반대되는 것인 사물들에게는 적용되지 않는다.

7[111]

　　가장 높은 의식의 형식에서 통일성이 재생된다 : 낮은 형식에서 의식은 항상 산산이 부서진다. 의식의 지양이나 약화는 따라서 ＝ 개체화이다.—그러나 다른 한편 의식은 단지 개체들이 지속적으로 실존하기 위한 실존 수단에 불과하다. 여기서 해답은 다음과 같다 : 광기는 지성을 수단으로 볼 것을 명한다.

7[112]

　　표상의 메커니즘.

　　예술의 철학.

　　종교적인 것.

　　윤리학.

7[113]

　　1) 나는 소위 '교양인들'을 나의 이상적인 국가에서 내쫓을 것이다. 마치 플라톤이 시인들을 추방했듯이 : 이것이 나의 테러리즘이다.

7[114]

헤겔류의 열매로서 근대 독일 소설가 따위들 : 최초의 것은 이제 예술적으로 본보기가 된 사상이다. 프라이타크의 문체가 그렇다 : 즉 몇 마디 사실주의적 말로 치장된, 일반적이고 창백한 개념들이다. 괴테의 호문쿨루스. 소설 창작이란 찬사 안에서 유일하게 시대에 걸맞는 이 불량배는 자신의 결함에서 하나의 미학을 창조한다. 실패한 철학자 구츠코프는 변형되고 기형화된, 즉 철학과 시에 대한 **실러적** 관계에 대한 희화화이다.

셰익스피어의 경우, 만약 그가 **사상들**을 제공한다면 그것은 종종 약화되거나 의도적으로 파괴된 하나의 형상이다.

(익명의 서정시.)

7[115]

그리스적 명랑성. 게르만적인 것.

7[116]

본질적으로 아름다운 것은 존재하지 않는다. 그러나 방해하는 것, 싫은 것 그리고 하나의 영점(零點)은 존재한다. 사람들은 화음의 이상성에 반해 불협화음의 사실성을 생각한다. 따라서 유사한 반대색으로서 아름다운 것을 산출하는—위의 영점에서—고통은 생산적이다. 아픔을 느끼지 않는, 오히려 희열에 가득 차 황홀경을 느끼는 고문받는 성인이란 기이한 예. 이러한 이상성은 이제 얼마나 더 나아가는가? 이 이상성은 세계 안에 있는, 지속적으로 살아 있고 성장하는 또 하나의 세계이다. 그러나 이제 사실성은 어쩌면 단순한 아픔인

데, 따라서 **표상**을 잉태하는가? 그렇다면 **향유는** 어떠한 방식인가? 무엇인가를 향유한다는 것은 실재적이 아니라 이상적인 것에 대한 것인가? 그리고 아마도 삶이 향유인 한 모든 삶은 사실성에 지나지 않은가? 그리고 자연이 이르게 되는 영점은 무엇인가? 어떻게 아프지 않은 상태가 가능한가? 직관은 하나의 미학적 산물이다. 아픔의 다수성과 아픔의 무차별성은 어떠한 존재의 상태로 가능한가? 아마도 **시간은**, 공간과 마찬가지로 이와 같은 영점에서 설명되어야 하는 것인가? 그리고 아픔의 다수성은 아마도 다시 저 영점들에서 도출되어야 하지 않은가?

여기에서 중요한 것은 예술 작품이 발생한 영점과 예술 작품을 비교하는 것, 그리고 아픔이 없는 곳에서 세계를 비교하는 것이다. 이 지점에서 표상이 생긴다.—세계의 주체성은 의인론적인 주체성이 아니라, 우주적인 주체성이다 : 우리는, 신의 꿈 안에 있는, 신이 어떻게 꿈꾸는지 알 수 있는 인물들이다.

7[117]

예술적 쾌감은 또한 인간 없이도 존재해야만 한다. 조화가 영점에, 다시 말해 예술 작품이 자신의 부정적 근원에 관계하듯이, 울긋불긋한 꽃들, 공작의 꼬리는 자신의 근원에 관계한다. 거기서 창작하는 것, 예술적으로 창작하는 것은 예술가 안에서 작용한다. 이제 예술 작품은 무엇인가? 조화는 무엇인가? 어쨌든 울긋불긋한 꽃들과 마찬가지로 그것은 사실적이다.

그러나 꽃들, 인간, 공작의 꼬리가 부정적인 근원을 갖는다면, 그것들은 신의 '조화'와 마찬가지로 실제적이다. 즉 그것들이 지닌 사실성은 꿈의 사실성이다. 그렇다면 우리는 세계를 예술 작품으로, 조화로 만들어내는 존재를 필요로 하며, 그때 의지는 마치 공허, 즉 *가난의 여신Penia*에서 통과하는 *길Poros*인 예술을 창작한다. 그렇다면 존재하는 모든 것은 의지의 모상이며, 또한 예술적 힘 안에 존재한다. 수정, 세포들 등.

5

불협화음을 극복하기 위한 예술의 방향 : 이렇게 영점에서 생겨난 아름다운 것의 세계는, 방해하는 그 자체로서의 불협화음을 예술 작품 안으로 함께 끌어들이려고 한다. 따라서 단음과 불협화음을 점차적으로 즐기는 것. 그 수단은 광적 **표상**, 즉 아픔이 없는 사물에 대한 직관이 산출될 거란 근거에 입각한 **표상** 자체이다.

10

가장 큰 아픔으로서 의지는 그 자체에서 황홀경을 만들어내는데, 그 황홀경은 순수한 직관과 예술 작품의 산출과 동일하다. **생리학적** 과정이란 무엇인가? 아프지 않은 상태는 어디선가 만들어져야 한다―그러나 어떻게?

15

여기에서 저토록 가장 큰 황홀경의 수단으로서의 **표상**이 창작된다.

이제 세계는 동시에 두 가지, 즉 무시무시한 의지의 핵심 그리고 표상으로서, 표상과 황홀경에서 쏟아부어진 세계이다.

음악은, 저러한 전체 세계가 그것들의 다양성 안에서 어떻게 더이상 **불협화음**으로 느껴지지 않는지를 입증한다.

20

고통받는 것, 투쟁하는 것, 스스로 파괴하는 것은 항상 단지 하나의 의지일 뿐이다 : 의지는 현존재의 원근거로서 완벽한 모순이다.

따라서 개체화는 고통의 결과이지 원인이 아니다.

예술 작품과 개인은, 세계가 발생되는, 원과정의 반복이며, 말하자면 파도 위에서 퍼지는 파문과 같다.

7[118]

조화를 위한 감정은 무엇인가? 한편으로는 함께 울리는 높은 음을 제거하는 것, 다른 한편 그러한 음 중 한 음만 개별적으로 듣지 않는 것.

7[119]

"뱀이 뱀을 잡아 먹지 않으면,
　용이 되지 못한다."
"serpens nisi serpentem comederit,
　non fit draco."

비극의 근원과 목적.
리하르트 바그너가 쓴 책에 서문으로 부친
미학적 논문.
바젤 대학 교수
프리드리히 니체 박사.
선을 비난하고 나쁜 것을 칭찬하도록 당신을 내버려두시오 :
　　　당신에게 어떤 하나가 무거운 짐이 되거든,
　　　그 칠현금을 두 쪽으로 부수시오.
헤벨Hebbel.

7[120]

비극과 드라마적 주신 송가.

디오니소스적　　　아폴론적.

아폴론적 천재와 그의 준비.

5　디오니소스적 천재와 그의 탄생.

이중적 천재.

오페라.

비극. 주신 송가.

드라마 : 에우리피데스.

10　셰익스피어.

리하르트 바그너.

7[121]

현존을 위해 부단히 투쟁하면서 단지 생장이 위축된 꽃을 피운 식물

15　은, 운좋은 운명으로 그 투쟁에서 승리한 후, 아름다움의 눈으로 우
리를 갑자기 쳐다본다. 자연이 이렇게 도처에서, 그리고 당장 발현하
는 아름다움의 의지로 우리에게 말하는 것이 무엇인지는, 나중에 가
서야 얘기될 것이다 : 여기서는 이러한 충동 자체에 주의하는 것으
로 족할 것이다. 왜냐하면 우리는 이 충동에서 국가의 목적에 대한

20　것을 배우기 때문이다. 자연은 아름다움에 이르도록 전력을 다한다
: 어딘가에서 아름다움에 이르면, 자연은 그 아름다움의 번식을 위
해 애쓴다 : 이를 위해 자연은 동물 세계와 식물 세계 사이에서 최고
의 예술적 메커니즘을 필요로 한다, 만약 아름다운 개체적인 꽃들을
영속시킬 필요가 있다면. 나는 그와 비슷한 것, 오히려 더 예술적인

메커니즘을 국가의 본질에서 인식하는데, 그 궁극적 목적에 따르면, 국가는 **개체들과** 천재가 존재하기 위한 보호 장치나 양육 장치처럼 여겨진다. 비록 국가의 잔인한 근원과 야만적 태도가 그와 같은 목적을 지시하지는 않지만. 여기에서도 우리는 열망적으로 이르려는 광적 표상과 의지가 우리를 통해, 또는 아마도 우리의 의식에 반해, 의지 스스로 이를 줄 아는 실제적 목적을 구별해야만 한다. 인간 종족을 감싸고 있는 놀라운 장치에서도, 이기적 목적이 거칠게 뒤섞인 충동에서도 궁극적으로는 **개체들이** 중요한 것이다 : 그렇지만 이러한 개체들은 자신의 비정상적인 위치를 기뻐하지 않는다는 사실을 고려해야 한다. 결국에는 그 개체들도 의지의 도구에 불과하고 의지의 본질을 스스로 견뎌야만 한다 : 그러나 **무엇인가가 그들 안에 존재하며,** 그것을 위해 별과 국가들의 윤무가 하나의 연극으로 상연되는 것이다. 여기서도 그리스 세계는 다른 민족, 다른 시대보다 더 정당하고 단순하다 : 마치 그리스인 자체가 그러한 것을, 어린아이처럼 그리고 어린아이로서 성실하고 진실한 천재들과 공유한 듯. 단지 그들을 이해하기 위해서는, 사람들은 그들과 함께 말할 수 있어야 한다.

그리스 예술가가 자신의 예술 작품으로 겨냥한 것은 개체가 아니라 국가이다 : 그리고 다시금 국가의 교육은 예술 작품을 향유하도록 모든 사람을 교육시키는 것에 불과했다. 음악과 마찬가지로 조형예술, 건축물의 모든 위대한 창작은 위대한 민족의 정서를 의도하고 있으며, 그것은 국가가 보존한다. 특히 비극은 해마다 국가를 위해 축제처럼 준비하고, 전 민족을 통합하는 활동이다. 국가는 예술의 현실을 위한 필연적인 **수단**이었다. 그러나 우리가 만약 저러한 개체적 본질을, 즉 예술적, 철학적 작업에서 영원화된 인간을 국가가 본래 목적으로 삼은 것이라고 서술한다면 : 그것은 우리에게 정치적인 또는 아주 좁은 의미에서 고향을 생각나게 하는 충동의 놀라운 강력함이 하나의 보증으로서 나타난다. 이는 개개 천재들의 일련의 연속이 부단한 것이고, 무위도식적인, 즉 노예의 노동에서 면제된 계층이 필요하다 : 위대한 예술 작품이 나타날 수 있기 위해서, 우리는 저러한 계층의 집약된 의지, 즉 국가를 필요로 한다. 왜냐하면 국가만이, **마술적인 힘**으로 이기적인 개인들에게 위대한 예술을 실현할 것을 전제로 하는 희생과 준비를 강요할 수 있기 때문이다 : 거기에는 거의 맨 먼저 민족의 교육이 속하는데, 그 교육의 목적은 마치 대중 스스로 참여하고 판단, 도야함으로써, 저러한 천재들의 육성을 촉진하는 듯한 광적 표상과 더불어, 이기적 개인들의 제외를 통찰하는 데 있다. 여기서 나는, 도처에 오로지 **하나**의 의지가 작용하는 것을 보는데, 그 의지는 자신의 목적, 자신의 고유한 예찬을 예술 작품에서 성취하기 위해, 서로 얽혀 있는 수많은 광적 표상들을 자신의 피조물들의 눈 위에 드리운다. 그리고 이러한 눈은 사람들이 속고 있음을 더 강력력하게 이해하는 통찰력이다. 그러나 정치적 충동이 더 강할수록, 천재들의 부단한 등장은 더 많이 보증받는다 : 더 **과도한** 충동이 일어날 때 스스로가 적대적으로 광노하기 시작하지 않고, 그 충동의 이빨들이 자신의 육체를 깨물지 않는다는 사실을 전제한다면 : 이렇지 않은 경우 전쟁과 당쟁은 불쾌한 결과이다. 그렇지만 거의, 마치 의지가 시대마다 자신의 육체를 파괴하는 것을 하나의 조절관으로 사용하고, 여기서도 놀라운 자신의 본성에 충실한 것처럼 보인다. 적어도 그러한 사건들로 조절된 정치적 충동은 더 새롭고 놀라운 힘으로 천재의 탄생을 준비해왔다. 그러나 어쨌든 분명한 것은 그리스인의 경우 과도한 정치적 충동이 있을 때, 자연은, 예술적 영역에서 이 민족에게 기대된 것이 무엇인지 증언하고 있다는 점이다 : 이런 의미에서 스스로 찢어지는 당파에 대한 무시무시한 연극은 존경할 만하다 : 왜냐하면 이러한 스스로 갈망함과 스스로 충돌함 가운데서 결코 들어보지 못한 천재의 노래가 시작되기 때문이다.

7[122]

　　[……] 물론 여성에 대한 플라톤적 견해는 헬라적 관습과 뚜렷이 대조되기도 한다 : 플라톤은 여성에게 남성의 권리, 인식, 의무에 대한 참여를 허락했고, 여성을 단지 모든 것에서 결코 진보하지 않을 약한 종족으로 보았다 : 그렇기 때문에 이 종족을 제외한 채, 저러한 모든 것에 대한 권리가 논쟁점이 된다. 이와 같은 낯선 방식의 직관에 대해 우리는 이상국가에서 예술가를 추방하는 것 이상의 가치를 부여할 수 없다 : 그것은 대담하게 잘못 그려진 평행선들로, 마치 평소에는 그렇게 확실하던 손의 이탈과 눈, 즉 언젠가 이미 죽은 주인을 가끔 바라보면서 불쾌하게 흐려진 채 고요하게 관조하던 눈의 이탈과 같다 : 이러한 기분으로 그는 그러한 역설을 과장하고, 자신의 이론을 아주 기이하게 자신의 사랑의 과잉에서 만용에 이르도록 높이는 것에 만족했다. 그러나 그리스 남성으로서 플라톤이 국가에 대한 여성의 위치를 말할 수 있었던 가장 내적인 것은 완전한 국가에서 **가족은 해체되어야 한다**는 요구였다. 이제 우리는 이러한 요구를 순수하게 관철시키기 위해, 그가 어떻게 스스로는 결혼을 포기하고 다른 한편으로 아름다운 후손을 얻기 위해 국가가 질서지운 가장 건강한 남성들과 가장 고귀한 여성들 사이의 축제적 결혼식을 어떻게 설

정했는지에 대해서는 도외시하자. 그러나 그의 중요한 문장에서 그는 천재의 탄생을 위한 헬라적 의지의 중요한 준비 방법을 아주 분명히—아주 분명히, 불쾌할 정도로 분명히—묘사하고 있다. 그러나 또한 헬라 민족의 관습에서 남성과 아이에 대한 가족의 요구는 거의 제한되어 있지 않았다 : 남성은 국가 내에서 살고, 아이는 국가를 위해서, 그리고 국가의 손에 의해 성장한다. 그리스적 의지는 유사한 무리가 격리된 채, 스스로 문화 욕구를 채우는 것을 알아채지 못하도록 애를 썼다. 개인은 국가에게 모든 것을 되돌려주기 위해 국가에게 모든 것을 받는다. 이에 따르면 국가를 위해 여성이 의미하는 것은, 남성을 위해 잠이 의미하는 것과 동일하다. 잠의 본질 안에는 소비된 것을 다시 보충하는 치유의 힘과, 그 안에서 모든 과도한 것이 제한되는 유익한 휴식과, 그것에 의해 도를 넘는 것과 잉여적인 것이 조절되는 영원히 동일한 것이 놓여 있다. 그녀 안에서 미래 세대가 꿈꾼다. 여성은 남성보다 자연과 더 유사하며, 모든 본질적인 것 안에서 동일하게 머문다. 여기서 문화는 항상 어떤 피상적인 것, 자연에 영원히 충실한 핵심을 건드리지 못하는 것이며, 그런 이유로 여성의 문화는 아테네인에게는 어떤 무관심한 것으로, 즉—만약 사람들이 그 문화를 단지 현재화하려고 할 뿐이라면, 우스꽝스러운 어떤 것으로 나타났을 것이다. 이 사실에서 당장 그리스에서는 반드시 여성의 지위가 고귀하지 못하며 너무 가혹한 것이라고 추리하기를 원하는 사람은, 오로지 현대 여성의 '교양성'과 그에 대한 요구만을 원칙으로 삼아서는 안 된다. 즉 이에 반하는 것으로는 페넬로페, 안티고네, 엘렉트라를 포함하는 올림푸스의 여인들을 암시하는 것만으로 충분하다. 물론 이것들은 이상적인 형상들이다 : 그러나 누가 현재의 세계에서 이와 같은 이상들을 창작하기를 원하겠는가?—그러고 나면 그럼에도 불구하고 이러한 여성들이 어떠한 아들들을 낳았는지, 이러한 아들들을 잉태하기 위해 그들은 어떠한 여성들이어야 했는지 숙고해야만 한다!—헬라적 여성은 어머니로서 어두움 속에서 살아야만 한다. 왜냐하면 정치적 충동이 자신의 최고 목적을 포함하여 그렇게 요구하기 때문이다. 그 여성은 좁은 영역에서 에피쿠로스적 세계지혜의 상징으로 식물처럼 자라야만 한다 : *은폐된 존재 방식lathe biosas.* 또다시 그녀는 국가의 경향이 완전히 파괴된 근대에서 조력자로 등장해야만 한다 : 국가를 위한 비상 수단으로서의 가정이 그녀의 작품이다 : 그리고 이런 의미에서 국가의 예술 목적도 가사적인 예술로 낮춰져야 한다. 따라서 유일하게 여성에게 완전히 적합한 분야인 사랑의 고뇌가 점차 우리 문화를 가장 내밀한 것에까지 규정하기에 이르렀다. 마찬가지로 가정의 교육이 마치 자연스러운 것처럼 여겨지고, 국가의 교육은 단지 그들의 권리에 대한 의심스러운 간섭으로, 인내의 대상이었을 뿐이다 : 이 모든 것은 바로 현대 국가에 대해 말하는 경우에도 정당하다.—그때 여성의 본질은 여전히 같지만, 그녀들의 힘은 그녀들에 대한 국가의 입장에 따라 다르다. 그녀들에게는 또한 국가의 공백을 어느 정도 상쇄할 수 있는 힘이 있다—내가 잠과 비교한 그녀들의 본질에 항상 충실하게. 그리스의 고대 정신에서 그녀들은 최고의 국가 의지가 자신들에게 지정한 위치를 받아들인다 : 그렇기에 그녀들은 다시는 되풀이되지 않을 정도로 칭송받게 된다. 그리스 신화의 여신들은 그녀들의 모상들이다 : 소크라테스의 디오티마와 마찬가지로 피티아와 시빌레는, 신적인 지혜를 말하는 여사제들이다. 이제 사람들은 아들의 전사 소식을 들은 스파르타 여인들의 당당한 포기가 우화가 될 수 없는 이유를 이해한다. 여성은 국가에서 정당한 위치를 차지함을 느낀다 : 따라서 여성은 이후의 어느 때보다 그때 더 많은 **고귀함**을 지녔던 것이다. 가족과 결혼의 폐지를 말함으로써 여성의 지위를 한층 강화시킨 플라톤은 이제 여성들에 대해 아주 많은 **경외심**을 느꼈는데, 놀랍게도 남성과 여성의 동등함에 대해 덧붙여 설명함으로써 그녀들에게 주어진 등급을 다시 폐지하는 데로 오도된다 : 가장 현명한 자를 오도하는 고대 여성의 최고의 승리! —

국가가 아직도 배아 상태에 있는 한, 어머니로서 여성은 그것을 능가하고 문화의 정도와 현상을 규정한다 : 즉 어머니가 파괴된 국가를 보충하도록 규정된 것과 같은 방식으로. 타키투스가 독일 부인에 대해 한 말 : 심지어 그녀들은 어떤 신성한 것과 예언력이 존재한다고 믿으며, 그녀들은 자신들의 통찰력을 거절하지도, 신탁을 무시하지도 않았다inesse quin etiam sanctum aliquid et providum putant nec aut consilia earum aspernantur aut responsa neglegunt는 이 말은 아직 실제적 국가에 이르지 못한 모든 민족에 해당된다. 이러한 상태에서 사람들은 각 시대마다 항상 여성의 본능은 미래 세대의 보호 울타리로서 억제하기 어렵고, 자연은 특히 이러한 본능들 안에서 종족의 보존을 위해 말한다는 사실을 인지하는 것을 다시금 확실히 더 강력히 느낀다. 이렇게 예감하는 힘이 얼마나 멀리까지 이르는지는, 그것이 나타나는 것과 같이, 국가의 더 큰 또는 더 작은 견고성이 규정한다 : 개인적 남성의 기분과 고난이 함께 전체 부족들을 홀리는, 방종하고 훨씬 임의적인 상태에서, 그때 여성은 갑자기 경고하는 예언자로 등장한다. 그러나 그리스에도 결코 잠재울 수 없는 걱정이 있었다 : 말하자면 매우 과도한 정치적 충동이 작은 국가 조직들을, 목적을 어떻게든 이루기 전에 먼지와 티끌로 부수리란 염려이다. 여기서 헬라적 의지는 항상 새로운 도구들을 창조했고, 이 도구들로 그 의지는 조정하고 적절하게 경고하면서 말했다 : 그러나 무엇보다도 그것은 피티아였는데, 그 내부에서 국가를 상쇄하는 여성의 힘이 다시는 되풀이되지 않을 정도로 강렬하게 드러났다. 그렇지만 이렇게 작은 부족들과 도시 공동체로 분열된 민족은 그 가장 깊은 근저에서 **완전**했으며, 그와 같은 분열 내에서 단지 자연의 과제가 해결됐다는 사실을 놀라운 피티아와 델피의 신탁의 현상이 보증하는 것이다 : 왜냐하면 그리스적 본질이 여전히 위대한 예술 작품들을 창작하는 한, 그것은 항상 하나의 입에서, 그리고 하나의 피티아로 말했기 때문이다. 여기서 우리는, 개체화는 의지를 위한 하나의 거대한 긴박함이고 그 의지는 그러한 개인들에 이르기 위해 가장 놀라운 개인들에 의한 사다리를 **필요**로 한다는 것을 예감하는 인식을 억제할 수 없다. 어쨌든 의지가 아마도 **예술**에 이르기 위해, 스스로 이러한 세계, 별, 육체와 원자 안으로 자신을 부여하는 것인지에 대한 숙고는 우리를 혼란스럽게 한다 : 적어도 우리에게 분명해야 할 것은, 예술은 개인을 위해서가 아니라 의지 자체를 위해 필연적이란 사실이다 : 고귀한 전망, 그것으로 시선을 한 번 돌리는 것은 또다시 다른 곳에서 허락될 것이다.

그 사이 우리는 근대의 **민족성 개념**이 피티아와 얼마나 우스꽝스럽게 대조되는지, 하나의 국가 민족을 가시적이고 유기체적인 통일성으로서, 영광스런 통치 기구와 군대적 화려함으로 장식된 것으로 보려는 것이 얼마나 세련되지 못한 소망인지 말하기 위해 다시 그리스로 돌아가기로 한다. 만약 이러한 통일성이 정말 존재한다면 자연은 스스로 **표현한다** : 그렇지만 국민 투표 또는 신문의 소리라는 비밀스런 방식으로 나는, 우리가 근대적 민족성 개념을 파악하는 점에서, 자연은 우리처럼 그렇게 많은 것을 담고 있지 않다고 자연이 우리에게 말한 것을 두려워한다. 어쨌든 너무 **과도한 것**은 우리의 정치적 의지가 아니라는 것을 우리 모두 미소지으며 인정한다 : 그리고 이러한 발육 부전과 허약함의 표시가 민족성 개념이다. 이러한 시대에 천재는 **은자**가 되어야만 한다 : 그리고 어떤 사자가 그를 황무지에서 물어뜯지 않도록 누가 우리를 위해 염려하는가?

마지막 논쟁을 회고하면서 그리스적 의지가 예술에 이르기 위해 행한 모든 도움 장치들에 대한 가장 분명한 표현과 보편적 핵심이 **피티아**라는 것을 우리는 인식한다 : 예언하는 여성인 그녀 안에서, 정치적 충동은 자기 파괴로 소진하지 않고, 자신의 과제에서 벗어나지 않도록 스스로를 조절한다 : 그녀 안에서, 아직은 예술의 신이 아니지만, 국가를 항상 제 궤도, 즉 국가가 천재와 만나야 하는 곳에서 치유하고 보상하고 경고하는 국가의 신 **아폴론**이 나타난다. 그러나 아폴론은 단지 피티아로서만, 즉 준비하고 길을 예비하는 신성으로서만 나타나는 것은 아니다. 그는 다른 형태로, 즉 '개인' 자체로, 호메로스로, 리쿠르구스로, 피타고라스로 도처에서 등장한다 : 사람들은 왜 이러한 영웅들에게 신전과 신적인 찬미가 주어지는지 알고 있다. 그리스 민족의 표상을 통해 아폴론은 다시금 잘 알려진 '개인'의 형태로 변한다 : '맹인의 가수'로 또는 '맹인의 예언자'로 : 여기서 시력 상실은 완전히 이와 같은 분리의 상징으로 이해되어야 한다. 그리고 아폴론은 회색의 민족의 과거 안에서 저러한 '개인'으로 고귀하게 반영됨으로써, 그 '개인'을 인식하기 위한 다수의 시선이 현재 안에 예리하게 머물도록 배려한다. 마치 다른 곳에서 그가 새로운 형세를 통해 새로운 개인들을 출산하고, 놀라운 예시로서 그들 주위에 보호막을 설치하기 위해 노력했듯이.

5

　　이러한 모든 아폴론적 장비들은 그 자체로 신비의 특징 같은 것을 갖는다. 전투하는 국가들, 유린된 주민들, 힘들게 형성되는 군중에 대한 놀라운 연극이 본래 누구를 위하여 상연되는지는 아무도 모른다. 즉 사람들이 공연자인지 관객인지조차도 불확실하다. 그리고 개인들은 비밀스런 의도로 보이지 않는 손에 의해, 저렇게 격투하면서 앞으로 돌진하는 모든 무리에게서 구출된다. 그러나 아폴론적인 개인이 무엇보다도 저렇게 고통받고 스스로를 파괴하는 본질의 혼란이 자신 안에 그 목적과 목표를 갖는다는 놀라운 인식에서 보호받는 반면, **디오니소스적** 의지는 자신의 개인을 더 높은 단계로 끌어 올리고, 그 안에서 스스로를 기리기 위해 바로 이러한 인식을 사용한다. 그리고 이렇게 완전히 은폐된 아폴론적 신비의 질서 곁에서는 디오니소스적인 것, 즉 단지 소수의 개인들에게만 폭로되는 세계의 상징이 효력을 갖지만, 이러한 세계에 대해서는 많은 사람 앞에서 비유를 통해 말할 수는 있다. 이러한 디오니소스적인 비밀제의 황홀경은 마치 신비 안에 스스로를 옭아매는 것과 같다 : 이것은 도처에서 지배하는 충동이며, 도처에서 알려지는 지혜이다. 누가 헬라적 본질의 이러한 토대를 그 예술적 기념물 안에서 오해하겠는가! 빙켈만을 감격시켰던 고요한 단순함과 고귀한 품위는, 만약 사람들이 심저에서 여전히 작용하는 형이상학적인 신비적 본질에 주의하지 않는다면 설명될 수 없는 것으로 남는다. 여기에서 그리스인들이 올림푸스의 신들과 자유로운 방식으로 때로는 유희하면서, 때로는 회의하면서 어울렸던 데 반해, 여기에서는 동요되지 않는 하나의 신앙적 확실성을 갖는다. 따라서 그들에겐 신비의 모독 역시, 자신들이 데모스의 해체보다 더 두렵게 여긴 본래적인 근원적 범죄로 여겨졌다.

5

7[123]

명백한 것은, 이제 선택된 소수의 무리들만 최고의 경지에 참여할 수 있고, 많은 대중은 영원히 앞뜰에 머물러야만 한다는 점이다 : 마찬가지로 궁극적 지혜의 증인들Epopten 없이는 고귀한 기구의 목적은 완전히 이룰 수 없다는 것이다. 반면 정화된 다른 자 모두는 사적 행복이나 아름답게 계속되는 삶에 대한 개인적인 전망을 추구하면서, 즉 인식의 단계를 향한 이기적인 열망에서, 자신의 눈이 지혜의 놀라운 광채를 더 이상 견딜 수 없는 곳에 머물 때까지 힘차게 앞으로 전진하는 것이다. 이제 이러한 한계점에서, 자신에 대해서는 그다지 신경을 쓰지 않고, 고통스럽게 앞으로 몰아가는 끊임없는 자극에서 침식하는 빛 안으로 이끌어진—그리고 그 다음에, 놀라운 광기를 통해 아직도 자신의 인식의 현존재를 부정하는 궁극적 정점, 즉 현존재 자신을 겨냥하는 가장 강력한 창을 구부리고 부수는, 디오니소스적 의지의 승리인, 변용된 시선으로 되돌아오기 위해—개인들은 이탈하는 것이다. 다수의 대중을 위해 전적으로 다른 유혹 수단 또는 위협들이 적용된다 : 여기에는 정화된 자들은 계속되는 복된 삶을 기대해도 좋은 반면, 정화되지 않은 자들은 죽은 후 진창 안에 누워 있게 될 거란 믿음이 있다. 이미 다른 비유, 말하자면 감옥과 같은 삶

안에 있는 현존재를 직관한다는 비유, 그리고 육체를 영혼의 무덤으로 직관한다는 다른 비유는 의미심장하다. 그러나 이제 불멸의 내용에 대한 본래의 디오니소스적 신화가 등장하는데, 우리는 이것을 모든 헬라적 예술적 삶의 지반으로 보아야 한다 : 마치 미래의 세계 지배자가 아이(디〈오니소스〉, 자〈그레우스〉)로 타이탄들에 의해 잘려지듯이, 그리고 그가 이제 이러한 상태에서 자그레우스로 칭송되듯이. 그때 이러한 찢김, 본래 디오니소스적인 **고통**은 공기, 물, 대지, 암석, 식물과 동물들로 변하는 것과 동일하다는 사실이 얘기된다 : 따라서 개체화의 상태는 근원으로서, 모든 고난의 원근거로서, 그 자체로 거부되어야 할 어떤 것으로 여겨졌다. 올림푸스의 신들은 판의 웃음에서, 인간은 그의 눈물에서 창조되었다. 이런 상태에서 디오니소스는 잔인하고 거친 데몬과, 부드러운 지배자란 이중적 본질을 지닌다(잔인한 자*agrionios*, 생식하는 자*omestes*, 부드러운 자*meilichos*). 이러한 본질은 무시무시한 돌발적인 일에서 나타난다. 마치 예언자인 에우프란티데스Euphrantides가 마라톤 전투를 앞두고 한 요구에서, 사람들은 디오니소스에게(agrionios) 크세르크세스Xerxes의 세 조카들, 즉 아름답고 찬란하게 장식된 세 젊은이를 제물로 바쳐야만 했듯이 : 이것만이 승리의 보증인 듯이. 증인들의 희망은 우리가 이제 개체화의 종말이라고 이해해야 하는 디오니소스의 재탄생으로 이어진다 : 이렇게 등장하는 세 번째 디오니소스에게 증인들의 들끓는 환희의 노래가 울려퍼진다. 그리고 단지 이러한 희망 안에서만, 찢어지고 개체들 안에서 분열된 세계의 얼굴에 기쁨의 광채가 서린다 : 마치 디오니소스가 찢겨져 영원한 슬픔에 빠진 데메테르Demeter, 그러나 사람들이 데메테르는 **다시** 디오니소스를 낳을 수 있을 것이라고 말했을 때, 처음으로 다시 기뻐한 데메테르를 통해 신화가 상징화했듯이. 인용된 견해에서 우리는 이미 가장 심오한 세계 이해의 모든 요소들을 얻는다 : 즉 존재하는 모든 것들의 통일성에 대한 근본 인식, 개체화를 모든 악의 근원으로 보는 고찰, 아름다운 예술을 개체화의 궤도를 파괴할 수 있으리란 희망으로 본 점. 물론 이러한 표상들의 범위는, 만약 이것이 가장 치욕적인 것으로 왜곡되지 않고 천박하게 되지 않아야 한다면, 일상적인 영역과 일반적인 예배 방식에 옮겨져서는 안 된다. 신비에 대한 제도로의 목표는 준비된 자, 즉 성스러운 노력으로 이미 제도 안으로 인도된 자에게 이러한 상징들에 대한 통찰력을 제시하는 것이다. 그러나 우리는 이러한 상징들에서, 디오니소스적 봄 축제의 망아제가 거의 동시에, 그리고 서로서로 자극하는 모든 야릇한 기분들과 인식들을 다시 깨닫는다 : 개체화의 부정, 파괴된 통일성에 대한 놀라움, 새로운 세계 창조에 대한 희망, 즉 그 안에서 쾌감과 놀람의 매듭이 함께 연결되는 황홀한 전율의 느낌이다. 이러한 망아적 상태들이 신비의 질서 안에 사로잡혔을 때, 아폴론적 세계에서의 최대의 위험이 제거되고, 이제 국가가 이러한 것을 통해 와해되리라는 염려 없이, 국가 신과 디오니소스는 공동의 예술 작품과 비극의 창작으로, 그리고 비극적 인간 안에서 그들의 이중적 본질을 칭송하기 위해 가시적으로 계약을 체결한다. 예를 들면, 이러한 합일은 아테네 시민의 느낌으로 표현되는데, 그들에겐 단지 두 가지만이 가장 불경스러운 것으로 간주된다 : 즉 신비에 대한 모독과 자신의 국가 기관의 헌법을 파괴하는 것. 자연이 비극의 탄생을 아폴론적인 것과 디오니소스적인 것의 두 가지 근본 충동으로 연결했다는 사실은 이성의 심연으로서뿐 아니라 이러한 자연의 장치로서, 이와 같은 주장을 종족의 이중성과 연결시키는 것이 우리에게 필요하다 : 이 점은 위대한 칸트에게서 항상 놀랍게 나타나고 있다. 공동의 비밀은, 말하자면 서로 적대적인 두 가지 원리들에서 어떤 새로운 것이 생겨나듯이, 저러한 불화적인 충동에서 통일성으로 나타난다 : 이런 의미에서 이 주장은 디오니소스의 재탄생에 대한 보증으로서 비극적 예술 작품뿐 아니라, 데메테르의 영원히 슬픈 얼굴에 비친 희망의 빛으로 여겨져야 한다.

7[124]

[……] 소크라테스가 앞으로 밀어낸 에우리피데스가 주목했던 예술의 새로운 창작에는, 플라톤적인 것과는 전혀 다른 목적이 숨겨져 있었다 : 플라톤이 예술에 대한 소크라테스적 개념을 지양시키려고 했다면, 에우리피데스는 이 개념을 자신의 창작물에서 엄밀히 규정하고자 노력했다. 한 사람은 기호의 예술을 배척했다. 왜냐하면 그는 그 예술의 사악함을 소크라테스적 정의로 인식했다고 믿었기 때문이다. 다른 사람도 그것을 배척했는데, 그것은 지금까지의 예술이 소크라테스적 개념에 단지 불충분하게 상응했다고 그가 느꼈기 때문이다. 이렇게 플라톤은 예술에 대한 소크라테스적 정의 안에서— 가상에 대한 모상으로—하나의 척도를 발견했다. 에우리피데스는 이상적인 것의 한 방식을 발견했다 : 따라서 플라톤은 자신의 새로운 예술을 위해 새로운 정의를 찾아야 했고, 에우리피데스는 옛 정의에서 하나의 새로운 예술을 찾아야 했다. 예술에 대한 소크라테스적인 배척 판결 자체는 에우리피데스의 영혼에 얼마나 짐이 되는가! 그리고 예술을 의식적인 의도로, 위의 판단에 실제적으로, 그리고 완

벽하게 들어맞는 형식에 쏟아부으려는 것은 얼마나 음침한 결단인가! 극적 예술 작품을 곧바로 심연으로 이끌기 위해 극적 창작의 경주로에서 앞으로 채찍질해대는 것, 그리고 확실한 고삐를 잡고 몰아감─얼마나 음울한 갈등인가! 내가 말했듯이, 비극은 자살을 통해 죽었다. 이제 우리는 에우리피데스 안에서 망아적인 자기 파괴의 쾌감을 이해한다. 누가 우울한 에우리피데스의 상징을 연민 없이 보고자 하는가! 여기서 우리는 예술에 대한 소크라테스적 정의 안에서 비판 뿐만 아니라, 아직 이르지 못한 비극의 목적을 식별하는 대단한 예지의 표현을 알게 된다 : 그리고 이 외에, 극적 시작(詩作)에서 폭발되어야 하는 힘찬 시작의 힘 또한 진지하게 소크라테스적인 배척의 소리를 낸다는 것이다. 이러한 가혹한 모순은 자연에서 나타나서 에우리피데스를 고독으로 몰아갔는데, 이러한 고독에서 그는 독자가 자신을 배척하기도 하고 숭배하기도 하듯이 그의 독자를 경멸하기를 시도할 수 있었다. 그때 그에게는 한 번도 비극적 예술 작품에 대한 그의 표상을 적나라하게, 그리고 조정하지 않고 드러내는 것이 허용되지 않았다. 왜냐하면 이렇게 적용하지 않고 드러내는 것이 당시 아테네인에게는 불가능했기 때문일 것이다. 한 후세인은 그때 무엇이 핵심이며 무엇이 표피였는지 정확하게 인식했다 : 그는 후자의 것을 팽개쳤는데, 그것은 소크라테스가 이해했고 에우리피데스가 완전히 이르려고 노력한 것과 같은 극적 예술의 총괄 개념으로 드러났다. 그것은 장기와 같은 연극, 새로운 아티카 희극임이 드러났다. 이러한 희극에 대해서는, 가장 무모한 의미로 그것이 모상의 모상이라는 말이 적용된다 : 그것은 모든 가족 안에서 상연되었고, 그 안에서는 모든 사람이 배우였다. 이러한 희극의 시인은 왜 그들이 에우리피데스를 희극의 천재로 숭배하는지 알았다 : 그 천재는 관객을 무대로 이끈 자이고, 일상적-현존재의 되새김질에 대한 취미를 대중들에게 제공했던 자이다. 에우리피데스가 이러한 예술에 대해 내려다본 염세적이고-비꼬는 시선에 대해 아무도 어떤 것을 알아채지 못했다. 그러나 모든 시대를 통해서 소크라테스적 예술의 새로운 장르는 남게 되는데, 이러한 **소크라테스적 예술**은 소설과 결탁해 비그리스적인 모든 후세의 경탄을 빼앗았다. 정권교체를 목표로 포함하는 경험적 현실의 반영으로서 **연극**, 어떤 형이상학적 관점을 갖는 환상적-이상적 현실의 반영으로서 **소설**, 이것들은 거의 2천 년 간 그리스에 종속되어 있음을 보여주는, 즉 그리스의 자연스런 후손임을 보여주는 근본 형식들로, 이것은 세르반테스와 셰익스피어에게서 그것들이 궁극적으로 완성되고 충족되었으며, 최고의 포만을 발견한 근본 형식들이다.

이렇게 가장 먼 아득한 곳을 조망한 후, 우리는 그 사이에 확실히 괴물로 변한 소크라테스에게로 다시 돌아가자 : "이미 그는 하마처럼 보인다, 불타는 눈과 무시무시한 이빨을 가진."

7[125]

소크라테스주의가 언제나 재차 창작을 자극한 천재는 어떤 천재인가?

우리는 이미 이론적 천재에게서, 충동에 머물 뿐 스스로를 넘어 인식에는 이르지 않는 그리스 예술과 윤리가 어떻게 파멸했는지 알고 있다. 또한 이와 더불어 자연스럽게 그러한 윤리의 토대에서, 예술의 목적으로만 실존했던 그리스 국가에 대한 사형 판결이 내려졌다.

우선 스스로를 반예술적으로 표명한 이론적 천재의 작용이 어떠한
새로운 예술의 목적을 나타내는지, 그리고 새로운 예술의 발생이 얼
마나 엄청난 시공간을 넘어 확장되었는지에 대해 나는 추측할 수 있
다. 즉 형이상학적인 우울함과 예술의 모든 유사함에서, 즉 가장 위험
5 한 비방의 위험에서도 나는 이렇게 추측하는 것을 두려워하지 않을
것이다 : 그때 나는 나의 동료인 지질학자가 그랬던 것처럼, 그 시간
에 대해 내가 경탄하지 않을 것이라는 사실을 미리 인지해야 했으며,
따라서 나는 하나의 위대한 예술 작품의 발생에 이르기까지, 수천 년
에 대한 구분을 주저없이, 완전히 비사실적인 것으로 받아들였다.

10 　　이론적 천재는 이중적 방식으로 예술적-신비적 충동의 해체로
몰아갔다. 즉 한편으론 자연의 역증요법Alloeopathie의 방식에 걸맞
게 한 색이 다른 색을 요구하듯이, 자신의 불사의 쌍둥이의 현존재도
요구하는 현존재 자체를 통해, 다른 한편으로 이미 언급했듯이, 학문
이 한계에 이를 때마다 예술로 변화하는 것을 통해서이다. 후자가 진
15 행되는 시작점을 우리는 다음과 같이 생각할 수 있다. 즉 이론적 인
간은 직관적 세계의 어떤 한 시점에서 환상의 실존, 즉 감성과 오성
의 소박한 착각의 실존—여기에서 그는 인과율을 신중하게 사용하
고, 또 논리적 메커니즘의 도움으로 착각의 실존에서 해방되었다—
을 인지했던 것이다 : 그때 그는 자신의 인식과 비교할 때, 이러한 진
20 행 과정에 대한 일반적이고 신화적 표상에 하나의 오류가 있다는 것,
따라서 이렇게 신앙적으로 숭배되는 민족의 세계상이 입증할 수 있
는 오류에 사로잡혀 있다는 사실을 발견한다. 이렇게 그리스 학문은
시작된다 : 이 학문은 당장, 근본적으로 단지 학문의 맹아일 뿐인 자
신의 첫째 단계에서 즉각 예술로 변했고, 보폭만큼 획득한 입장에서

환상적 유비를 통해 하나의 새로운 세계상을 거짓으로 그렸던 것이다. 즉 세계를 물로, 공기로 또는 불로. 여기서 단순한 화학적 실험은 오목렌즈의 확대를 통해 존재의 근원이 되었다 : 이제 존재자의 다양함과 무한성은, 사랑에 대한 우주론으로, 무수히 많은 물리적 유령들로 그리고 만약 이것이 충분치 않다면, 옛 국민신들을 통해 설명되어야만 한다. 이렇게 학문적 세계상은 처음엔 그저 천천히 민족적인 표상들에서 멀어져 갔지만, 본래 좁게 한정된 인식이 세계 인식으로 확대되어야 하자마자, 짧은 선회 후에 항상 그러한 민족적인 표상들로 다시 되돌아갔다. 이렇게 과도한 과장들과 비슷한 추론의 오용을 강요하면서, 다른 한편으론 이론적 인간을, 확실하고 막 획득된 지반에서 횡설수설한 상상으로 그토록 유혹적으로 쫓아버리는 것은 무슨 힘인가? 이렇게 바닥이 없는 것으로 뛰어드는 것은 무엇 때문인가? 우리는 여기서 지성은 단지 의지의 한 기관이고, 따라서 필연적인 열망으로 현존재에 자신의 모든 작용을 촉구하는 것이라는 점, 그리고 목적에 있어서 중요한 것은 단지 현존재의 다양한 형식들이지, 결코 존재 또는 비존재에 대한 질문이 될 수 없다는 점을 기억해야만 한다. 지성을 위해, 목적으로서 무는 존재하지 않으며 절대적 인식도 존재하지 않는다. 왜냐하면 절대적 인식은 존재에 반하는 비존재일 것이기 때문이다. 이에 따르면 삶을 지지하는 것—삶으로 유혹하는 것은 모든 인식의 근저에 놓여 있는 의도이고 비논리적 요소인데, 이러한 요소는 모든 인식의 아버지로서 인식의 한계도 규정한다. 어쨌든 이렇게 신화적이고, 유령들로 치장된 세계상은 단지 작은 학문적 개별 인식들을 과장하는 것으로 나타난다 : 진실에 있어 그것은 이러한 인식을 강요하는 근거이다 : 비록 이 과정이 항상 단지 경험적

이고, 순수하게 경험에 의거한 원칙에 따라 판단하도록 강요되고, 원
인과 결과에 대해서는 도대체 오로지 전도된 것만을 우리에게 말할
수 있으며, 의식 존재에 의해서는 파악될 수 없다 하더라도. 따라서
그것은 항상 학문의 한계를 넘어서는 것이고, 우리에게는 마치 ——
—.

7[126]

[……] 이렇게 이리저리 물결치는 투쟁 아래 새로운 예술이 태
어났고, 이 예술은 이러한 투쟁의 기호로 일반적으로 '감상적인' 특
징을 지니며, 그것이 '목가적 시Idylle'를 창작할 수 있을 때 최상의
목적에 이른다. 나는 이처럼 화려한 실러의 용어를 모든 예술의 전
영역에 적용시킬 능력은 없고, 오히려 내가 그러한 개념들 아래로 배
치해서는 안 된다고 알고 있는, 예술 시대와 예술 작품들에 대한 현
저한 총계를 발견할 뿐이다 : 만약 내가 '소박한naiv'을 나의 '완전히
아폴론적인', '가상의 가상'으로 해석하고, 반면 '감상적sentimen-
talisch'인 '비극적 인식과 신화의 투쟁 아래 태어남'으로 해석한 것이
옳다고 생각된다면. '소박함'에서 최고 예술 장르의 영원한 표지가
인식되는 것이 확실하다면, '감상적'이란 개념은 소박하지 않은 모든
예술의 표지로 요약하기에는 충분하지 않음이 확실하다. 만약 우리
가 이것, 예를 들어 그리스 비극과 셰익스피어를 원한다면, 우리는
얼마나 당황할 것인가! 그리고 심지어 음악을 원한다면! 이에 반해
나는 '소박한 것'과 아폴론적인 것에 대해 완전히 대립적인 것이 '디
오니소스적인 것', 즉 '가상의 가상'이 아니라 '존재의 가상'인 모든
예술이라고 이해하는데, 이를 통해 우리의 모든 경험 세계는 원-일

자의 입장에서 보면 하나의 디오니소스적 예술 작품인 것이다 : 또
는 우리의 입장에서 보면 음악인 것이다. 나는 심지어 최고 법정으로
부터 '감상적인 것'에 순수 예술 작품의 가치를 부여하는 것을 거부
해야만 한다. 왜냐하면 그것은 소박한 것과 디오니소스적인 것의 최
고의, 그리고 지속적인 화해의 경우처럼 생겨난 것이 아니라, 오히려
양자 사이에서 불안정하게 흔들리며, 그것들의 합일은 단지 불규칙
하게, 즉 항존적인 소유물에 이르지 못하고 오히려 다양한 예술들 사
이에서, 다시 말해 서정시와 서사시, 철학과 예술, 개념과 직관, 의지
와 능력 사이에서 불확실한 위치를 갖기 때문이다. 그것은, 이러한
목적에 이르지 못한 채 지금 막 결정하려고 하지만 아직 결정되지 않
은 투쟁의 예술 작품이다 : 그러나 그것은 실러의 시가 우리를 감동
과 고양으로 이끌듯이, 우리에게 새로운 길을 지시하고, '모든 세계
민족에게 세례를 주는' 선구자인 '요한'인 것이다.

7[127]
　　[……] 이제 사람들은 이러한 모든 전제에 대해 생각해보아야
한다. 즉 음악을 시로 만드는 것, 즉 음악을 통해 시를 설명하려는 것,
심지어는 말해진 의도로 시의 개념적 표상들을 음악을 통해 상징화
하고, 이로써 음악이 개념 언어에 이르도록 돕는 것, 이러한 전제들
은 얼마나 비자연적이고 불가능한 시도임에 틀림없는가 : 이 시도는
나에게는 마치 아들이 아버지를 낳으려는 것과 비슷하게 여겨진다.
음악은 형상들을 그 자체에서 투사할 수 있다 : 그러나 그것들은 항
상 단지 모상으로서, 말하자면 자신의 본래적인 내용에 대한 예들이
다 : 형상, 표상은 결코 음악에서 산출될 수 없다. 하물며 그것을 개

넘이나 또는—사람들이 말하는 것처럼—시적인 이데아가 행할 수 있으리란 것은 당치도 않은 말이다. 이에 반해, 만약 베토벤 교향악이 항상 다시 개별적인 청자를 형상 언어로 강요한다면, 또한 한 악곡을 통해 창작된 상이한 형상 세계들의 병치가 아주 환상적으로 혼잡하게, 즉 모순적으로 보인다면, 이것이 근대의 미학자들에게 나타나는 것보다 더 우스꽝스러운 현상은 없다 : 그들의 가련한 기지를 이러한 병치들에서 행하고, 그 현상을 설명할 수 있는 것으로는 결코 인식하지 못하는 것은 저러한 신사들의 방식에서나 정당하다. 만약 그가 하나의 교향악을 목가적인 것으로, 하나의 악장을 '개울가의 장면'으로, 또는 '시골 사람의 즐거운 공동 생활'로 특징짓는 것과 같이 작곡가가 형상에서 작곡에 대해 말할지라도, 이것은 비유적으로 음악에서 잉태된 표상들에 지나지 않는다. 그런데 이 표상들은 음악의 디오니소스적인 내용을 우리에게 어떠한 측면으로도 가르칠 수 없다. 이것은 말하자면 다른 형상들과 비교해 어떤 독점적인 가치도 가질 수 없는 것이다. 그러나 이제 음악을 심지어 일련의 형상들과 개념들을 보조하는 것으로 놓는다면, 즉 음악을 목적을 위한 수단으로, 그리고 형상과 개념들을 강화하고 명백히 하는 수단으로 이용하는 것은—'오페라'의 개념에서 발견되는 특별한 부당함은, 내가 고유한 팔로 날려고 시도하는 우스꽝스러운 인간을 떠올리게 한다 : 이러한 멍청이, 그리고 오페라가 그러한 개념을 추구한다는 것은 완전히 불가능한 일이다. 그러한 오페라 개념은 음악에 대한 오용을 요구할 뿐 아니라—내가 말했듯이—불가능한 일이다! 음악은 결코 수단이 될 수 없다. 비록 사람들이 음악을 밀치고 비틀고 고문할지라도 : 음악은 음으로, 북의 연타로 자신의 가장 자연스럽고, 단순한 단계에서도 여전히 시를 넘어서며, 시를 자신을 반영하는 것으로 낮춘다. 따라서 예술 장르로서 오페라는 그 개념상, 음악의 혼란일 뿐 아니라, 미학에 대한 잘못된 표상이다. 더욱이 이와 더불어 내가 미학을 위해 오페라의 본질을 정당화한다면, 물론 이와 더불어 나는 나쁜 오페라 음악 또는 나쁜 오페라 시를 정당화하려는 것에서 멀리 떨어져 있는 것이다. 가장 나쁜 음악은 최선의 시와 비교해 아직도 항상 디오니소스적인 세계 지반을 의미할 수 있다 : 그리고 최선의 음악에 있어서 가장 나쁜 시는 이러한 지반의 거울, 모상, 반영이다 : 말하자면 이렇게 확실히, 개별음은 형상과 비교할 때 이미 디오니소스적이고, 개념과 단어를 포함하는 개별 형상은 음악과 비교할 때 이미 아폴론적이다. 나쁜 시를 포함하는 나쁜 음악조차도 여전히 음악과 시의 본질에 대해 가르칠 수 있다. 레치타티브는 가장 분명한 비자연의 표현이다. 따라서 만약 예를 들어 쇼펜하우어가 벨리니Bellini의 〈노르마Norma〉를, 음악과 시를 고려하여 비극의 완성으로 느꼈다면, 자신의 디오니소스적-아폴론적 흥분과 자기 망각에서 그는 그럴 만한 충분한 권리를 갖는다. 왜냐하면 그는 음악과 시를 그것들의 가장 보편적인, 즉 철학적인 가치에서 음악과 시 자체로 느꼈기 때문이다 : 반면 그는 그러한 판단으로 단지 교육을 덜 받은, 즉 역사적으로 평준화된 취향만을 입증했을 뿐이다. 우리는 이러한 고찰에서 의도적으로 예술 현상이 갖는 역사적 가치는 문제시하지 않고, 단지 현상 자체만을, 그것의 변하지 않는, 즉 영원한 의미에서, 그것을 최고의 전형에서 파악하려 노력했는데—우리에게 이러한 오페라의 예술 장르는 민요와 마찬가지로 정당하다 : 우리가 이 둘을 디오니소스적인 것과 아폴론적인 것의 합일에서 발견하는 한, 그리고 오페라의 경우—즉 오페라의 최고의 전형을 위해―민요의 경우와 마찬가지로, 하나의 유사한 발생을 전제로 해도 좋은 한. 단지 우리에게 역사적으로 알려진 오페라가 그 시초 이래 민요와 전혀 다른 방식으로 발생하는 한, 우리는 이 '오페라'를 거부한다 : 이러한 오페라는, 바로 우리가 옹호한 오페라의 장르 개념에 관계한다. 마치 인형과 살이 있는 인간의 관계처럼. 또한 이렇게 확실히 음악은, 결코 텍스트에 이바지하는 수단이 될 수 없고, 오히려 어떤 경우에도 텍스트를 능가한다 : 그렇지만 또한 음악은, 만약 작곡가가 자신 내부에 솟아오르는 디오니소스적 힘을 자신의 인형의 언어와 몸짓으로 향하는 불안한 시선을 통해 분쇄한다면 확실히 나쁜 음악이 된다. 그에게 오페라 시인이 도대체 이집트적 규칙성을 지닌, 일반적으로 도식화된 인물 외의 것을 제공하지 않는다면 : 오페라의 가치는 음악이 더 자유롭고 무조건적이고 디오니소스적으로 전개될수록, 즉 소위 모든 극적 요소를 더 경시할수록 더 고귀해진다. 이런 의미에서 그때 오페라는 자연히 최선의 경우 좋은 음악이고, 단지 음악인 것이다 : 반면 그때 연주된 속임수는 말하자면 단지 오케스트라의, 특히 가장 중요한 악기들의, 가수들의 환상적인 변장인 것이고, 이런 것에서 통찰력 있는 자는 웃으면서 돌아서는 것이다. 만약 거대한 대중이 바로 **그것**을 즐기고, 그때 음악이 단지 **허락만 된다면** : 그들은 마치 좋은 그림의 금테두리를 그림 자체보다 더 높게 평가하는 자들과 같은 것이다. : 국가가 그러한 소박한 오류들에다가, 어떤 진지한 또는 아주 숭고한 완성을 허락하길 원하겠는가? 그러나 순수하고, 그 자체로 영향력 있는 유일한 디오니소스적 음악에서 가능한 한 멀리 떨어진 상태에서, 오페라가 '극적인' 음악이라는 것은 무엇을 뜻하는가? 연기 행위로서 이미 그 성공이 확

실한 다채롭고 정열적이며 관객을 감동시키는 드라마 한 편을 생각
해보자 : 여기서 '극적' 음악이 드라마에서 아무것도 얻지 못한다면
무엇을 더 덧붙일 수 있겠는가? 그러나 그것은 우선 많은 것을 얻을
것이다. : 왜냐하면 음악의 디오니소스적 지배력이 한 번 청자를 감
5 동시키는 모든 순간에, 연기를 보는 눈, 즉 눈앞에 등장하는 개인들
에게 몰두하는 눈은 흐려진다 : 청자는 이제 드라마를 잊으며, 만약
디오니소스적 마술이 그를 자유롭게 한다면, 그때 비로소 다시 드라
마를 위해 깨어나는 것이다. 그러나 음악이 청자로 하여금 드라마를
잊도록 하는 한, 그것은 아직 '극적' 음악이 아니다 : 그러나 어떤 디
10 오니소스적 지배력도 청자에게 나타내서는 안 되는 음악을 위해, 그
것은 무엇을 뜻하는가? 그리고 그 음악은 어떻게 가능한가? 그 음악
은, 그 내부에서 관습이 모든 자연적 힘을 다 빨아낸 **순수한 관습적인**
상징학으로 가능하다 : 기념물로 약화된 음악으로 : 그리고 그것의
효과는, 관객이 그 드라마를 볼 때 이해를 놓쳐서는 안 되는 것에 대
15 해 관객이 생각하도록 하는 목적을 지닌다 : 마치 말에게 나팔 소리
가 빨리 뛰라는 신호이듯이. 결국 아직 드라마가 시작하기 전에, 그
리고 중간 장면에서, 또는 지루하고 극적 효과를 위해 의심스러운 곳
에서, 또는 드라마의 최고의 순간에서조차, 하나의 다른, 즉 더 이상
순수하게 관습적이지 않은 회상 음악, 즉 **자극 음악**이 둔감하거나 긴
20 장이 풀린 신경을 위한 자극제로 허락될 것이다. 나 혼자만이 이 두
요소를 소위 극적 음악에서 구분할 수 있다 : 회상 음악으로서, 관습
적인 수사학과 특히 물리적으로 작용하는 **자극 음악** : 이렇게 이것들
은 전투에 나간 전사의 음성과 같은 북소리와 나팔 신호 사이에서 흔
들린다. 그러나 이제 비교를 통해 형성되고 순수 음악으로 활기를 회

복한 감각은, 위의 두 가지 음악의 경향을 위해 **가면 무도회**를 요구한다 : '회상'과 '자극'은 연주되어야만 한다. 그러나 그 자체로 즐길 수 있고, 분명히 가치 있는 좋은 음악 안에서 : 아직 '순수하게 음악적'이지 않고, 오히려 단지 자극적으로 작용해야 하는 좋은 음악을 위해

5　거대한 북을 가장시켜야 하는 극적 음악가에게 이것은 어떤 절망인가! 그리고 이제 천의 얼굴을 한 다수의 동요하는 속물-대중이 등장하고, 이렇게 항상 자기에 대해 부끄러워하는 '극적' 음악을, 부끄러움과 당황에 대해서는 아무것도 알아채지 못하고, 온몸으로 즐기는 것이다. 오히려 그 대중은 자신의 피부가 쾌적하게 가려움을 느낀다

10　: 즉 모든 형식과 방식에서 그는 자극을 필요로 하는 오락광적이고, 눈이 침침한 도락자에게 좋은 음식처럼, 좋은 드라마와 좋은 음악에 익숙한, 그리고 그것 외엔 많은 것을 창작하지 못하게 교육받은 교양인에게, 그리고 이익과 향유를 겨냥하는 이기적인 계획들이 항상 그의 머리를 스치기 때문에, 폭력과 나팔 신호들과 더불어 예술 작품으

15　로 되돌려져야 하는 건망증 있고 부주의한 이기주의자에게 경의를 표하는 것이다. 슬픈 극적 음악가여! "가까이에 있는 후견인을 주시하라! 그들은 반은 냉혹하고 반은 조야하다." "자애로운 뮤즈들이여, 무엇이 당신들의 가련한 바보들을 그러한 목적을 위해 그토록 많이 괴롭히는가?" 그리고 뮤즈들은 그들에게 괴롭힘을 당한다는 것, 즉

20　고문당하고 혹사당한다는 사실―이것을 그들은 부정하지 않는다 : 솔직한―불행한 사람들이여!

　　우리는, 음악 없이는 그 효과 또한 확신할 수 없을 드라마, 즉 청중들을 감동시키는 격정적인 하나의 드라마를 전제했었다 : 나는, 그 자체로 '시작(詩作)'이나 '행위'가 아닌 것이, 마치 극적 음악이 음

악 자체에 관계하듯이 진실한 시와 관계하는 것을 두려워한다 : 그
것은 회상시 또는 자극시가 될 것이다. 그 시는 관습적으로 감정과
고난을 기억하기 위한 수단이 되는데, 감정과 고난에 대한 표현은 실
제적 시인을 통해 발견되고, 그들과 함께 유명해진다. 즉 규범적이
5 된다. 그 다음에 그 시에 대해 추측할 수 있는 것은, 본래적인 사건을
—그것이 그때 하나의 범죄적인 공포 이야기나 변화무쌍한 마술이
든—위험한 순간으로 몰아가도록 돕는 것, 연기의 무작위성을 위해
은폐된 베일을 펼치는 것 등이다. 시작(詩作)이 단지 낮의 햇빛을 견
디지 못하는 가장이라는 부끄러움의 감정에서, 이제 그러한 '극적'
10 시인들은 '극적' 음악을 요구한다 : 마치 극적 음악가가 자신의 북과
나팔부는 재주를 가지고, 순수하고 신뢰적이며 자기 만족적인 음악에
대한 공포를 가지고, 길의 사분의 삼 지점까지 저러한 엉터리 드라
마 시인들을 마중하는 것처럼. 그리고 이제 그들은 이러한 아폴론적
이고 디오니소스적인 희화들, 형제들의 동일한 고귀함이여par nobile
15 fratum!를 보고 얼싸안는다.

    '극적' 음악에서 첨예화된 정점을 지닌, 우리에게 역사적으로
알려진 오페라에 대해 이렇게 조망한 후, 우리는 오페라의 이상으로
향한다. 오페라의 이상은 서정적 민요와 유사한 방식으로 발생하며,
그리스 비극으로서 디오니소스적인 것과 아폴론적인 것의 가장 순
20 수하고 최고의 합일을 묘사한다 : 반면 이러한 요소들은, 위에서 말
한 극적 음악 안에서 불쾌하게 왜곡되고, 서로들 곁에서 부축받아 가
는 것이다. 마치 자신이 신뢰할 만하다고 알고 있는 불구자같이.—왜
냐하면 각각의 불구자들은 넘어질 것이기 때문이다. 우리에게 인식
된 첫 번째 음악가, 디오니소스적-아폴론적 아르킬로쿠스Archilochus

에게서 하나의 새로운 예술 운동, 즉 점차 예술적으로, **민요가 비극으**
로 전개되는 운동이 일어났다. 그러나 이러한 일련의 **예술가들**에게서
행해지고 가시화된 과정 곁에는 확실히, 예술가의 매개 없이 자연의
전능함 안에서, 그리고 많이 단축된 시간에서 이루어진 다른 과정이
5 병행해 전개되고 있다. 그렇지만 누가, 비슷한 현상들의 유비에 따
라, 대중의 디오니소스적 흥분이―마치 그것이 황홀경적인 봄축제
안에서 탄생했듯이―개체들 안에서 표현된다고 가정하려 하는가 :
그렇다면 어떤 근원들에서 점점 더 빨리 더 큰 영역으로, 망아적인
도취가 확산되는가. 이제 점점 더 하나의 거대한 개체로 융합되고,
10 하나의 공통된 꿈의 현상이라는 병에 걸린 대중을 생각해보자 : 디
오니소스가 나타나고, 모두는 그를 보며 그에게 굴복한다. 이러한 현
상, 즉 **더 많은 사람들**, 말하자면 대중 전체에게 가시화되는 **동일한 환**
상은 무엇보다도 한 명의 개체가 보여주게 되며, 환상은 그로부터 모
든 다른 사람들도 덮쳐서, 내가 말했듯이, 대중은 점점 더 많이 하나
15 의 개체로 융합되는 것이다. 이것은, 수세기 동안 비극으로 천천히
전개된 민요와 유사한 과정을 지니고 있다. 왜냐하면 여기서 나는 그
리스 비극의 근본 개념을 인식하는데, 아폴론적 작용을 통해 그 고유
한 상태가 하나의 **환상**에서 디오니소스적 **합창**에서 계시되는 것이다
: 마치 서정적 민요에서 아폴론적이고 디오니소스적으로 흥분된 개
20 체가 동일한 환상에 시달리듯이. 이렇게 상승하고, 개체에 의해 합창
으로 나아가는 흥분과, 그것을 통해 고양되고 오랫동안 지속되는 환
상의 가시성과 실제성은, 나에게는 비극의 고유한 과정으로 보이며,
이 사실에서 '드라마'는 '행위'를 다음과 같이 설명하는 것이다 : 즉
위에서 묘사했듯이, 개체로부터 전체 합창으로 나아가는 흥분은 다

시 환상의 '행위'로서, 환상의 형태가 생의 표현으로 관조되는 것이다. 그렇기에 비극의 근원에서, 단지 합창만이 오케스트라에서 실제적인 것이며, 반면 무대의 세계, 인물들, 그들의 사건은 단지 생의 형상으로, 합창의 아폴론적 판타지의 가상 형태로 보여지는 것이다. 이렇게 개체에서 합창으로 점차 확산되는 **환상의 계시**의 과정은 단지 **디오니소스의 투쟁과 승리**로 나타나며, 합창의 눈앞에서 구체화되는 것이다. 이제 우리는 전승된 사실, 즉 가장 오래된 시대에서 디오니소스의 고난과 승리가 비극의 유일한 내용이었다는 사실의 심오한 필연성을 깨닫는 것이다. 즉 이제 우리는 곧바로, 비극의 각각의 영웅은 단지 디오니소스의 대리자로, 말하자면 디오니소스의 가면으로 이해되어야 한다는 사실을 파악한다.

7[128]

     [······] 우리가 '비극적'이라고 칭하는 것은, 바로 디오니소스적인 것을 아폴론적으로 분명하게 한 것이다 : 만약 우리가 이렇게 디오니소스적인 것의 도취가 함께 만들어내는, 서로 얽혀진 느낌들을 일련의 형상으로 분리시킨다면, 이러한 일련의 형상들은, 곧 설명하겠지만, '비극적인 것'을 표현한다.

     비극적 운명의 가장 보편적인 형식은 승리에 찬 패배 또는 패배 안에서 승리에 이르는 것이다. 언제나 개체는 패배한다 : 그리고 그럼에도 불구하고 우리는 그의 멸절을 하나의 승리로 느낀다. 비극적 영웅을 위해서는 그가 파멸하는 것이 필연적이다. 이와 같이 생각해 볼 만한 대립 안에서, 우리는 이미 한 번 암시했듯이, 개체화에 최고의 가치를 부여한 점을 예감한다 : 이것은 자신의 궁극적 목적에 이르기 위해 원일자(原一者)를 필요로 한다 : 따라서 소멸은 발생과 마찬가지로 고귀하고 칭송받을 만한 것으로 나타나며, 발생된 것은 소멸하면서, 개체로서 그에게 부여된 과제를 해결해야만 한다.

7[129]

에우리피데스에 관해 2쪽 : 그는 디오니소스 송가적으로 영향을 끼치기를 원했다. 그는 시를 통해 음악의 영향력을 강요하려 했다.

7[130]

아폴론적 그리고 디오니소스적.

서정적.

비극. 비극적.

디오니소스 송가.

비극의 죽음. 소크라테스. "비극적 사상을 발견하는 것이 중요하다."

셰익스피어 : "비극적 인식의 시인."

바그너.

7[131]

학문의 궤도에서 에우리피데스는 말das Wort로 디오니소스 송가의 효과를 내기 위해 비극적 사상을 추구했다.

성취의 시인인 셰익스피어, 그는 **소포클레스**를 완성했으며, 그는 **음악을 행한 소크라테스**이다.

7[132]

　　디오니소스 송가와 비극의 비교. (그 사상은 더 어려워졌고, 몸짓과 분명히 관련된 말, 원언어의 한 방식이 창조된다.)

　　레치타티브의 특징. 말의 사상적 빈곤에 반해, 행위의 심오한 의미. 디오니소스 송가는 상징적으로 작용한다. 언급되지는 않았지만, 이상주의는 세계상 안에 놓여 있다. 말은 단지 갈망의 상징일 뿐이다. 가시성의 세계는 바그너가 아주 옳게 말했듯이, 쇠약해졌다. 드라마에서 디오니소스적인 기분은 형상으로 드러난다. 주신 송가에서 형상의 세계는 단지 하나의 부수적인 것이다.

7[133]

　　근대 희극. 완전히 디오니소스적인 토대를 갖지 않음. 서사적.

7[134]

　　셰익스피어. 소포클레스의 완성. 디오니소스적인 것은 순수하게 형상에서 나타났다. 합창을 없애는 것은 아주 정당했다 : 그러나 사람들은 동시에 디오니소스적인 요소들도 사라지게 했다. 이 요소는 신비 안으로 피신했다. 그것은 기독교 안에서 터져나왔으며, 새로운 음악을 만들어냈다.

　　우리 시대의 과제 : 우리의 음악과 연관된 문화를 발견하는 것.

7[135]

　　새로운 형식을 발견하기 위한 에우리피데스의 시도. 그는 극적인 디오니소스 송가의 영향하에 있었다.

왜 고대 희극은 디오니소스 송가 시인을 공격했는가? 에우리피데스는 어떻게?

7[136]

학문에 내재한 신화.

7[137]

단순한 언어.

이상주의.

사람들은 독일적 본질을 더 이상 알지 못한다.

관대함의 숭고함.

극단주의.

이론의 이해에 대한 무능력.

문명에 반해.

동시에 시인과 음악가?

신화는 상실된 것일까?

기적.

7[138]

비극과 극적 디오니소스 송가.

국가를 위한 전쟁은, 마치 사회를 위한 노예와 마찬가지로 필수 불가결한 것이라고 말할 수 있다 : 그리고 누가 이러한 인식에서 벗어날 수 있는가, 만약 아직 이르지 못한 그리스적 예술을 완성한 근거를 진지하게 묻는다면?

7[139]

　　그리스적 본질은 ― ― ― ― 라는 사실

　　종교와 마찬가지로 예술 작품은 단지 천재를 영구화하기 위한 수단일 뿐이다.

　　가상의 개념. 예술 작품은 원-일자의 목적이 아니라, 천재적 개체의 황홀경이다. 예술 작품은 역사적이다. 그것은 천재를 영구화 하기 위한 수단이다. 교육은 이것에 기초해야 한다.

　　아폴론적 환상은 드라마와 비극의 근원이다.

　　다른 본질로서 아폴론적인 마술 : 디오니소스 송가의 근원.

　　합창은 이중적인 방식으로 어머니의 자궁이다. 한편으로 환상을 보는 것으로. 다른 한편 스스로 고통받는 것으로서. 환상의 생은 비극에서 순수하게 아폴론적이다.

　　또는 디오니소스 송가는 디오니소스적-아폴론적 영웅의 높이에 이르기까지 아폴론적 환상을 보는 합창으로 이해되어야 하는가? 그렇다.

　　합창은 영웅을 서정적 인간, 인간의 원형으로, 즉 근원적 고통의 현상으로 본다.

7[140]

　　비극적인 것. '두 시인.'

　　아리스토텔레스에 반해.

　　디오니소스의 몰락. 서사적 드라마. '모방.'

디오니소스 송가.

리〈하르트〉바〈그녀〉.

7[141]

언어 상징학 : "디오니소스적인 것을 아폴론적으로 객관화하여
묘사한 것의 잔존물."

인간은 디오니소스적—아폴론적 인간의 빛 바랜 사본이다.

7[142]

내용

I.   비극적 사상의 탄생.

II. 비극적 예술 작품의 전제들.

III. 비극적 예술 작품의 이중적 본질.

IV. 비극의 죽음.

V.   학문과 예술.

VI. 호메로스적인 명랑성.

VII. 예술의 형이상학.

7[143]

비극적인 것.

아리스토텔레스의 정치학과 윤리학에 있어서 여유. 아리스토텔
레스의 정치학에 있어서 올림푸스.

아리스토텔레스에 반해 '모방.'

신화의 발생.

호메로스, 아폴론적 예술가로서 서사 시인.

디오니소스적 음악(아리스토텔레스, 망아제에 대해).

근원적 고통과 환각에 대한 거울로서 '아주 선하지도 않고 아주 악하지도 않은' 영웅.

서사 시인과 비극 시인의 세계관.

결론 : 비극적인 것과 예술에 대한 교육.

디오니소스 송가.

리하르트 바그너와 곧 다가오는 베〈토벤〉 연〈주회〉에 대해.

7[144]

세계사의 전 과정은, 마치 의지의 **자유**와 책임성이 실존하는 것처럼 움직인다. 그것은 하나의 필연적이고 도덕적인 전제이며, 우리 행동의 한 범주이다. 개념적으로 우리가 정당하게 파악할 수 있는 엄격한 **인과율**은 필연적인 범주의 것은 아니다. 논리학의 결과는 여기서 우리의 행동에 수반하는 사유의 결과에 못 미친다.

7[145]

인간의 정점은 정확히 말하면 한 반원의 중심이다. 말하자면 하나의 상승하는 선과 하나의 하강하는 선이 존재한다. 세계사는 통일적인 과정이 아니다. 세계사의 **목적**은 **지속적으로** **성취**된다.

7[146]

우리의 행동이 하나의 가상이라면, 책임감 또한 당연히 하나의 가상이어야만 한다. 선과 악. 동정심.

7[147]

두 그루의 나무를 실제적이라고 여기는 한, 충돌이 문제가 된다. 정통한 물리학자influxus physicus는 결코 실존하지 않는다.

7[148]

고통은 표상된 어떤 것인가?

하나의 삶, 하나의 느낌, 하나의 고통, 하나의 쾌감만이 존재할 뿐이다. 우리는 표상들의 매개를 통해서, 그리고 표상들의 매개하에서 느낀다. 따라서 우리는 고통, 쾌감, 삶을 그 자체로 인식하지는 못한다. 의지는 형이상학적인 어떤 것, 즉 우리가 표상한 근원적 환상의 자기 운동이다.

7[149]

자유와 책임감에 대한 신앙은 이제 '선', 즉 순수하게 원한 것, 이기주의 없이 원한 것의 광기를 낳았다. 이제 이기주의란 무엇인가? 개체가 힘을 표현할 때 느끼는 쾌감. 반대의 경우 : 개체가 포기할 때 느끼는 쾌감. 다수 안에서의 삶, 개체 뿐만 아니라 개체들 자체에서의 쾌감. 현상하는 것 자체와 스스로-하나임을-느끼는 것이 목적이다. 이것은 사랑이다. 성인의 신은 대부분 현상하는 것을 가장 이상적으로 반영하는 것이며, 이때 성인과 신은 하나이다. 현상을 미화하는 것, 즉 현상을 강화시키는 것이 예술가와 성인의 목적이다.

7[150]

자신의 주인인 에녹의 삶과 죽음에 대한 알리벤카바의 소묘.

7[151]

'**모방**'. 에우리피데스적 예술의 경향. 반면 순수한 드라마는 모방이 아니라 원형으로서, 삶은 단지 창백하고 희미하게 여기에 이를 뿐이다. 최고의 삶!

에우리피데스 안에서 모방적인 것은 격정적인 것에 반대해 작용한다. 셰익스피어의 작품은 완전히 익살극이며, 바로 자연이다.

7[152]

예술은 어떻게 발생하는가? 인식의 치료제로.

삶은 오로지 예술적인 환상을 통해서만 가능하다.

경험적 현존재는 표상을 통해 규정된다.

누구를 위해 이러한 예술적 표상이 필요한가?

만약 원일자가 가상을 필요로 한다면, 그의 본질은 모순적이다.

가상, 변화, 쾌감.

7[153]

"자연의 핵심, 진정한 존재자, 존재 그 자체, 진정 익명적인 것, 영원한 존재의 공, 접근할 수 없는 일자와 영원자, 진정한 존재의 심연."

7[154]

예술은 어떻게 발생하는가? 현상의 쾌감, 현상의 고통―아폴론적인 것과 디오니소스적인 것, 이것들은 항상 서로 실존을 자극한다.

7[155]

자연에 몰두, 스토아주의자와 루소의 자연에 따르는 *삶kata physin Zoe*, 건강한 신체에 건강한 정신mens sana in copore sano 등.

1. 누가 자연의 목적을 알고, 도대체 누가 비자연적인 것을 원하는가?

2. 자연은, 전율 없이 양도받을 수 있는, 무해한 것은 아니다.

3. 우리가 자연에 반해 어떤 것을 할 수 있는지, 그리고 우리가 자연에 완전히 몰두할 수 있는지에 대해 질문해야 한다.

7[156]

내 철학은 **전도된 플라톤주의이다** : 진정한 존재자에게서 더 멀리 떨어질수록, 그것은 더 순수하고 더 아름답고 더 좋다. 목적으로서 가상 속에 있는 삶.

7[157]

원일자의 환상들은 단지 존재를 적합하게 반영하는 것일 수 있다. 원일자의 본질이 모순인 한, 그것은 또한 동시에 가장 큰 고통이며 가장 큰 쾌감일 수 있다 : 현상 안으로 침전하는 것이 가장 큰쾌감이다 : 만약 의지가 완전히 표면이 된다면. 이것을 의지는 천재 안에서 얻는다. 매순간 의지는 가장 큰 황홀이면서 가장 큰 고통이다 : 물에 빠진 사람의 뇌에서 꿈들의 이상성을 생각해보라―(그것은) 하나의 무한한 시간이며, 일초 안에 압축되어 있다. **변하는 것으로서 현상.** 원일자는 현상을 순수하게 현상으로 보는 천재를 관조한다 : 이것은 세계의 황홀경의 정점이다. 그러나 천재 자신이 단지 현상인 한, 그는 변화해야 한다 : 그가 관조해야 하는 한, 현상의 다양성이 존재해야 한다. 그가 원-일자를 적절하게 반영하고 있는 한, 그는 모순의 형상이며 고통의 형상이다. 이제 모든 현상은 동시에 원-일자 자체이다 : 모든 고난, 느낌은 근원적 고난이고, 단지 현상을 통해 시간의 그물망 안에서 보여지고, 위치지워진다. 우리의 **고통은 하나의 표상된 것**이다 : 우리의 표상은 항상 표상에 매달려 있다. 우리의 삶은 하나의 표상된 삶이다. 우리는 한 발짝도 더 나갈 수 없다. 의지의 자유, 모든 능동성은 단지 표상일 뿐이다. 따라서 천재의 창작도 표상이다. 천재 안에서의 이러한 반영들은 현상들의 반영이고, 원일자의 반영이 아니다 : **모상의 모상**으로서 그것은 존재의 가장 순수한 정지점이다. 진정한 비존재자―예술 작품. 다른 반영들은 단지 **원-일자의 표면**이다. 존재는 완전한 가상 안에서 만족한다.

7[158]
　　　쇼펜하우어로 시작하는 장(章).
　　　리하르트 바그너로 시작하는 장.

7[159]
　　　쇼펜하우어의 언어와 문체에 대하여.

그의 강력하고 남성적인 힘, 다시 말해 신비주의 태양의 높이까지 심오한 예술적 관조를 향해 솟구치는 언어. 우리 철학적 '현대인'들은, '우아함'이란 시시한 단어로 그의 언어와 타협하려고 애쓴다. 오, 이러한 '우아한 것들'에 대해! 이렇게 도덕적인 격정과 균일하게 높은 모든 음은 우아한 것들에서 완전히 벗어난다. 등.

7[160]

천재는 스스로 자신을 무화시키는 현상이다. 뱀은 뱀을 잡아 먹지 않으면, 용이 되지 못한다Serpens nisi serpentem comederit non fit draco.

7[161]

개체, **지성적 특성**은 단지 원일자의 한 **표상**이다. 그 특성은 실재성이 아니라 단지 하나의 표상이다 : 그 표상은 변화의 영역에 이르게 되고, 따라서 하나의 표면성, 즉 경험적 인간을 갖는다.

7[162]

위대한 천재들과 성인들에서 자신을 구원하려는 의지가 나타난다.

그리스는, 전적으로 저러한 의지가 지닌 가장 높은 의도에 이르고, 항상 그곳을 향한 가장 가까운 길을 선택했던 민족의 형상이다.

의지를 향한 그리스의 발전의 운 좋은 상태는 그리스 예술에 **흡족한 웃음**을 제공했는데, 우리는 이것을 그리스적 **명랑성**이라 부른다.

형편이 좋지 않은 상태에서, **연모하는 웃음**은 최고조에 —이르러야 할 것이다. 예를 들면 에셴바흐의 작품 〈볼프람〉과 바그너의 경우와 같이. 반면에 **노예**와 **노인**의 그것과 같은 낮은 류의 명랑성도 있다.

저러한 흡족한 웃음은 **죽어가는** 자가 지닌 시선의 광휘이다. 그것은 성화(聖化)와 유사한 어떤 것이다. 그것은 더 이상 아무것도 **갈 망하지 않는다.** 그렇기에 그것은 갈망할 만한 것에 대해 냉담하고 거부적이며 피상적으로 작용한다. 그것은 더 이상 만족되지 않은 소망의 먼 지평을 가리키지 않는다.

호메로스는 명랑한 것이 아니라, **진실하다.** 비극은 가끔 (예를 들면《콜〈로노스〉의 오이디푸스》) 흡족한 명랑성에 이른다.

7[163]

일자는 스스로 자신을 해석할 능력이 없다.

일자는 그리스적 명랑성에서 스스로 가상을 창조한다 : 가상은 어떻게 실존할 수 있는가? 단지 예술적 가상으로서만.

그것은 **일자, 존재자**에 이르며 그 이상은 아니다.

7[164]

현상으로서의 느낌, 즉 의지.

7[165]

음악에서 불협화음과 화음—우리는 이것에 대해 어떤 화음을 잘못된 음이 방해한다고 말할 수 있다.

변화에서는 **고통**의 비밀도 멈춰야만 한다. 만약 모든 순간의 세계가 어떤 새로운 세계라면, 느낌과 고통은 어디에서 오는가?

우리는 원일자로 소급될 수 있을 만한 것이 없다.

의지는 가장 보편적인 현상의 형식, 즉 고통과 쾌감이 교차하는 것이다 : 순수한 직관의 쾌감을 통해 고통에서 점차 치유되는 세계라는 전제. 혼자인 것은 고통당하고 치유하기 위해, 즉 순수 직관에 이르기 위해 의지를 투영한다. 고난, 열망, 결핍은 사물들의 근원적 원천이다. 진정한 존재자는 고난받을 수 없는가? 고통은 진정한 존재, 즉 자기 느낌이다.

고통, 모순은 진정한 존재이다. 쾌감, 조화는 가상이다.

7[166]

에우리피데스와 소크라테스는 예술이 발전해나가는 데 하나의 새로운 맹아이다 : 비극적 인식에서 벗어나는. 이것은 미래의 과제이다 : 이 과제에는 지금까지 단지 셰익스피어와 우리의 음악이 완벽하게 상응할 뿐이다. 이런 의미에서 그리스적 비극은 단지 준비일 뿐이다 : 열망하는 명랑성.—요한복음.

7[167]

가상의 투사는 예술의 본원적 과정이다.

살아 있는 모든 것은 가상 안에 산다.

의지는 가상에 속한다.

우리는 동시에 하나의 근원적 존재인가? 적어도 우리는 그것을 향한 어떤 길도 가지고 있지 않다. 그러나 우리는 근원적 존재이어야만 한다 : 그리고 전적으로, 왜냐하면 그것은 나눠져서는 안 되기 때문이다.

논리학은 단지 현상의 세계에 정확히 맞을 뿐이다 : 이런 의미에서 논리학은 **예술의 본질**과 부합해야 한다. 의지는 이미 **현상의 형식**이다 : 따라서 음악은 여전히 **가상의 예술**이다.

현상으로서 고통—어려운 문제! 변신론의 유일한 수단. 변화는 신성 모독.

천재는 정점이며, 원존재의 향유이다 : 가상은 천재를 변화로, 즉 세계로 강요한다. 생겨난 모든 세계는 어디선가 정점을 갖는다 : 모든 순간에 하나의 세계가 탄생한다, 즉 천재 안에서 자기 만족을 하는 가상의 세계가. 이러한 세계가 잇달아 일어남을 인과율이라 말한다.

7[168]

느낌은 세포의 결과가 아니라, 세포가 느낌의 결과, 즉 하나의 예술적인 투사, 하나의 형상이다. 실체는 느낌이고, 몸이 현상하는 것이고 물질이다. 직관은 느낌에 근거한다. **고통과 직관 사이의 필연적인 관계** : 느끼는 것은 객체 없이 불가능하며, 객체–존재는 직관–존재이다. 이것은 근원적 과정이다 : 하나의 세계 의지는 동시에 자기 직관이다 : 그리고 그것은 스스로를 세계로 바라본다 : 현상으로서. 무시간적 : 모든 가장 작은 시점 안에서 세계의 직관 : 시간이 사실적이라면 어떠한 연속도 없을 것이다. 공간이 사실적이라면, 어떤 연속도 없을 것이다. 공간과 시간의 비사실성. 변화도 없다. 또는 : 변화는 가상이다. 그러나 어떻게 변화의 가상이 가능한가? 만약 의지가 스스로를 직관한다면, 항상 동일하게 보아야만 한다. 즉 가상은 존재와 마찬가지로 불변적이고 영원히 **존재**해야만 한다. 따라서 하나의 목적에 대해서는 말할 수 없으며, 목적에 이르지 못함에 대해서는 더욱 그렇다. 따라서 이렇게 무한한 의지가 존재한다 : 모든 의지는 모든 순간에 스스로를 투사하며, 스스로 영원히 동일하게 머문다. 이렇게 모든 의지에는 상이한 시간이 존재한다. 공허는 없으며, 전체세계는 현상으로서, 철저하게, 원자와 원자가 빈 공간 없이. 세계가 가상으로 완전히 인지되는 것은 단지 하나의 의지를 위해서이다. 따라서 그 의지는 고통받을 뿐 아니라 창조적이다 : 그것은 가장 짧은 모든 순간에 가상을 잉태한다 : 그것은 사실적인 것이 아니고 일자가 아니고 존재자도 아니고, 오히려 변화하는 것이다.

7[169]

만약 모순이 진정한 존재이고 쾌감이 가상이라면, 만약 변화가 존재에 속한다면—따라서 그 심층에서 세계를 이해하는 것은 모순을 이해하는 것이다. 그렇다면 우리는 존재이며—그리고 우리는 우리 자신에게서 가상을 생산할 수 있어야 한다.

예술의 어머니로서 비극적 인식.

1. 모든 것은 쾌감을 통해 존속한다. 그 수단은 환상이다. 가상은 경험적으로 실존할 수 있게 한다. 경험적 존재의 아버지로서 가상 : 따라서 그것은 진정한 존재가 아니다.

2. 진정 존재하는 것은 오로지 고통과 모순뿐이다.

3. 우리의 고통과 우리의 모순은, (쾌감을 낳는) 표상에 의해 열린 근원적 고통과 근원적 모순이다.

4. 세계가 지닌 거대한 예술적 능력은 거대한 근원적 고통과 유사하다.

7[170]

　　인간에게서 원일자는 현상을 통해 자기 자신을 되돌아본다 : 현상은 본질을 계시한다. 즉 원일자는 인간을 바라보는데, 특히 현상을 바라보는 인간, 현상을 통해 꿰뚫어보는 인간을 바라본다. 인간을 위해서는 원일자에 이르는 그 어떤 길도 존재하지 않는다. 그것은 전적으로 현상이다.

7[171]

　　a. 쾌감에 반해 고통의 실재성.

　　b. 쾌감의 수단으로서 환상.

　　c. 환상의 수단으로서 표상.

　　d. 표상의 수단으로서 변화, 다양성.

　　e. 가상으로서 변화, 다양성—쾌감.

　　f. 진정한 존재—고통, 모순.

　　g. 의지—이미 현상, 가장 보편적 형식.

　　h. 우리의 고통—파열된 원-고통

　　I. 우리의 쾌감—전적인 원-쾌감.

7[172]

　　경험적으로 고찰해보면, 개체는 천재를 향한 한 걸음이다. 단지 하나의 **삶**이 존재할 뿐이다 : 이 삶이 나타나는 곳에선, 개체는 고통과 모순으로 나타난다. 쾌감만이 현상과 직관에서 가능하다. 가상에 대한 순수한 침잠—최고의 현존재의 목적 : 고통과 모순이 존재하지 않는 듯이 보이는 곳으로의.—우리는 원의지를 단지 현상을 통해 인식한다, 즉 우리의 인식 자체는 하나의 **표상된** 인식으로, 마치 거울의 거울과 같다. 천재는 순수하게 직관하는 것으로 **표상된** 자이다 : 천재는 무엇을 직관하는가? 순수하게 현상들로서 현상들의 벽을. 천재가 아닌 인간은 현상을 실재성으로 직관하거나, 그렇게 **표상된다** : 표상된 실재성은―표상된 존재자로서―절대적 존재와 비슷한 힘을 행한다 : 고통과 모순.

7[173]

소박한 것과 **감상적인** 것의 개념은 비교되어야 한다. 기만 장치로 완전히 은폐된 것은 '**소박한** 것'이고, 비상망에 대한 의지를 강요하기 위해 은폐된 것을 찢어 드러내는 '**감상적인**' 것이다.

7[174]

논문의 내용.

헬라적 예술의 두 가지 근본 경향인 아폴론적인 것과 디오니소스적인 것은 알려져 있다. 이 경향은 비극적 사상의 형식이란 새로운 예술 형식을 창조하기 위해 하나가 된다. 헬라적 의지는 자신의 현상들, 즉 사회, 국가, 여성, 신탁에서 이러한 예술의 가장 높은 목적에 이바지한다. 이러한 이중적 본성은 비극적 마스크의 얼굴 비극 자체의 얼굴에 새겨져 있다. 이것을 드라마에서 멸절시킨 에우리피데스는 그 안에서 소크라테스의 데몬의 영향을 따른다. 소크라테스가 서임한 학문의 목적은 천재의 준비로서 비극적 인식이다. 이러한 예술의 새로운 단계에 그리스인은 이르지 못했다 : 그것은 게르만적인 사명이다. 비극적 인식에서 강요된 예술은 음악이다. 이것에 대한 셰익스피어의 태도. 따라서 인식의 목적은 미학적인 것이다. 인식의 수단은 광적 표상이다. 가상의 세계는 예술, 변화, 다양성의 세계이며 ─원일자의 세계와 대립한다 : 이것은 고통과 모순에 동일하다.

5 　　세계의 목적은 고통 없는 직관이며, 순수한 미학적 향유이다 : 이러한 가상의 세계는 고통과 모순의 세계와 대립한다. 우리의 인식이 더 깊이 원일자를 향해 갈수록─그것이 우리이다─원-일자의 순수한 직관 역시 우리 안에서 더 많이 스스로를 산출한다. 계속되는 전진으로서 아폴론적인 충동과 디오니소스적인 충동 중, 일자는 항
10 상 타자의 단계를 끌어들이고, 순수한 직관의 더 깊은 탄생을 강요한다. 이것은 인간의 발전으로, 교육의 목적으로 파악되어야 한다.

　　그리스적 명랑성은 의지의 쾌감으로서, 만약 한 단계가 성취되면 그것은 항상 새로운 것을 생산한다 : 호메로스, 소포클레스, 요한복음─동일한 것의 3단계. 거인의 섬뜩한 힘에 대한 올림푸스 신들
15 의 승리로서 호메로스. 비극적 사상의 승리와 아이스킬로스적인 디오니소스 예식의 정복으로서 소포클레스. 신비적 지복과 구원의 승리로서 요한복음.

　　쇼펜하우어적인 문제의 해결 : 무를 열망함. 말하자면─개체는 단지 가상일 뿐이다 : 만약 그가 천재가 된다면, 그것은 의지가 지
20 닌 쾌감의 목적이다. 즉 원일자는 영원히 고통받으며, 고통 없이 직관한다. 우리의 실재성은 한편 원일자의, 고통받는 자의 실재성이다 : 다른 한편 그것은 원일자의 표상으로서의 실재성인 것이다.─이렇게 의지의 지양, 재생 등이 가능한 것은 의지가 가상 그 자체이고, 원-일자는 단지 거기서 하나의 현상을 갖기 때문이다.

도덕성과 종교는 미학적 의도의 영역으로 이끌어져야 한다. 자유로운 의지(능동성과 삶 자체의 표상)—동정심. '실재성'은 순수하지 않은 직관이다, 즉 고통, 모순과 직관은 혼합되어 있다.

5 7[175]

모든 인간의 본성은 직관에서 자신이 할 수 있는 것보다 더 높이 상승하는 것이다. 이러한 발전은 자유의 표상과 연결되어 있다 : 마치 그가 다른 것도 할수 있듯이!

그러나 인간이 상승할 수 있다는 사실은, 그의 몸이 변하듯이 10 어느 순간에도 동일하지는 않다는 사실을 증명한다. 그것은 단지 하나의 의지이다 : 인간은 매순간 태어나는 표상이다. 성격의 견고성은 무엇인가? 한 성격의 교육 능력과 마찬가지로 직관하는 의지의 행위성.

그리고 이와 같이 우리의 사유는 단지 원-지성의 한 **형상**이고, 사유는 자신의 환상 형태를 사유하면서 **하나의** 사유하는 의지의 직 15 관을 통해 발생한다. 우리는 몸을 직관하듯이 사유를 직관한다—왜냐하면 우리는 의지이기 때문이다.

우리가 꿈에서 접촉하는 사물들 역시 **견고하고 단단하다.** 이렇게 우리의 몸 그리고 전체 경험적 세계는 직관하는 의지에게는 견고 20 하고 단단하다. 따라서 우리는 이러한 하나의 의지이며, 이러한 하나의 직관자이다.

그러나 우리의 직관은 단지 하나의 직관의 모상, 즉 **하나의** 표상이 매순간 창조하는 환상에 지나지 않는 듯이 보인다.

지성과 경험적 세계의 통일성은 예정된 조화로, 매순간 잉태되고, 가장 작은 원자 안에서 완전히 일치한다. 어떤 외적인 것도 상응하지 않는 내적인 것은 없다.

따라서 각 원자에는 그 영혼이 상응한다. 즉 존재하는 모든 것은 **이중적** 방식에서 **표상**이다 : 한편으로는 **형상**으로, 그 다음에는 **형상의 형상**으로.

삶은 이러한 이중적 표상들을 중단 없이 산출한다 : 의지는 홀로 존재하며 **산다**. 경험적 세계는 단지 **현상하고**, 변한다.

이렇게 내적인 것과 외적인 것이 모든 순간에 완전히 일치하는 것은 **예술적**이다.

형상들을 꿰뚫는 원-힘이 **예술가**를 지배하며, 그때 그 형상들은 창작된다. 세계 창조시 이 순간이 고려되지 않았다. : 이제 형상의 형상의 형상이 존재한다? (?) 의지는 예술가를 필요로 하고, 그 안에서 원과정이 되풀이된다.

예술가 안에서 직관의 황홀경에 대한 의지가 나타난다. 여기서 비로소 원고통은 직관의 쾌감에 의해 완전히 압도된다.

나는 의지의 불가해성을 믿는다. 그 투영들은 무한한 노력과 수없이 실패한 실험들에 따라 생존력을 갖는다. 예술가는 단지 여기저기에 이를 뿐이다.

7[176]

문헌학적으로도 나는 그 저술에 몇 가지를 덧붙일 것이다.
예를 들면   **운율학**에 대한 장,
               호메로스에 대한 장.

7[177]

직관과 시작(詩作)의 관계—운율학. 리듬. 호메로스의 드라마에 대한 관계는 언어의 운율에 대한 관계와 같다.

7[178]

'오페라와의 관계에서 그리스적 비극'

'그리스 국가.' ('국가와 예술.')

'문헌학의 미래.'

'그리스적 신비들.'

'호메로스적인 질문들.'

'리듬.'

7[179]

헤벨Hebbel :

순수한 천재가 있다 하더라도 나는 전혀 놀라지 않을 것이다,

그러나 나는 그러한 자가 너무 적다는 사실에 이미 종종 놀랐다.

그렇지만 그것은 당연하다! 인간에게는 얼마나 많은 힘줄이 있는가

그리고 얼마나 적은 뇌가 있는가! 인간 종족 역시 그렇다.

예술가의 힘은 하나의 형상이고, 그것이 영원히 지속된다는 것
을 알 것이다,

그러나 다른 것과 달리 깊이 숨어 있는 고유한 특징이,

현재나 미래의 인간 중 누구에 의해서도 인식되지 않으면,

5 시간의 마지막까지, 그가 그것을 빠뜨릴 것이라고 그대는 믿는
가?

"선을 위해 당신을 나무라고, 나쁜 것을 위해 그를 칭송하라 :

그대에게 하나가 너무 무겁게 누르거든, 칠현금을 두동강 내어

10 라."

다른 가능한 많은 자들은 실제 세계 안에서

에워싸여 있으며, 잠이 그들을 다시 빠져나오게 한다

그것이 모든 인간을 지배하는 밤의 어두움이든지,

15 그것이 단지 시인을 엄습하는 낮의 밝음이든지,

그리고 그것들 역시 모든 것이 스스로를 창조하도록,

인간의 정신을 통해 흔들리는 존재로 들어간다.

7[180]

20 비극의 발생과 죽음.

비극에 이르기 위한 헬라적 의지의 수단.

7[181]

비극은 어떤 목적을 갖는가? 그것의 죽음은 어떤 목적을?

그것에서 호메로스를 파악하기.

학문과 요한복음.

목적으로서 학문적 명랑성.

7[182]

민족의 우상화를 거부하는 것 : 우리는 여기서 단지 위대한 개인의 발자국 위에서 방황할 뿐이다. 그러한 잉여물들의 퇴적이 문화라고 불릴 수 있으며, 목적이 될 수 있는가?

7[183]

다수에게 필요한 것이 목적인가? 또는 다수는 단지 수단일 뿐인가?

7[184]

힘들의 조화와 거기에서 발원하는 명랑성은 현대의 목적이라고 종종 주장되었다. *자연적인 제우스 kata physin Zoe.*

7[185]

역사적 인식은 단지 **새로운 체험**일 뿐이다. 개념에서는 사물의 본질에 이르는 길이 없다. 그리스 비극을 파악하는 길은 소포클레스이기를 제외하고는 존재하지 않는다.

7[186]

대중의 그리스적 명랑성은 단지 개체의 그리스적 명랑성이 끼치는 작용이다. 그러나 모든 작용은 절대적 가상이다. 따라서 개체가 대중에게도, 대중이 개체에게도 작용을 끼치지는 않는다. 즉 원일자는 어떤 것을 과정으로, 시간적 · 공간적 · 인과율적으로 본다.

7[187]

1) 괴테가 클라이스트에 대해 한 말을, 그는 세계 앞에서 느꼈을 것임이 분명하다—완전한 드라마 작가는 세계 그 자체이다. 그리고 우리는 햄릿, 티몬, 셰익스피어의 소네트를 생각할 때, 클라이스트와는 다른 무엇을 아는가?

7[188]

꿈. 그 안에서 고통이 파열되는 직관으로 자리를 바꾸는 고통들 : 이것의 비실재성에 대한 적대적 느낌.

7[189]

1. 국가.

2. 종교.

3. 도덕.

4. 노동자.

5. 인식론.

6. 리듬.

7. 호메로스.

8. 교육.

9. 역사.

10. 쇼펜하우어.

11. 바그너.

7[190]

1. 심리학.

2. 교육학.

칸트 철학

3. 미학.

4. 도덕.

논리학.

7[191]

1) 고대는 전도된 시간의 흐름에서 발견된다 : 르네상스와 로마 시대, 괴테와 알렉산드리아주의, 6세기를 그 무덤에서 구원하는 게 중요하다.

7[192]

그리스 대지 위로 기독교 교회가 침범함―엄청난 여파!

7[193]

교회 교부들과 교회 이야기 〈탄호이저〉를 통해, 고대에 대한 우리 직관의 영향을 받음.

7[194]

원일자의 표상의 고정된 불변성, 그러나 원일자는 가상으로서 하나의 과정을 수행해야만 한다. 지성적 성격은 완전히 견고하다 : 단지 표상들만이 자유롭고 변하는가? 우리가 어떻게 행동하는지, 어떻게 사유하는지—모든 것은 단지 과정, 필연적인 과정이다.

7[195]

꿈의 인과율은 깨어 있음의 인과율과 비슷하다—게다가 수초 간의 강렬한 꿈의 인과율 역시 그렇다.

현존의 반 동안 예술가이다—꿈꾸는 자로서. 이렇게 아주 활동적인 세계는 우리에게 필연적이다.

7[196]

세계의 본질에서 고난과 쾌감이 뒤섞는 것은, 우리가 살도록 하는 어떤 것이다. 우리는 단지 그 불멸적 핵심을 덮는 덮개일 뿐이다.

표상을 통해 원고통이 파열되는 한, **우리의 현존재** 자체는 지속하는 **하나의 예술적 행동**이다. 따라서 예술가의 창작은 깊은 의미에서 볼 때 **자연을 모방**하는 것이다.

따라서 : 학문

아름다운 것

인식, 초월적 미학.

7[197]

도입문. 교육을 위한 예술의 의미.

그리스인.

학문.

아름다운 것. 광적 표상들.

초월적 미학.

5 　　거꾸로 요약.

7[198]

　　사회에 대해

　　"도둑은 단지 여기저기서 주먹을 필요로 한다,"

10 　　"살인자는 공포를 느끼지 않고 자신의 일을 행한다,"

　　"너는 그 직위를 빼앗고 죽여야만 한다."

7[199]

　　1) 예술은 자신의 과제를 문화와 교육에서 가질 수 있는 것이

15 아니라, 오히려 인류를 넘어서는 더 높은 것을 목표로 삼아야 한다.

언젠가 피디아의 조각을 완성시킨 돌의 이념이 파멸하지 않으면, 피

디아의 조각은 멸절될 수 없으리라는 사실은 실제로 믿을 만한가?

　　예술가는 그에 만족해야만 한다. 불손한 의미로 말하면, 그는

원래 무용한 자이다.

20

7[200]

　　고통 때문에 스스로 괴로워하다—이것은 항상 직관 속에서 순

수한 황홀경에 맞서 투쟁하는 악이다. 하나의 의지는 또한 여기에 덧

붙여 하나의 광적 표상을 만들고 악의 세력을 부수는데, 이 악은 마

치 고통이 형상 세계에서 단지 끝없이 작은 고통인 것같이, 또한 현상 세계 안에서도 그저 아주 작게 나타난다. 외견상 현상은 현상에 대항하지만, 사실은 의지가 자기 스스로에 대항하는 것이다. 그러나 마지막 추구가 지닌 놀라운 목적에 우리는 이르지 못한다 : 의지는 마치 마법 도롱이 안에서처럼 현상을 통해 보호된다.

7[201]

우리는 한편으로는 **순수 직관**이며(즉 이러한 직관에서 가장 고요한 매우 황홀경적인 본질이 투사된 형상들이다), 다른 한편으로는 하나의 본질 자체이다. 따라서 매우 실제적으로 우리는 단지 고난, 의욕, 고통이다 : 표상들로서 우리는 아무런 실재성을 갖지 않는다. 그럼에도 불구하고 다른 방식의 실재성을 갖기는 하지만. 만약 우리가 우리를 **하나의** 본질로 느낀다면, 이렇게 우리는 당장, 전혀 고통이 없는 순수한 직관의 영역으로 고양된다 : 비록 그 순간 우리가 동시에 순수한 의지, 순수한 고난임에도 불구하고. 그러나 우리 스스로가 단지 '표상된 것'인 한, 우리는 저러한 무고통에 아무 몫도 갖지 못한다 : 반면에 표상하는 자는 무고통을 순수하게 향유한다.

이에 반해 예술에서 우리는 '표상하는 자' : 따라서 황홀경이 된다.

우리는 표상된 것으로서 고통을 느끼지 않는다(?) 예를 들어 인간은 수없이 작은 고통과 의욕의 원자들의 총합으로서, 이것들의 고난은 단지 **하나의** 의지가 고통받는 것이고, 이것이 지닌 다양성은 또다시 하나의 의지의 황홀경의 결과이다. 따라서 우리는 본래 의지의 고난으로 고통받을 능력이 없으며, 오히려 그것은 단지 표상하에서, 그리고 표상 안에서의 개별화로 고통받는 것이다. 따라서 :

(황홀경 안에서) 개별적인 의지의 투사는 하나의 의지만큼이나 실재적이다 : 그러나 단지 투사로서 자신의 의지 본성의 느낌에 이를 뿐이다. 즉 공간과 시간, 인과율의 결합에 이른다. 따라서 하나의 의지의 고난과 쾌감을 가질 수는 없다. 투사는 단지 현상으로서 의식에 이르며, 그것은 스스로를 완전히 단지 현상으로 느끼고, 투사의 고난은 단지 표상을 통해 전달되고 부서진다. 의지와 의지의 원근거, 고난은 직접적으로 파악될 수 없고, 오히려 객체화를 통해서만 파악될 수 있다.

고문받는 성인의 환상에 찬 모습을 생각해보자 : 그들은 우리다 : 어떻게 이제 환상 형태는 다시 고난을 받으며, 어떻게 그 형태는 자신의 본질을 통찰하는 데 이르는가? **고통과 고난은 함께**, 이 고문받는 자의 표상에서 이 **환상으로 전이함이 분명하다** : 이제 그는 고난이 아니라 관조자로서 자신의 환상에 찬 모습을 느낀다.

그는 고통받는 형태들과 무시무시한 악령들을 본다 : 이것들은 형상일 뿐이며, 이것이 우리의 실재성이다. 그러나 그때 이러한 환상 형태의 느낌과 고난은 항상 **수수께끼로 남는다**.

예술가 역시 조화와 부조화를 자신의 표상으로 이끈다.

우리는 의지이며, 환상 형태들이다 : 그러나 어디에 이 연결끈이 놓여 있는가? 그리고 신경 활동, 뇌, 사유, 느낌은 무엇인가?—우리는 동시에 직관하는 사람들이다—환상을 직관하는 것만이 존재한다—우리는 직관된 것이며, 단지 하나의 직관된 것이다—우리는 그 내부에서 전 과정이 새롭게 발생하는 자이다. 그러나 의지는, 자신이 관조하는 동안에도 고통받는가? 그렇다. 왜냐하면 그것은 관조를 멈추기 때문이다. 그러나 쾌감의 느낌은 넘친다.

만약 고난이 긍정적이라면, **쾌감**은 무엇인가?

7[202]

　　삶을 전대미문의 고난으로 묘사하는 것, 이때 이 고난은 늘 매 순간 강력한 쾌감을 산출하며, 이것을 통해 우리는 느끼는 자로서 확실한 균형에, 심지어 종종 쾌감의 잉여에 이른다. 이것은 생리학적으로 근거를 지닌 것인가?

7[203]

　　변화에서 사물들의 표상적 본성이 나타난다 : 존재하는 것은 아무것도 **없으며**, 아무것도 **존재하지 않으며**, 모든 것은 변한다. 즉 모든 것은 표상이다.

7[204]

　　1. 왜 세계는 단지 하나의 표상일 수 있는지에 대한 입증.
　　2. 이러한 표상은 하나의 황홀경의 세계로서, 이 세계는 고통받는 본질을 투사한다. 유비-증명 : 그러나 우리는 이와 동시에 완전히 현상세계에 휩싸인 의지이다. 삶은 지속적이고, 현상들을 투사하며, 쾌감을 갖고 행하는 하나의 발작이다. 점으로서 원자는 내용이 없으며, 순수한 현상이며, 가장 짧은 순간마다 변하는 것으로 **결코 존재하는 것이 아니다**.
　　이렇게 의지는 전체 현상으로 변해 자기 자신을 관조한다.
　　고통에서 생산된 표상은 유일하게 환상을 향한다. 자연히 그것은 자기 의식을 갖지 않는다.

이렇게 우리 역시 단지 환상으로서, 본질은 우리에게 의식되지
않는다.

그렇다면 이제 우리는 단지 하나의 의지로서 **고통받는가?**

만약 우리가 순수한 **표상**이라면, 어떻게 우리가 **고통받을** 수 있
는가? 우리는 하나의 의지로서 고통받지만, 우리의 인식은 의지를 향
하지 않고 우리는 우리를 단지 현상으로 볼 뿐이다. 우리는 우리 자신
이 하나의 의지로서, 무슨 **고통받는지** 전혀 알지 못한다. 오히려 우리
는 단지 **표상된 고통받는** 자로서 고통받을 뿐이다. 단지 우리는, 우리
를 고통받는 자로 맨 처음 표상하는 자는 아니라는 사실. 그러나 어
떻게 고통받는다고 여겨지는 환상 형태가 사실적으로 고통받을 수
있는가? 아무것도 사라질 수 없다. 왜냐하면 아무것도 사실적으로
존재하지 않기 때문이다 ─ 그렇다면 본래적으로 고난받는 것은 무
엇인가? 고난은 쾌감과 마찬가지로 설명할 수 없는 것이 아닌가? 만
약 두 개의 코르시카 힘줄들이 서로 치고받는다면, 왜 그것들은 **고통
받는가?**

그렇지만 때리는 행위의 본래 과정은 때리는 힘줄과 마찬가지
로 단지 하나의 표상인가? 이로써 우리는 최소의 원자의 고통이 동
시에 하나의 의지의 고통이라고 말할 수 있다 : 그리고 모든 고통은
하나이고 동일하다 : 표상은, 그것을 통해 우리가 고통을 시간적, 공
간적으로 올바로 인지하는 것이고, 표상이 아닌 경우 우리는 고통을
전혀 제대로 인지하지 못한다. 표상은 고통의 황홀경으로서, 표상을
통해 고통은 파괴된다. 이런 의미에서 **가장 불쾌한 고통**도 하나의 의
지의 원-고통에 반해 여전히 파괴되고 표상된 고통이다.

고통을 부수기 위한 황홀경으로서 광적 표상들.

[8 = U I ₅ ₐ. 1870/71년 겨울~1872년 가을]

8[1]

국가에 반해 여성은—잠(수면).

자연의 변화없음.

여성의 어리석은 문화.

저급한 계급에 대한 무시.

시인의 직관은 철두철미 보편적인 도덕학이다.

경외심. 엄격한 도덕.

8[2]

비극적인 것의 본질에서, **모순의 향유**는 어디에서 오는가?

사물들의 본질로서 모순은 비극적 행위에서 다시 반영된다. 모
순은 자신에게서 하나의 **형이상학적인 환상**을 창조하며, 이러한 환상
이 비극이 노리는 것이다.

영웅은 몰락하는 가운데 승리한다.

개성화의 멸절의 통찰로서 개체의 멸절, 가장 큰 쾌감의 반영.

개체들의 투쟁—의지의 근거—자연의 한숨.

개체가 지닌 가장 협소한 목적은 세계 계획의 한 수단으로 예감
된다. 개체의 멸절은 세계 계획이 자신에 의해, 자신의 부분에 따라
요구된다는 사실을 보증하는 것이다.

아이스킬로스의 형이상학적 환상.

소포클레스의 형이상학적 환상.

세계―천재를 향하는 것으로서 비극―신비.

신비들―성인.

아리스토텔레스적 이해에 대한 비판.

에우리피데스로부터 설명함

―그는 실은 취소했다 ―

비극의 죽음―소크라테스.

드라마―서사적.

호메로스. 아폴론적 천재. 아킬레스가 더 빨리 죽었지만 더 서사적인 영웅일 수 있는 이유가 무엇인가?

음악. 아리스토텔레스에게 망아적인 음악. 디오니소스적인 천재는 국가와 어떤 관계들도 갖지 않는다. '베토벤'을 기억하며.

아폴론적 천재의 가장 일반적인 전형을 작은 무리, 즉 일곱 현자들이 보여준다. 이러한 천재들은 서로 보증한다 : 그들은 시인, 철학자, 정치가, 의사들이다. 외면적인 강화조약 후에, 그리고 상호적으로 접촉하면서 두 원리들이 그 어느 때보다도 더 자족적이고, 더 독점적이고, 더 완전히 발전한 것은 바로 6세기이다 : 이 시기 동안 천재의 전형도 형성된다. 현자들 중 한 사람이고, 수수께끼 같은 '잠꾸러기'인 에피메니데스는 페스트에서, 그리고 살인죄의 마법에서 구원된다. 시인. 망아적 현자인 프리기아 아울레트Aulet의 올림푸스

— — —

8[6]

> 아폴론적 개인.
> 사회.
> 국가.
> 여성.
> 피티아.
> 디오니소스적 개인.
> 신비들.
> 이중적 천재.

8[7]

> 주관적인 것을 설명하기. 아르킬로쿠스, '서정시', '음악적 정조'(실러)는, 이제 형상들 안에서 진술되는 탄생지이다. 디오니소스적 광기는 비유로 나타난다 : 비방과 경멸이 혼합된, 딸에 대한 사랑. '민요' 디오니소스적. 여기서 광포한 고난이 서정 시인을 만드는 것이 아니라, 오히려 아폴론적 꿈에서 스스로를 드러내는 엄청 강력한 디오니소스적 의지가 서정 시인을 만든다. 개체화로 들어가면서 자신의 이중적 정조를 방출하는 자는 바로 디오니소스이다 : 서정 시인은 자신에 대하여 말하지만, 그는 단지 디오니소스를 의미할 뿐이다. 서정 시인의 주관성은 하나의 미혹이다. 창조하는 토대는 디오니소

스적 원고통으로, 이 고통은 하나의 비슷한 형상 안에 나타나기에, 우리는 이 형상이 아니라 창조하는 토대로 휩쓸리게 된다. 아무런 정조도 자극하려 하지 않고, 오히려 순수한 직관을 요구하는 **조형 미술가의 모순**. 서사 시인은 마찬가지로 자신이 순수하게 전달하려는 형상에서 출발하며, 게다가 그는 감정과 정조를 자극한다. 즉 꿈꾸는 자는 자신이 관조해야 하는 사물들에 **가까이** 서 있어야 하고, 그것을 이해해야 하는 만큼만 꿈에 관여한다.

디오니소스 송가—개체화의 고난을 형상 안에서 보는 서정적 합창으로서 : 이러한 형상도 결국은 묘사된다. 극적 진행은 단지 환상으로 생각된다. 음악, 춤, 서정시는 디오니소스적 상징적 표현으로, 여기에서 환상이 잉태된다. 형상들의 투사로 감정의 근거를 자극하는 것 : 이 형상들 사이에서 이제 하나의 자연적 유사성이 존재하게 된다.

만약 이제 창조적인 토대가 결핍되고 오히려 순수하게 형상들이 창조되어야 한다면, 드라마—즉 서사시를 드라마로 만드는 것 외에 가능한 것은 없다. 드라마로 된 서사시—셰익스피어—음악의 토대. 드라마로 된 꿈은 깨어남의 강력한 감정과 함께 끝난다. 연극.

순수하게 아폴론적 : 형상으로서의 효과.

오늘날 작품들이 주는 본래적인 극적인 감동은 **전혀 예술적 본성**이 아니며, 마찬가지로 **공포와 연민**도 완전히 비예술적이다.

새로운 희극에 대한 관심.

드라마를 완전히 아폴론적으로 만들려는, 즉 서사시의 윤리학을 갖는 **드라마화된** 서사시로 만들려는 에우리피데스의 노력 : 그러나 동시에 비예술적인 효과들 : 변증법, 공포와 연민, 기만에 놓여 있

는 병리학적인 꿈 :

새로운 희극은 형상이 아니라, 현실을, 그것도 아폴론적도 디오
니소스적도 아니라, 오히려 **진정한 인간**을 추구한다 : 호기심, 환락,
위트 등.

5

8[8]

국가, 여성, 신비의 장에 대한 개작.

아폴론적(예술가).

디오니소스적 예술가.

10   비극의 종말.

드라마, 새로운 희극.

8[9]

아폴론적 : 개인, 일곱 현인들 : 아폴론적 국가.

15   디오니소스적 : 신비. 올림푸스.

합일점 : 아르킬로코스 : 디오니소스적=아폴론적 예술가. 고상
한 그리고 우스운.

이 두 가지 최고의 현상 형식들—그리스적 국가(아폴론적 개
인)와 신비들.

20   우선 **합창의 환상**으로서 드라마 몽유병 환자.

8[10]

도입문.

아리스토텔레스의 미학.

실러의 소박과 감상.

괴테의 호메로스.

8[11]

비극.

서사시.

철학.

8[12]

호메로스적인 명랑성.

1. 호메로스의 경우 두 시대는 동일하다―철기 시대와 영웅 시대. 어떻게 하나의 표상이 다른 표상으로 전이되는가? 타이탄과 올림푸스 신들의 대립은 점차 분리되고, 한 편이 승리한다. 완벽한 명랑성을 갖춘 올림푸스적-영웅적 시인으로서 호메로스.

2. 현대 인간의 쇠약한 감정에 반하여 **표상**의 완전한 쾌감. **꿈**의 쾌감은 무시무시한 것 역시 꺼리지 않는다. 아폴론으로서 호메로스는 화내는 자이며 명랑한 자이다. 개체들 사이에 있는 가장 아름다운 일광.

8[13]

예술과 학문.

1. 소크라테스에게 예술적-신비적 결함―이때 꿈에 대한 요구와 예술적 명랑성. 그에게서 모든 예술은 파멸하지만, 그는 에우리피

데스와 같은 우울병자는 아니다. 철학자, 즉 스토아주의자, 에피쿠로스 학파의 체계가 개념을 통해 이르려고 애썼던 마술적 명랑성의 마력은 어디에 놓여 있는가? 플라톤의 향연, 반어법. 혐오. 금욕의 도취는 아니다.

2. 그는 예술적 명랑성을 고귀한 젊은이와의 문답법에서 발휘한다. 플라톤은 소크라테스적 예술 작품이다(마치 예술가가 낯선 자로 자신의 작품에 마주 서 있듯이).

3. 지식의 세계 교정에 대한 믿음 : 학문의 광적 표상. 이에 대한 대조로서 레싱 : 진리에 대한 경향.

4. 예술적 맹아로서 논리학, 이것은 자기 꼬리를 깨물며 신화의 세계를 열어둔다. 학문이 예술 안에서 전복되는 것과 같은 메커니즘 —1. 인식의 한계에서, 2. 논리학에서.

5. 학문적 교육. '본능에서 해방.'
아폴론적 선생.

6. 광적 표상들의 필연성. 재건자 : 종교학자.

7. '논리학에서 해방'으로서 성인.

8. 알렉산드로스주의와 요한복음.

9. 신비주의와 학문의 투쟁—디오니소스와 아폴론. '감상적인 것'.

10. 음악과 드라마.

11. 음악을 하는 소크라테스로서 비극적 인간.

8[14]

소크라테스와 비극.

이 장의 서두에 나는 서로에게 속하는 두 가지 질문을 했다 : 위에서 언급했듯이 예술적-신비적 재능의 기괴한 결합에도 불구하고 소크라테스의 예술적 명랑성은 어떻게 가능한가? 그리고 예술적으로 창조적인 소크라테스는 그 자체로 생각해볼 만하다 : 그럼에도 저 수수께끼같이 항상 되풀이되는 "소크라테스가 음악을 연주했다"는 꿈 현상의 지시에서 더 무엇을 ———

8[15]

신비스럽고 항상 되풀이되는 "소크라테스가 음악을 행했다"는 꿈 현상의 지시와 연관하여, 우리는 도대체 음악을 행하는, 즉 **예술적이고 창조적인 소크라테스**를 생각해도 좋은지에 대한 질문을 피할 수 없다 : 그때 또다시 회의적일 수 있는 것은, 우리가 소크라테스를 에우리피데스나 플라톤의 전형에 따라 표상해도 좋은지 하는 점이다. 만약 이것이 철저하게 고유한 전형을 뜻하는 게 결코 아니라도, 그는 아폴론적인 것과 디오니소스적인 것이 새롭게 융합되면서 전적으로 새로운 예술세계를 개시하는 자이다. 이것은 우리의 추측이다 : 이것의 이유를 들기 위해서는 사상의 좀더 긴 종합 판단이 필요하다. 그렇지만 사람들은 처음부터 이렇게 꿈 속에서 스스로를 알리는 지혜를 충분히 인정해야 한다. 즉 그 지혜의 유일하게 기괴한 틈과 신비적인 것의 결함이 소크라테스의 소질 안에서 분명해졌다는 사실, 그리고 그 지혜에게만 수수께끼에 가득 찬 고대 정신의 현상이 개시되었다는 사실, 즉 그 지혜로부터 헬라적 본질이 재판관으로서, 소크라테스에 대한 판결을 진술했다는 사실을 인정해야 한다.

8[16]

　　빌레맹의 헤리베르 후작의 아름답고 덕망 있는 부인은—몽트
모레 시의 집에서—두 아이를 가졌다. 처음엔 아들이고, 몇 년 후엔
딸이었는데, 그때 허약하고 종종 아팠던 그녀의 어머니는 아주 힘겹
게 딸을 낳았다. 마지막에 태어난 아이가 네 살이 되었을 때, 후작은
홀아비가 되었다. 사람들은 오랫동안 더 이상 그를 가까운 성에서 보
지 못했고, 심지어 그가 자기 소유의 숲과 울타리에서 사라지는 바람
에 산지기들도 놀랐다. 그리고 사람들은, 그가 언젠가 한번 나타났을
때, 사냥개들이 마치 낯선 사람을 본 것처럼 으르렁거렸다고 말했다.
결국에는 사랑하는 죽은 부인을 잠시 나타나게 하는 등 기이한 기술
을 가진 유명한 의사가 한참을 머물고 난 어느 날 아침, 지난 밤 후작
이 자신의 딸과 함께, 건강 때문에 성을 떠나 남쪽을 향해 갔다는 소
문이 마을에 파다했다. 그가 로마에 도착한 것은 그해 2월이었다 :
그러고 나서 우리는, 최고이지만 경솔한 모임과 연합해 축제를 이끄
는 도취적인 장중함에서, 그가 너무나 명랑한 시선으로 오만하게 아
주 순간적으로 살며, 숨가쁘게 추는 춤에서 과거를 생각할 시간이 없
는 것을 보았다. 이제 심지어 축제가 모든 삶에 기쁨을 주는 흥분을
도취와 취함으로 상승시켰을 때, 후작은 마치 어리석고 미숙한 젊은
아이처럼 보였고, 따라서 그때 그와 함께 로마에서 만나기를 원했던
그 유명한 의사는 그를 잠시 만나서는, 그가 그곳을 떠나 다시 성의
고귀한 고독 속으로 다시 돌아가기를 바랐다. 사순절의 첫날 하루 전
밤에 후작은 피곤한 발걸음으로 당시 프랑스 사자가 개최했던 연회
를 떠나 고향으로 되돌아갔다. 그의 피곤한 시선 앞에서는 여전히 찬
란하고 호화로운 로마적인 미인들의 그림과, 빛과 번쩍이는 장신구

들, 타오르는 눈빛들의 다색적인 혼란함이 춤추고 있었다. 그래서 뒤에서 따라오던 시종이 자신의 집을 지나치지 않도록 그를 붙잡자 후작은 갑자기 움찔했다. 그의 눈은 황폐해진 성벽 위로 애처롭게 미끄러지듯 서서히 올라갔다. 그리고 그가, 왜 오늘 밤은 그 집이 전에 느껴본 적이 없을 정도로 황량하고 쓸쓸한지 한참을 살피고 있을 때, 이전엔 그가 집에 돌아올 쯤이면 창문 하나가 항상 불을 밝히고 있었다는, 그것은 자신의 작은 딸이 보모와 함께 누워 있는 침실 창문이라는 생각이 떠올랐다. 이 창문도 오늘은 캄캄했다. 시종이 열쇠로 문을 열려고 덜거덕거릴 때 후작은 오한이 났다. 그는 말없이 계단을 올라갔으며, 불을 밝히기 위해 시종이 들어간 방에서 그의 둔탁한 발소리가 점차 사라져갔다. 충성스런 이 노인은, 그의 주인이 지금의 삶을 슬퍼하지 않고, 평화로웠던 과거와 비교하지 않도록 매우 신경 썼다 : 이렇게 그는 이전의 밤들과 마찬가지로 진지한 표정으로 그 주인을 떠났는데, 그 표정에는 그의 주인을 위한 경건한 소망과 다정함이 나타났다. 조심스럽고 조용히 그는 문을 닫았다 : 그러나 그와 거의 동시에 그 문이 빠르게 열려 시종의 머리가 다시 나타났다. 등불을 든 그의 손이 흔들렸고, 몇 마디 말도 하기 전에 꺼져가는 등불을 바닥에 놓았다. 그때까지 눈앞에 손을 대고 의자에 앉아 있던 후작이 일어나서, 두 손과 외면하고 있는 얼굴을 옆쪽으로 가리키는 듯이 보이는 창백한 시종에게 불을 비추었다. 방 안에서 번져 나오는 불빛은 현관 앞에 열린 채 있는 문을 가리켰고, 후작의 방을 비스듬히 비추었다. 이 곳은 딸과 유모의 침실 입구였다. "그녀를 잃었다. 그녀를 도둑맞았다!"라고 그는 울부짖었다. 그가 아직도 황량한, 정돈되어 있지만 유령 같은 침실을 보기 전에, 그리고 텅 빈 아이의 작은 침대 위로 쓰러지기 전에, 그는 거역할 수 없는 예감으로 이렇게 부르짖었다.

8[17]

바그너에게 있어 **심포니**의 발전.

8[18]

음악은, 자신의 가장 고양되고 순수한 음악적인 의도들을 이해
시키기 위해 서정시를 **이용한다**.

8[19]

소크라테스와 같은 본질이 아테네인들에게 완전히 새롭고 낯
선 것으로 보였음이 틀림없듯이, 다른 한편 이러한 소크라테스가 헬
라인의 플라톤적 이데아와 아주 유사하다는 것 역시 확실하다. 헬라
인들의 신화의 대표자들만 보아도, 우리는 바로 가장 위대한 인물들
에게서 소크라테스를 기억할 수 있다. 그는 동시에 프로메테우스이
고, 스핑크스 앞에서 수수께끼를 푸는 오이디푸스이다. 그를 통해서,
저녁 노을에 무한히 커진 그림자처럼 계속해서 후세에 드리운 두 대
표자들의 새로운 반영이 개시된다.

그러나 항상 우리는 소크라테스에 대하여 아직도 가장 적은 부
분만을 말했다. 저녁 노을에 항상 더 커지는 그림자같이, 후세를 넘
어서 지금 이 순간까지 그의 영향력이 어떻게 확장되었는지, 그러한
것이 어떻게 예술의 변형을 위해―특히 예술에 대한 가장 심오하고,
가장 넓으며, 이미 형이상학적 의미에 있어서―또다시 요구되고, 고
유한 무한성의 경우, 어떻게 무한성을 보증하는지에 대해서는 아직

애기되지 않았다.

8[20]

　　신화. 디오니소스적인 것의 영향, 그것은 치유 수단으로서 아폴론적인 것을 불러낸다.

　　근본 개념들. 그리스적 비극.

　　소크라테스와 소크라테스적—낙관적 문화를 통한 몰락. 오페라.

　　모순. 예술 작품. 청자(聽者). 문화의 희〈망들〉.

　　오페라를 통한 예술의 기형화.

　　전도된 과정—독일 음악.

　　그리스인의 영향.

　　기사, 죽음.

　　호출.

　　그리스, 로마, 인도.

　　트리스탄.

　　예술적 청자.

8[21]

　　음악은 살아 있는 것이다.

　　유명한 이론가 하우프트만의 서한으로 새롭게 문서로 완전히 증명된 무능력이 언급되어야만 한다.

8[22]

　　교향악으로서, 게다가 신화로서 트리스탄.

　1. 신화의 재탄생.

　　음악과 비교하여 그림. 그리스인. 소포클레스. 아스클레피

　　오스.

　2. "살아 있는 자들." 조형 예술에 대한 희망들. 서정 시인의 현

　　상. "시인."

　　새로운 문화. 소크라테스적 인간의 죽음. 비극적 정점을 지

　　닌 인식의 영역을 새롭게 여는 것.

　　'착각'의 의미.

　3. 바이로이트 축제.

8[23]

　　빙켈만의 전형. 이렇게 독일 정신은 그리스 정신을 얻었다, 참

조, 괴테 12쪽. 로마적 입장에서 그에게 발생한 모든 것을 통해 특별

히 어려워짐. 다른 한편 게르만적 본질은 이러한 매개를 통해 철저하

게 그리스적 본질에 이르고자 노력했다 : 확실히 독일 본질 자체는,

마치 빙켈만이 자신의 고유한 교육적 고향에 이르기 위해 가톨릭으

로 개종한 것과 마찬가지인 어떤 것을 체험했다.

　　그리고 확실히 우리의 페르시아 전쟁 역시 그때 막 시작되었듯

이, 우리는 비극의 시대에 살고 있다는 사실을 확고하게 느낀다.

8[24]

　　　　　　　　　　　　세미나.

1. 백과 사전. 쿠인틸리아누스Quintilian   헤시오도스.

2. 그리스적 서정시. 레르티우스Laertius   헤시오도스.

3. 라틴어 문법.   서정시.

3. 호메로스의 질문.

4. 키〈케로〉. Cic〈ero〉   서정시.
《아카데미카》

5. 운율학   《코에포렌》

6. 드라마의 역사   《코에포렌》

7. 헤시오도스.

8[25]

호메로스와 헤시오도스.
리듬학에 대하여.

겨울 학기
  서정시
  드라마의 역사.
여름 학기
  라틴어 문법.
겨울 학기
  운율학,《코에포렌》
여름 학기
  헤시오도스.

학기 I.   세미나 : ――――

   운율학.

   드라마.

학기 II.   세미나 : ――――

5   그리스 서정시.

   백과 사전.

학기 III.   세미나 : ――――

   라틴어 문법.

   《코에포렌》

10   학기 IV.   세미나 : ――――

   그리스 문화.

   헤시오도스, 에르가.

8[26]

15   후기 강의 : 문학사에 대하여

          그리스 문화에 대하여.

후기 강의들.

2. 그리스 서정시.

20   3. 아이스킬로스, 《코에포렌》.

1. 드라마.

1. 운율학.

4. 헤시오도스, 에르가.

2. 백과 사전.

3. 라틴어 문법.
4. 그리스 문화.

8[27]

지금까지 우리는 국가 없이 성립될 수 없는 사회 과정을 국가가 어떻게 산출해왔는지를 근본적으로 고찰했다 : 이제 당면한 질문은, 이와 같이 사회가 자신의 화학적 분리를 완수하고, 피라미드 형태로 건축되어, 최고의 의도들에 이르렀다고 여긴 후, 어떻게 국가가 이러한 사회와 관계해왔는지 하는 것이다. 이것이 국가의 과제이다——
—

8[28]

음악가는, 천재적 향유에 이르기까지 세계의 전 등급과 그러한 향유를 자신 내부에 보유한다.

행운 : 텍스트는 음악을 단지 전음시키는coloriren 올바르고 잘 설비된 기호이다.

8[29]

우리 자신이 음악과 미술에 대한 가장 자연스럽고 가장 부드러운 합일을 인간의 언어 안에서 생각한다면, 서로 이해하는 가능성은 완전히 음을 본능적으로 이해하는 의지의 마술 안에, 그리고 연속된 음의 리듬 안에 놓여 있다 : 그림은, 음을 통해 이미 의견일치가 이루어진 후에야 비로소 파악된다. 그림은 여기서도 단지 음의 디오니소스적인 본성을 비유한 것일 뿐이다.

오페라의 최초의 맹아인 레치타티브는 인류의 원언어의 재생으로 이해되었다 : 레치타티브와 더불어 사람들은 목가적인 흥분으로, 새로운 음악의 비자연에서 소박한 본질들의 꿈 같은 낙원으로 도피했는데, 단지 이러한 소박한 본질로 인해 음악적 변형과 음의 높고 낮음의 무해한 단순성이 다시 가능해진다고 믿으려 했다. 그러나 이때 형언할 수 없는 착오와 위축감을 지닌 현대 언어 안에서 이러한 본질들을 말해야만 하는 동안 사람들은 일관되게 행동할 수는 없었다. 그리고 다른 한편 사람들은 바로 음의 표현이 언어에서, 그리고 특히 사람들이 이르기를 꿈꾸는 행운의 시대에서, 파악할 수 없는 다양성과 자유로 존재한다는 사실을, 그리고 이것에 반해 리듬과 멜로디 안에서 가장 복잡한 음악적 구조도 여전히 모방일 뿐이란 사실을 알지 못했다 : 언어는 논쟁의 여지 없이 최고의 음악적인 자연의 걸작으로 남았다. 이렇게 우리는 그때 이미 현대 오페라의 뿌리 안에서, 인류의 환상적인 원역사로 향한 하나의 비역사적인 도피를, 그리고 목가적인 것을 향한 감상적인 충동을 인식했다. 언어의 사용에서도 우리는 의식적으로 추구되는 단순한 것으로 되돌아감을 인지한다 : 사람들은 원인류의 소박한 표현 방식들이 다시 발견되어야 한다고 생각한다. 이렇게 무해한 텍스트들과, 근본적으로는 참기 어려운 음악에서 도취적인 쾌적함을 느낀다는 사실을, 사람들은 이제 대담하게, 오시안을 위해서 또는 게스너를 위해서 조상들에게 활기를 불어넣어준 경탄과 비교하려 한다. 아리아는 근원적 시대Urzeit의 서정시로 간주되고 경탄을 받는다. 이렇게 우리는 근본적으로 오페라를 찬탄하는 것을 본다 : 느낌은 음악과 시 자체의 효과에서 완전히 떨어져 있다. 오페라를 위한 열광주의를 만들어낸 '도덕적 느낌들'은 르네상스를 야기시킨 느낌들과 유사하다. 이러한 '도덕적인' 느낌들은 처음부터 오페라를 나쁜 음악과 나쁜 시의 영역으로 이끌었다 : 예술적 소박성 : 처음부터 재주 있는 애송이의 작품. 이제 이러한 도덕적 느낌들이 진정될 때, 사람들은 오페라를 두 방향으로, 즉 하나는 좋은 음악으로, 다른 하나는 효과적인 모방극으로 전개시킬 수 있었다. 이러한 모방극에서 극적 음악이 발생했다. 좋은 음악에서 시와의 관계는 아주 환상적인 것이다. 모방극에서 음악은 음악이 아닌 것이 되었다. 모차르트는 시가 '음악에 순종하는 딸'이기를 요구했다.

8[30]

그리스적 기념일. 퇴락의 표징. 페스트의 창궐. 호메로스 음송 시인. 엠페도클레스는 구원을 위한 신으로 나타난다.

공포와 연민을 통한 감염. 해독제 비극. 한 조연자가 죽었을 때, 여주인공은 그에게 가기를 원한다. 엠페도클레스는 그녀가 불타오르도록 내버려두고, 그녀는 그를 위해 불타오른다. 엠페도클레스는 자연 앞에서 두려워했다.

페스트의 만연.

마지막 축제일―에트나에서 판의 희생. 엠페도클레스는 판을 시험했으며, 그를 파괴했다. 국민은 도망갔다. 여주인공은 남았다. 엠페도클레스는 심한 연민으로 죽기를 원했다. 그는 심연으로 가서, 여전히 "도망치라!"고 외친다―당신들 : 엠페도클레스! 그리고 그를 따른다. 한 짐승이 당신들에게 피난한다. 당신들 주변의 용암.

8[31]

아폴론적 신에서 죽음을 추구하는 인간이 된다.

자신의 강력한 염세적 인식으로 인해 그는 악해진다.

터져나오는 과도한 연민으로 그는 현존재를 더 이상 지탱하지 못한다.

그는 도시를 구할 수 없었다. 왜냐하면 그 도시는 그리스적 방식에서 벗어났기 때문이다.

그는 자신의 신성 안에서 도우려 한다.

연민의 인간으로서 그는 멸절되기를 원한다.

데몬으로서 그는 스스로를 멸절시킨다.

엠페도클레스는 더욱더 열정적이 된다.

8[32]

1막 : 도입 장면.

2막 : 성채의 숭배와 조직. 왕관을 쳐서 떨어뜨리다.

3막 : 연극들.

4막 : 페스트의 만연. 죽음의 계획. 국민의 바쿠스적인 폭동.

5막 : 에트나에서의 판.

8[33]

여주인공이 그렇게 행동할 때까지, 그는 공포와 연민에서 자유롭다.

4막에서 연민이 고양된다. 죽음의 계획.

5막에서, 그는 국민이 구원된 것을 알았을 때 행복했다. 모순 :

그의 계획은 실패하고, 죽음은 페스트보다 더 큰 불행으로 나타난다.
판에 이르기까지, 국민은 그를 점점 더 높이 숭배한다.

8[34]

1막.

음유 시인.

엠페도클레스.

2막.

페스트의 공포.

8[35]

I.   새벽의 어스름. 길. 집.

II. 회의실. 오전.

III. 극장. 정오.

IV. 코리나 집에서. 저녁.

V.   에트나에서. 밤.

8[36]

엠페도클레스.

코리나와 어머니.

파우사니아스.

파수꾼.

전령.

시의회 의원.

연기자.

합창.

국민.

농부.

5 소녀.

엠페도클레스의 충실한 제자.

판의 제사장.

8[37]

10 I. 새벽의 어스름. 〈1.〉 파우사니아스는 코리나에게 화환을 가져
간다. 파수꾼이 그가 나타났다고 이야기한다(에트나). 2. 한 무
리의 농민들이 온다 : 엠페도클레스에 대한 환상을 가진 소녀
가 갑자기 죽는다. 3. 코리나는 놀란 파우사니아스를 본다. 진
정된 장면. 그들은 자신들의 역할을 반복한다 : 파우사니아스
15 는 요점에 대해 침묵으로 비밀을 지키며, 그것을 기억할 수 없
다. 4. 탄식하는 행렬, 서정적. 5. 국민 장면, 페스트에 대한 공
포. 6. 음유 시인. 7. 제물을 담는 솥들과 함께 있는 엠페도클레
스, 그의 발을 보고 놀라는 파우사니아스. 아주 밝아진다. 엠페
도클레스에 거역하는 코리나.

20 II. 시의회에서. 엠페도클레스는 한 제단 앞에 숨어 있다. 시의회
의원들이 한 사람씩 명랑하게 오며, 그때마다 숨은 자를 보고
놀란다. "페스트가 너희들 가운데 있다! 너희들은 그리스인이
다!" 공포와 연민은 금지된다. 우스운 시의회 장면. 국민의 흥
분. 회의실은 탈취된다. 왕관이 바쳐진다. 엠페도클레스는 비

극을 정리하고, 에트나에 희망을 걸어 위로한다. 그는 숭배받는다. 비극의 표상 : 코리나의 전율.

    III. 합창.

        파우사니아스와 코리나. 테세우스와 아리아드네.

5   무대 위에 있는 엠페도클레스와 코리나.

        재생의 고지에서 죽음에 대한 국민의 도취. 그는 디오니소스 신으로 숭배되지만, 그는 다시 동정하기 시작한다. 디오니소스 연기자는 우스꽝스럽게 코리나에게 반한다.

        시신을 옮기는 두 살인자.

10   엠페도클레스의 악한 멸절에의 쾌감이 수수께끼처럼 알려진다.

    IV. 저녁 축제에 대한 엠페도클레스의 공포. 신의 현현을 통해 확신에 찬 국민의 도취.

        백발의 어머니와 코리나. 최고의 위안.

15   코리나의 집에서. 엠페도클레스는 비밀스럽게 다시 돌아온다.

    V. 제자들 사이에 있는 엠페도클레스.

        밤의 축제.

        신비적인 연민의 말들. 현존재에 대한 충동의 멸절,

        판의 죽음.

20   국민의 도주.

        두 화산 용암들, 그들은 빠져나올 수 없다.

        엠페도클레스와 코리나. 엠페도클레스는 스스로를 살인자로 느끼며, 무한한 벌을 받아야 한다고 느끼고, 속죄의 죽음에서의 재생을 희망한다. 이것이 그를 에트나로 몰아댄다. 그는 코리나를 구하려 한다. 한 동물이 그들에게 온다. 코리나는 그 동물과 함께 죽는다. "디오니소스는 아리아드네에게서 도망치는가?"

8[38]

1. 문헌학자의 개념. 소크라테스와 예술가들.
   문헌학의 역사.
2. 문헌학자의 미래. 교직.
   고대 정신 연구의 개혁.
3. 문헌학적 대학 수업.
4. 전형 개념으로서 고전적 고대 정신.
5. 언어 문헌학.
6. 비판적 문헌학(미학적).
7. 고대 정신들.
8. 문학사.
9. 종교.
10. 국가와 사회.
11. 후세에 대한 고대 정신의 위치.

8[39]

백과 전서 그리고 그것의 수업에 대한 도입문.

1, 2주.　문헌학의 기원과 역사.
　　　　번하디Bernhardy, 로마인, 그리스인.
　　　　얀Jann, 그래펜한Graefenhan. 점차적인 발견.
3, 4주　교직과 중·고등학교의 개혁.

5, 6주	대학 수업.
7, 8주	**고전적인 고대 정신**(볼프, 빙켈만, 괴테에 반하여).
9, 10주	언어 문헌학.
11, 12주	비판과 해석학.
13, 14주	국가와 사회.
15, 16주	문학사와 예술.
17, 18주	종교와 고대 정신.

8[40]

그리스 시학의 역사 겨울 강의.

1. 서정시.

2. 《코에포렌》.

3. 라틴어 문법.

4. 헤시오도스.

5. 드라마의 역사.

6. 운율학.

8[41]

언어, 개념들의 총체.

개념은 발생하는 첫 순간 하나의 예술적 현상이다 : 풍부한 현상들을 상징화하는 것, 근원적으로 하나의 형상, 하나의 상형 문자. 이렇게 하나의 사물 자리에 하나의 그림이 들어서다.

디오니소스적 근거에 대한 아폴론적 반영들.

인간은 이렇게 **형상의 반영과 상징과** 더불어 시작했다. 모든 예술

적 그림은 단지 **상징**으로서, 회화의 경우 피상적인 것이고, 대
리석의 경우에 견고함이며, 서사시의 경우에 — — —
상징으로서 꿈의 형상들? 꿈 안에서 행위들은 상징적이다. 상
징에서의 **쾌감**?

5 우리의 모든 현상 세계는 **충동의 상징**이다. 꿈 역시 그렇다.
개념은 현상 세계와 어떻게 관계하는가? 개념은 많은 현상의
전형이다. 동일한 충동에 대한 인식 표지.
만약 지성이 순수한 거울이라면? 그러나 개념은 그 이상이다

10 8[42]

예술가의 위치 국가에 대한,

예배에 대한,

사회에 대한,

여성에 대한,

15 신비에 대한,

교육에 대한.

8[43]

서정 시인.

20 비극.

주신 송가.

비극의 몰락(소크라테스와 주신 송가에서).

드라마.

8[44]

아폴론과 디오니소스.

천재의 탄생.

비극과 디오니소스 송가.

아리스토텔레스, 드라마에 대해.

비극의 죽음과 드라마.

디오니소스 송가의 재탄생.

8[45]

소설—자포자기하는 학생 정신.

8[46]

비극—황홀자로서 자신 앞에 완전히 아폴론적으로 펼쳐지는 환상을 보는 합창단.

디오니소스 송가—드라마를 보는 것이 아니라 그것을 묘사하는, 스스로 변화된 합창 : 황홀경의 순수한 즉흥 시인들.

비극—합창단은 살아 있는 그림으로 묘사되는 환상에 대하여 노래한다.

디오니소스 송가—합창은 자신의 환상으로 변한다.

희극적, 비극적 디오니소스 송가.

세계의 존립 3과 세계의 대화재 1.

아폴론　　　디오니소스.

세계의 존립으로서 아폴론 — 세계의 대화재 안에서 모든 것을 똑같이 만드는 영원한 신.

세계의 변화로서 디오니소스.

세계 존립의 영원한 신 아폴론.

변형과 변화의 신으로서 디오니소스.

'서정적인' 비극 : 모방적 디오니소스 송가.

음악의 우세함으로 전이함 : 프라티나스Pratinas의 증언 : 노래
는 크게 울린다. 오케스트라.

음악의 최고의 해방자로서 송가 207쪽. 플라톤은 자신의 시대의
시인들이 애도가와 송가와 아폴론 찬가를 혼합했다고 말했다 :
그는 극장의 청중들에 대해 한탄했다.

리듬과 화음, 언어의 당돌함이 혼합된 것에 대한 엄청난 외침들.

음악의 기형화, 208쪽.

멜라니피데스까지 시학이 지배했고, 지금은 음악이 지배한다.

유의할 점 : 가장 격렬한 운동에 있어서 언어의 확정적인 단순화.

디오니소스적 신화의 발생.

8[47]

리하르트 바그너. 독일 예술의 각성.

각성된 민요―괴테

그리고 베토벤의 음악. 디오니소스적인 발전.

'디오니소스적 인간.'

신화―더 심오한 철학에 의해 준비되었다.

기이한 형식들의 거부 :   오페라,

                              서사시,

                              드라마(예술 작품이 아님).

실러적인 파토스 | 프랑스적 문명
괴테의 언어적 혼란 | 음악의 결핍 : 아이스킬로스의 대화와 비교할 것.
이제 우주적인 것으로의 노력, 낭만주의자의 사해 동포주의.
바그너를 통해 독일적 신화로 돌아감.
5   그는 신화와 민요로 고유하지 않은 모든 장르를 멸절시켰다.

8[48]
개봉 서한. 내가 리하르트 바그너에게서 배운 것. 게르만적 소질
의 예술적 성취.
10   시인과 음악가의 통일성. 사람들은 세계사를 이해하기 위해 그
것을 체험해야만 한다.
그리스 비극의 결과로서 셰익스피어의 드라마.
그리스적 디오니소스 송가.
디오니소스적인 것은 비극 안에서 죽었다(아리스토텔레스).
15   아폴로적인 것으로서 그리스 비극은, 더 약화된 디오니소스적
토대로 인해 냉담하다.
최고의 디오니소스적 잠재력으로서 셰익스피어는 찬란한 독일
적 음악의 발전을 보증한다.
게르만인의 신화는 디오니소스적이다.
20   독일인을 향한 호소.

8[49]
위대한 합창곡들은 이해되지 않는다 : 환상적인. 단지 가수만이
그것을 이해한다. 최고의 예술 작품의 경우 대중은 고려되지 않는다.

다만 오케스트라 음악가만이 이해한다.

8[50]

추측들.

《아카데미카》: I 스스로 경배하는 자들se salutantium.
　　　　　　　　II 매순간 무슨 언어로 무엇을 말한다?iam iam
　　　　　　　　quibusnam quicquam enuntiare verbis.
바로넴의 서한Epistola ad Varronem — 말과 권리?os et ius.
타키투스Tacitus, 대화dialogus : 산돼지를 쏘지 말라?Apro parce.

8[51]

과제 : 한 작가의 문헌학적-철학적 고찰의 이상을 아이스킬로스
에게 헌정할 것.

8[52]

리듬학의 새로운 이론.
새로운 미학. 호메로스와 비극.
새로운 문화 평가.
새로운 언어 철학.
새로운 형식을 찾는 것.

8[53]

'신성한 개체.'

8[54]

　　'극장에 대하여, 괴테와 바그너.'

8[55]

　　고전적 교육의 개념에 대하여.

8[56]

　　드라마에 대한 공개 강의를 준비할 것.

8[57]

　　일반적인 교육은 단지 공산주의의 전 상태일 뿐이다 : 교육은 이러한 길에서 아주 약화되어서, 심지어 아무런 특권도 제공할 수 없다. 그것은 최소한 공산주의에 대한 하나의 수단이다. 가장 일반적인 교육, 즉 야만성은 바로 공산주의의 전제이다. '시대적인' 교육은 여기서 '일시적인' 교육의 극단으로 넘어간다 : 즉 순간적인 이용에 대한 거친 파악으로 넘어간다. 사람들은 무엇보다도 이득을 가져오는 것을 교육 안에서만 보게 된다 : 이렇게 사람들은 이득을 가져오는 것을 교육과 혼동하게 된다. 일반적인 교육은 진정한 교육에 대한 증오로 넘어간다. 문화는 더 이상 국민들의 과제가 아니다 : 사치와 유행이 그들의 과제이다. 아무런 욕구가 없는 것이 국민을 위해 가장 큰 불행이라고 언젠가 라살레는 설명했다. 따라서 노동자 교육 연맹 : 내가 여러 번 암시했던 노동자 교육 연맹의 경향은 요구를 산출하는 것이다. 부유한 방탕아와 가난한 나사로에 대한 예수의 비유가 국민 경제학자들의 경우에는 뒤바뀐다 : 방탕아가 아브라함의 품안에

안긴다. 이렇게 가능한 교육의 일반화의 충동은 그 근원이 완전한 세속화에 있으며, 교육은 하나의 수단으로서, 영리와 조야하게 이해된 지상의 행복 아래 종속된다.

가능한 한 많은 **지성적인 관리**를 갖기 위한 확장. 헤겔적 영향.

8[58]

두 번째 근원은 **종교적 억압**에 대한 두려움이다. 여기에는 상반된 공포가 놓여 있다 : 마치 종교가 형이상학적 요구에 대한 유일한 만족인 것처럼, 종교를 통한 완전한 탈세속화. 여기에는, 기독교 정신이 근본적으로 모든 문화에 적대적이라는 사실, 따라서 야만성과 필연적으로 결합한다는 사실에 대한 깊은 본능이 놓여 있다.

8[59]

세 번째 근원은 대중에 대한 믿음과 천재에 대한 불신이다. 천재는 일반적으로 약점을 가지고 자신의 시대와 연관되어 있다고 괴테는 말했다. 반대로 일반적인 믿음에 의하면, 천재는 자신의 모든 강함을 그 시대에 힘입고 있으며, 따라서 단지 그 자신을 위한, 그 자신에 의한 약점만을 갖는다는 것이다. 일반적으로 여기서 혼동이 생긴다 : 한 국민은 천재들 안에서, 자기 실존의 고유한 권리와 그 정당성을 얻는다는 것 ; 대중이 개인을 산출하는 것이 아니라, 반대로 대중은 개인을 거역한다는 것. 대중은 다루기 어려운 돌덩이다 : 그것에서 인간과 비슷한 어떤 것을 만들기 위해 개인의 엄청난 작업이 필요하다.—일반적인 교육은 이제 바로 도그마가 된다. 이제 사람들은 일렬로 서야만 한다. 반면 이전에는 위대한 개인의 시대가 있었다.

이제는 단지 대중의 시종, 특히 한 정당의 시종이 되는 것이 필요하다. 교육의 목적은 : 한 정당을 움켜잡고, 그것에 자신의 삶을 예속시키는 것.—사람들은 너무나 많이 민족 문학 등에 대하여 이렇게 말한다 : 항상 그것들은 위대한 개인들이다 : 그들은 종종 잊혀진다.

8[60]

　　내 논문에 붙였던 제목은, 어쨌든 모든 사람에게 설명해야 하고, 나의 경애하는 청중들 중 많은 사람들에게는 죄송함을 표해야 하는 것이다. 우리의 교육 기관의 미래에 대해 말할 것.

　　1) 특별히 바젤적인 의미에서도 아니고
　　2) 광의의 일반성에서도 아니며,
　　　　오히려 우리가 여기서도 기뻐하는 독일 교육 기관에 관하여
　　　　—

　　짐승의 내장으로 예언했던 로마 점쟁이들에게서, 그리고 영원한 자연은 언젠가 다시 정당하게 된다는 전제하에서, 나는 단지 **미래**를 예언하고자 한다. 언제 이 미래가 시작될지 나는 모른다 : 그러나 현재 이러한 미래의 필연성에 대한 몇 가지를 확증하는 것으로 충분하다. 만약 사람들이 희망 없이 수수방관하기를 원치 않는다면.

8[61]

　　소피스트들과 플라톤 방식의 모든 것. 그리고 그럼에도 불구하고 새로운 대학들!
　　난해한. 따라서 지식!
　　교육과 연관해 모든 자유.

그에 〈비해〉 전문 지식을 위한 시험.

얼마나 빨리, 한 법학자와 한 의학자가 동화되는가! '학문'의 교육 효과.

학식.

관리.

저널리스트

따라서 철학의 불가능성.

김나지움의 경향의 성취.

8[62]

신호.

학생들 앞에서의 도피.

독일 학문과 독일 교육.

대학에서 철학의 불가능성.

따라서 또다시, 진정한 고전 교육의 불가능성.

따라서 대학과 살아 있는 예술의 분리.

접촉이 생기는 곳에서, 그때 학자는 대부분 이미 언론인으로 기형화된다.

따라서 독자적인 자극들은 학생 단체에서 나와야 한다. 대학을 수정하는 것으로서 '독일 대학생 조합'

무교육과 지도자의 결핍으로 인한, 독일 대학생 조합의 파멸.

모든 위대한 독일적 특성을 발견할 수 있는 유일한 영역이 독일 음악이다. 오케스트라.

음악가의 도착.

8[63]

척도들   고전적 교육이 아님.

철학이 아님

예술이 아님.

5   **학과의 과도함** : 본래적인 교육의 문제가 아님.

자제의 시도 : 독일 정신의 깨어남.

순결한-독일의 예술 정신이 편협스럽게 사라짐.

8[64]

10   나의 친구가 마중나왔다.

이전에는 단지 폐허 위에서.

이제는 전쟁의 형이상학적 작용에서, 영향을 기대함.

베토벤에 대한 화제.

과제 : 그에게 속한 문화를 찾는 것.

15   미래에 대한 의견 : 진정한 '선생'의 초청.

미래의 순간적인 성취.

한밤중에 한 맹세. 벰Vehm 재판.

8[65]

20   김나지움에서 스승에 대한 그림. 원.

너무 많은 것이 필요하다 : 따라서 수업은 매우 많은 사람들이 이를 수 있는 것에 놓여져야 한다.

그 필요성은 어디서 오는가?

국가 관직들, 대학, 군사적 특전들.

국가는 어떤 의도를 가질 수 있는가?

시험을 통해서 어마 어마한 공격을 분쇄하기.

그 다음 국가는 엄청난 공리주의적 충동을 분쇄했다 : 그것은 국가에 유익했다.

5 그 다음 국가는 공무원들에게 교육의 균등함을 원했다. 교육과 굴종.

그것은 새로운 것이다. 교육의 지도자로서 국가. 여기에는 올바른 교육과 대비되는 요소들이 작용한다 : 국가는 천박함에 의지하고, 많은 젊은 선생들을 길들인다. 고전 교육의 우스꽝스러운 입장 : 10 국가는 '전문적인' 라코니아인에 관심을 갖는다 : 마치 그것이 철학과 관련해, 단지 문헌학적인 국가 철학 또는 칭찬하는 국가 철학을 요구하듯이.

교육의 지배권을, 즉 우리의 위대한 시인의 시대가 추구했던 정신적 귀족 정치의 상태를 분쇄할 다양한 수단들이 있다 : .

15 '순수한' 문헌학자들과 저널리스트적인 중도적 선생들.

일군의 선생은 필요하다. 그들이 어떻게 고대 정신과 교통할 수 있는지, 그 방법들이 숙고된다.

선생들은 결코 고대 정신과 교통해서는 안 된다. 아이스킬로스! 언어학

20

8[66]

국가는 김나지움을 이용하지만, 또한 거기에 일정한 한계를 유지해야만 한다.

스스로 독립적이길 원하는 모든 것은 또한 김나지움에서 이탈

한다. 전자에서는 관료주의가, 후자에서는 직업이 교육된다. 전자에서는 국가 의도가, 후자에서는 이용 가치가 있는 시대 정신이 교육된다.

　　다른 한편으로 김나지움은 실제적인 교육을 하지 못한다. 따라서 실습 학교로 바꾸는 것은 아주 타당하다.

5　　김나지움 수업에 대한 우스꽝스러운 변호들.

　　서로를 향한 접근 : 그것들은 한 줄로 서 있다.

　　점차 그것들은 또한 동일한 특권을 갖게 된다.

　　그 다음에 그것들은 생존을 위한 전투를 위해 무장한다.

　　형식적 교육에 대한 절망 : 이것은 실습 학교로 몰아간다.

10　　이러한 교육은 시대 정신 안에 자신의 한계를 갖는다.

　　교육의 사치스런 의미.

　　추상적인 국민 선생 : 이것은 김나지움 선생에 대한 모방에서 생긴다.

15　8[67]

　　정서의 운동은 유비적으로 신체적인 운동에서 개시된다.

　　신체적 운동은 또다시 언어의 리듬과 역학에서 표현된다. 다른 한편 **울림**은 **내용**과 비슷하게 남는다.

20　8[68]

　　결투와 대조되는 신화적 특징 : 즉 이것은 개인의 이기심을 방해한다. 인간은 과거의 결과로서 고찰된다 : 그 안에서 과거는 경배된다.

　　헬라적 의지는 적나라한 이기심을 이 투쟁에서 보호하기 위해,

그리고 전체에 헌신하기 위해, 어떤 수단을 사용했는가? 신화적인 것.

예 : 아이스킬로스의 오레스테이아 그리고 정치적 결과들.

이러한 신화적 정신은 우선 과거를 개인적인 것으로 그려낸다. 즉 이렇게 해서 과거는 그 자체에 근거를 둔다.

이러한 신화적 정신은 이제 또한, 어떻게 예술가가 경쟁적이어도 좋은지를 설명해준다 : 그들의 이기심은, 그들이 스스로를 매개자로 느끼는 만큼 정화되었다 : 마치 목사가 자신의 신으로 등장할 때, 자만심을 갖지 않고 존재하듯이.

엠페도클레스는 연기를 잘하는 즉흥 시인이다 : 본능의 힘(테미스토클레스와 같이).

그리스 신화 안에서 개인의 교육은 매우 쉽다.

8[69]

강연 6. **사회의 필연성**, 따라서 우선 선생들의 공존 : 플라톤과 소피스트들. 문화에 대한 전도된 입장.

강연 7. 예술가는 교육의 **일상적인 것**과 **영속적인 것**을 강조한다. 그 목표는 충분히 높을 수 없으며, 그 수단은 충분히 단순할 수 없다 : 말하기, 가기, 보기. 새로운 예술과 연관해. 요구와 만족. 무엇을 읽어야 하며, 얼마나 적게 읽어야 하는가. 국민의 회복.

역사는 철학적 진리의 예시여야 하지만, 알레고리로서가 아니라, 신화로서.

8[70]

독일적.

너무 많은 선생과 학생들.

천재에 대한 염려.

지도력 없는 대학.

8[71]

"시적 형상들은 깨어 있는 자들의 꿈들이다. 바로 그것들의 *명료성enargeia* 때문에."

8[72]

언어의 발생 : 소리는 어떻게 **개념**과 연관되기에 이르렀는가? 언어의 발생사에서 예술적인 암호들 : 형상과 울림 : 울림은 형상으로 전이되는 데 이용되었다. 소리를 이용할 때 법칙성은 거대한 논리적 힘, 거대한 추상화의 힘을 드러내는가? 또는 그렇지 않은가? 추상적인 법칙도 근원적으로는 단지 **산 채 보여진 사물들**인가? 예를 들면 소유격?

8[73]

사랑Philia과 교육Paideia,

사포Sappho, 출발점 : 교육과 연관한 에로틱.

헬라적 삶, 예를 들면 *사랑Philia* 등에 대한 헬라 철학의 판단.

8[74]

강의 : 김나지움에서의 수업에 대하여.

8[75]

다년 간의 그리스어 과정의 설립.

A.　1. 그리스 문헌학의 백과 사전.

　　2. 그리스 언어.

　　3. 그리스 신화.

　　4. 리듬학.

　　5. 수사학.　　　　　　강의 노트 :

　　6. 호메로스.　　　　　　백과 사전에 대하여

　　7. 헤시오도스.　　　　　플라톤

　　8. 서정 시인.　　　　　　플라톤 이전의 철학자들.

　　9.《코에포렌》

　　10. 테오그니스Theognis.

　　11. 플라톤 이전의 철학자들.

　　12. 플라톤.

　　13. 소크라테스 이후의 학파들(플라톤주의는 예외로!).

　　14. 웅변가의 역사.

겨울 : 수사학과 호메로스.

즉 1873년 여름 학기 : 신화와 소크라테스 이후 학파들.

1873~74년 겨울 학기 : 그리스 언어.

8[76]

　　우리의 교육 기관들의 미래에 대하여.

　　천재와 국민. 교육과 삶의 곤궁.

　　고독.

질서정연하게 '줄 지어'.

지도자 없는 기관—대학.

김나지움-수업.

교사 연합.

여선생으로서 습관.

8[77]

비극의 탄생.

결투.

그리스 교육.

리듬학—수, 양.

그리스 철학자.

우리 교육기관들의 미래에 대하여.

8[78]

윤리학 역시 삶에 대한 의지의 *장치/ 수단mechane*이다 : 이러한 의지의 부정이 아니다.

8[79]

강의들 :

신화.	에르가.	호메로스.
리듬학.	플라톤.	헤시오도스.
소크라테스	플라톤 이전의	《코에포렌》
학파.	학파들.	서정시.

고대
웅변가들의
역사.

플라톤 이전의
철학자들.
수사학.
플라톤.
소크라테스 이후의
학파들.

5

8[80]

그리스인들.

10   결투.

봉헌하는 인격.

그리스적 교육.

에로스.

리듬학.

15   디오니소스.

언어의 발생.

신화학.

국가와 문화.

망명과 식민.

20   전이 :

문학적 세대의 발생.

철학과 삶.

8[81]

언어의 발생.

국가와 문화.

망명과 식민.

― ― ― 에 대한 혐오

말과 문자의 의미.

'문학적인 것'의 발생.

봉헌하는 인격성.

(개인 윤리학.]

소유. 결혼. 국가. 귀족 정치. 성인.

8[82]

I. 도입문. 독자는 **침착해야만** 한다

그는 바로 자기 자신을 그 가운데 개입시켜서는 안 된다

그는 일람표를 기대해서는 안 된다.

왜냐하면 우리의 교육은 단지 침착한 자, 희생적인 자,

지속적으로 기다릴 수 있는 자를 고려하기 때문이다.

대비되는 교육에 대한 묘사 : **조급함의 교육.**

이러한 교육의 목적과 근원.

II. 현재의 '역사적' 의미.

III. 질서정연하게 줄지어 선 행진.

8[83]

　　　그것은 이제 어쨌든 시장에 내맡겨졌기 때문에, 그리고 모든 사
람은 그것을―저자가 분노하도록―소유했다고 여기고 평가할 수 있
기 때문에, 이제 나는 아리스토텔레스와 더불어 이 저작에 대하여 말
할 수 있기를 원해야만 한다 : 그 저작은 출판되었다지만, 또다시 출
판되지 않았다 : 그 때문에 나는 성실함을 다해 많은 독자들을 놀라
게 하고, 그것에서 쫓아내고, 소수의 독자들을 끌어당기는 것을, 도
입문인 다음 장의 목적으로 특징지웠다. 따라서 그대 다수의 사람들
이여, 이것을 들으라! 나는 세속적인 대중을 싫어하고 멀리한다Odi
profanum vulgus et arceo. 책을 던져버려라! 그 책은 너희들을 위한
것이 아니며, 너희들은 그 책을 위해 존재하지 않는다. 잘 살아라!

8[84]

　　교육과 교육 학교에 대하여 국민에게 말한, 어떤 진지한 저술가
는, 대체로 멀리까지 미치는 무제한적인 영향을 기대했고, 이러한 영
향 때문에 다시금 마찬가지로 무제한적인 것으로 자신을 상실하는
독자층을 기대했다. 그러나 이 책의 경우엔 사정이 달랐고, 이 안에
서는 처음부터 교육 문제를 묘사하는 고유한 특징이 드러났다. 왜냐
하면 그것이 그러한 영속적이고, 폭넓은 영향을 놓치지 않으려면, 그
것은 바로 소수의 독자를 필요로 하고, 특히 드물고 당장 더 자세히
서술해야 하는 방식의 독자를 필요로 하기 때문이다. 반면에 정독되
지 않은 피상성이 이 책을 더 많이 점령할수록, 작자는 좀 더 신중하
게 스스로에게 충고하는 것을 느끼기 원하는 것이다 : 뿐만 아니라
그는 진지하게 자신이 사전에 주의를 기울이지 않았던 것에 대해 후
회할 것이다 : 즉 이것을 겨냥한 점은 바로 이 책에 대한 피상성에서
거리를 두는 것이고, 그의 영향은 단지 앞으로 서술해야 할 방식을
훌륭하고 고귀한 독자에게 개인적으로 전달하는 것에 달려 있다고
생각할 것이다.

8[85]

우리의 교육 기관들의

미래에 대한

사상.

바젤 대학 정교수

박사 프리드리히 니체.

8[86]

강의 VI.과 VII. 예술가(문학자)와 철학자의 대비.

예술가는 기형화되었다. 투쟁.

학생들은 문학자들의 편에 서 있다.

8[87]

I.   재미있으면서, 결론에서는 흥분되는. *확실한 학업의 실행 melete de toi*—너 자신을 알라*gnothi sauton*.

II. 고전적 수업의 토대로서 독일 수업.

III. 너무 많은 선생과 학생들. 천재. 많은 나쁜 사람들*oi pleistoi kakoi*. 따라서 고대 정신의 영향의 쇠약화. 따라서 쇠약화된 문화와 국가의 연합. 중대한 궤도 이탈.

IV. 실습 학교. *아무것도 지나치게 하지 말라meden agan*. 기존의 것에 대한 공격.

V.   대학. *가장 좋은 중용metron ariston*.

VI. 기형화된 교육인과 그의 희망들. *적절한 때를 알라kairon gnothi*. 성급하고, 역사적이며 순간적으로 적극적이며, 성숙하지 못한 것. 신문.

VII. 미래적 학교. 너에게 보증하건대, 해악이 가까이 있다*eggue, para data*.

8[88]

인류에 대한 미학적 교육.

8[89]

　그 철학자는 최후에는 선 채로 아래를 바라보며, 오각의 성형(星形)에서 말했다. 이제 아래 숲속에 밝은 광채가 빛났다. 우리는 그를 마중한다. 인사. 그 사이에 학생들은 장작더미를 세웠다. 처음엔 단지 개인적인 대화뿐. "왜 그렇게 늦었는가?" 곧바로 획득된 승리―이야기. 그 철학자는 우수에 찼다 : 그는 이러한 승리를 믿지 않았으며, 그가 동의해야만 하는 타자에게 하나의 강요를 전제했다. 그렇지만 우리의 경우 여기에는 아무런 착각도 존재하지 않는가? 그는 그들의 젊은이다운 합일을 기억했다. 그 타자는 자신을 개종자로, 사실주의자로 밝혔다. 점점 더 커지는 철학자의 실망. 학생들은 그 타자와 이야기하기 위해 그를 불타는 장작 주위로 데려왔다. 그는 지금의 독일적 정신에 대하여 말했다. (대중화, 언론, 자립성, 줄 서기, 역사적, 후세를 위한 노동(성숙하지 못함), 성과로서 독일 학자. 자연 과학.)

　"당신은 거짓말하고 있다"라는 철학자의 강력한 화답. 독일적인 것과 불량한 독일적인 것의 차이. 성급함, 비성숙, 언론인, 교양 강좌들, 사회가 아님, 자연 과학에 대한 희망. 역사의 의미. 경멸적인 승리 의식―우리는 승리자이며, 모든 교육은 우리에게 봉사하며, 모든 민족적 흥분은 우리에게 봉사한다(슈트라스부르크 대학). 실러-괴테-시대에 대한 경멸.

　이와 같이 위대한 민족적 흥분을 착취하는 것을 항의함 : 그 어떤 새로운 대학도 존재하지 않는다. 그러나 이러한 정신이 더 많이 전파될 수록, 그리고 침범하는 야만성이 더 많이 전파될 수록, 좀더 확실히 가장 힘센 자연들은 제거되고, 합일로 강요된다. 이러한 합일의 미래에 대한 묘사. 무거운 한숨 : 출발점은 어디에서? 희망의 씨

앗에 대한 우회적 묘사. 장작은 무너졌다. 그가 외쳤다 : 이러한 소망
들 만세. 한밤중의 종소리.

대답 : 이러한 소망들에 저주 있기를.

학생들이 경멸하며 떠나간다, 비방자는 경멸자들과 같이 사라
진다 pereat diabolus atque irrisores.

옛 친구에 대한 비통한 포기.

8[90]

사회 문제들에 대한 다가오는 문화의 입장. 세계에 대한 상이한
고찰. 쇼펜하우어적 정신에 대한 서술. 예술의 새로운 입장. 학문의
새로운 입장. 선생과 그의 과제―고대 소피스트들과 플라톤.―실러
와 괴테의 과제의 지속―우리를 위해서는 아무것도 아님.―왕관을
던져버림.―(실러는 그것을 피에스코의 도덕이라고 특징지웠다 :
만약 우리 중 누구라도 조국의 최선을 위해 자신이 획득할수 있는 그
러한 왕관을 던져버리기를 배운다면―단지 조국의 국가뿐 아니라,
조국의 왕관을!!) 전쟁의 미래, 천재를 위한 작용, 나쁜 문화는 분쇄
된다.―선한 인간들은 하나의 더 진지한 발판을 필요로 한다.

8[91]

서론.

현재 교육의 전형적인 특징들.

삶의 곤궁을 위한 시설들.

김나지움.

너무 많은 선생.

대학.

슈트라스부르크에서 새로운 설립.

전쟁의 세대, 이렇게 애국적으로 흥분해서 더 **좋은** 해방에 대한 의무감을 생각하는 것.

8[92]

A. 교육이란 무엇인가?

교육의 목적.

그의 가장 고귀한 동시대인에 대한 이해와 장려.

변화하는 것과 다가오는 것에 대한 준비.

교육은 단지 교육의 대상과 관계할 수 있다.

지성적 특성이 목적이 아님.

교육의 과제 : 그의 국민 또는 인간의 가장 고귀한 경향들 안에서 **살고, 작용하는 것**.

따라서 단지 수용하고 배우는 것뿐 아니라, 사는 것.

그의 시대와 국민을 비뚤어진 길에서 해방시키는 것, 그의 이상상을 염두에 두는 것.

역사의 목적은 이러한 상을 확고히 하는 것.

철학과 예술 : 이것들의 한 수단은 역사이다.

최고의 정신을 영속화시키는 것 : 교육은 가장 고귀한 정신의 불멸성이다.

곤궁함과의 엄청난 싸움―순화하는 힘으로서 교육.

이것에서 **창조적**으로 이해하기.

인간에 대한 판단은 또한 교육에 달려 있다.

올바르게 존재하고, 모든 위대한 자와의 관계 안으로 자신을 실제적으로 정립하는 것이 교양인의 과제이다.

교육은 위대한 목적을 지닌 위대한 정신들이란 의미에서의 삶이다.

출발점 : 교양인의 입장과 교양인이 아닌 학자들의 입장에서 괴테에 대한 고찰.

또는

쇼펜하우어.

위대한 것과 열매를 주는 것에 대한 이해.

모든 인간에게서 선과 위대함을 인정하는 것, 그리고 모든 반과 허약함에 대한 증오.

성좌들 아래에서 사는 것 : **전도된 명예** : 이 명예는 후세의 가장 고귀한 느낌 안에서 계속 살아가는 것에 놓여 있다 : 교육은 태고의 가장 고귀한 느낌으로 계속 살아가는 데 있다. 위대함과 선함의 불멸성.

인간과 교육의 덧없음. 인간 자체에 대한 가장 중요한 요구는, 후세대들의 전체 흐름과의 관계에서 파생된다.

8[93]

I. 현재 교육의 특징.

1) 성급함과 비-성숙함.

2) 역사적인 것, 살기를 원치 않는 것, 결코 태어나지 않은 현재를 믿는 것. 베끼기. 문학사.

3) 종이 세계. 무의미한 글쓰기와 읽기.

4) 질서정연하게 줄서기. 천재에 대한 혐오.

  '사회적' 인간.—사회주의.

5) 통용되는 인간.

6) 전문적 학자. 더 낮게 사는 것일 뿐, 더 이상 인식하는 것은 아니다.

7) 진지한 철학의 결핍.

8) 예술의 위축. '제국 의회의 교육.'

9) '독일인'에 대한 새로운 개념.

II. 이러한 교육의 영향하의 학생들.

III. 부족한 것은, 우선적으로 일상적인 습관을 통해 길러지는 교육.

  모든 교육의 이국적 특징들(예. 체조).

  교육의 지도와 법정이 부족하다.

  예술적인 압도가 부족하다.

  사회주의로부터의 유일한 구원인 진지한 세계 고찰.

  새로운 교육이 필요하지, 새로운 대학이 필요한 것은 아니다.

  슈트라스부르크.

  진정한 독일적 정신의 부흥.

IV. 수년 간의 교육적 조합의 소집에 대한 제안, 그것이 고유한 수단에서든 또는 한 국가가 충분히 통찰력이 있어야 한다는 사실에서든. 이것들은 어떤 **보고**든 해서는 안 되며, 오히려 자기 스

스로를 우선 서로 배우고 서로 강화시켜야 한다.

더 나은 급료로는 우선 아무것도 만들어지지 않는다 : 대체로
모든 것은 미봉적인 채 남는다.

음악을 통한 교육.

8[94]

쇼펜하우어.

바그너.

괴테.

실러.

루터.

베토벤.

8[95]

고대인들에게 날조된 열광주의는

1) 틀린 것을 향하고 있다

2) 반복되는 열광주의.

3) 현대적인 감정들로 전이되다.

8[96]

읽기책 안으로.

바그너 : 베토벤.

괴테 : 슈타인바흐의 어빈Erwin von Steinbach.

바그너 : 독일 젊은이.

적용할 것 : 에커만.

8[97]

위대함을 미리 살기 위해, 그것을 따라 사는 것.

모든 것 중에서 중요한 것은, 위대한 것을 올바로 가르치는 것이다.

그 안에 교육이 놓여 있다.

이것이 우리 시대를 젤 수 있는 척도이다.

8[98]

위대한 빛을 모든 사람에게 나누어주기 위해 그의 고유한 느낌을 공간과 시간 안에 펼치는 것. 이것이 최고의 행복론이다.

고귀함이 가능한가?

지성적 특징은 불변적이다 : 그러나 이것은 실천적으로는 전적으로 중요치 않은 것이다. 왜냐하면 이러한 개체의 본원적 고유성을 우리는 결코 파악할 수 없기 때문이다 : 그 중간에 넣어진 표상들의 다수가 비로소 이러한 고유성을 선과 악으로 채색한다. 그러나 표상의 세계는 매우 규정적이어야 한다. 가장 중요한 것은 습관.

목적이 점차 고양됨으로써 고귀해짐.

8[99]

영원한 개체를 전적으로 격리된 어떤 것으로 받아들이는 것은 심한 오류이다. 그것의 영향은 마치 그것이 무한한 종족들의 결과인 것처럼 영원하다.

교육은 모든 종족의 가장 고귀한 순간을 마치 그 안에서 사람들이 계속해서 살 수 있는 연속체처럼 형성하는 것이다.

각각의 개체를 위해서 교육은, 인식과 가장 고귀한 사상의 연속체를 가지며 그 안에서 계속해서 살아간다.

5 교육의 한 등급(모든 공동적인 사랑과 헌신의 행위).

사랑의 이러한 느낌은, 최고의 인식 안에서 그리고 예술가에게서도 불타오른다.

명예.

10 8[100]

6세기.

호메로스의 질문.

호메로스를 위한 역사적 증언들.

서정시와 비극.

15 리듬학.

8[101]

I 도입문. 일반적인 것.

II. 김나지움, 독일적 수업, 고전적.

20 III. 너무 많이 배우는 자들과 그 이유.

IV. 다른 기관에 끼치는 여파.

V. 대학 : 학문과 교육.

VI. 제안들과 결론.

8[102]

김나지움들을 실습학교로 이끌다.

전문학교들 안의 대학.

공동체의 문제로서 초등학교.

철학과를 나누어야 한다.

8[103]

최후에서 두 번째 장면 : 어떻게 개인은 교육되어야 하는가. 은둔자 정신. 투쟁. 한 이야기. 어떻게 홀로 가능한가?

두 전문가.

미래 기관들이 예견하는 것으로서 마지막 장면. "불꽃은 연기에서 스스로를 정화한다." 비방자는 경멸자들과 같이 사라진다Pereat diabolus atque irrisores.

8[104]

고대 정신에 가까이 가는 것의 불가능성.

독일적 강연들.

독일 교육과의 연관성.

경향의 전도. 자연과학. 실재. 고등학교 졸업시험.

선생.

예술에서 소외 .

김나지움의 교육에 대한 어떠한 직무도 수립되지 않았다.

그 기획은 훨씬 더 긴 교육 기간을 위해 존재한다.

너무나도 많다.

"현재에 반대하고, 독일적 본질을 갱신하기 위한 투쟁의 작업장".

고대인들은 학자를 교육하고, 근대인들은 저널리스트들을 교육한다(즉 그들의 교육으로 살기를 원하는 사람들을).

8[105]

김나지움의 착오.

1) 김나지움의 진정한 목적은 실습학교이다. 지금의 김나지움의 결과.

2) 초등학교들—선생. 지금의 김나지움의 목적의 착오.

3) 대학—국가와 직업에 굴복.

4) 희망.

8[106]

기관들이 확고하다는 사실에 대한 불신 —

도처에서 표면상의 경향과 실제의 모순. 김나지움에서 증명할 것(다른 것들을 위해 최고로 규정적으로). 김나지움의 결과에 대한 고찰(고대 정신, 교육, 독일적 노동. 예술에서 소외됨. 선생과 그의 준비).

학자적 방법—학교들, 의자들 등. 예술에서 소외됨. 고전적 교육. 선생.

국가의 노예 근성. 모든 경향이 단지 그럴듯하게 보이는 것처럼, 김나지움은 국가의 노예 근성으로 빠져들었다.

시험들.—학자 또는 언론인들.

진정한 목적—현재와 투쟁을 위한 병기창.

8[107]

    I '김나지움들'의 압도적 힘, 교육 과제의 황폐화, 지식인층의
    심판관으로서 '국민', 실습학교의 과제—삶을 위한 투쟁을
    준비하기 위하여.

    II 선생의 황폐화. 초등학교에 끼치는 영향, 추상적 교육.

    III 국가를 통한 일반적 교육의 착취.

    IV 희망들.

8[108]

우리는 이미 우리에게 대학의 본질에 대해 가르치는 백발 철학
자가 하는 연설의 후반부에서 불안을 느꼈고, 우리는 매순간 그의 연
설이 갑작스럽게 중단되는 것을 — — —

8[109]

당신들은 올해 5월 특별한 축제적 분위기 속에 바이로이트에
기념 극장을 위한 초석이 놓였다는 소식을 들었다. 우리는 이 사건을
당신들이 해석하기를 원한다. 우리에게 중요한 것은, 당신들이 그 같
은 것을 새 극장 하나 건립하는 것과 혼동하지 않는 것이다 : 어쨌든
당신들은 이 사건이 단지 소수의 인간, 겨우 정당partei 하나 또는 특
별한 음악적 취향을 가진 인간과 관계한다는 것을 믿지 않는다 : 결
국 당신들은 그 안에서 순수하게 민족적인 이념의 영광과 같은 것을
보지 못한다. 우리는 당신들에게 예술 사건을, 말하자면 당신들의 마
음속에 새겨져 있는 고귀함과 순수한 보전이라는 극적 예술의 입장
에서 해석하려고 한다. 서명자를 한번 믿어보라. 그들 안에서 당신들

은, 그들이 예술에 대하여 고귀하고 품위 있게 생각한다는 사실을 진지하게 언급하는 감정을 존중하게 될 것이다. 한 정당의 입장에 대한 표명이 아니며, 바그너의 말을 우리의 프로그램에 쓰지 않지만, 바그너의 작품에서 어떤 사상이 지배적인지 파악했다. 우리는 바그너주의자들의 경향을 파악하지만, 그것보다 더 나아간 것을 원한다.

8[110]

베를린	
라이프치히	
드레스덴	약 11주 동안, 매주 2회 강연.
뮌헨	
뉘른베르크	
바이로이트	
칼스루에, 만하임	
빈	
페스트	
바이마르.	

8[111]

초석. 신봉자들은 그 아래에서 열심이다. 여기서 다루어지는 것이 한 정당이나 또는 특별한 음악적 취향이라고 믿는 것보다 더 비난해야 할 것은 없다.

전적으로 새로운 어떤 것에 대하여.

드라마의 모든 친구를 위해 새롭고, 전례없는.

눈에 띠는 것은 : 진지함

예술적 완성

오페라의 순화를 위한 희망들.

국민은 가장 고귀한 것을 원하지만, 반면 어떤 것을 상실해야만
하는 사람들은 반대이다.

모든 예술적 친구가 참여하는 것이 원하는 바이다.

모두에게, 베토벤과 바그너의 음악에 힘입은 순수하고 진지한
요소들을 기억하게 할 것.

그 영향은 독일을 넘어서서 퍼져간다.

8[112]

극적 예술의 모든 친구들을 부름.

1874년 여름에.

그해 5월에 기념 극장을 위한 초석이 바이로이트에 놓였다.

8[113]

교육 기관과 그 성과.

문화를 감독하는 **관청**이 부족하다. 괴테조차도 영원히 홀로 서
있었다. 이렇게 한 그룹이 대학에서, 다른 그룹은 김나지움에서 해방
될 수 있었다. 고전적인 것에 대한 훈육과 대립되는 것으로서, 실제
적인 것에 대한 숭배 : 그렇지만 실제적인 것은 점차 속물들과 저지
(底地)독일인들 속으로 퍼져나갔다(가장 큰 공통점은 당연히 저속
한 사투리이다).

기형화된 김나지움 학생으로서 구츠코프.

탈주한 학생으로서 젊은 독일.

율리안 슈미트Julian Schmidt, 프라이타크Freytag, 아우어바흐 Auerbach. 아름다움과 숭고함의 정언적 세계에 대한 반대 : 회화에 대한 사진의 항의. '소설'. 그때 그 안에서 독일인의 낭만적 숭배의 영향 : 그러나 잘못되고 비이상적인.

몸젠Mommsen(키케로). 정치적인 일간지와 연결된 학자 정신.

얀Jahn과 그렌츠보텐Grenzboten ―

디스터베크Diesterweg와 추상적 선생.

(내 대화를 예술적으로 변형할 것.)

8[114]

독일 교육 기관들의 미래.

리듬학. (예술에서 그리스적인 것과 독일적인 것.]

헤시오도스와 호메로스(시인).

플라톤(철학자).

바이로이트의 연극 축제 공연. 두 가지 견해.

8[115]

소유, 결혼, 귀족 정치, 국가, 스스로 포기하는 개체. (성인, 이제 새롭게 신성하게 하는 것.]

―개체적인-윤리학! 지속하는 인격성. 아폴론. 그리스인-국가. 로마인.

기독교 정신은 노예에 대하여, 결혼과 국가에 대한 혐오와 같은 감정을 갖는다. 전적으로 상이한 것은 해방이다.

8[116]

우리 교육-기관들의
미래에 대하여

바젤 학술원의 위탁에 의한
여섯 가지 공개 강연들.
프리드리히 니체 박사에 의해.

8[117]

다섯 가지 씌어지지 않은 책들에 대한 다섯 가지 불필요한 머리말들.
우리 교육 기관들의 미래에 대하여.
명예에 대하여.
결투에 대하여.
독일 문화에 대한 쇼펜하우어 철학의 관계에 대하여.
그리스 국가에 대하여.

8[118]

또한 도입문, 존경〈하는〉 청자(聽者)도 인쇄되었다. 이로써 전체는 책다운 것은 전혀 없다. 단지 기억. 모든 것은 개인적인 것을 기억해야 한다.

8[119]

벨은 다윈을 인용했다
흥분의 표현에 대하여(언어의 발생사에 대하여!)

8[120]

코〈지마〉바그너 여사에게서 태어난 작곡가 리〈스트〉L〈iszt〉에게 이 책을 바칠 것.

8[121]

[9 = U I 4 a. 1871년]

5 9[1]

오페라와 그리스 비극.

9[2]

음악에서
비극의 탄생.

리하르트 바그너의
머리말과 함께.
프리드리히 니체.

9[3]

음악의 정신
에서
비극의 탄생.

프리드리히 니체
바젤 대학 고전문헌학 교수.

9[4]

　　카타니아의 주(主) 성문 앞에는, 늙고 귀품 있는 두 부인 코리
나와 그녀의 딸 레스비아의 소유인 산장이 하나 있다. 이제 막 봄날
아침이 밝았다 : 그때 산장의 문이 열리고, '레오니다스'라는 이름을
5　부르는 희미한 소리가 들렸다. 문이 완전히 열리고 카르미데스가 나
오는 순간 담장을 돌아서 한 늙은 하인이 왔다. 카〈르미데스〉. 당신은
어디에 있었소? 나는 당신과 교대하려고 왔소. 당신의 근무 시간은
이미 지나갔소. 레〈오니다스〉. 만약 아직 피곤하거든, 더 주무시오. 나
는 더 이상 잘 수가 없어요. 흔치 않은 밤이었다. 나는 그때 집 근처
10　작은 구릉에 있었고, 에트나를 바라보았다. 거기에서 무시무시한 불
신호가 있었고, 동시에 밤 연기 자욱한 봄바람이 불어왔는데, 그 바
람은 마치 스스로 두려움에 차 자신의 무게에 떨듯이 스쳐갔다. 여기
집 근처에는 마치 바람이 무거운 짐을 팽개치듯이, 신음하며 도망치
듯 불었다. 카〈르미데스〉. 그리고 이제 레오니다스, 나는 당신보다 젊
15　으며, 유령을 보는 사람이 아니오. 내가 잠들지 않도록 해주시오, 그
리고 결국에는, 나는 그렇게 믿는데, 이 집에 있는 누구도 잘 수 없을
거요. 그러나 우리 다른 사람들은—'우리'라고 한 것을 용서하기를
—이미 낮과, 가장 화려한 꿈보다도 더 아름다운 낮의 기쁨에 대한
열망으로 고통받고 있소 : 그리고 당신, 우리 노예들 또한 오늘 우리
20　들의 온화한 여주인이 무엇을 기대하는지 알고 있소. 나는 오늘 우리
가 방면되리란 것을 의심하지 않소 : 그리고 우리는 모든 자유인과
같이 비극을 바라보고 밤의 축제를 함께 즐길 것이오. 레〈오니다스〉.
아, 이러한 기쁜 날은 우리 노인들에겐 단지 하나의 발작이며, 이것
으로 우리는 고통을 극복하는 것이오. 나는 어릴 때 신성한 코린트에

서 이주해왔소 : 그리고 가끔 나는 아직도 내가 그러한 아이인 것을 꿈꾸며, 우리가 배에 올라타서 가장 뜨거운 눈물을 흘리며 그 도시를 축복하고, 우리의 운명을 저주하는 것을 보곤 하오. 당신은 비교할 수 없을 거요 : 당신에게 말하는데, 비록 나는 노예이지만, 이곳에는 모든 것이 야만화되었다는 것을 알고 있소―나 그리고 나에겐 모든 헬라적인 것의 총체인 우리의 여주인을 예외로 한다면. 다른 사람들은 헤매고 있으며, 그들의 태생을 모독하고 있소 ; 그렇소. 우리 자신조차도 오류 속으로 들어서며, 단지 이날에만 우리는, 그 안에서 다시 한번 그리스인이 되기 위해, 잃어버린 것에 대한 우리의 열망이 충분히 강렬해지곤 하는 것이오. 카〈르미데스〉. 멈추시오! 멈추시오! 저기서 무언가가 기어오고 있소! 그것은 그녀들 두 부인이오. 그리고 한 남자는 어떻게 변장했는가! 집 안으로 들어오시오.

파우사니아스, 그 옆에 그의 노예가 꽃들과 화환으로 덮여 있다. 저기! 두더지 두 마리가 벌써 구멍으로 다시 들어갔소. 눈먼 국민들! 나를 인식할 수 없기를! 그렇지만 이것은 내 발걸음이며, 내 모습이오. 꽃의 산이 그것을 놀라게 하고 있소. 이보시오! (조용히 문을 두드린다.)

9[5]

[……] 그러나 이제 오페라는 가장 분명한 기록에 따르면, 청자의 요구에 따라서 말을 이해하기 시작했다. 오페라가 발생한 이탈리아 16세기의 마지막 3분의 1 시기에 이 운동이 시작되었을 때, 사람들은 피렌체에서 열린 좋은 모임에서, 특히 바르디 다 베르니오 백작의 집에서, 음악이 재생할 수 있는 것에 대한 규칙적이고 활발한 논

의의 결론에서, "새로운 음악은 말을 표현하는 데 큰 결함이 있으며, 이러한 결함을 제거하기 위해 칸틸레네나 노래 방식에 대한 어떤 방법을 추구해야 한다. 이때 텍스트의 말들은 이해되지 않아서는 안 되며, 또한 시구도 파괴되어서는 안 된다"는 사실에 대하여 동감했다. 예를 들어 바르디 백작은 카치니에게 보낸 편지에서, 영혼이 육체보다 훨씬 고귀하듯이, 말들 또한 대위법보다 훨씬 고귀하다고 말했다. "만약 당신들이 공공 장소에서 하인이 자신의 주인을 호위하면서 그 주인에게 명령을 내리는 것을 본다면, 또는 어떤 아이가 그의 아버지나 선생님에게 경고하려는 것을 본다면, 그것은 우습게 보이지 않겠는가?"(Doni, Tom. II, 233쪽 이하.) 마찬가지로 비전문가적이고 비음악적인 전제에서 음악과 시를 연결하려는 문제가 피렌체 귀족 자코포 코르시Jacopo Corsi의 집에서 다루어졌는데, 이제 여기서 후원된 시인과 가수들도 같은 전제로 실험에 참석했다. 오페라 서두의 자기 만족적인 문학에서 지속적으로 반복되는 것은, **노래가 말들을 모방해야 한다**는 점이다 : 왜냐하면 이것이야말로 사람들이 가수를 정확히 이해해야만 한다는 요구의 가장 우선적인 결과이기 때문이다. 사람들은 이러한 최초의 실험자들 중 한 명인 가수 페리J. Peri의 찬사를 들었다(1608년 만투아에서 리누치니D. Rinuccini의 공연에 대한 보고문의 머리말에서) : "나는 이렇게 예술적으로 노래하면서 낭음하고recitieren 찬미하는 것에 지치지 않을 것이다"(음악에 대하여, E. O. Lindner, 24쪽). 또한 이러한 첫번째 오페라가 지닌 무대 장치 기술에 대한 표상을 주기 위해, 나는 에리트라우스Nic. Erythraeus의 또다른 곳을 선택했다(위의 책, 21쪽) : " ― ― ―

이렇게 완전히 피상적이고 예배에 맞지 않는 오페라 음악이 그때부터 열광적인 총애를 받으며, 마치 모든 진정한 음악이 재생한 것처럼 받아들여져 보호되며, 이러한 것에서 지금 막, 형언할 수 없이 성스럽고 근본적으로는 유일한 고전적 음악인 조스캥 데 프레 Josquin Des Prez와 팔레스트리나Palestrina의 음악이 생겨났다는 것이 믿어지는가? 그리고 다른 한편으로 누가 격렬하게 퍼져나가는 오페라에 빠지는 것을 단지 피렌체 학파의 오락광적인 뻔뻔함과, 드라마 가수의 공허함의 책임으로 돌리려 하겠는가? 전(全) 기독교적 중세에 건축되었던 팔레스트리나적인 조화를 지닌 둥근 천장 건축물과 동시대 동일한 욕망 안에서, 반쯤은 음악적인 말투에 대해 격정이 일어난다는 사실에 대하여, 나는 단지 곧 서술할 레치타티브의 본질에서 설명하려 한다.(……)

9[6]

놀라운 사실은, 문화의 발전에 감동받지 않고, 변하지 않는 여성.
이미 호메로스에게서 보여지는 언론 자유의 결함. 가부장적인 고귀함은 각 시대마다, 남성이 아니라 여성에 집중된다. 집안에서 남성은 여성에게 복종한다.

9[7]

아이스킬로스 비극을 보는 관객은 미학적 인간이 아닌 전체적 인간으로서 무의식적으로 관조적이 된다.
이제 영웅은 어떻게 말해야만 하는가? 그런데 그 영웅은 환상인가? 아이스킬로스의 경우 영웅은 침묵한다 : 그러고 나서 매우 많은 단어들을 말한다.

서사적인 것과 대립되는 비극적인 즉흥 시인. 그는 합창단에 비해 여전히 영웅이어야 하지만 음악의 이상주의를 갖지 않는다 : 따라서 그는 가장 의미심장한 단어를 사용한다 : 오로지 사상의 이상주의로 (즉 숭고한 인간으로서) 그는 합창단을 능가한다. 대담한 사상이 언어를 강요한다. (그 반대가 아님.)

반대 성향들 : 특징적인 것.

9[8]

추가.

고대 서정 시인 핀다르와 시모니데스는 개인적으로 흥분하지 않는 비병리학적인 서정 시인.

한슬리크는 내용을 발견하지 못했고, 오로지 형식이 존재할 뿐이라고 생각했다.

안O. Jahn : 미학적으로 거짓된 계몽 정신을 해석하려고, 그러면서 동시에 그리스 세계를 반이나마 파악하려고 애썼다. 그는 멘델스존의 엘리아스와 로엔그린의 사이에서 잘못 될 수 있는 자이다!

9[9]

합창단이 입장하면서 장면과 행동이 설명되기 시작한다. 단지 합창단이 열광적이고 디오니소스적인 군중의 단순한 대변자인 한, 그리고 모든 관객이 스스로를 오로지 합창단과 합일시키는 한, 그리스 극장에는 관객의 세계가 존재한다. '이상적인 관객'이라는 슐레겔의 단어는 여기서 우리에게 심오한 의미로 이해되어야 한다. 합창단이 이상화된 관객인 한 그는 유일한 **관람자**로 환상적인 장면의 세계를 관람한다. 그는 이러한 세계를 **창조한** 유일한 **자**이다 : 미학적-비판적인 군중에 대한 우리의 척도를 그리스 극장에 연결시키는 것보다 더한 오류는 없다. 디오니소스적 현상이 태어나는 영원한 자궁으로서 디오니소스적인 국민 대중,─그리고 여기서 영원히 과실을 맺지 못하는 것으로서 ; 이것은 모순이다. 실러가 합창단을 비극의 가장 중요한 시적 요소로 다룬 것은 아주 옳다 : 그리고 아리스토텔레스가 합창단을 에우리피데스적이고-피상적으로 이용한 것이 우리를 혼란스럽게 해서는 안된다.

대립적인 의미에서 근대의 관객은 오페라의 창작자이다 : 예술적으로 무능한 인간은 바로 자신이 비예술적 인간이라는 사실로 일종의 예술을 자신에게 강요한다. 그는 이것을 느끼기 때문에, 자기 자신 앞에서의 예술적 인간에 대한 표상을 마술로 만들어낸다. 그리고 그는 어떤 환상도 볼 수 없기 때문에 기계 기술자와 무대 장식가들을 자신의 업무 속으로 옭아매며, 음악의 디오니소스적 깊이를 파악하지 못하기 때문에 음악적 향유를 노래 기술의 만족으로, 격정의 합리적인 수사학으로 비천하게 낮추는 것이다. 레치타티브와 아리아는 그의 창조물이다. 사람들은 이러한 결과들을 약화시키지 않으려고 노력한다 : 또한 오페라의 최고의 업적 안에서도 근대적 인간은 요구하는 자와 산출하는 자의 입장에 머문다. 우리의 최고의 예술가들은 이러한 근대 예술의 근원적 사실을 하나의 새로운 형식으로 옭아매는 능력만을 갖고 있는 것이다 : 그리고 **바그너**의 경우, 끝없이 높은 이러한 사실에서 일종의 형이상학이 생긴다.

이러한 의미에서 오페라는 근대 인간의 유일하고 완전한 형식이다 : 놀라운 것은, 그가 모든 약점과 장점을 그 형식 위에다 벗어버린다는 점이다! 이 형식은 근대 인간을 유일하게 제대로 파악하는 형식이다. 그가 예술적 교양에서 나온 모든 것을 다시 오페라에 쌓아올리고, 오페라를 자신의 예술적 경험들을 빨아들이는 기관으로 만든다.

바그너의 경우 오페라는 곧바로 사실적이고 비예술적인 세계에 반하는, 예술적 세계의 감성화가 된다.

9[10]

디오니소스적인 것과 아폴론적인 것의 관계의 완전한 **전도**. 아폴론적인 것은 우리가 이해하기 어려운 것이다. 우리는 형상을 신화로 해석해야만 한다. 오페라의 초기, 그 근원에서 사람들은 마찬가지로 디오니소스적인 것에 대하여 별로 알지 못했다. 우선 두 요소는 전혀 존재하지 않았다. 첫째로 루터에게서, 그러고 나서 다시 독일 음악에서 등장한 게르만적 재능은 우리가 다시 디오니소스적인 것을 신뢰하도록 만들었다 : 그것은 매우 압도적이며, 또한 디오니소스적인 것의 지혜는 우리가 신뢰하는 형식이다. 우리는 아폴론적인 것의 도움으로 소박한 것에 결코 이를 수 없다. 그러나 우리는 충분히 그 세계를 순수하게 디오니소스적으로 해석할 수 있으며, 음악을 통해 현상세계를 해석할 수 있다. 이렇게 우리는 최소한 예술적인 세계 고찰, 즉 신화를 다시 얻게 된다. 그때 우리가 주목할 것은, 로만어로 된 비예술적인 인간의 형식인 오페라가 어떻게 게르만적 성향을 통해 무한히 심화되고 **예술로 고양**되었는가 하는 점이다.

기쁨에 관한 실러의 노래는 이때 비로소 자신의 심오하고 진정한 예술 배경을 얻는다. 우리는, 시인이 자신의 게르만적이고 심오한 디오니소스적 감동을 형상 안에서 어떻게 스스로 해석하려고 하는

지를 본다 : 즉 어떻게 그가, 근대적 인간으로서, 그저 서툴게 더듬거리는 것만을 아는지를 해석하려고 하는 것. 만약 이제 베토벤이 우리에게 본래 실러적인 토대를 공연한다면, 우리는 무한히—높은 것과 완전한 것을 갖는다.

5   바그너의 텍스트와 음악의 관계도 비슷하다.─텍스트가 여전히 음악에 결정적인 영향을 끼친다는 사실은 단지 오페라 경향의 여파일 뿐이다 : 본래 게르만적인 것은 음악과 드라마의 평행주의이다. 즉 나는, 우리가 음악과 **모방극**을 다시 올바르고 만족스럽게 파악할 거라고 감히 주장한다. 무대의 가수는 곤란한 분규를 야기시킨다. 이

10   론적으로 바그너는 완전히 거기에 이른 것처럼 보인다. 그는 모든 가치를 행위, 즉 **모방극의 그-자체로-이해될 만한 것**에 두었다. 이해되지 않는 텍스트는 하나의 거대한 난점이다 : 극적 가수의 이러한 요구는 그 자체로 비자연적인 것이다 : 나는 가수를 오케스트라 안으로 옮기고, 이로써 그 장면을 정화시킨다.

15   바그너는 가수를 위해 무척 노력을 기울였다 : 그 가수에게 자연스러운 위치를 주기 위하여, 그는 언어적 멜로디와 원 시구로 되돌아갔다. 여기서 그는 오페라의 경향을 거인적인 힘으로 바꾸고자 노력했다. 다시 말해 그는 음악을 거의 내동댕이쳤다 : 이러한 놀라운 지점에서. 드라마, 그것은 언어를 필요로 한다 : 오케스트라는 인간

20   의 음성을 모방하는 것이다. 나는 우리들이 가수 자체를 지워버려야만 한다고 생각한다. 드라마 가수는 무의미하기 때문이다. 아니면 가수를 오케스트라 안에 넣어야 한다. 그러나 그는 음악을 더 이상 변경시켜서는 안 되며, **합창단**으로 기능해야만 한다, 즉 완전한 인간의 음성으로 오케스트라와 함께. **합창단의 복원** : 그 외에 형상 세계와

익살극. 고대인들은 올바른 관계를 가졌다 : 단지 아폴론적인 것을 지나치게 우대하면서 비극은 몰락했다 : 우리는 아이스킬로스 이전의 단계로 되돌아가야 한다.

그러나 **모방극**에서 결함 투성이의 능력! 모방극은 지금까지 거의 오로지 가수가 모방극 배우라는 사실, 즉 우리가 듣고 이해하기를 원한다는 사실을 통해서만 지속될 수 있었다.

가수가 오케스트라 안에서 노래하며, 모방극이 무대에서 행해지는 **비자연스러움**은 예술에 완전히 위배되지는 않는다. 가수의 **저항적인 바라봄**! 그러나 또한 이렇게 우리는 **드라마적 음악**에서 벗어나지 않는다! 가수는 사라져야만 한다! 최선의 수단은 합창단이다!

9[11]

바그너의 결론과 합창단을 없애는 것!

나와 같은 견해는 거의 바그너의 〈트리스탄〉에서 추론된다.

드라마에 이르기 위해, 우리에게는 먼저 모방극이 다시 있어야만 한다.

가수는 없어서는 안 된다. 왜냐하면 그는 영혼이 가득 찬 음조를 가지고 있기 때문이다. 오케스트라는 충분하지 않다. 따라서 우리는 합창단을 필요로 한다 :

즉 하나의 환상을 가지며, 그가 본 것을 **감동적으로 묘사하는 합창단**을!

실러적인 표상은 무한히 깊어진다!

9[12]

언어 드라마로서 그리스 비극 역시 신화의 디오니소스적 지배로부터의 벗어남이다 : 모방극 자체는 세계상으로서 신화적으로 작용한다. 더 이상 언어 드라마여서는 안 된다. 형상은 황홀경적인 분위기에 삼켜지는 것에서 구한다, 참고. 〈트리스탄〉. 신화에 대한 치료제로서 사상(과 언어).

사상의 진정시키는 힘에 대하여 (참조. 오이디푸스 왕에서의 변증법) 에우리피데스는 사상의 흥분시키는 힘을 대치시켰다 : 그는 격정과 계몽의 변증법을 호소했다 : 언어를 통해 디오니소스 송가의 힘에 이르려 했다.

9[13]

언어의 상징학은 디오니소스적인 것의 아폴론적 객관화의 잔여물이다.

9[14]

일반적으로 인간은 단지, 합창단 안에서의 디오니소스적-아폴론적 인간에 대한 흐릿한 모사이다.

'모방극'과 '인물 성격'은 에우리피데스적 드라마의 경향이다. 반면에 순수한 드라마는 모방이 아니라 원본이며, 삶은 단지 흐릿하고 희미하게 거기에 이르는 것이다.

9[15]

풍족하고 열망하는 웃음.

9[16]

구상.

I.

청자 없는 디오니소스적 합창.

오페라의 청자.

합창단은 이상화된 청자이다, 즉 그 청자는 무용수의 모사이다.

합창단에 대한 실러의 견해.

근대적인 예술품으로서 비극적 합창.

II.

비극과 디오니소스 송가의 서로 다른 발전.

신화의 모상으로서 모방극.

언어 드라마의 의미.

배우, 동시에 음유 시인.

특징적인 것.

소포클레스의 전개. 그의 새로운 합창단 배치는 그의 인물 특성에서 나온다.

아이스킬로스의 4부극을 설명할 것.

세 배우들. 디오니소스와 그의 친구들.

III.

배우, 음악가, 춤꾼 등으로서 시인.

그들의 창작의 비병리학적인 것. 이비쿠스Ibykus. 핀다로스 Pindar.

그들의 소재 : 이상화된 역사.

서사시에 비교하여 통일성.

그들의 언어. 사투리의 사용.

그들의 철학.

5

9[17]

전제.

고찰의 어려움에 대한 서술.

음악과 대화의 연속.

10 사티로스의 합창단.

사티로스 합창단에서 비극 발생.

(자연적인 것, 종족적인 것을 신성시함 : 원-인간으로서 사티

로스.)

세 배우들.

15 미미한 행위.

4부극.

사티로스극.

9[18]

20 합창단의 이용 : 〈도움을 청하는 자들Hiketiden〉의 주인공.

침묵하는 영웅들에게 돌진하는 합창단.

9[19]

사티로스와 목가적인 목자 : 그 시대의 특징적인 것!

9[20]

신의 **조상**(彫像)은 행렬의 목적이며, 살아 있는 현현으로 생각
되었다.

9[21]

한 신을 묘사할 때 **모방하는** 능력은, 처음에는 그다지 발전하지
못했다. 처음에는 단지 살아 있는 형상만이 중요시되었을 뿐이다 :
즉 치장한 낭송자의 형상이.

9[22]

도입문 : 바그너와 쇼펜하우어.
결론장. 선생으로서의 문헌학자에 반대하여.

9[23]

바그너는 실러와 괴테가 시작했던 것을 완성했다. 본래 독일적
인 영역 위에서.

9[24]

디오니소스적인 것을 고양시킨 그리스적 상태들 중 한 형상.
엠페도클레스의 철학과 그 힘의 표징과 같은 음악과 비극.
쇼펜하우어와 독일 음악.
미래 인간에 대한 서술, 탈중심적, 정력적, 다감한, 지칠 줄 모르
는, 예술적인, 책들에 적대적인.

9[25]

　그리스인들에 있어서 디오니소스적인 것은 새로운 상징론과 함께 서사적인 모든 소재를 포괄했다. 비극적인 세계관은 고대 신화를 수정했다.

9[26]

　머리말. 음악은 우리에게 너무 고유한 것이며, 우리의 시작(詩作)은 학식적인 외관을 갖는다. 그 안에서 우리는 실험한다. 우리의 음악과 철학의 특징은 상호 규정한다 : 양자는 쾌적함의 세계, 근원적인 선(善)을 부정한다. 프랑스 혁명은 자연의 선에 대한 믿음에서 발생했다 : 그것은 르네상스의 결과이다. 우리는 스스로 교화되도록 해야 한다. 오도되고 낙관적인 세계 고찰은 모든 혐오를 무한히 풀어 놓는다. 이러한 고찰을 위해서 유일하게 위로가 되는 것은 그리스인들이다. 왜냐하면 여기서는 자연 역시 그것의 준엄한 특징들 안에서 소박하기 때문이다.

9[27]
비극의 탄생.

1. 현재의 비극적 시기의 개시.
2. 그리스인들의 동일한 시기.
3. 디오니소스적인 것과 아폴론적인 것.
4. 비극.
5. 비극의 죽음.

6. 선생과 지금의 문헌학자.

9[28]

비극적 영웅의 사상은 비극적 환각 안에 완전히 포함되어야 한
다 : 그것은 우리에게 어떤 비극적인 것을 설명하려 해서는 안 된다.
햄릿이 그 전형이다 : 그는 항상 잘못된 것을 말하며, 항상 잘못된 근
거를 추구한다—비극적 인식은 반성으로 들어오지 않는다. 그는 비
극적 세계를 **바라보았다.**—그러나 그는 그것에 대하여 말하지 않으
며, 오히려 그로 하여금 그러한 광경의 인상을 덜어버리게 하는 자신
의 약함에 대하여 말한다.

영웅의 사유와 반성은 진정한 본질에 있어서 아폴론적 **통찰**이 아
니라, 오히려 환각적인 중얼거림이다 : 영웅은 오류에 빠진다. 변증법
은 오류에 빠진다. 극적 영웅의 언어는 계속되는 오류에 빠짐이며, 자
기 기만이다.

9[29]

도입문.

음악이 형상과 언어에서 만드는 인상.

쇼펜하우어의 서술.

바그너의 묘사.

두 세계들.

음악 정신의 시작(詩作) 안으로, 즉 비극, 비극적인 것으로 전
이함.

비극의 발달 과정은 이러한 정신이 점차 사라지는 것을 보여준

다—연속적 : 어떤 효과?

오페라로 전도됨.

그리스 비극 : 음악의 연속, 이러한 음악적 감흥은 점차 장면을 받아들인다 : 이것이 후대 비극과 합창의 위치이다.

아마도 합창단은 추후의 삽화적 성격을 규정하는가?

9[30]

바그너의 디오니소스적인 선회를 묘사할 것 :

1) 문화의 해체

2) 신화

3) 형이상학

4) 우리의 문화 시기에 대한 입장 : 우리는 건강함으로 되돌아가기를 추구한다

5) 그리스 비극은 예술적 인간의 존재하는 원상, 즉 음유시인에 호소했다 : 우리는 터무니없게도 독일인에게로 거슬러올라가야 한다.

9[31]

그것은 다시 개괄될 것이다.

두 예술 세계들 :

만약 두 개가 병치하여 우리 앞으로 다가온다면, 무엇이 생길까?

쇼펜하우어의 서술. 바그너 : 계속 전진! 디오니소스적 세계로부터 형상은 빛에 이르기를 추구한다.

신화 안으로의 변환.

음악 정신의 작용으로서 **비극적 경향**.

서정시가 비극으로 전개된 예 : 전형적인 계시에 따른 음악 정신의 격투. 디오니소스적인 것이 점차적으로 사라지는 것과 그 결과들.

근대 세계 안에서의 **전도됨** : 게르만적 정신의 자기 스스로를 향한 귀환. 하나의 계시를 찾는 디오니소스적 정신의 증대. 동시에 가장 진지한 철학 : 칸트와 독일군.

바그너의 영향들. 음악에서 비극의 탄생.

9[32]

점차 비극에서 **비극적 형이상학**이 사라진다. 시인의 반성은 전반적으로 비극 자체의 본질보다 더 피상적이다. 아이스킬로스의 정의 개념, 소포클레스의 사려 깊음Sophrosyne(불완전하게 성취된 불교).

에우리피데스, 하나의 **비음악적인** 천성 : 격정적인 낭송에 대한, 범죄자의 궤변에 대한, 형이상학적 신성함 없는 몰락에 대한 최고의 쾌감.

9[33]

고대 비극의 한계들은 고대 **음악**의 한계에 놓여 있다 : 단지 이 안에서 근대 세계는 예술적인 것의 영역을 향한 무한한 전진을 내보인다 : 그리고 이것 역시 오로지 아폴론적 재능을 점차적으로 응고시킴으로써.

9[34]

도입문에 대하여.

미학적 교육은 실러와 괴테가 인도하는 것보다 더 많이 수반된다 : ―일반적으로 반대임! 미학적 교육은 우리의 생산물을 **인도한다** : 우리는 학식이 있는 예술가이다. 전형 찾기. 바그너의 출현보다 더 교훈적인 요소는 존재하지 않는다.

예술적인 현상들은 우리의 시대에서 완전히 은폐되어 있고, 학식이 있는 듯이 알려져 있다. 나의 경우에는 바그너의 가치.

디오니소스적인 것과 아폴론적인 것을 근본적으로 구분하는 데 우리의 미학자보다 그리스인들이 우리를 더 많이 도와준다.

완전히 예술 원리가 없는 두 예술 원리들의 관계. 이러한 인식의 결함은 이제 바그너에 대한 평가를 아주 어렵게 만든다 : 게다가 진보적인 전체 세계는 스스로 음악의 정신과 그것을 철학적으로 명료하게 하는 데에 저항한다. 마치 태양빛이 등불을 지양하듯이, 음악은 문화를 지양한다.

바로 이런 이유로 **그리스** 세계 또한 아직도 완전히 인식되지 않은 세계이다. 나의 길은 음악의 정신과 진지한 철학에서 입구를 찾는 것이다.

나는 그리스적인 것 중 **유일한** 삶의 형식을 안다 : 그리고 바그너는 그러한 것을, 독일적 본질 안에서 재탄생시키기 위한 가장 고귀한 발걸음이라고 본다.

9[35]

드라마에 대한 학자들의 영향(비잔틴인, 승려들, 학파).

칼데론 (또는 로페Lope), **로만적인 원형식의 완성자**, 민중극 Atellane. 사람들이 모차르트와 비교해도 좋다. 민중극의 특징을 드러내는 탈.

9[36]

'음악과 비극'에 대한 내용안.

도입문.

바그너에게서 우리의 미학은 치욕이 되었다. 그것에는 원현상
들에 대한 통찰이 결핍되어 있다. 그것에는 자신이 나중에 예술적으
로 만든 전형이 놓여 있다는 사실이 드러났다. 내 경우에는, 꼭 닮은
듯이 보이는 바그너의 현상은 우선 부정적으로, 우리가 그리스 세계
를 지금까지 이해하지 못했으며, 반대로 거기에서 우리의 바그너 현
상에 대한 유일한 유사점을 발견한다는 사실을 설명해준다.

디오니소스적인 것과 아폴론적인 것의 근본적인 구분 : 각각에
는 상이한 형이상학이 있다.

근본적 질문 : 두 예술 충동의 관계는 서로 어떤 관계인가?

이것은 비극의 탄생을 설명해준다 : 여기서 아폴론적 세계는
디오니소스적 형이상학을 자신 안에 받아들인다.

놀라운 시대 : 우리는 이러한 예술 형식 안에서 인식 못지않게
살아가는 가능성을 인식한다. **비극적 인간의 형식.**

독일인의 경우, 그것은 '모든 것을 다시 가져오는' 한 방식이다.
음악의 정신에 대한 문화의 격렬한 투쟁.

유일하고 가장 심오한 삶의 가능성으로서 그리스 세계. 우리는
우리를 인도나 그리스로 몰아가는 현상을 다시 체험한다. 이것은 쇼
펜하우어와 바그너의 관계이다.

음악에 대한 이러한 인식을 얻기 위해, 그 인식은 바흐, 베토벤,

바그너를 통해, 말하자면 스스로를 다시 발견해야 하며 문화의 예속
에서 벗어나야 한다. 그리스 음악이 무엇을 원했든지 간에, 아리스토
텔레스의 카타르시스 서술은 우리에게 다음과 같은 유추, 다시 말해
우리에게 미친 것과 같은 영향을 그리스 음악이 그리스인들에게, 주
었다는 점, 따라서 그것은 우연적인 예술로 전락하지 않았다는 점에
대한 유추를 허락한다.

단지 음악은 무한한 상승이어야만 할 것이다. 왜냐하면 그것은
만연한 인식의 세계를 극복해야만 하기 때문이다. 이러한 지식과 음
악은 헬라적 세계의 독일적 재생을 예감하게 한다 : ―거기에 우리
는 헌신하기를 원한다.

9[37]

책을 읽는 방법 : 음악을 통해서 열정적인 상상력으로 내적인
이해로 이끌리는 것. 문헌학자의 경우 : 가장 큰 부분은 가장 엄밀한
의미에서 증명할 수 있다 : 물론 단지 쇼펜하우어의 근거율에 동의
하는 사람의 경우에서만 그렇다. 예술가의 경우 : ― ― ―
문헌학자의 경우 : 고대의 진부한 입장은 불가능하다.

9[38]

I.

디오니소스적인 것과 아폴론적인 것.
꿈과 아폴로적인 것.
꿈의 착각에 대한 쾌감.
개체화의 원리와 아폴로.

도취와 아폴론.

꿈꾸는 그리스인과 디오니소스적 그리스인.

아폴론적 문화―인식을 극복했다.

'소박한 것'.

디오니소스적인 것을 통한 인식의 재탄생?

비극 안에서의 합일.

서정 시인 : 문제. 주관적?

비유적인 꿈의 형상.

서정시에 대하여, 쇼펜하우어.

민요―절(節)로 이루어진.

언어를 통한 음악의 모방.

음악은 서정시 안에서, 의지로 존재하는 것이 아니라 의지로 나타난다.

비극의 근원으로서 합창.

잘 알려진 설명들.

합창에 대하여 실러.

햄릿과 디오니소스적 인간.

숭고한 것과 익살스러운 것.

사티로스와 목자.

관객.

환상을 보는 자로서 합창.

비극적 영웅―디오니소스.

신화. 비극적 신화의 본래적인 무한성―음악 안에서 분명한 세
계 원리의 예. 비극의 계속되는 교육으로서 신비.

비극의 죽음, 동시에 신비로서 계속되는 삶.

학문의 천재가 그것을 죽였다.

그러나 소크라테스 자신은 회의했다.

한 소크라테스주의자인 에우리피데스.

어떤 조건하에서 우리는 비극의 재탄생을 생각하는가?

9[39]

헬레니즘에 대한 다른 해석이 있어야만 한다.

부름 : 표어로서 "소크라테스, 음악을 하시오."

9[40]

바그너 : 음악에 대한 텍스트의 관계. 거대한 심포니.

트리스탄—느낌. 참을 수 없는—만약 예술이 없다면.

신화적 느낌. 전적으로 다른 신성한 느낌을 확립할 것.

이야기로 되돌아감—목가적인 전원시와 반대로.

'힘차고 극적인 스케치.'

바그너적인 영웅들은 음악에서 탄생했다.

'비극적 목가성.'

바이로이트 상연?

문헌학자를 위한 충고 : 시인과 음악가의 통일성.

그리스인들에게 있어 음악을 통한 교육.

9[41]

결론.

비극 안에서 디오니소스적인 것이 사라지는 것 : 신화의 종말,
흥분제로서 음악을 사용하는 것, 격정, 달라진 형이상학, 형이상학적
위로 대신에 자동 해결사인 신deus ex machina.

오페라의 전개에서의 전도된 과정. 비극으로 넘어가는 영웅 오
5   페라.

오페라에 대한 간단한 비판, 그 근원에 있어서, 2) 아폴론적인
것과 디오니소스적인 것의 입장에 따라, 그 본질에 있어서.

오페라 문제에 대한 바그너의 미학적 해결.

신화의 회복.

10   비극적 세계관.

독일의 재탄생.

결론으로 '니벨룽엔'을 기억하면서.

9[42]

15   전적으로 지금까지 이 논문에서 서술된 예술론이 이제 몸과 피
로 가득 찬 사람은 : 이러한 것에 속하는 것은 무엇보다도 그 예술론
의 토대, 즉 디오니소스적인 것과 아폴론적인 것의 사실이 그 사람
안에 무의식적인 직관의 형식으로 이미 존재한다는 것이다―그리
고 이러한 두 가지 예술 충동의 영원한 타당성과, 그것과 우리의 필
20   연적인 관계에 대하여 본능적으로, 다시 말해 가장 현명한 스승인 자
연을 통해 가르침을 받고 확고해진 사람은 이제 스스로가 아니라 전
세계를 위해 진리를 원하는 정관자로서, 현재의 유비적 현상들에 대
립하여 자유롭게 조망해도 좋다. 그는 자신의 조망을 이미 일련의 역
사적 과거들에서 시험하고 강화시켰으며, 이제 현실과 대면해서도

발언할 수 있기를 요구해야만 한다. 말하자면 역사는 결코 곧바로 교훈을 주는 것이 아니라, 단지 예를 통해 입증한다 : 그리고 또한 우리 주변에 존재하는 현실도 결코 우리가 심원한 인식에 이르도록 도와주지 못하며, 오히려 그러한 인식을 확인하고 예시할 수 있을 뿐이다. 스스로 '객관적', 즉 전제 없는 듯이 역사를 기술하는 바로 우리의 시대에 대하여, 나는 그러한 '객관성'은 단지 몽상적인 것이며 오히려 그러한 역사 기술조차도—그것이 무미건조한 원-사료 모음이 아닌 한—보편적이고 철학적인 명제들을 위한 예들을 모아둔 것을 뜻하는 것일 뿐이라고 말하고 싶고, 이때 예들의 모음이 지속적인 또는 아주 일시적인 유효성을 갖는가, 하는 점은 저러한 철학적 명제들에 달려 있다. 일시적인 유효성이 생겨야 한다면, 그것은 확실히 '객관적인' 역사학자가 인간과 운명을 설명하기 위해 필요로 하는 철학적 직관들의—위에서 언급한—자명성과 유행적인 피상성에 놓여 있는 것이다. 단지 진지하고 자족적이며, 모든 공허한 탐욕에서 벗어난 사유가만이 역사 안에서 말할 가치가 있는 것을 본다 : 단지 철학자의 무욕적인 눈을 위해서만 역사는 영원한 법칙을 반영하며, 반면 이기적 의지의 강물 한가운데 서 있는 인간은, 만약 자신이 객관성의 탈을 움켜잡을 이유들을 갖는다면, 사건들의 전문어와 가장 바깥 껍질을 불쾌한 철저함으로 갉아먹는 데 만족해야만 한다 : 그런데 그는 당장, 확대된 자신의 모든 판단으로 철학적으로 조야하고 심오한 자기 고찰에 이르지 못하는 진부한 팔방미인적인 자신의 이해를 드러낸다. 이러한 역사적 '방법'과 그 옹호자들을 완전히 도외시하고, 우리는 우리의 미학적인 현재를 미학적인 인식에서 설명하기 위해 이 인식으로 미학적 현재의 중심에 서기를 원한다 : 이것을 위해 당장

필요한 것은, 이러한 현재의 몇몇 현상들을 끄집어내어 설명할 가치
가 있는 것으로 입증하는 것이다.

극장에서 가장 잘 알려진 셰익스피어 드라마들의 운명을 한번
생각해보자. 나는 항상 관객들 중 좀더 나은 교양인들이 그 드라마에
5 대해 특유의 당황스러움을 보인다는 것을 안다. 이 모든 자들은 시인
들과 깊게 신뢰하며 교제하면서 이러한 드라마들의 모든 언어와 그
림들과의 내적으로 뜨거운 동의를 얻어야만 하기에, 그들에게 항상
새로운 독서는, 마치 사랑했던 죽은 자가 환영 속에서 변하는 것같이
가장 확실하고 깊은 기억들을 지속적으로 교환하는 것으로 간주된
10 다. 그렇지만 그들은 손에 든 '책'과의 교통이, 단지 무대의 극적 현실
앞에서 부끄럽게 퇴색되어야만 하는, 그림자와의 예술적인, 즉 부자
연스럽게 매개된 교통이리라는 것을 느낀다. 이런 감정은―놀랍게
도―이러한 희망을 가지고 자신을 속인다 : 오히려 셰익스피어적인
인물들이 등장하는 무대와 관련해 이렇게 당황함이 생겨나는데, 이
15 러한 당황함에 의해 흥분한 연기자는 아마도 잠시 속을 수 있으나,
그것은 셰익스피어적인 무대에 적합한 실현성에 대한 반의지로서
기억 속에 고착되어 머무는 것이다. 사람들은 어떤 신성 모독과 같은
것을 느끼며, 이러한 인상을 연기 부족으로, 그리고 셰익스피어에 대
한 연기자의 몰이해로 돌리는 것이다. 그것은 아니다 : 왜냐하면 내
20 적으로 가장 확신에 찬 연기자의 입에서는 여전히 우리에게 하나의
심오한 사상, 하나의 비유가 울리기 때문이다. 즉 근본적으로 모든
언어는 약화되고 위축되고 신성모독적이 되는 것과 같기 때문이다
: 우리는 이러한 언어와 이러한 사람들을 믿지 않으며, 그 밖에 우리
가 가장 심오한 세계 계시로 여기는 것은, 이제 우리에게는 하나의

불쾌한 가면 연기인 것이다. 우리는 이렇게 다시 책으로 되돌아오며, 우리 생각엔 인쇄된 단어의 부자연스러운 매개가, 감각적으로 나타나는 행위에서 얘기된 단어의 매개보다 더 자연스럽게 여겨진다는 것을 고백한다. 그러나 이제 우리가 말없는 감동 안에서 읽은 것을,
5 연극적으로 차별된 음성으로 읽는 것을 한 번 시도한다면, 고유한 말투는 앞의 감동과는 달리 우리에게 아주 부적합하다는 것, 즉 가치가 없다는 것, 따라서 우리가 이제 적어도 우리 자신이 고양된다는 만족감을 느끼게 해주는 일반적이고 격정적이고 단조로운 낭독으로 도피한다는 사실에 대하여 다시금 당황하게 된다. 이러한 음성의 격정
10 적이고 단조로운 울림은 이제, 실러적 인물들의 말하는 방식 전체를, 즉 이러한 인물들의 대부분을 잉태시킨 것이다 : 이것으로 우리에게 보증되는 것은, 한 번도 억압되어서는 안 되는 우리의 미학적 느낌이, 모든 말투 중에서 단조로운 격정을 최고로 평가하며 낭음조 시의 모범적인 표현으로 여긴다는 점이다. 이제 이와 같이 자연 안에서 전
15 혀 예시되지 않지만, 실제로는 원래 비자연적인 격정은 무엇인가? 그것은 하나의 도덕적 상태의 표현이다 : 우리의 고유한 현실성에 대한 미학적 세계의 대립은 무엇보다도 가장 강력한 도덕적 느낌으로 우리의 감정에 다가오며, 예술적 세계의 자연과 비교해 우리 세계가 지닌 미학적 비자연의 느낌으로, 즉 우리의 비미학적이며 아주 도
20 덕적인 본질의 느낌으로 감정에 다가온다. 우리는 미학적 향유를 우선 도덕적 고양으로 느낀다 : 이것으로 알 수 있는 것은, 우리는 단지 처음으로 우리의 도덕적 고양에서 예술을 이해하며, 따라서 도덕적 요구는 우리에게 예술 향유의 형식을 결정한다는, 예를 들면 우리가 셰익스피어적인 것의 상연을 보는 것을 막는다는 것이다. 왜냐하면

우리는 우리 자신을 위하여 저러한 도덕적인 근원적-향유를 더욱더 순수하고 강력하게 만들 수 있기 때문이다.

이로써 우리의 현재 예술을 위한 중요한 언명들, 즉 관객은 우선 **도덕적인** 본질이며, 예술가는 근본적으로는 예술과 아무 관계 없는 영역으로 자신을 끌고갈 준비가 되어 있어야 한다는 사실이 알려졌다. 이러한 관객은 그때 확실히 비도덕적인 본질이어야만 한다. 왜냐하면 바로 그들은 어떤 예술적인 것을 그들의 의지-, 추구-, 의무 충동과 다른 것으로 파악할 능력이 전혀 없기 때문이다. 물론 사람들은 이미 선험적으로, 실제 찬미받는 예술가는 저러한 근본에서 그들에게 존경받으며 스스로를 도덕적인 본질로, 그들의 예술 작품을 도덕적인 반영으로 향유한다고 주장할 수도 있다.

이러한 사실을 가장 분명하게 표현하는 것은 리하르트 바그너에 대한 현재의 입장이다. 그의 음악적 드라마들이 발견하는 감격은 동일한 도덕적 흥분에서 설명된다 : 그리고 그것이 감격적이 되는 것은, 바로 묘사된, 셰익스피어가 불쾌해지는 이유에 의해서이다. 말하자면 그러한 상연은 단순히 피아노곡으로 편곡된 악보에서 상상된 드라마들보다 더 끝없이 강렬하게 도덕적인 파토스를 자극한다. 이렇게 그 음악적 드라마는 자체를, 현재에 있어서 예술 작품과 관객의 완전한 일치로서 입증한다 : 그 근거가 무엇인지는 이제 탐지되어야 한다.—이러한 효과들에 대한 반대자들은—그들이 속이지 않는 한—바로 그러한 충동의 바깥에 서 있는데, 이제 그것에 대하여 다룰 것이다.

9[43]

프리드리히 니체의 문헌학적 논문들.—1권.

도입문. 고전적 교육과 미래의 문헌학자.
1. 호메로스의 질문.
2. 결투.
3. 헤시오도스의 에르가에 대하여.
4. 서정시의 근원들.
5. 서정 시인들에 대한 추측들.
6. 테오그니스.
7. 아이스킬로스의 〈코에포렌〉.
8. 데모크리투스.
9. 소크라테스와 그리스 비극.
10. 리듬학에 대하여.

9[44]

진정 그리스인에게는 아무런 **민요도** 없었는가?

9[45]

르네상스의 회화와 고대 정신이 다시 깨어나는 것은 어떤 관계
인가?

그 소생은 마치 오페라가 팔레스트리나에 관계하듯이, 그 시대
의 회화와 관계한다.

그 소생과 오페라는 해체하는 힘이며, 하나의 목가적인 경향,

하나의 감상적인 특징이 나타나는 사실을 보여주는 표정이다.

중세의 형식은 로마인들에게서 그 뿌리를 찾을 수 있다.

9[46]

모든 민족의 가장 행복한 것과 가장 예술적인 것은 삶을 어떻게 판단하는가?

9[47]

잡지를 위한 주제들.

플라톤 이전의 철학자들.

리듬학.

결투.

플라톤.

수사학.

아리스토텔레스의 시학.

9[48]

1 S. 음악에 대한 오페라의 영향과 진정한 음악.

2　전도된 과정 : 음악의 디오니소스적 정신.

3 S. 바그너에게 있는 칸트의 가르침과 독일 음악의 정신 : 그에게는 오페라 경향을 완성시키려는 : 즉 극복하려는 엄청나게 지적인 투쟁이 있었다.

디오니소스적인 것과 아폴론적인 세계 사이에 대한 올바른 관계가 이루어졌다.

형이상학.

9[49]
　　근원.
　　비극의 구조.
　　세 명의 시인들.
　　4부극.
　　비극 시인.
　　연기자.
　　합창단.
　　언어.
　　비극의 죽음.
　　신화.
　　리듬학.
　　디오니소스적인 것과 아폴론적인 것.
　　비극적 시대의 등장.

9[50]
　　산문과 시―고대인들은 어떤 차이를 두었는가?
　　예를 들어 단장격Jambus에서 박자는 단지 하나의 엄격하고 아름다운 시간의 계기일 뿐이다.

9[51]
　　"비극과 음악."

"호메로스와 헤시오도스의 대결."

"우리 교육 기관들의 미래에 대하여."

9[52]

'시인'은 신에 대한 태고의 상징화이다.

음유시인은 아폴론이고, 후에는 호메로스이다.

서정 시인 : 연기자의 등장은 이제 무엇을 뜻하는가?

그리스인들이, 연기자가 **행위하는** 것 그리고 행위를 이해하기 위해 필요한 만큼만 말하는지를 지켜보았다는 것은 옳지 **않다**.

모방극에서 감정은 상상할 수 없이 깊은 곳에 머무르며, 단지 행위들을 재촉할 뿐이다. 그리스 드라마에서 감정은 소리로 표현된다.

9[53]

꿈처럼 관조되는 신의 위치에 자연을 놓는 충동은 행위하는 디오니소스의 환상의 위치에 연기자를 세운다.

9[54]

비극의 언어. 어법의 파토스.

세 명의 비극 시인.

4부작.

비극의 구조.

비극적 시인.

신화들.

합창단.

연기자.

9[55]
　　드라마를 음악과 나란히 : 이러한 병존은 단지 어떤 의미를 지
닐 수 있는가?
　　우리를 진정으로 사상에서, 경향에서 해방시키는 것.

9[56]
　　바쿠스의 여인들Bacchen.
　　"즉흥시를 짓다."
　　아이스킬로스와 소포클레스.
　　비극적 합창단. 실러와 논쟁하기.
　　4부극.
　　통일성.
　　말하자면 자신의 앞에 있는 인물을 자신의 밖에서 보는 연기자.
　　무대 위에서의 서정시? 근원적인가?
　　대화를 위해 단장격의 의미.
　　근원적으로 살아 있는 형상을 보고 노래하는 합창단.
　　신화.
　　서사시가 이용되었다.
　　꿈.

9[57]
　　극적 통일성 : 어디에서?

조형 미술 그룹이 움직이기 시작했다.

점차 드라마가 다시 디오니소스적 전제들을 이겼다.

극장의 형식은 어디에서? 그것은 인적이 드문 높은 곳에 있는 숲속 골짜기이다 : 주변으로 디오니소스적 국민이 휴식하거나 돌아다닌다.

위대한 디오니소스 송가는 고대의 **심포니**이다.

어떻게 비극이 극적인 디오니소스 송가와 병행해 발전되었는지 설명할 것.

대화에 있어서 단어의 의미. 진기하다! 그렇지만 그것은 결코 읽기에 적합한 드라마Lesedrama들이 아니다 : **모방극**은 대화의 전제가 아니다 : 오히려 그것은 서사시이다. 그렇긴 하지만 행위는 결코 묘사되지 않았다. 음유시인으로서, **자동 해결사인 신**deus ex machina —이것은 주연 배우를 근원적으로 표상한다. '대답하는 자'인 *해석자 hypokrites* : 즉 합창단의 부르는 말에 대답하는 자.

신은 시를 지으며 말하는 음유시인으로 나타난다 : 아폴론적인 고귀함 안에서. 무한히 상승된 음유시인 : 이것은 **시신**(詩神)의 태고의 **형식**이다.

이 안에서 서사시는 드라마를 전제한다.

9[58]

경향과 신화.

소크라테스주의는 신화를 정복했다.

신화의 이중적 이용. 예 : ― ― ―

조형 예술은 사상에 이르러 몰락했다.

예술에 대한 기독교의 적대감 : 기독교는 예술을 상징의 한계 안에 놓았다.

드디어 예술이 승리했다 : 역사적 사실들은, 동일한 힘들의 영원한 지속적 생명을 지닌 자유로운 신화 본질 안으로 해체되었다. 이로써 기독교는 극복되고, 더 이상 발붙일 곳이 없다. 이렇게 그리스인들의 경우와 같이 전도된다, 처음엔 2, 그 다음엔 1.

순수한 예술을 통한 상징적 사상의 구원.

하나의 새로운 발판을 얻기 위해, 결과적으로는 고대 정신으로 돌아감. 하나의 학식적인 경향이 이제 예술에 이른다.

그러나 본래 중세적인 경향은 계속해서 지배적이며, 비대중적이고 학식적인 방식으로 자신을 고대 정신과 연결시키고자 한다.

9[59]

비민족적인 예술로서 음악 : 그렇기 때문에 그 결과 민족이 구원될 수 있다.

법률 ———

이제 음악은, 형상을 다시 신화로 고양시키고, 소크라테스적 사상에서 해방시키는 의미를 갖는다.

9[60]

서론. 고전적 문헌학의 과제.

9[61]

종교적 표상들은 정치적 표상들의 자궁이다.

종교적 표상들은 예술적 표상들에서 생긴다.

모든 종교적, 국가적 변화의 원천으로서 예술적 표상들의 성장
—나의 주제이다.

신비들, 비극, 염세주의의 어머니로서 디오니소스적인 것.

5 　디오니소스적인 것이 행하는 변화.

아마도 **비극의 윤리적-정치적 세계**에서 시작할 것. 국민의 선생
으로서 비극적 시인 : 그러나 비극의 선생은 무엇을 목표로 하는가?

그리스 신화의 일반적 특징.

국가와 신화.

10 　예술과 종교.

9[62]

근본 고찰들 :

왜 국민교육과 전문교육이 분리되는가?

15 　그것은 **언제** 일어나는가?—사람들이 그 본질을 알지 못했던 부
적절한 시기에.

김나지움으로 인해 교육을 요구하는 것은 하나의 **거짓**이다. 강
요당한 대중이 김나지움을 완전히 타락시켰다. 그렇지만 그것은 근
본적으로 단지 전문학교에 불과하다 : 그러나 교양학교는 아니다.

20 　학식과 교육은 서로 연결되어 있지 않다.

'일반적인' 교육은 스스로 예외적인 '교육'을 퇴화시킨다. 저널
리스트는 필연적인 반작용이다 : 소위 일반적인 교육의 탄생— : "일
반적인 교육을 함께 갖는 공공의 인간."

9[63]

우리 교육 기관들의 미래에 대하여.

1. 예외로서 교육. 교육 기관의 개념에 대하여.

2. 김나지움 : 근본적으로 전문학교 : 직업에 이바지하기 위한 것.

3. 국민학교 : 저널리스트와 국민학교 선생.

4. 실습학교 : 근본적으로 전문학교 : 직업에 이바지하는 것.

5. 선생.

6. 제안들(사회주의에 반대하여).

9[64]

'일반적인 교육'을 위해 노력하는 것에 반대하여 : 오히려 더 올바르고, 더 진귀한 교육이, 즉 교육의 **제한**과 집중화를 찾아야 한다 : 저널리스트들에 대립하는 균형.

이제 학문과 전문학교의 분업은 교육의 제한으로 이어진다. 어쨌든 지금까지 교육은 더 **나빠졌다**. 교육을 다 받은 인간은 완전히 불구적이다. 공장이 지배한다. 인간은 나사가 된다.—교육의 일반화를 위한 주요 동기는 종교적 억압에 대한 공포이다.

9[65]

오토 얀 : 수치스러운 방식, 즉 자신을 한계지우는 '계몽주의'에 대해 완전히 황폐한 냉혹함으로, 심오하고 깊은 삶의 세계상을 자신의 나무못에 박으려는 시도.

9[66]

학문은 **결코 통속화**될 수 없다 : 왜냐하면 **통속화된 논증**들이 존재하지 않기 때문이다. 따라서 단지 일반적인 최선을 위한 학문적 성과들과 결과들에 대한 보고만이 존재할 뿐이다.—

9[67]

광천욕의 주효과는 마치 온천장 의사가 우리로 하여금 믿게 만들듯이, 나중에 나타난다.

9[68]

가능한 한 교육의 강화와 제한!

9[69]

사회주의는 일반적인 교양 없음과 추상적인 교육의 결과이며, 야만적 정서이다. 제국의 확실한 고위층의 경우에서 '패각 추방.'
'교육'은 보수와 참회로서 모든 피억압자의 보호청이어야 한다.

9[70]

우리 교육 기관들의 미래에 대하여.

15세기까지 모든 사람을 위한 **교육의 평등.**
그것은 부모가 김나지움까지 미리 정해버리는 것은 옳지 않기 때문이다.
국민학교 선생과 김나지움 교사를 구분하는 것은 무의미하다.

그 다음은 **전문학교들.**

마지막으로 교사 교육을 위한 **교육학교**(20~30년).

규칙적으로 나타나는 기존 방법의 오류들.

1) 고전 교육의 잘못된 개념.

2) 김나지움 교사의 무능력.

3) 기존 김나지움이 **보여주듯이** 일반적 교육 기관의 불가능성.

4) **병역** 의무는 구별되어서는 안 된다. 무엇보다도 산업가들의 탐욕적인 욕구를 꺾어야 한다.

5) 국민학교 선생과 초급학교 선생에 대한 처참한 개념.

본래 **선생**이라는 **직업, 선생의 위치가 깨어져야 한다.** 강의한다는 것은 연장자인 남자들의 의무이다.

결과 : 아주 많은 교육 집단이 발견된다. 전문학과의 필요성은 더 일반화되고, 더 요구에 부응하여 해결됨으로써, 개인들은 과잉 부담으로 위축되지 않는다.

진정한 정신적 귀족 정치가 도입된다.

선생 교육 기관에서 시작하기.

대학들은 전문 연구기관 안의 학문 기관으로 변해야 한다.

정신적인 귀족 정치가 창조된다.

고전 교육은 전적으로 더 적은 수효를 위해서만 생산적일 뿐이다.

'실습학교'에는 아주 유용한 핵심이 있다. 어느 누구도 교육을 강요해서는 안 된다. 교육을 결정하기 위해서는, 더 나이가 들어야 한다.

전문학교에서 **교육**을 결정해야 한다.

전문학교의 선생들은 전문 분야로 되돌아오는(자신들이 교육 기간을 수료한 다음), 학문적 **전문가들**이다.

연장자인 남자를 통한 수업은 전통을 보존해야 한다.

9[71]

낭만주의는 실러와 괴테의 대립 명제가 아니라, 니콜라이와 전
체 계몽주의의 대립 명제이다. 실러와 괴테는 전체적인 대립 명제를
훨씬 넘어서 있다.

9[72]

바그너에게 있어 시적인 행위는 아주 많다. 장황하게 늘어놓은
말을 통해 영향을 미치는 것이 아니라, 강렬함으로 영향을 미친다. 언
어는 음악을 통해 하나의 근원적 상태를 곰곰이 생각한다. 따라서 표
현이 간결하고 제한되어 있음.

이러한 자연의 상태와 근원적 상태는 순수한 시적 허구이며, 신화
적 상징학으로 작용한다.

9[73]

인물들과 시구의 형식들은 서로 상응한다.

9[74]

실러, II 388쪽 : "내가 나의 작품들에서 극적 효과에 더 집중해
야만 한다는 사실에 대하여 당신들에게 완전한 권리를 준다.―나 자
신도 우리 드라마들이 단지 힘차고, 적절하게 묘사된 장면들이어야 한
다는 점, 그러나 그렇다면 거기에는 당연히 감각적 힘들을 중단 없이
자극하고 다루기 위한, 전혀 다른 풍부한 창작들이 속한다는 것을 믿

는다. 내게는 이 문제를 해결하는 것이 다른 것보다 더 어려울 것 같
다. 왜냐하면 확실한 **진심** 없이 나는 아무것도 할 수 없으며, 이러한
진심은 일반적으로 허용된 것보다 나의 대상에 더 확고히 내 자신을
붙잡아두기 때문이다."—음악, 진심.

5

9[75]
실러가 합창단에 기대한 것을 음악이 최고도로 행한다.

9[76]
실러의 사유의 도정이 유용한 것은, 극도로 놀란 후에 자신의
자연과 포옹함을 수반하는 목가적인 것을 묘사하기 위해서이다.
자연의 숭배—근대 예술의 본질—와 자연적 현실의 지양은 동
일한 뿌리에서 나온다.
자연으로 도피하는 것은 우리의 예술의 뮤즈이다 : 그러나 게르만
적으로—파악된 자연으로의 도피는 우리가 도피하는 바로 그곳, 여
신인 **자연**은 공동적이고 경험적인 것이 아니다.

9[77]
셰익스피어에 대하여, 실러, 역사적 드라마들, 407쪽.
"경탄할 만한 것은, 시인이 어떻게 졸렬한 소재에서 시적인 수
확물을 얻는 것을 아는지, 그리고 어떻게 그가 표현될 수 없는 것을
멋지게 표현하는가 하는 점이다. 다시 말해 내가 생각하는 것은, 예
술은 자연이 묘사될 수 없는 곳에서 상징을 사용한다는 것이다. 셰익
스피어의 어떤 작품도 이렇게 그리스적 비극을 생각나게 하지는 않

왔다."

괴테, 405쪽 : 모든 극적 작업은(그리고 아마 무엇보다도 희극과 모방극) 리드미컬해야만 하며, 그때 사람들은 누가 무엇을 만들 수 있는지 미리 보게 될 것이다.

실러, 403쪽 : 리듬(은)—"이러한 방식으로 시적인 창조를 위한 분위기를 형성하며, 더 조잡한 것은 뒤에 남고, 단지 정신적인 것만이 이러한 천박한 요소에서 이끌어내질 수 있다."

(음악이 역시 이것을 최고도로 행한다.)

9[78]

음악의 근원적 토대, 즉 의지는 또한 **도덕적인** 지층이다 : 근원적 힘들의 기계적인 자극뿐 아니라, 도덕적인 자극 역시 : 심지어 지성의 원근거이다.

9[79]

바그너 오페라에서 음악은 시를 새로운 위치로 이끌었다. 오히려 중요한 것은 **형상**, 즉 스스로 항상 변하면서 살아 있는 **형상**이며, **언어는 이 형상에 사용되는 것이다.** 단어에 따라 장면들은 단지 스케치될 뿐이다.

음악은 시의 **형상적 측면**을 밖으로 몰아낸다. **모방극.** 다른 한편 사상은 뒤로 물러난다 : 이것을 통해 우리는 **신화적**으로 느끼는 데 이른다. 즉 우리는 세계의 삽화 한 편을 보는 데 이른다.

9[80]

그리스 드라마와 디오니소스 송가는 무엇에 의해 구분되는가?

9[81]

실러, 426쪽 : "나는, 드라마를 완성하는 과정에서 무엇이 어떤 한 사람을 그토록 엄격하게 시(詩) 방식의 한계로 유지시켰는지 알 수 없었을 것이며, 만약 사람들이 그 한계에서 벗어난다면, 그 안으로 되돌려지는 것은 당연히 분명한데, 이때 이것은 실제적 표현, 즉 무대나, 꽉 채워지고 얼룩덜룩한 집에 대한 최고의 살아 있는 표상으로서 여겨지며, 이것을 통해 감동적이고 불안정한 기대와, 강력하고 부단한 발전과 운동의 법칙이 그에게 근접하게 된다는 사실을 알 수 없었을 것이다."

9[82]

발렌슈타인에 대하여 실러, 409쪽. 마치 어떤 서사적 정신이 나에게 엄습하는 것처럼 여겨지는데, 그 정신은 당신의 직접적인 영향력에서 설명되어야 할 것 같다. 그렇지만 나는 그 정신이 극적인 정신을 해치지 않는다고 믿는다. 왜냐하면 그 정신은 어쩌면 이러한 서사적인 소재에 시적 본질을 부여하는 유일한 방법일지도 모르기 때문이다.

9[83]

실러(서한, I 430쪽). "만약 드라마가 실제로 그렇게 나쁜 성향을 통해" 등등.

일반적인 자연을 모방하는 것을 배제 : 상징적인 도움물을 도입함으로써. 그것을 통해 시의 정화.

오페라에 대한 신뢰 : 여기서 천박한 자연에 대한 모방이 면제되고, 이상적인 것이 무대 위로 슬며시 들어올 수 있었다. —

음악을 통해 정감은 더 아름다운 수태의 기분을 갖게 되었다 : 자유로운 유희의 열정 안에서, 허용된 불가사의한 것은 소재에 구애받지 않았다.

괴테 : 429쪽 : "왜냐하면 사람들은 병리학적인 관심 없이는 시대의 갈채를 받기가 아주 어렵기 때문이다."

9[84]

실러 : 시학은—개인적으로 우리에게 다가오는 현실을 우리에게서 멀리 떼어놓고, 소재로부터의 시적 자유를 정감에 제공하는 드라마 작가를 필요로 한다. 따라서 비극은 자신의 최상의 개 념 안에서 항상 **서사적 특징에 오르려** 노력한다.

9[85]

민요—유일하고 진정한 국민적 예술?

또는 민요는 이전 음악 예술의 잔여물은 아닌가?

그리스인들에게는 민요가 있었는가?—아니다.

괴테와 민요 : 유일하고 순수한 예술의 형식?

그것은 목가적-비가적인 매체를 통해 우리에게 영향을 끼친다.

민요는 우리가 예술에서 원하는 것이 무엇인지 보여준다.

현실적 조례의 민요와 인정된 힘—비가적으로 작용한다—이 보여주는 것은, 우리는 예술을 어디에서, 그리고 어디로부터 갖는가 pou kai pothen hemin estin he techne하는 점이다.

우리는 셰익스피어도 **자연으로서** 향유한다.

자연의 숭배 : 이것이 우리의 진정한 예술 느낌이다.

자연이 더 힘차고 더 마술적으로 묘사될수록, 우리는 그것을 더욱더 믿는다.

자연에 대하여, 괴테―젊은이로서. 40권, 389쪽.

예술은 우리에게 있어 비자연을 제거하는 것이며, 문화와 교육에서 도피하는 것이다.

우리는 격정을 기뻐한다―하나의 자연적인 힘으로서. 따라서 우리의 시인들은 병리학적이다.

자연에 대한 게르만적인 시각―에밀Emile과 함께 하는 로만주의 의 계몽주의적 시각이 아니다.

게르만적인 염세주의―그때 경화된 도덕주의자들, 쇼펜하우어 와 정언 명령!

우리는 의무를 행하고 현재의 거대한 책임을 원한다―우리는 특별한 종류의 예술을 필요로 한다. 그 예술은 우리를 위해 의무와 존재를 함께 연결한다. 우리의 현존재의 상징으로서, 기사, 죽음, 악마에 대한 뒤러의 그림.

9[86]

김나지움의 미래.

9[87]

　　기존 예술을 규정하는 사상에서 벗어나기.

9[88]

　　상징—근원적인 시대에는 **보편적인 것을 위한 언어**로, 후대에 와서는 **개념에 대한 회상 수단**으로.

　　음악은 보편적인 것에 대한 가장 고유한 언어이다. 오페라에서 음악은 개념의 상징학으로 사용된다. 이것은 사용되고 당장 이해되는, 다시 말해 개념적으로 이해할 수 있는 풍부한 형식을 전제로 한다.

　　여기에서, 모든 것 중 중요한 것은 **개념 내용**이고, **음악 형식** 자체에는 몰락할 위험성이 존재한다.

　　개념이 예술을 상징으로 끌어내리는 한 개념은 **예술의 죽음**이다.

9[89]

　　소크라테스로 시작하기.

9[90]

　　오페라에 대한 **목가적인 원개념** : 여기서 근대, 즉 중세에서 벗어난 세계 안에서 예술의 불가능성이 분명해진다. 사람들은 음악의 상징을 꿈꿔왔던 근원적 시대, 즉 **예술적 시대**를 묘사하는 데 사용한다. (가톨릭 세계는 여전히 예술을 창작할 수 있다.) 르네상스는 **오페라를 잉태했다.**

　　이제 대중은 예술가에게 강요했다 : 그것은 예술적 삶에 대한 **교양인들의 열망**이었다.

오페라는 이제 **이상적인** 양식 안에서 군림했다. 프랑스인들의 고전적 비극은 **영웅적인** 오페라를 모방한 것이다.

괴테는 자신이 **병리학적으로** 시를 지었다고 인정했다 : 위대한 그리스인들도 역시 비극에 직면하여 비병리학적으로 시를 짓지 않았는가? 확실하다. 그들은 어떤 격정도 없이 거기에 존재했다.

우리는 음악을 아직 개념으로 해체되지 않은 예술로 이용한다.

바그너의 경우 **심포니로의** 발전. 서로 침해하지 않고 두 세계가 병존함. 고대인(루시안Lucian의 경우)의 모방극을 비교할 것.

고대 비극 : 아폴론적 꿈을 꾸는 **합창단.**

오페라—비극 : ———

오페라 대본 : 꼭두각시로부터. 사상은 제외되었다 : 단지 **모방** 극을 이해하기 위하여. 언어는 단지 모방극을 위해 존재한다 : 노래의 토대.

바그너를 통한 **목가적인** 오페라 경향의 완성.

예술적 시대에 대한 감동적인 회상으로서 **예술의 새로운 위치.**

민요는 단지 이러한 느낌 아래서만 향유되었다.

일반적—비민족적—비시대적인 예술로서 음악은 유일하게 번창한 예술이다. 음악은 우리를 위해 예술 전체와 예술적 세계를 대표한다. 따라서 그것을 구원한다.

9[91]

호메로스의 질문. 호메로스, 일리아스. 헤시오도스, 에르가.

서정 시인의 역사. 드라마의 역사. 〈코에포렌〉. 오이디푸스 왕.

플라톤.

연설가. 역사가. 알렉산더격 시행(詩行). 신화.

라틴적 제명학(題銘學). 라틴어 문법. 알티탈의 방언들. 키케로
의 학원.
5 타키투스, 연설가에 대한 대화dialogus de oratoribus.
키케로, 카틸리나리아Catilinaria.

백과 사전, 운율학.

10 9[92]
  고대인들은 드라마에 직면하여 병리학적이지 않았다 : 잠재적
연기자로서. 우리의 경우 시인과 관객은 병리학적이다. 무엇을 통해
우리는 드라마를 이상적인 높이로 끌어올리는가 : 합창단을 통해?
완전히 **불가능한 것**에서 어쩌면 다시 하나의 미학적 기분이 가능할
15 것이다. **프랑스** 비극의 양식론과 관습을 통해서? 우리 시인들은 두
가지를 추구한다.
  오페라에 대한 실러의 희망.
  연기자가 자신의 역할에 대한 것과 같은 음악의 위치 : 즉 극적
음악.
20 상징을 결핍한 우리의 근대 세계. '상징들' 안에서 세계를 이해
하는 것은 위대한 예술의 전제이다. 우리에게 음악은 신화, 즉 상징
들의 세계가 되었다 : 우리는 그리스인이 자신의 상징적 신화에 관계했
듯이, 음악과 관계한다.
  상징 안에서가 아니라, 단지 추상적으로 세계를 보는 인류는 예

술적 능력이 없다. 우리는 상징의 자리에 이념을 가지고 있으며, 따라서 예술적인 목표로서 **경향**을 가지고 있다.

단지 세계를 음악으로, 따라서 상징적으로 이해하는 인간이 존재할 뿐이다. 사물에 대한 음악적 직관은 새로운 예술에서 하나의 가능성이다.

따라서 하나의 **사건**은 자신에게 놓여 있는 이념이 아니라, 자신의 **음악 상징학**을 목표로 한다 : 즉 디오니소스적인 상징학은 지속적으로 어떤 사물에게서든 발견된다. 고대 우화는 (형상 안에 있는) 디오니소스적인 것을 상징화한 것이다. 이제는 디오니소스적인 것이 형상을 상징화한다.

디오니소스적인 것은 형상을 통해 설명된다.

이제 형상은 디오니소스적인 것을 통해 설명된다.

따라서 완전히 전도된 관계.

어떻게 그것이 가능한가?—만약 형상이 여전히 디오니소스적인 것의 비유일 수 있다면?—고대인들은 디오니소스적인 것을 형상의 비유를 통하여 파악하려고 노력했다. 우리는 디오니소스적인 것의 이해를 전제하여 형상의 비유를 파악하려 노력한다. 우리와 그들을 비교해보라 : 그들에게는 형상의 비유적인 것이, 우리에게는 일반적인 것—디오니소스적인 것이 중요하다.

그들에게 형상 세계는 그 자체로 명료한 것이며, 우리에게 그것은 디오니소스적인 것이다.

9[93]

미학적 고찰들.

1. 호메로스와 고전 문헌학.

2. 서정시의 근원들.

3. 소크라테스와 비극.

5   9[94]

만약 **예술**이 어떤 **형이상학적** 의미를 지닌다면, 단지 예술 작품이 천재의 탄생을 부추키는 만큼, 예술 작품의 대중이 고려된다.

예술의 시대는 신화 형성 시대와 종교 형성 시대의 연속이다.

그것은 예술과 종교를 산출시킨 원천이다.

10   이제 **종교적 삶의 잉여물을 제거하는 것**이 권장된다. 왜냐하면 종교적 잉여물은 생기 없고 산출력이 없으며, 원래의 목표에 몰두하는 것을 약화시키기 때문이다. 약자에게 죽음을!

바로 우리가 가장 활력에 찬 이상주의를 원했기에 우리는 생기 없이 종교적으로 무력한 의욕을 필요로 하지 않을 수 있다. 그것은

15   이제, 한 인간이 완벽하게 완성되는 것 그리고 그의 교육의 목표와 예술의 목표가 완전히 발휘되는 것을 방해한다. 여전히 최고의 세계 고찰이 종교적 영역에 의해 찬탈되는 한, 개인들의 최고의 노력과 목표들은 대지의 맛을 지닌 채 종교의 가치 아래 사로잡혀 있는 것이다. 그 개인은 자신의 **형이상학**을 구원한다 : 그러나 그는 이 형이상

20   학을 하나의 대중적 복음으로 파악하고 설교하는 것에서는 멀어지게 된다.

누구든 인간을 진지하게 만들길 원하는 자는 바랜 종교들과는 어떤 관계도 맺지 않는다. 그는 한때 엄격함과 의무의 도덕적 조야함을 간직한다 : 다른 한편 그의 경향은 삶의 현상들을 진지하게 취하

는 것이다. 그는 모든 것을 체념하며, 오로지 자신이 지닌 이상을 현
실화하는 것만을 체념하지 않는 것이다.

9[95]

소크라테스와 비극.   2〈장〉 약. 50절.
그리스 비극과 오페라.   8〈장〉
Rh. Mus. 약 3권 = 15 Th.

9[96]

로만적 형식들, 즉 그들의 도식주의를 제거함 : 따라서 같은 행
에 있는 라틴적 시의 각운은 포기되어야 한다. **두운(頭韻)**의 가치는
운율의 자유에 의거한다.
바그너를 통한 운율의 해방.

9[97]

음악의 파토스—*자극적이며 예술적인pikron kai katatechnon.*

9[98]

음악은 '가장 주관적인' 예술이다 : 본래 예술이 어디 안에 존재
하지 않는가? **'주관적인 것'** 안에. 즉 예술은 완전히 **병리학적**이며, 그
래서 그것은 완전히 비병리학적인 **형식**이 아니다. 형식으로서 그것
은 **아라베스크**와 가장 유사하다. 이것은 **한슬리크**의 입장이다. 특히
멘델스존과 같이 '비병리학적으로 작용하는 형식'이 우세한 작곡은
그 형식을 통해 고전적 가치를 갖는다.

9[99]

청자는 **미학적인** 인간이 아니다 : 대중은 예술을 통해 종교적-도덕적 인간으로 순화되고 성화된다.

'공상적이고 미학적인 인간'의 '**비판자.**'

오로지 천재만이 비판자이다. 즉 천재는 위대한 것을 결정하고, 소인배는 그 후에 따라 말한다.

9[100]

소포클레스, 발전에 대하여 :

파토스.

쓴 맛(불협화음에 대한 쾌감). 예술적.

일상적인 것의 부정.

특성적인 것.

9[101]

'모음-자음' : 몸짓은 부분적으로는 시각을 통해, 부분적으로는 청각을 통해 '**몸짓**'으로 느껴진다 : 수반된 신경 조직하에서.

9[102]

그리스적 의미에서 **예술과 종교**는 동일하다. 단지 사람들은 '아름다움의 종교'에 대해서만 생각해서는 안 된다. 그리스 종교는 예술과 마찬가지로 많은 부분에서 아름다운 것과 아무 **관계가 없다.**

9[103]

‘비판자’는, 청자가 예술 작품을 규정하는 르네상스의 산물이다.

9[104]

그리스 비극의 두 가지 상이한 출발점 :

하나의 환상을 보는 합창단,

그리고 마술에 걸린 디오니소스적 즉흥 시인.

합창단은 단지 **살아 있는 형상**을 설명한다 : 즉흥 시인은 드라마를.

그것에 대해서는 희극이 가장 잘 가르쳐준다.

황홀경에 찬 주시자인 합창단은 보여진 즉흥 시인을 곧바로 이상적인 높이로 끌어올린다.

마술에 걸린 즉흥 시인과 환상의 융합—드라마의 근원.

여기서 에우리피데스를 희화화한, 아이스킬로스적 인물의 기대하는 침묵은 교훈을 준다. 맨 처음 무대 인물은 단지 환상이다 : 이제 그 인물은 합창단이 주는 느낌의 이상적 높이에서 즉흥적으로 연주하기 시작한다.

파토스의 코투른—

이렇게 우리는 그리스 비극에서 음악과 환상이 **앞뒤로** 연속된다—반면에 근대의 목적은 병치이다.

합창단은 비극의 이상적 언어를 확정하는 것이다 :

이것을 실러가 느꼈듯이.

아이스킬로스의 즉흥시—연기자로서 아이스킬로스.

서정적 텍스트의 비이해와 아이스킬로스적 **파토스의 불가해성**—

9[105]

낯선 특성으로부터 즉흥적으로 시를 짓는 능력은 무엇인가? 하지만 모방은 문제되지 않는다 : 왜냐하면 그러한 즉흥시의 근원은 숙고함이 아니기 때문이다. 실제적으로 물어야 할 것은 : 어떻게 낯선 개성에서 휴식하는 것이 가능한가이다.

이것은 우선 고유한 개성에서 해방되는 것이며, 따라서 하나의 표상 안으로 침잠하는 것이다. 여기서 우리는 어떻게 표상이 의지의 표현들을 차별화하는 능력이 있는지 본다 : 즉 어떻게 모든 특성이 하나의 내적 표상인지를. 이러한 내적 표상은 우리에 대한 스스로의 의식적인 사유와는 명백히 일치하지 않는다.

낯선 개성에서의 이와 같은 휴식은 지금 마찬가지로 **예술적 향유**이다. 즉 의지의 표현들은 **항상 심오해지는** 하나의 표상을 통해 궁극적으로는 다른, 즉 차별화된 표현이 되고, 마지막으로는 침묵으로 인도된다.

이기주의에 이바지하는 허위는, 또한 의지의 표현들을 차별화하는 표상의 힘을 보여준다.

따라서 특성은 우리의 충동적 삶 위에 쏟아부은 표상처럼 나타나며, 이러한 표상 아래 충동적 삶의 모든 표현은 명료하게 드러난다. 이러한 표상은 가상이며, 충동적 삶이 진리이다. 의지는 보편화하는 것이고, 표상은 차별화하는 것이다. **특성**은 원일자에 대한 전형적인 표상이며, 반면에 우리는 이 표상을 단지 표현들의 다양성으로 안다.

특성을 만드는 원표상은 이제 모든 **도덕적인 현상**의 어머니이기도 하다. 그리고 일시적인 모든 특성을 지양함이 (예술 향유 안에서,

즉흥시 안에서) 도덕적 특성의 변화이다. 그것은 표상, 즉 가상과 결부된 최고의 세계이며, 이것에서 도덕적 현상이 발생한다. 표상의 가상 세계는 이렇게 세계 구원과 세계 완성을 향한다. 이러한 세계의 완성은 원고통과 원모순의 무화 안에, 즉 사물의 본질을 없애는(파기하는) 것에, 그리고 유일한 가상 안에—말하자면 비존재 안에 놓여 있는 것이다.

모든 **선한 것**은 일시적으로 **표상 안으로 침잠**하는 것에서, 즉 가상과 하나가 되는 것에서 발생한다.

9[106]

만약 리하르트 바그너가 만족하고-아름다운 것과는 반대인 '숭고함'의 특성을 음악에 돌렸다면, 여기서 근대 예술의 **도덕적 측면**이 보인다.

모든 감정과 인식 아래서 활동하는 의지는, 그리고 음악이 묘사하는 그러한 의지는, 경험적 세계와 비교할 때 하나의 **파라다이스 같고-예감에 찬 근원적 상태**로, 마치 목가적인 것이 현재에 관계하듯이 세계와 관계한다.

우리는 이러한 **근원적 상태**를 숭고한 것, 다시-도달할 수-없는 것의 도덕적 느낌과 더불어 향유하며, 그것은 현존재의 '어머니'이다 : 거기서부터 우리는 진정한 헬레나인 음악을 찾아와야 한다.

9[107]

고대와 연결된 르네상스의 새로운 교육은 또한 그에 상응하는 예술을 추구했다 : 반면에 회화, 조형예술, 팔레스트리나에서는 중세가 자신을 가장 잘 실현했다.

근대 예술의 지반은 더 이상 **민족**이 아니지만, 사람들은 민족을 목가적으로 이해하며 추구했다. 아리아와 **근대 국가**, 양자는 모두 민족에 대한 열망을 지니는데, 그러면서도 동시에 영원한 거리를 두고 그 열망을 지닌다. 이를 통해 민족 개념은 어떤 마술적인 것을 획득한다 : 민족개념에 대한 경모를 말하는 중에 그것으로부터 소멸된다.

개체가 지배한다, 즉 그것은 이제 자신 안에, 이전에는 거대한 대중 안에 잠재적으로 있던 힘을 보유한다. 민족의 엑기스로서 개체 : 만개를 위한 사멸. 지금의 교육 목적을 다시 대중 목적으로(예를 들어 십자군) 설정하는 것은 불가능하다.

거기에 예술은 어떻게 관계하는가? 예술은 개체, 즉 인간을 찬미한다.

9[108]

리하르트 바그너에 대한 머리말.

서정시의 근원들.

소크라테스와 비극.

오페라.

9[109]

셰익스피어에게서 **사상**은 음악과 일치되었다.

근대 예술 : 르네상스는 오페라 안에서 붕괴를 보이는 반면, 팔레스트리나는 중세 최고의 실현이다. 오페라를 제대로 이해한다는 것은 근대 정신을 이해하는 것이다. 예술을 필요로 하는 문외한은 스스

로 저러한 붕괴 너머를 꿈꾸기 위해 자신의 요구를 내세우고 자신을 위해 모든 예술을 결합시킨다. '선한 인간', '선한 원인간'은 이제 기독교적 인간에 대립된다 : 예술은 도덕적인 세계 고찰을 드러낸다. 근대 인간은 중세적 신앙의 자리에 예술을 환각제로서 필요로 한다.

5 '영웅적인' 오페라는 다음과 같이 이해되어야만 한다 : 즉 '선한 인간'에 대한 반대 도그마로서.

버질이 단테에게 지옥을 두루 안내하듯이, 그렇게 오페라는 그리스 비극에 의존한다.

10 9[110]

그리스인들이 소박하게 느꼈듯이, 그들은 또한 아이스킬로스의 명예kompos도 소박하게 느꼈다. 핀다로스적-아이스킬로스적인 것과 실러적인 파토스의 차이.

합창단, 즉 음악은 이러한 파토스를 강요한다 : 사람들이 그것

15 을, 개체적인 특성을 위해 포기하고자 할 때, 사람들은 합창음악의 의미를 줄여야만 한다.—그러한 파토스는 어디에 존재하는가? 현실에 대한 착오는 어디에서 오는가? 비자연에 대한 쾌감은 어디에서 오는가? 호메로스적 언어의 상이성? 하지만 그것은 서정시는 아니다. 왜냐하면 의도들이 명시화되었기 때문이다. 모든 것은 분명해야 한다

20 : 이러한 파토스는 얼마나 위험한가! 그렇기에 스스로에게 저러한 표현의 고상함을 허용해도 좋기 위하여, 가장 단순하고 그 자체로 잘 알려진 갈등들이 수용된다.

아이스킬로스적 인물들의 오랜 침묵은 합창단의 환상을 생각나게 한다. 참조 : 개구리들.

그 다음 저렇게 오래 침묵하는 인물들은 지나치게 격정적인 말을 해야만 했다 : 그 말들은 아주 높이 이상적인 영역으로 끌어 올려졌다 : 그것은 아주 낯설고 기이하고 이해할 수 없는 말들이었다.

5 9[111]

만약 오페라의 창시자가 레치타티브에서 그리스인의 사용법을 모방한다고 믿었다면, 그것은 소박한 착각이다. 그리스 음악은 그 중 가장 이상적인 음악으로, 말의 강조나 말 안에서 작은 의지들이 지닌 자극의 정점들, 양음(揚音)과의 조심스러운 일치는 전혀 고려하지 않고 있다. 그리스 음악은 음악적인 강음을 전혀 알지 못한다 : 그 음악의 작용은 강약의 리듬에 있지 않고, **시간의 리듬과 멜로디** 안에 있다. 리듬은 단지 **느껴지는** 것이지, 강조를 통해 표현되는 것이 아니다. 오히려 그것들은 **사상의 내용**을 강조했다. 음표의 **높낮이**, 박자의 하박이나 상박은 사상의 내용과는 아무런 관계가 없다. 이에 반해 음계에 대한 **감정과 시간의 리듬**들이 아주 섬세하게 발전되었다. 사람들은 이 민족의 춤에 대한 재능에서 그들의 놀라운 리듬적 다채로움 poikilia을 보았다 : 반면에 우리의 리듬적 태도들은 하나의 협소한 도식주의를 갖고 있는 것이다.

20 9[112]

서정 시인.
테오그니스.
〈코에포렌〉.
레르티우스.

알키다마스, 호메로스.

9[113]

만약 음악이 서정시의 손길에서 발전했다면, 그것은 다음과 같은 것을 뜻한다 : 음악가는 문외한을 음악으로, 그리고 서정시에 근접한 해석을 통해 점차 이해하도록 강요하고 길들인다.

베토벤의 마지막 4악장이나 장엄 대미사Missa solemis에서 커다란 유사점을 비교해보시오.

9[114]

자신의 로만적 도식주의에서 해방된 **심포니**. 리듬의 구속에서 벗어남.

비극적인 목가, 단테에 있어서 리미니가(家)의 프란체스카 Francesca di Rimini.

9[115]

트리스탄에게서 말, 사상과 형상은 완전히 기진맥진한 음악의 이상주의에 대한 **평형추**이다.

9[116]

음악의 가장 위대한 힘에 대(對)한 음악의 한계로서 박자의 의미. 바그너의 경우 사람들은 때때로 어떻게 음악이 박자 없이 영향을 미치는가를 느낀다 : 여기서도 그것은 **목가적**이다. 박자는 자연 안에서 전혀 전형을 갖지 않는다 : 의지의 흥분을 동일한 시간 단위로 자르는 어떤 힘이란 말인가?—즉 박자는 근본적으로 파동의 모상 Abbild이다. 그것은 이미 의지에 대한 하나의 비유이다 : 비극의 두 연기자들과 비교할 때, 어떤 외면적인 것으로서 : 고착되어 있는 것. 말하자면 박자와 더불어 조화음과 멜로디는 억제된다.

5   박자는 모방극이 음악에 끼친 여파이다 : 마치 **멜로디**가 언어적 사상과 문장의 모상이듯이. 가수인 한, 걷고 말하는 인간은 음악의 근본 형식들을 규정한다.

음악은 발전하면서 의인론적인 근본 표현들과 연결되었다 : 걸음과 언어. 우리는 정당하게 걷는 것을, 음악의 모방이라고, 언어적 문장을 멜로디의 모방이라고 부를 수 있다. 이런 의미에서 전체 인간은 **음악의 현상**이다.

그렇다면 박자는 근본적인 어떤 것으로 이해되어야 한다 : 다시 말해 가장 근원적인 시간 느낌이나 시간 자체의 형식이다.

15   9[117]

리하르트 바그너와 그리스 비극.

머리말. 마치 여기에 가장 가까운 친척 관계가 있어서, 이탈리아 인이 비극을 모방할 때 올바른 길을 가고 있는 것과 같은 표상이 있다.

20   9[118]

에르가Erga.

투쟁Certamen.

《코에포렌》.

9[119]

고대 음악이 정서에 영향을 끼친 것은 특별하게 규정되었다. 고대 음악은 의지 언어로 이해되었으며, 따라서 그것은 서정시와 뗄 수 없는 관계에 있었다.

비극 시인은 스스로를 민족의 향상을 위한 선생으로 보았다. **도덕적인 시각.**

우리의 예술 느낌 역시 **도덕적**이며, 그 중 향상된 존재에 대한 비극적 인식이다 : 감상적인 것.

9[120]

그리스 세계가 조형 예술을 통해, 근대 세계가 음악을 통해 특징지워진다는 것은 완전히 오류이다. 오히려 그리스 세계는 디오니소스적인 것과 아폴론적인 것의 완전히 합일된 세계이다.

9[121]

볼테르 역시 자신의 시를 그렇게 격정적이고 변화 없이 낭독했다.

괴테, 29권, 338쪽 : '성가 음창의 과장된 말psalmodirender Bombast'.

9[122]

더 써야 할 것.

1) 아폴론적 천재.

2) 디오니소스적 천재.

3) 오페라.

4) 비극.

5) 디오니소스 찬가.

6) 비극의 죽음.

7) 셰익스피어, 실러.

8) 리하르트 바그너.

9[123]

영웅 오페라 폰 클라인(v. Klein, 6권), 특히 역사 오페라. 목자적 성격을 벗어났다. **특히 고귀한 인간** : 소박한 도덕을 향한 열광.—프랑스 비극과 실러는 그와 같은 도덕적인 감정 때문에 영웅 오페라의 유비Analoga로 평가되어야 한다.—이렇게 인간의 낙원에서 역사의 위대한 도덕적 계기로 도피 : 인간적 선의 낙원 안으로.

《군도》(카를 무어Karl Moor, 플루타르코스Plutarch, 위대한 인간들).

9[124]

I장.	디오니소스와 아폴론.
II장.	아폴론적 예술가.
III장.	서정 시인.
IV장.	오페라.
V장.	비극.
VI장.	리하르트 바그너.
	윤리학. 쇼펜하우어와 유사성.
	저술가.

시인.

음악가.

9[125]

모방에 대한 이론은 어디서 생겨나는가? 그리고 특징적인 양식은?―음악은 아직도 가장 섬세한 형식을 형성하지 못했다 : 특징적 양식과 음악은 화합하지 못했다. 사상은 아직도 충분히 데워지지 않았다.

음악에서 사상의 탄생은 소포클레스의 경우 이제 막 처음으로 세계관 안에서 희미하게 나타난다. 셰익스피어의 경우에는 완성이 : 본래 게르만적으로 : 음악에서 사상을 낳다.

음악이 사상을 산출할 수 있는가? 처음에는 형상, 특성, 그 다음에는 사상들.

고대 신화는 대부분 음악에서 태어났다. 일련의 형상들. 그것은 비극적 신화들이다.

음악과 비극적인 것의 유사성은 어디에 있는가? 비극적인 것은 존재의 가장 보편적인 형식을 진술하는가?

서정적인 것은 비극적인 것과 무엇으로 구분되는가?

비극적인 것은 단지 서정적인 것의 상승일 수 있다 : 서사적인 것과 반대로.

신화 안으로 음악이 용해되는 것은 비극적인 것이다.

서사시가 회화에 관계하듯이, 비극적 신화는 서정시에 관계한다.

여기서 신화는 무엇인가? 하나의 역사, 사건들의 연쇄적 고리, '이야기의 교훈fabula docet' 없이, 그러나 음악의 전체 해석으로서.

음악의 해석으로서 서정시는 일련의 정서들이다.

음악의 해석으로서 비극적 신화는 어떤 고난의 묘사이다.

서사시—일련의 형상들로서 역사. 부조.

비극—일련의 정서들로서 역사.

5 　　—전형적으로 극적인 것은 비극적인 것의 본질에 속하지 않는다. 또한 극적 서사시가 존재한다.

음유시인이 서사시를 보듯이, 비극적 합창단은 신화를 본다. 그러나 음유시인은 신화를 이야기한다. 그리고 맨 처음에 합창단 역시 비극을 이야기했다. 스테시코루스Stesichorus가 호메로스에 관계하듯이—그렇게 비극적 합창단은 음유시인에 관계한다.

10

(어쩌면 희극은 서사시의 드라마적인 묘사인가? 그것이 필요한가 —)?

9[126]

15 　　왜 가수-연기자, 음악적 극작가의 영향이 그렇게 큰가? 음조는 곧바로 정서적 언어로 이해된다. 순수한 음악적 영향은 곧바로 정서 효과로 약해진다. 그 안에 놓여 있는 것은—단지 도구에 불과한 절대 가수와는 달리—소박한 것이다. 예술은 정서 효과로 나타난다.

드라마, 언어-비극은 우리에게는 아무런 반향도 주지 못한다.

20 눈에 띄는 사실은, 우리에게는 셰익스피어 작품을 읽는 것이, 공연보다도 아주 더 많은 효과가 있다는 점이다. 연기자는 근대적 인간이다 : 그는 비극과는 대립 관계에 있다.

합창단에 대한 실러의 올바른 감정과 티크의 표현 : 완전히 비자연적인 것은 (우리의 자연에 반하여) 가장 감동적인 것이다.

9[127]

오페라는 자신의 본질로부터 완전히 소외될 수 없다 : 오페라에서 최선의 것을 만드는 자는, 오페라의 본질을 가장 예리하게 표현하는 자이다.

9[128]

바그너는 무엇보다도 음악가로 여겨져야 한다 : 그의 텍스트는 '음악 안개'이다.

9[129]

만약 우리가 예술가가 아니라면, 예술을 단지 목가적 분위기에서, 목가적으로만 이해한다고 믿는다. 이것은 우리 근대인의 몫이다 : 우리는 이렇게 **도덕적인** 본질로서 향유할 뿐이다. 그리스적 세계는 지나갔다.

9[130]

아폴론적 천재—군사적 천재에서 정치적 천재로, 현자로(일곱 현자의 시대), 시인으로, 조각가 화가로의 발전. (고대적 종(種)의 지속적 존속.)

디오니소스적 천재—국가와는 어떤 관계도 맺지 않는다.

인류의 개념—노예가 아님—동정. '아폴론적 교수들'에 대한 공격.

서정적 천재.

9[131]

　　오페라. 목가적인 것. 문외한의 속성. 자극적인 것과 풍부하고
-격정적인 것.

　　비극. 비극적인 것. 아리스토텔레스.

　　디오니소스 송가. **도덕적 디오니소스 송가***dithyrambikos nomos*.
도구로서 목소리. 절대 음악의 정점. 아리스토텔레스, 음악의 에토스
에 대하여.

　　비극의 죽음—연극—로만주의.

9[132]

　　소포클레스의 완성인 셰익스피어. 완전히 디오니소스적. 그는
그리스 비극의 한계를 보여준다 : 고대 그리스 음악과 게르만 음악
사이와 같은, 동일한 관계.

　　리하르트 바그너와 우리의 시인들—전형적 인간으로서.

9[133]

　　아이스킬로스의 경우 **음악**은 언어와 인물의 특성 안에 존재한
다. 소포클레스의 경우는 세계관 안에 존재한다. 그것은 지각할 수
있는 것에서 비감각적인 것으로 도피하며, 도피 중에 있다.

　　특성적인 것—소포클레스를 위한 새로운 주문, 즉 실제적인 인
물의 특성들에 대한 모방. 모방에 대한 잘못된 개념. 예술적 인물이
실제적 인물보다 더 사실적이며, 현실은 예술적 인물들의 모방이다 :
깨어 있는 세계는 꿈의 세계를 모방한 것인가?—확실히 세계는 **표상**
으로 존재해야 한다 : 반면에 우리는 처음으로 표상이 된 것이다.

인물의 특성에 대한 모방—이와 더불어 음악은 더 이상 생산적이거나, 인물 창조적이지 않다. 음악은, 원-일자가 개체를 산출하는 것과 동일한 방식으로 스스로에게서 비극을 산출해야만 한다.

순수한 음악의 상태로서 꿈?

5

9[134]

디오니소스 송가자에게 전례없이 음악이 확대되는 것은 우선 음악의 과잉으로 여겨진다 :

프라티나스의 경우, 그가 음악 **텍스트를** 지배하라고 요구했다는 10 것은 올바르지 않으며, 오히려 악기보다 **노래가 중요함을** 요구했다.

디오니소스 송가자들의 압도적인 음악은, 그 안에서 음악의 매우 다양한 특성들이 자리를 잡고 있는 더 큰 장르를 추구했다. 플라톤에 따르면, 그들의 행위는 그들은 애도가Threnos, 찬가 등을 디오니소스 안으로 끌어들임으로서 더 큰 장르를 추구했다. 그것은 이제, 15 행위를 통해 전체로서 감성화된 복잡하고 거대한 음악의 구성이 되었다. 고대 심포니.

9[135]

바그너와 베토벤 : 바그너는 무의식적으로, 그 안에서 오페라 20 의 근원적 악이 극복되는 예술 형식을 추구했다 : 말하자면 **최대의 심포니** : 이것의 주 악기들은 하나의 행위를 통해 감성화될 수 있는 노래를 부른다. 언어로서가 아니라 음악으로서, 그의 음악은 놀라운 전진이다. 왜냐하면 우리는 한편으로는 고대 **오페라 음악이,** 다른 한편으로는 **학술 음악이** 분명한 자취를 바흐와 베토벤에게도 남겨두었

다는 사실을 잊지 않기 때문이다. **로만적 멍에에서 벗어난 독일 음악**이 머리에 떠오르는 것이다 : 유사한 독일 예술과 마찬가지로, 그는 우선 단지 **급진적인 목가주의자로, 로만적 사상의 완성자로** 독일 음악을 발견한다.

텍스트와 행위가 우리로 하여금 순수한 음악을 향유하게 한다는 것은 놀라운 일이다 : 〈트리스탄〉 3악장을 생각해보라. 여기서, 우리가 단지 버질의 손에서 볼 수 있었던 지옥이 열려 보인다. 여기서 형상과 사상은 그 이상이다 : 그것은 음악의 완전히 삼켜버리는 영향력을 부수고, 그것을 **약화시킨다.─원고통.** 이런 한에 있어 말과 형상은 음악에 대한 치료제이다 : 먼저 말과 형상은 우리를 음악 가까이로 이끌며, 그 다음에 말과 형상이 우리를 음악에서 보호한다.

9[136]

근대의 이러한 목가적 특징은 너무 고유한 근대의 특성이어서, 근대는 목가적 특징을 목가적으로는 결코 당장 파악하지 못한다.─ 그러나 **소박한 민요**와 비교하면, 그것은 이해된다.

로마의 시는 그 자체로 비음악적이다.

다행스러운 것 : 가수의 비자연에서 문자 음악의 목가적인 것으로 귀환 : 그리고 고대의 소재들로.

화려한 것, 풍부한 것, 자극적인 것으로 가는 목가시의 퇴화 : 모차르트에게서 단순한 음악, 이상화된 세레나데, 아리아, 희극 가수 역할Buffopartien로의 귀환, 즉 간단히 이탈리아적 민족 희극으로, 게르만적으로 변조된 귀환.

9[137]

　　언어 음악은 낭송된 언어로서 우선 청자의 정서에 영향을 끼쳐
야 한다 : 음악은 단지 정서로 음악에 접근하는 비음악가를 겨냥한다.
　　이러한 정서적인 비음악가는, 법칙을 부과하는, 꿈꾸는 근원적
청자이다 : 그는 단순하고 강력한 느낌을 자극하길 원하며, (근대를
대표하는) 사상에서 도망친다.
　　그는 **느낌** 대신에 또한 단지 자극하는 것 또는 흥분시키는 것을
종종 요구한다. 여기에는 항상 오페라의 풍부한 화려함과 감성을 위
한 길이 열려 있다 : 사상의 도피로부터.
　　근본적 오류는 : 소박한 근원적 인간은, 어떻게 그가 격정 안에서
음악가와 시인이 되었는지에 따라 생각된다는 것 : 마치 격정이 예술
작품을 창작할 수 있는 듯. 이것은 자신의 시대가 겪은 격정이 이미
표상들과 더불어 지나치게 해체되었음을 발견하는 시대의, 즉 사상
을 통해 불안해진 시대의 믿음이다 : 이 시대는, 격정들이 사상이 아
니라 노래와 시작품들을 창작하는, 왕국으로 들어가기를 꿈꾸는 시
대. 이렇게 **예술적 과정에 대한 잘못된 믿음**이 그 전제이다 : 특히
본래 단순하게 느끼는 모든 인간이 예술가라는 소박한 믿음이 그렇다
: 이런 한 그것은 예술에서 문외한적 속성을 표현한 것이다. 사람들
은 고대 정신과의 거대한 단절을 인지한다 : **예술가와 대중은 스스로**
를 더 이상 이해하지 못하는 두 미학적 힘들이다. (팔레스트리나를
생각해보라.) 오페라는 하나로 일치시키려는 시도이다 : 그 안에서
문외한과 예술가가 일치하는 원인류로 회귀함으로써.

9[138]

에우리피데스의 경우에도 청자는 결정적인 자가 되었다. 청자에게서 일어나는 정이 여기에서는 드라마들을 시작(詩作)한다. 그러나 그것은 **목가적인 것을** 전혀 느끼지 않는 청자이다 : 그리고 이렇게 에우리피데스는 신화들을 **현재** 안으로, 그리고 현재의 격정들 안으로 옮겨놓았다.

9[139]

소크라테스와 에우리피데스—**로만적 연극을** 설명하기 위하여 : 이것의 근본적 오류 : 소크라테스적 문제가 해결되어야 한다, 즉 이제 시를 창작해야 하는 이성의 명제가. 여기에서 서정적 시인은 격정적 인간과 뒤바뀐다 : 음악적 지반 대신에 정서가 들어선다. 이성적 명제는 정서를 통해 설명된다. 또는 :

이성적 명제를 통해 억제되는 정서는 흥분 안에서 묘사된다.

음악적 지반 대신에 정서가 들어선다.

형상들이 상연되는 대신에 이성적 명제가 들어서고, 이것은 이제 정서의 한 예를 찾는다.

이럴 때 비음악적인 **청자는** 시인이 된다. 또는 **청자는** 로만인들의 드라마를 규정한다.

9[140]

서정 시인.

오페라.

비극.

디오니소스 찬가.

소설. 드라마.

셰익스피어.

리하르트 바그너.

실러와 괴테.

로만적인 것과 게르만적인 것.

9[141]

우리는 셰익스피어와 베토벤을 우리의 로만적 악습을 근거로 이해한다.

9[142]

실러는 말하기를, 자연과 이상적인 것은 슬픔의 대상이라는 것이다. 비록 자연은 상실된 것이고, 이상적인 것은 이를 수 없는 것으로 묘사되더라도. 또는 양자는, 실제적으로 표상되는 한, 그것들은 기쁨의 대상이라는 것이다. 전자는 협의에서 **비가**를, 후자는 광의에서 **목가시**를 제공한다.

예를 들어 〈지그프리트〉는 목가시에 속하고, 자연과 이상적인 것은 실제적이며, 이것에 대하여 사람들은 기뻐한다. 이 경우 이제 자연에 대한 바그너적인 개념은 **비극적인** 개념이고, 실러적인 개념은 **명랑성**의 개념이다. 우리는 〈트리스탄〉을 즐기고, 죽음마저도 즐긴다. 왜냐하면 이와 같은 자연과 이러한 이상은 실제적이기 때문이다.

9[143]

우리는 로마에 종속되어 있다. 마치 야콥 부르크하르트가 200쪽에서 고대 이탈리아 천재가 부분적으로 소생한 것을 이탈리아 시인 자체에서 발견하듯이, 즉 태고적 현악기의 놀라운 울려퍼짐.

로마인은 모든 후세에게 지금까지 예술가로 규정되어왔다. 셰익스피어, 바흐 등에게서 오로지 원게르만적 정신만이 해방되었을 뿐이다. 그들의 휴머니즘은 그들의 예술에 대한 평형추이다.

신화적-전원적 문학에 대하여, 201쪽.

극적 디오니소스 찬가, 키클롭스Cyclops의 **전원적 경향.** 이미 목가적.

9[144]

호메로스적 질문.

연설가에 대한 대화Dialogus de oratoribus.

9[145]

바그너의 경향을 위한 모토 :

그리고 희망 없는 그리움처럼,

오랜 이별의 쓰디쓴 아픔 후에,

뜨거운 참회의 눈물을 흘리는 어린이는,

자기 어머니의 가슴으로 뛰어든다 :

이렇게 자신의 어린 시절의 보금자리로,

낯선 풍습의 먼 외국에서,

노래는 탕자를 되돌아오도록 이끈다,
충실한 가련한 자의 자연 안에서,
차가운 법칙에서 따뜻해지도록.

그 다음엔 〈산책〉과 비교할 것.

9[146]

　　음악적 서정 시인으로서 괴테는 또한 유일하고 완전한 극적 장면을 서술했다(예를 들어 〈파우스트 1〉의 결말, 에그몬트, Berlic-hingen). 우리는 극적 장면을 넘어서지 못한다.—아마도 실러는 더 강력한 음악적 충동을 지녔을 것이다. 그러나 그의 언어 세계와 형상 세계는 합치하지 않는다 : 마치 셰익스피어의 경우가 그렇듯이. 클라이스트는 가장 훌륭한 길을 가고 있었다. 하지만 그는 아직도 서정시를 극복하지 못했다.

　　목가적인 경향은 괴테가 드라마에서 더 나아가게 했다. 예를 들면 이피게니Iphigenie, 타소Tasso.—실러는 한번도 완전하게 서정시에 이르지 못했다. 하물며 그것을 넘어서 드라마에도 결코 이르지 못했다.—셰익스피어와의 비교는 없었다 : 그러나 프랑스 비극과의 비교는 충분히 있었다. 우리가 민요에 이르지 못한 한, 우리는 프랑스 영향하에 있는 것이다.

　　그러나 민요는 괴테의 경우와 같이, 신선하게 발생한 것이어야 한다.

9[147]

실러와 괴테는 계몽주의 시인이며, 독일 정신을 지닌 시인이다. 실러가 프랑스 비극에 관계하듯이, 바그너는 위대한 오페라에 관계했다. 근본적 오류는 존재하지만, 이러한 것 내부에서 모든 것은 독일의 이상적 급진주의로 채워졌다. 그러나 근본적인 오류는 근대 역사의 한 판단이며, 우연적인 것이 아니라 필연적인 것이다(그렇기에 르네상스와 더불어 시작되었다), 즉 그것은 소크라테스에서 시작된 길에 의해 지속되었다. 단지 우리의 위대한 독일 음악가와 셰익스피어만이 이러한 과정의 바깥, 이미 이른 정점으로서 존재하는 것이다. 그리고 사람들은 이러한 정점을 연대기적으로 종말에 기대하려고 해서는 안 된다. 마찬가지로 이러한 과정을 넘어서서 바라본 청년 시절이 괴테에게 있었다(파우스트의 구상) : 어디를 향하여 본 것일까?

문제 : 셰익스피어와 베토벤에게서 문화를 발견하는 것. 그리고 여기서 우리의 실러와 바그너는 인간으로서 선구자일 수 있다. **로만주의에서 해방** : 지금까지는 단지 로만주의의 변형이 있었다. 마치 종교 개혁이 단순한 변형이었듯이.

9[148]

교육과 예술.

교육의 목적.

9[149]

현재의 목가적인 삶으로서 리하르트 바그너 : 비민족적인 전설, 비민족적인 시구, 하지만 양자는 독일적이다. 우리는 여전히 단지 목가적인 것에 이를 뿐이다. 바그너는 오페라의 근원적 경향, 즉 목가적인 것을 그 결론에까지 이끌었다 : 음악을 목가적인 것으로(형식의 파괴를 동반한), 즉 낭송시, 시구, 신화. 그때 우리는 최고의 감상적인 쾌감을 갖는다 : 그것은 결코 소박하지 않다.—나는 새로운
5 목가적인 것에 대한 실러의 사상을 생각하고 있다. 시인으로서 바그너. 예를 들어 트리스탄을 '심포니'로 이해해야만 하는지? 그렇지 않다. 바그너는 근대 문화의 지도를 단순히 던져버리려고 했다 : 그의 음악은 근원적 음악을 모방했다. '도덕적' 영향력이 가장 포괄적인 것이었다. 총체적 예술 작품—말하자면 근원적 인간의 작품은, 바그
10 너와 같이 근원적 재능 또한 전제로 한다. 분리되지 않은 인간. 노래하는 근원적 인간. 오케스트라는 목가적인 것에 반하는 근대 인간이다.—그는 서정시의 음악가로서 토대, 예를 들어 법칙을 찾았다. 그는 자신의 서정적 인물들을 오로지 그의 음악적 정조들에서 창조했으며, 그 때문에 그 인물들은 **전체로** 합치된다. 음악의 본래적인 극작
15 은 불가능하다. 거대한 〈탄호이저〉 장면에서는 극적이고 병리학적 상태가 작용하며, 여기서 음악은 단지 언어를 배제시키는 이상주의에 불과하다. (Nohl에서 바쿠스 축제에 대하여, 실러.) 바그너는 자신 안에 살아 있는 음악에서 선택했다 : 인물의 특성은 노래하는 가수와 음악가의 예리한 관찰에서 추측된다. 여기에 모든 모방이 놓여
20 있다 : '빠르게'라는 속도 표지는 절대적인 것이 아니라, 단지 행하는 음악가를 위한 것이다. 오케스트라는 이것에 상응하게 '모방적'으로 생각된다 : 드라마 가수의 모방에 대한 유비는 연주되었다고 생각된 음악 안에서 찾아진다. 낭송은 무엇보다도 이러한 모방에 속한다 : 이것은 이제 현재 오케스트라의 상응하는 모방극과 상응한다. 이렇게 오

케스트라는 단지 하나의 모방적 파토스가 강화된 것일 뿐이다. 보여지는 도식 안으로 밀쳐 넣어진 음악 자체는 이제 모든 엄격한 형식에서, 특히 엄격히 대칭적인 리듬학에서 해방되어야 한다. 왜냐하면 극적 모방은 너무나 가변적인 것이고, 절대 음악에게는 비합리적인 것이기 때문이며, 그것은 결코 한 번도 박자를 지킬 수 없으며, 따라서 바그너의 음악은 최대한 박자 변위를 갖는 것이다. 이 음악은 이제 다시 창작된 원음악으로 파악된다. 왜냐하면 그것은 제한되지 않기 때문이다 : 그것은 두운에 상응한다.—색채론은 다시금 모방적 파토스의 차별화로서, 조화의 **조형적** 힘을 해방시키기 위해 요구된다. '극적 음악'은 잘못된 개념이다.—바그너의 전제 : 정서를 느끼는 청자, 즉 모순의 감정에서, 당장 신화에 반하여 가장 내적인 감동을 느끼는 아주 음악적이고 감상적인 청자가 아니라.—**비극적인 목가시** : 사물들의 본질은 선하지 않으며 멸망해야 하지만, 인간은 아주 선하고 위대해서 인간의 사라짐은 가장 심오하게 우리를 사로잡는다. 왜냐하면 인간은 사라짐에 대하여 무력하게 느끼기 때문이다. 지그프리트는 '인간'인 반면에 우리는 휴식과 목적이 없는 비인간이다.—예술에 반하여 목가적인 경향 : 그 경향은 도처에서 예술이 방향을 상실하는 것을 보며, **하나의** 예술을 창작하기를 믿는다. 예술들의 개체주의는 혼란으로 여겨진다. 부분들로 찢겨진 예술가는 비난받고, 총체적 예술가, 즉 예술적 인간이 회복된다.—

9[150]

프랑스의 자유주의와 영웅적 오페라—동일한 지반.

9[151]

계획 : 아이스킬로스에 대한 문헌학적-철학적 고찰의 전형을
제시할 것.

5   새로운 문화 고찰.
새로운 미학(모든 방면의, 가장 풍부한 소재와 더불어).
새로운 리듬학.
새로운 언어 철학.
신화에 대한 새로운 논구.
10   '고전적'이란 개념을 처음 실천적으로.
'감상적인' 운동의 완성.
묘사의 차이.

기존의 불충분한 교육에서 기인한 모든 드라마에 대한 적당한
경멸과 더불어, 모든 드라마에 대한 문헌학적 논구.

[10 ＝ Mp XII 1 c. 1871년 초]

'비극의 탄생'의 확대된 형식의 단편,

1871년 첫째 주에 씌어짐.

11쪽.

10[1]

지금까지 제시된 특성 묘사를 통해서, 상반된 채 공속하는 아폴로적 세계와 디오니소스적 세계의 의미를 해명한 자는, 이제 한 단계를 더 가게 될 것이며, 이러한 인식의 입장에서, **헬라적 삶을** 그것의 가장 중요한 현상들 안에서, 충동의 최고의 표현을 위한, 즉 **천재의 탄생을 위한 준비로** 파악할 것이다. 말하자면 우리가 바로 그 충동을, 사회적, 국가적, 종교적 질서들과 예절들과의 모든 연관성 밖에 있는 자연의 힘으로 생각해야만 하는 동안에도, 저러한 충동에 대한 더 예술적이고 우월하게 준비된, 말하자면 간접적인 개시가 개별적인 **천재를** 통해 존재하는 것이며, 이러한 천재의 천성과 최고의 의미에 대하여 나는 이제 반쯤 신비적인 비유의 말을 허용해야만 한다.

인간과 천재는, 전자가 철저하게 스스로 예술 작품인 것을 알지 못하는 한에 있어 서로 대립된다. 왜냐하면 인간에게 있어 예술 작품으로서 자신에 대한 만족은 완전히 다른 인식 영역과 고찰 영역에 속하기 때문이다 : 이런 의미에서 그는, 원일자의 환상적인 반영인 자연에 속한다. 반면에 천재에게 있어서는—인간으로서 그에게 주어지는 의미 외에—또한 동시에, 환상의 황홀함을 이끄는 다른 영역에 고유한 힘이 존재한다. 만약 꿈꾸는 인간에 대한 만족이 자기 스스로에게 단지 희미하게 개시될 뿐이라면, 반면에 천재는 동시에 이러한 상태에 가장 잘 만족할 수 있다. 마치 다른 한편으로 그 자신이 이러한 상태에 대한 힘을 가지며, 그 상태를 오로지 스스로에게서 창조할 수 있듯이. 우리가 원일자에 대한 꿈의 주요한 의미를 인지한 후, 우리는 개체적 인간의 모든 깨어있는 삶을, 자신의 꿈을 위한 준비로 간주해도 좋다. 이제 우리가 첨가해야만 하는 것은, **많은 인간들의 모든 꿈의 삶이 다시 천재를 위한 준비라는 점이다.** 이러한 비존재자와 가상의 세계에서 모든 것은 **변화해야만 한다** : 전체 인류에서, 그리고 더 많은 개체에서 꿈에 대한 희미한 쾌감의 인지가, 고유한 향유에 이르기까지 더욱 상승하는 동안, 천재 역시 그렇게 **변한다** : 이러한 현상들을 우리는 점차 아침 노을과 앞서 보내진 햇살을 통해 고지된 일출에서 보이게 할 수 있다. 인류는, 자신의 전제인 자궁으로서의 자연과 더불어, 이렇게 넓은 의미에서 지속적인 천재의 탄생으로 불려도 좋다 : 이러한 엄청나게 편재적인 원-일자의 시점에서 모든 순간 천재는 도달되고, 가상의 피라미드는 그 정점까지 완성된다. 우리 시선의 협소함과, 시간, 공간, 인과율이란 표상의 메커니즘에서, 만약 우리가 많은 인간들 아래서, 그리고 많은 인간들에 따라 천재를 일자로 인식한다면 우리는 만족해야만 한다. 즉 우리가 도대체 그를 인식한다면—이것은 근본적으로 항상 오로지 우연적으로 일어날 뿐이며, 확실히 많은 경우에는 결코 일어나지 않는 것으로— 우리는 행복해해도 좋다.

내가 말했듯이, 깨어 있으면서 동시에 꿈꾸는 인간에 의해 준비되고 발생되는, 천재는 '깨어 있지 않고 오로지 꿈꾸는' 인간으로서, 완벽한 **아폴로적** 자연이다 : 즉 앞서 보내진 아폴로적인 것의 특성에 따라, 자신에서 조명되는 진리이다. 이와 더불어 우리는, 완전한 자기 망각 안에서 세계의 원근거와 하나가 된 인간, 따라서 이제 원고통에서 이러한 것의 반영을 구원으로 이끄는 인간인, **디오니소스적** 천재에 대하여 정의내려야만 한다 : 우리는, 오로지 세계의 재생이며, 두 번째 주조물인 성인과 위대한 **음악가** 안에서, 이러한 과정을 경모한다.

5   만약 원고통이 이와 같이 예술적으로 반영된 것이 자체에서 또하나의 두 번째 반영을, 또 다른 태양으로서 창조한다면 : 우리는 공동적으로 **디오니소스적―아폴로적인 예술 작품**을 갖게 되는데, 이러한 신비를 우리는 비유를 통해 접근하고자 시도한다.

경험적-사실적 세계가, 꿈속에서 반영되고, 스스로 드러내게 하
10 는 하나의 섭리를 위해, 디오니소스적―아폴로적 합일은 향유에 대한 영원하고 불변적인, 다시 말해 유일한 형식이다 : 아폴로적 반영 없는 디오니소스적 가상은 없다. 우리의 근시안적이고, 거의 소경이 된 눈을 위해서, 저 현상들은 오직 개별적인, 즉 부분적으로는 아폴로적인, 부분적으로는 디오니소스적인 향유 안에서 분해되어 있으며,
15 우리는 아폴로적인 것과 디오니소스적인 것의 합일 안에서 저러한 섭리의 원향유에 대한 모상인 최고의 이중적 예술이 말하는 것을 오로지 예술 작품 안에서 들을 뿐이다. 이것을 위해 천재가 가상적인 피라미드의 정점이듯이, 이렇게 우리는 다시금 비극적 예술 작품을 우리의 눈이 도달할 수 있는 예술 피라미드의 정점으로 간주해도 좋다.

20   모든 것을 변화의 형식 아래, 즉 **의지**로 이해해야만 하는, 우리가 유일하게 알고 있는 현상 세계에서 우리는 세 명의 상이한 천재들의 **탄생**을 추적하고자 한다 : 우리는 그들에게 도달하기 위해 '의지'가 얼마나 중요한 **준비**들을 필요로 하는지 탐구하고자 한다. 그때 우리에게는, 이러한 과정에 대하여 단순하고 명료하게―이것이 그들

의 방식이듯이 ─ 말하는, 그리스 세계에 이러한 증거를 부여할 모든 근거가 있다.

만약 실제로 천재가 자연의 목적이고 궁극적 의도라면, 이제 헬라적 본질의 다른 현상 형식들에서 궁극적인 목적을 위해 오로지 필연적인 보조 장치와 준비들이 인식되어야 한다는 점 역시 입증되어야 한다. 이러한 시각은 우리로 하여금, 그것에 대하여 어떤 인간도 동정심을 가지고 이야기한 적이 없지만 종종 주장된 고대 정신의 상태들을, 근본적으로 탐구하도록 강요한다 : 이때 이 근본은 그리스 예술이라는 놀라운 생명나무가 유일하게 성장할 수 있게 한 것임이 드러난다. 이러한 인식은 우리를 전율시킬 수도 있다 : 그렇지만 이러한 전율은 거의 심오한 인식의 필연적인 작용들에 속한다. 왜냐하면 자연은, 가장 아름다운 것을 창조하려 애쓰는 곳에서도 두려운 어떤 것이기 때문이다. 이러한 자연의 본질에 걸맞는 것은, 문화 승리의 행진은 오로지 놀랍도록 적은 특출한 가사자(可死者)에게만 주어지고, 반면에 거대한 다수의 **노예 부역**은 하나의 필연성이라는 사실이다. 만약 그것이 실제로 예술에 대한 올바른 변화 쾌감에 도달해야 한다면. 공작 날개와 같이 펼쳐지는 두 가지 개념들, 즉 마치 철저하게 노예처럼 행동하며, 그때 '노예'란 단어에 불안을 느끼며 두려워하는 세계에 위로제로 주어진 듯한 개념들에서 우리 근대인은 그리스인보다뛰어나다 : 즉 우리는 '인간의 고귀함'과 '노동의 고귀함'에 대하여 말한다. 모든 것은, 비참한 삶을 더욱 더 비참하게 영속화하기 위해 스스로 괴롭힌다. 이러한 두려운 필연성은, 이제 '의지에 의해' 유혹받는 인간이 이따금 고귀한 것으로 경탄하는 소진시키는 노동을 강요한다. 그러나 노동이 존중과 명예로운 이름을 얻기 위해서는 무엇보다도 현존재 자신이—하지만 노동은 그에게 여전히 고통스러운 수단에 불과한데—중대한 철학과 종교들이 나타내곤 하는 것보다 훨씬 고귀해지는 것이 필요할 것이다. 수백 만의 노동의 필연성에서, 어떤 희생을 치르고라도 생존하려는 충동 외에 무엇을 발견할 수 있는가? : 그리고 흙이 없는 암석에 뿌리를 박은 발육부진의 식물에서 동일하게 전능한 충동을 보지 못하는가?

이렇게 두려운 생존 투쟁에서는 오로지 다음과 같은 개체들, 즉 오로지 실천적인 염세주의에 빠지지 않기 위하여, 지금 당장 예술적 문화의 환영에 다시 몰두하는 개체들이 나타날 수 있다 : 자연은 이러한 상태를 가장 싫어한다. 그리스적 세계에 반하여 거의 대부분 기형 상태와 반인반수들을 창조한 근대 세계에서는—이 안에서 개체적 인간은 호라티우스 풍의 시학 초기에 나타난 우화적인 존재처럼, 부분들로 혼란스럽게 짜맞춰져 있는데—종종 동일한 인간에게서 생존투쟁과 예술 욕구의 열망이 동시에 보여진다 : 이러한 비자연적인 융합에서, 전자의 열망을 예술 욕구 앞에서 변호하고, 어느 정도 칭송하려는 위급함이 발생하는데, 이러한 것은 인간의 고귀함에 대한 탁월한 표상을 통해 생긴 것이다. 그리스인들에게는 이와 같은 가련한 응급 조치가 필요하지 않았으며, 그들이 솔직히 말한 것은 노동은 치욕이라는 것이다—이것은 현존재가 치욕이기 때문이 아니라, 다만 생존만을 위해 투쟁하는 인간은 예술가일 수 없다는 감정에서이다. **예술을 원하는** 인간은 고대 정신 안에서 그 개념으로 지배했지만, 근대에서는 **노예**가 그 표상들을 규정했다 : 즉 노예는 생존할 수 있기 위해 자연에 따라, 자신의 모든 관계를 기만에 찬 이름으로 표현해야만 했다. 인간의 고귀함, 노동의 고귀함과 같은 유령은 자기 자신 앞에서 스스로를 은폐하는 노예 정신의 구차한 창작물이다. 노예가 자신과 자신을 넘어서는 것에 대해 숙고하도록 유혹되는 불운한 시대여! 노예의 순진무구한 상태를 지식의 나무의 열매를 통해 멸절시킨 불운한 유혹자들이여! 이제 이 유혹자들은 오로지 생존할 수 있기 위해, 소위 '모든 자의 동등한 권리', '인간의 기본권', 류적 본질로서 인간, 노동의 고귀함 등에서 심오한 형안자에게 인식되는 것과 같이, 투철한 거짓말들로 스스로를 연명해야만 한다. 즉 그들은 어떤 지점에서, 그리고 어떤 등급에서야 비로소 '고귀함'에 대하여 대충 말할 수 있는지를 파악하려 하지 않는다―그리고 그리스인들은 그것 자체를 그 당시 결코 한 번도 허락하지 않았다―말하자면 개체가 완전히 스스로를 넘어서고, 더 이상 자신의 개체적인 지속적 삶의 의무에서 번식하고 노동할 필요가 없는 그러한 것을. 또한 이러한 '노동'의 정점에서도 그리스인들에게는 이와 같은 거짓이 없는 소박함이 있었다. 심지어 빛바랜 플루타르크의 모방자도 아주 많은 그리스적 충동을 자신 내부에 지니고 있어서, 그는 우리에게, 귀족 혈통의 젊은이가 피사에서 제우스를 보더라도, 그 젊은이는 스스로 피디아스가 되기를, 또는 비록 그가 아르고스에서 헤라를 보더라도, 스스로 폴리클레트가 되기를 요구하지 않았으리라고 말할 수 있었다 : 그가 아나크레온 필레타스나 아르킬로쿠스가 되리란 소망을 품지 않았을 것과 마찬가지로, 그는 또한 자신의 시작(詩作)에 만족했을 것이다. 그리스인들에게 예술적 창작은 저속한 수공업과 마찬가지로 비천한 노동 개념 아래에 놓였다. 그러나 만약 그 안에서 예술적 충동을 강요하는 힘이 작용한다면, 그는 창작해야만 하고, 노동의 위급함을 떠맡아야만 한다. 그리고 한 아버지가 자기 자식의 아름다움과 재능을 경탄하면서도 부끄러운 반감을 가지고 출생의 행위를 생각하듯이, 그리스인의 경우도 그랬다. 아름다운 것에 대한 쾌감을 주는 놀라움은 모든 창조와 마찬가지로 자연 안에서 그에게 힘찬 위급함으로, 현존재에 대한 열망적인 자기-추진으로 나타나는 변화 과정에 대하여 그를 눈감게 하지 않는다. 비록 인간이 자신의 개체적인 보존보다 더 높은 목적에 이바지함에도 불구하고, 생식 과정을 부끄러워 은폐하려는 것으로 고찰하는 감정 : 이와 동일한 감정이 위대한 예술 작품의 탄생을 에워싸고 있다. 비록 이러한 행위를 통해 새로운 세대가 개시되듯이, 그것을 통해 더 높은 현존재의 형식이 개시되지만. 따라서 **부끄러움**은, 인간이 스스로를 개체의 개별적 형태로 간주되어야 할때, 무한히 확대되는 의지 현상들의 단순한 도구에 불과한 곳에 정확하고 근래적으로 들어맞는다.

이제 우리는, 그리스인들이 노예 따위와 노동에 대하여 품고 있는 느낌들을 분류할 수 있는 일반적인 개념을 갖게 되었다. 그들에게 이 두 개념은 필연적인 수치로 간주되었고, 그 앞에서 사람들은 부그러움을 느꼈다 : 이러한 이러한 감정에는 다음과 같은 무의식적 인식이 숨겨져 있다. 즉 본래 목적은 위의 전제들을 **필요로 하지만**, 그러나 여기에서는 예술적으로 자유로운 문화 생활에 대한 의도적인 찬미안에서, 그토록 아름다운 처녀의 몸을 앞으로 내민, 스핑크스의 천성인 경이로움과 맹수적 방식이 놓여 있다는 것이다. 내가 특히 진정한 예술 욕구로 이해하는 교육은 무시무시한 지반을 가지고 있다 : 그러나 이 지반은 희미한 부끄러움을 느끼는 가운데 인식되도록 자신을 제시한다. 더 높은 예술의 발달을 위한 토대가 존재하기 위해서는, 소수에 봉사하는 엄청난 다수가 자신들의 개체적 필연성의 척도를 넘어서 삶의 위급함에 노예적으로 복종해야만 한다. 그들의 희생 위에서 그들의 더 많은 노동을 통해서, 저러한 특출한 계급은 이제 하나의 새로운 욕구의 세계를 창조하기 위해 생존 투쟁에서 벗어나야 한다. 이에 따라 우리는 문화의 본질에 노예정신이 속해 있다는 것을 모든 교육의 잔인한 기본조건으로 주장하는 것을 이해해야 한다 : 즉 그것은 현존재에 앞서 이미 하나의 고유한 전율을 창작할 수 있는 인식이라는 점이다. 이것은, 문화의 프로메테우스적 독촉자의 간을 갉아먹는 독수리인 것이다. 애처롭게 살아가는 다수의 가련함은, 일정 수의 올림푸스적 인간이 예술 세계를 산출할 수 있게 하기 위해, 더 상승되어야 한다. 여기에 사악하게 숨겨진 원한의 원천이 놓여 있는데, 공산주의자들과 사회주의자, 그리고 그들의 빛바랜 기형아, 각 시대의 자유주의자들의 백인 종족은 예술에 반하여, 그리고 심지어는 고전적 고대 정신에 반하여 이 원한을 조장하고 있다. 만약 문화가 어떤 민족의 임의에 달려 있다면, 만약 여기에 개체에게는 법칙이고 한계인 벗어날 수 없는 힘들이 지배한다면, 문화의 경멸, 정신의 빈곤함에 대한 칭송, 예술의 권리를 요구하는 우상 파괴적인 멸절은, 위협적인 개체에 반하여 핍박받는 다수의 반항 이상일 것이다 : 그것은 문화의 울타리를 에워싸는 연민의 울부짖음일 것이며, 정의와 고난의 동등성에 대한 충동은 모든 다른 표상들을 뒤덮을 것이다. 실제로 연민에 대한 넘쳐흐르는 느낌이 잠시 동안 도처에서 문화적 삶의 모든 댐을 파괴했다 : 연민적 사랑과 평화의 무지개는 기독교가 처음으로 출현할 때 함께 나타났으며, 그 아래에서 그것의 가장 아름다운 열매 요한복음이 탄생했다. 그 외에도 힘 있는 종교들이 오랜 시기에 걸쳐 하나의 특정한 문화 정도를 확실히 화석화시킨 예들이 있다. 미라같이 수천 년 된 이집트의 문화를 생각해보라. 그러나 한 가지는 잊지 말아야 한다 : 즉 우리가 모든 문화의 본질에서 발견했던 동일한 잔인함은 모든 힘 있는 종교의 본질에도 놓여 있다는 점이다. 따라서 우리는, 만약 하나의 문화가 정의에 대한 울부짖음과

5 더불어 종교적 요구들에 대한 너무 높이 세워진 탑이 있는 요새를 파괴한다면, 이것 또한 이해하게 된다. 이렇게 놀라운 사물들의 형세 안에서 살기를 원하는 것, 다시 표현해서 살아야만 하는 것은, 그 자신의 본질의 근본에 있어 원고통과 원모순의 모상이며, 따라서 그것은 우리의 눈, 즉 '세계와 대지에 걸맞는 기관'인 눈에는 의지로, 현존

10 재를 향한 채워지지 않는 열망으로 보여질 것임이 틀림없다. 따라서 우리는 또한 찬란한 문화를, 자신의 승리를 위한 행진 때 자신의 전차에 묶여 있는 패배자들을 노예로 끌고 가는, 핏방울이 떨어지는 승리자와 비교해도 좋다 : 이렇게 선한 힘이 눈멀게 하기에 그들은, 마차의 바퀴에 의해 거의 으깨지면서도, 여전히 '노동의 고귀함! 인간

15 의 고귀함!'을 외치는 것이다.

물론 근대 인간은, 사물에 대하여 완전히 다르게 유약해진 고찰에 익숙해 있다. 그렇기에 근대 인간은 영원히 만족하지 못한다. 왜냐하면 그는 결코 현존재의 두렵고 얼음이 떠다니는 흐름을 완전히 신뢰하지 않으며, 오히려 물가에서 걱정스럽게 이리저리 돌아다니

20 기 때문이다. 자신의 '붕괴'를 갖는 근대는 모든 결과에서 도망치는 시대로 파악되어야 한다 : 그 시대는 사물의 온갖 자연스러운 잔인함과 마찬가지로, 아무것도 **완전히** 갖기를 원치 않는다. 그들의 사유와 충동의 춤은 진정 웃기는 것이다. 왜냐하면 그것은 새로운 인물들을 포용하기 위해 항상 열망적으로 새 인물들에 안기고, 그 다음엔

갑자기, 마치 메피스토펠레스가 유혹하는 여괴를 대하듯이, 전율하면서 그들을 가도록 해야만 하기 때문이다. 근대 인간의 유약함에서 현재의 놀라운 사회적 위급함이 발생하는데, 나는 **노예 근성을**—더 완화된 이름으로 불리더라도—자연의 본질에 놓여 있는 이러한 것에 대한 해독제로 권하고자 한다. 즉 근원적 기독교에도, 게르만 정신에도 불쾌하게 하거나, 또는 비난되어야 할 어떤 것으로는 생각되지 않았던 노예 근성을. 그리스적 노예에 대하여 침묵하기 위하여 : 더 높은 지위에 있는 사람과의 내적으로 힘차고도 부드러운 권리와 예절 관계를 가진, 그리고 자신의 협소한 현존재에 대한 심오하고 시적인 울타리를 가진 중세적 농노를 고찰하는 것이 얼마나 현저하게 우리에게 영향을 끼치는지. 얼마나 현저한가—그리고 얼마나 비난할 만한 것인가!

이제 **사회의** 형세에 대하여 우울해지지 않고는 사유할 수 없는 자, 사회를 저렇게 제외된 문화인의 지속적이고 고통에 찬 탄생으로 파악하기를 배운 자—이러한 작업 안으로 모든 다른 것들은 흡수되어야 한다.—이런 자들은 또한 근대인들이 **국가의** 근원과 의미에 대하여 준비한 거짓된 광채로부터 더 이상 속지는 않을 것이다. 말하자면 만약 국가가 사회의 과정을 움직이게 하고, 사회가 멈추지 않고 지속하는 것을 보증하는 수단이 아니라면, 우리에게 국가의 의미는 무엇인가? 개체적 인간들 사이에서도 사회화의 충동이 여전히 그렇게 강력하다면, 우선 국가의 죔쇠가 거대한 대중들을 결합하도록 강요하여, 이제 사회에 대한 화학적인 분리도 새로운 피라미드 모양의 건축과 함께 일어나야만 한다. 자신의 목적이 통찰력 바깥에 있는, 즉 개체의 이기주의를 넘어서는 데 있는 국가의 갑작스러운 힘이 어떻게 생겨났는가? 문화의 맹목적인 두더지인 노예는 어떻게 발생했는 가? 그리스인들은 이것을 그들의 국제법적인 본능을 통해 우리에게 알려주고 있는데, 이러한 본능은 또한 그들의 예절과 인간성의 성숙한 성취에서도 청동의 목소리로 다음과 같은 말하기를 멈추지 않았 다 : "패배자는, 자신의 부인과 자식, 재산과 피를 포함하여 승리자의 소유가 된다. 권력이 첫째 권리를 부여한다. 그리고 그 근본에 있어 권력을 갖지 않는 권리는 존재하지 않는다."

이렇게 우리는 또다시, 사회에 이르기 위해, 어떤 비정한 부동 성을 가지고 자연이 국가의 잔인한 작업 도구를 연마했는지 보게 된 다 : 말하자면 특징적인 본능의 객관화인 강철 손을 가진 정복자들 이 그것이다. 이들의 정의내릴 수 없는 위대함과 힘에서 관찰자는, 자신들이, 그들 안에서 개시되지만 그들 앞에서는 스스로를 숨기는 의도의 한 수단에 불과하다는 것을 감지한다. 마치 하나의 마술적 의 지가 그들에게서 흘러나오듯이, 수수께끼처럼 빠르게 그들과 연합 하고, 그들은 권력의 갑작스런 눈사태의 경우, 저러한 창조적인 핵심 의 마술하에서 지금까지 존재하지 않았던 친화력에 이르도록, 약한 힘들은 너무나 놀랍게 변화하는 것이다.

만약 이제 우리가, 얼마나 적은 굴복자가 곧바로 국가의 기원에 대하여 관심을 갖는지, 그래서 근본적으로 세계사가 우리에게 권력 적이고, 피 흘리며, 거의 항상 설명될 수 없는 찬탈들의 성취에 대해 서 사건들의 종류를 좀 더 나쁘게 가르치는 것은 없다는 사실을 본다 면 : 만약 오히려, 계산적인 오성이 오로지 힘들의 합계만을 볼 능력 이 있는 곳에서, 눈에 보이지 않는 심오한 의도를 예감하며 국가의 마술에 대하여 마음들이 대항한다면 : 만약 이제 국가가 심지어 개체들의 희생과 의무들의 목적과 정점으로 잘 고찰된다면 : 그럼에도 불구하고 그것 없이는, 천재의 가상과 반영에서 사회를 통해 사회의 구원에 도달하는 데 성공할 수 없을, 국가의 놀라운 필연성이 이렇게 진술된다. 어떤 인식들을 국가에 대한 본능적인 쾌감이 극복하지 못하겠는가! 하지만 국가 발생의 내부를 들여다보는 존재는, 장차 오로지 국가에서 이탈하는 것에서만 자신의 구원이 찾아질 것이란 사실을 생각해야만 한다 : 즉 국가 발생의 기념물들, 즉 황폐화된 시골, 파괴된 도시, 야성화된 인간, 모든 것을 소진시키는 민족들의 증오를 더 이상 볼 수 없는 곳에서만! 불명예스럽게 탄생한 국가는 대체적인 본질들의 경우 지속적으로 흐르는 수고의 원천이며, 종종 재현되는 시대에서는 인간 종족을 먹어치우는 횃불이다─하지만 그것은 우리가 스스로를 망각하게 하는 음향이며 수많은 진정한 영웅적 행위들에 열광하는 살육 명령이며, 국가는 또한 오로지 국가적 삶의 무시무시한 순간에도 얼굴에 위대함에 대한 낯선 표정을 띠는 맹목적이고 이기적인 다수를 위한 최고의, 가장 고귀한 대상일 것이다!

그러나 우리는 그리스인을, 그들의 예술의 유일하고 높은 태양을 고려하여, 이미 선험적으로, '그 자체로 정치적인 인간'으로 구성해야만 한다 : 그리고 실제적으로 역사는 이렇게 정치적 충동으로부터의 해방, 즉 모든 다른 관심을 이러한 국가에의 본능에 이바지하려는 무조건적인 몰두로부터의 무전적인 해방에 대한 두 번째 예를 알지 못한다. 사람들은 비교하기 위해, 그리고 그와 비슷한 이유로 이탈리아 르네상스의 인간을 최대한 동일한 제목으로 표시할 수 있다. 그리스인의 경우 이러한 충동은 너무 커서 항상 새로운 충동에 의해 스스로에 대적하여 포악해지기 시작하며, 자신의 살을 이로 무는 것이다. 이러한 피로 가득한 이와 같은 질투는 도시에서 도시로, 당파에서 당파로 이어졌으며, 작은 전투들의 살육적인 열망과 죽은 적의 시체 위에서의 잔인한 승리, 즉 간단히 말하면 트로이적인 전투 장면과 만행 장면이 부단한 재생으로서, 이러한 장면을 바라보면서 쾌감에 잠겨 전형적 헬라인으로서 호메로스는 우리 앞에 서 있는 것이다 —그리스 국가의 이러한 소박한 야만적 행위는 무엇을 뜻하며, 무엇에서 그는 영원한 정의의 법정 앞에서 자신의 죄를 사하겠는가? 자긍심에 차서 그 앞으로 국가가 서서히 다가온다 : 그리고 그것은 멋지고 찬란한 부인, 즉 그리스 사회를 데리고 간다. 이러한 헬레나와 그 자식들을 위해 그 국가는 전쟁을 수행한다 : 어떤 재판관이 여기서 판결을 필요로 하겠는가?

여기서 국가와 예술, 정치적 열망과 예술적 창조, 살육 현장과 예술 작품 사이에서 예감한 이 비밀스러운 관계로 우리는, 이미 말했듯이, 국가 아래에는 오로지 사회 과정을 강요하는 죔쇠만이 존재할 뿐이다는 것을 이해하게 된다 : 반면에 국가가 없다면, 자연적인 만인에 대한 만인의 투쟁 속에서, 거대한 다수 안에서, 사회는 가족의 범위를 넘어서는 그 근원을 결코 제거할 수 없는 것이다. 이제 공동적으로 발생한 국가 형성 후에, 지금은 특히 만인에 대한 만인의 투쟁이란 충동이 민족들간의 무시무시한 전쟁의 폭풍우에 집중되며, 드물지만 더 강력한 학살로 폭발하는 것이다. 그러나 중간 휴지 기간 동안 내면으로 전환되어 몰아치는 영향력하에서, 사회는 며칠의 따뜻한 낮이 주어지자마자, 천재의 빛을 발하는 개화를 싹트게 하기 위해, 도처에 전쟁의 씨를 싹틔우고, 번식하게 할 시간을 허락한다.

헬라인들의 정치적 세계에 직면하여, 나는 현재의 어떤 현상들에서 내가, 위험스럽고, 예술과 사회 모두를 위해 함께 숙고할 만한 정치의 위축을 인식한다고 믿는지 숨기지 않겠다. 마치 국가를 본능들의 고유한 관심에서 파악하는 정도로만 유효하다고 간주하는 민족의 본능과 국가의 본능들 밖에 인간이 존재해야만 한다면 : 이러한 인간은 필연적으로 궁극적인 국가의 목적으로서, 될 수 있는 대로, 그 안에서 자신들의 고유한 의도에 따르는 것을 무엇보다도 제한하지 않고 허락해야 하는 위대한 정치적 공동체의 파괴되지 않은 공생을 스스로 표상하게 된다. 머릿속에 이러한 표상을 가지고, 그들은 이러한 의도에서 최대의 확실성을 제공하는 정치를 요구한다. 반면에 그들이 자신의 의도들에 반하여, 대개 무의식에 이끌려, 국가의 경향을 희생시키는 것은 생각할 수 없다. 왜냐하면 그들은 바로 이러한 본능이 없기 때문이다. 국가의 다른 모든 시민들은, 자연이 국가 본능으로 의도한 것에 대하여 어둠에 쌓여 있고, 맹목인 채 따라가고 있다. 오로지 이러한 본능의 바깥에 서 있는 자만이, 그들이 국가에 대하여 무엇을 원하는지, 국가가 그들에게 무엇을 보증해야 하는지 안다. 따라서 바로 이러한 인간이 국가에 지대한 영향력을 갖게 된다는 것은 피할 수 없다. 왜냐하면 그들은 국가를 **수단**으로 간주할 수 있기 때문이다. 반면에 다른 모든 자들은 저러한 국가의 무의식적인 의도의 힘 아래에서 스스로 오로지 국가 목적의 수단으로 존재할 뿐이다. 이제 국가의 수단을 통해 그들의 이기적인 목적의 최고의 요구에 도달하기 위해 무엇보다 필요한 것은, 국가를 합리적으로 이용하기 위해 무시무시하고 계산되지 않는 전쟁의 경련에서 완전히 벗어나는 일이다. 그리고 이와 더불어 그들은 가능한 한 의식적으로, 전쟁이 불가능한 상태를 추구하는 것이다. 게다가 이제 비로소 정치적인 특수 충동을 가능한 한 잘라내고 약화시키는 것이 중요하고, 거대하며 균등한 무게를 갖는 국가 기관들의 수립과 이러한 것의 상호 보증을 통하여 침략 전쟁을 효과적으로 성공시키고, 전쟁 자체를 가장 있을 법 하지 않은 일로 만드는 것이 중요하다. 마치 그들이 다른 한편으로, 오히려 다수와 그들의 대표자들의 이기주의를 호소할 수 있기 위해, 전쟁과 평화에 대한 질문을 개체적인 권력자의 결정에서 빼앗으려 노력하는 것처럼 : 게다가 그들에게는 다시금 국민들의 군주제적인 본능을 천천히 해소할 필요가 있다. 그들은, 프랑스 계몽주의와 혁명의 가르침 안에, 즉 아주 비게르만적이고, **순수하게 로마적인** 천박한 철학에 그 뿌리를 두고 있는 자유주의적-낙관적 세계관을 통해 이러한 목적에 부응한다. 나는 현재 지배적인 민족주의 운동에서 그리고 보편적인 선거권의 동시대적인 확산에서, 무엇보다도 전쟁에 대한 두려움의 영향력을 보는 것, 즉 본래 두려워하는 것으로서 이러한 운동의 배후에서 진정으로 국제적이고, 고향을 상실한, 돈만을 추구하는 자—자연스레 국가적 본능이 없는 그들은 정치를 주식의 수단으로, 국가를 자신의 축재 도구의 동아리로 오용한다—를 볼 수 있다는 것을 피할 수 없다. 이러한 측면에서 걱정되는, 국가 경향이 돈의 경향으로 선회하는 데 대한 유일한 치료제는 전쟁, 그리고 또 전쟁 뿐이라는 것이다 : 그렇지만 적어도 이러한 전쟁이 야기되면서 국가는 이기적 개인의 보호 기관으로서 전쟁의 악령에 대한 공포에 기초하지 않으며, 오히려 조국과 군주에 대한 사랑에서, 아주 더 높은 규정을 암시하는 하나의 윤리적 도약이 자체에서 산출된다는 점이 확실해진다. 따라서 만약 내가 정치적 현재의 위험한 특징으로서, 혁명 사상이 이기적이고 국가를 상실한 돈의 귀족 정치에 이바지하는 데 쓰여진다고 특징짓는다면, 만약 내가 자유주의적 낙관주의가 거대하게 확산되는 것을 동시에 특별한 손에 빠져든 근대 경제의 결과로 파악하고, 예술의 필연적인 퇴락을 포함하여 사회 상태의 모든 악이 저러한 뿌리로부터 발생했든가, 또는 이것과 더불어 성장하는 것으로 본다면 : 이렇게 사람들은 종종 **전쟁**에서 불리는 나의 아폴로 찬가를 좋게 여겨야만 할 것이다. 그것의 은빛 활은 무섭게 울리기 시작한다 : 그리고 바로 그 때문에 밤과 같이 오지만 그는 국가에 대한 정당한 신성신이며 정화의 신 아폴로인 것이다. 그러나 그는 맨 처음, 마치 〈일리아스〉의 처음 부분에 말해지듯이, 자신의 화살을 나귀와 개들에게 날린다. 그 다음에 그는 인간 자신을 맞추며, 시체를 쌓은 장작더미가 도처에서 타오른다. 그렇다면 이렇게 전쟁은, 노예가 사회를 위해 그렇듯이, 국가를 위해 필연적이라는 사실을 말할 수 있다 : 그리고 만약 성실하게 비길 데 없는 그리스 예술이 완성된 이유를 묻는다면, 누가 이러한 인식에서 벗어날 수 있겠는가?

전쟁과 그것의 획일화된 가능성, 군인의 신분을 지금까지 묘사한 국가의 본질과 연관해 고찰하는 사람은, 전쟁을 통하여, 그리고 군인의 신분에서 우리에게 하나의 모상이, 또는 국가의 원상이 눈앞에 보여진다는 사실을 통찰할 수 있음이 틀림없다. 여기서 우리는, 전쟁 성향이 끼친 가장 보편적인 영향, 혼동스런 다수가 군인적 계급들로 곧바로 나뉘고 구분됨을 볼 수 있다. 그리고 이러한 계급들에서 피라미드 형태로, 가장 광범위한 노예적인 토대와 더불어 '전쟁적인 사회'가 건설되는 것이다. 전체 운동의 무의식적 목적은 모든 개인을 자신의 멍에 아래로 강요하며, 또한 이질적인 자연의 경우에서는, 말하자면 그들이 지닌 속성들의 화학적 변화가 발생된다. 즉 이 속성들이 이러한 목적과 더불어 친화력에 이를 때까지. 더 높은 계급들 안에서 사람들은 이미 그 이상의 것, 즉 이러한 내적 과정에서 근본적으로 다루어지는 것, 즉 군사적 천재—이 천재를 우리는 근원적인 국가 창시자로 알고 있다—의 발생을 예감한다. 많은 국가들에서,

5 예를 들면 스파르타에 대한 리쿠르고스의 헌법에서 사람들은 국가의 근본 이념의 각인, 군사적 천재의 발생을 분명히 인지할 수 있다. 만약 이제 우리가 가장 활발한 명민함 안에 있는, 그것의 본질적인 노동 안에 있는 군사적 원국가를 생각한다면, 만약 우리가 전쟁의 모든 기술을 눈앞에 그려본다면, 우리의 도처에서 받아들여진 '노동의

10 고귀함', '인간의 고귀함'이란 개념들을 다음과 같이 질문해서 수정해야 함을 피할 수 없다. 즉 노동은 또한 '고귀한' 인간에 대한 멸절을 목적으로 하지 않는가, 또한 저러한 '고귀한 노동'이 위임된 인간에게 '고귀함'이란 개념이 적합한가, 또는 국가의 이러한 전쟁의 과제 안에서 그러한 개념은 그 자체로 모순적인 것으로 스스로를 지양하

15 지 않는가? 내 생각에는, 전쟁적 인간은 군사적 천재의 한 수단일 뿐이며, 그의 노동은 다시금 동일한 천재의 한 수단일 뿐이고, 즉 절대적 인간과 비천재로서가 아니라, 오히려 천재의 수단으로서—그 역시 그의 멸절을 전쟁적 예술 작품의 수단으로 애호할 수 있다—일정한 등급의 고귀함이, 말하자면 천재의 수단으로서 가치가 있다는 의

20 미의 고귀함이 그에게 주어진다. 그런데 개별적인 예에서 제시되는 것은 가장 보편적인 의미에서도 유효하다 : 그의 전체 행위들을 포함하여, 모든 인간이 고귀한 것은, 오로지 그가 의식적인, 또는 무의식적인, 천재의 작업 도구인 한에서이다. 이것에서 즉시 추론되는 윤리적 결론은, '인간 그 자체', 절대적 인간은 고귀함도, 권리도, 의무

도 소유하지 못한다는 사실이다. 오로지 완벽하게 예정된, 무의식적인 목적에 이바지하는 본질로서, 인간은 그의 실존을 변호할 수 있는 것이다.

이러한 고찰에 따르면, 플라톤의 완전한 국가는 그의 숭배자들 중 진지한 숙고자들이 믿은 것보다 더 위대한 것이며, '역사적으로' 교육된 자들이 고대 정신의 저러한 열매를 거부하곤 하는 웃기는 평가 절하에 대해서는 결코 이야기되서는 안 된다. 국가의 본래적 목적, 올림푸스의 실존, 그리고 항상 새로운 천재의 탄생―이에 반해 모든 다른 자는 준비하는 수단에 불과하다―은 여기서 시적인 영감을 통해 발견된다 : 플라톤은 당시 국가적 삶의 놀라울 정도로 황폐화된 헤르메스의 상을 꿰뚫어보았고, 또한 이제 그것의 내부에서 더 신적인 것을 알아차렸다. 그는, 사람들이 이러한 신적인 것을 끌어낼 수 있다는 사실, 그리고 원한에 차고 야만적으로 일그러진 외면이 국가의 본질에 속하지 않는다는 사실을 믿었다. 그의 정치적인 열정은 저러한 희망으로 확대되었다.―그가 자신의 완전한 국가에서 천재를 가장 보편적인 개념들 내의 정점에 놓지 않고, 오로지 지혜의 천재를 최고의 등급으로 받아들인 것, 그러나 천재적 예술가를 특히 국가에서 추방한 것, 이러한 것은 곧 고찰하게 될 예술에 대한 소크라테스적 판단의 경직된 결과로서, 이러한 판단은 플라톤이 자신과의 전투에서 자신의 것으로 만든 판단이다. 이렇게 더 외면적이고 거의 우연적인 결함은 플라톤적 국가의 근본 특징들에서는 전혀 고려되지 않았다.

플라톤이 국가의 가장 내적인 목적을 그것의 모든 은폐와 불분명함에서 드러냈듯이, 그는 또한 그러한 방식으로 국가에 대한 **헬라**

적 여성의 위치의 가장 심오한 근거를 파악했다 : 이 두 경우 그는, 그의 주변에 존재하는 것에서 자신에게 개시된 이데아의 모상을 보았으며, 이러한 이데아 앞에서 실제적인 것은 자연히 희미한 상과 환영이 되었다. 일반적인 습관에 따라, 헬라적 여성의 위치를 전혀 고귀하지 않고 인간성을 거역하는 것으로 여기는 사람은, 이러한 비난과 더불어 또한 이러한 위치에 대한 플라톤적 파악에서 돌아서야만 한다 : 왜냐하면 이러한 파악 안에서 존재하는 것은 마치 오로지 논리적으로만 규정되었을 뿐이다. 여기서 우리의 질문이 되풀이된다 : 헬라적 여성의 본질과 위치는 헬라적 의지의 목적점과의 **필연적인 연**관을 가져야 하는 것은 아닌가?

그리스인으로서 플라톤이 국가에 대한 여성의 위치에 대하여 말할 수 있었던 가장 핵심적인 것은, 완전한 국가에서 **가정은 중지되**어야 한다는 불쾌한 요구였다. 이제 우리는, 이러한 요구를 순수하게 수행하기 위하여 그가 어떻게 스스로 결혼을 지양하고, 그 대신 축제적이고 국가를 위해 ——— 에 대하여는 무시하기로 하자.

[11＝ Mp XII ₁b. 1871년 2월]

11[1]

리하르트 바그너에 부치는 서문.

      나의 존경하는 친구인 당신에게서, 그리고 당신에게서만, 당신
이 나와 함께 '그리스적 명랑성'에 대한 올바른 개념과 잘못된 개념
을 구별하고, 후자—즉 잘못된 개념—를 무해한 쾌적함의 상태에서
는 도처에서 마주친다는 사실을 알았습니다. 마찬가지로 당신에서,
당신이 잘못된 명랑성 개념에서는 비극의 본질에 대한 통찰에 이르
지 못하는 것으로 여긴다는 사실을 알았습니다. 따라서 비극적 예술
작품의 근원과 목적에 대한 다음의 논의는 당신에게 제격일 것이며,
거기서 어려운 시도, 즉 이와 같이 진지한 문제 안에서 너무나 놀랍
게 울려퍼지는 느낌을 개념으로 전이시키는 어려운 시도가 행해질
것입니다. 그러나 우리가 진지한 문제와 관계하고 있다는 사실은, 훌
륭한 독자와 그렇지 못한 독자를 놀라게 하면서 분명해질 것임이 틀
림없습니다. 만약 그들이, 어떻게 천국과 지옥이 그 설명으로 동요되
어야 하며, 어떻게 우리가 결론적으로 저러한 문제를 정당하고도 올
바르게 세계의 중심에, '존재의 소용돌이'로 제시하는 것이 필요한지
를 본다면. 미학적 문제를 이렇게 진지하게 다루는 것은 물론 모든
방면에서 불쾌함을 줄 것입니다. 즉 우리 미학적-정서가 풍부한 자
들과 구토를 자극하는 유약함을 위해서도, 그뿐만 아니라 예술에서

재미를 주는 조역이지만 '현존재의 진지함'에 대해 여전히 아쉬워하는 광대 모자의 방울소리로서 더 이상 인식될 입장에 처하지 않은, 드세거나 비만한 천민을 위해서도 그럴 것입니다 : 심지어 이제 만약 저렇게 상이한 영역에서 '그리스적 명랑성'이란 단어가 세계로 울려퍼진다면, 우리는 항상 이미, 만약 그것이 곧바로 '안락한 감각주의'로—이런 의미로 하인리히 하이네는 그 단어를 종종, 그리고 항상 그리움으로 흥분해서 사용했다—해석되지 않는다면, 만족해도 좋을 것입니다. 그러나 그리스적 전형의 보호를 받으면서 현존재의 모든 경악스러운 것과 화해할 수 있다는 믿음 안에서, 그리스 예술의 투철성, 명료성, 명확성, 조화를 찬미하는 사람들—나의 존경하는 친구여, 이미 비교할 수 없이 예리한 필적들로 기록된 당신의 중요한 저술《지휘에 대하여》에서 드러난 인간류로서—, 이러한 인간들은, 만약 그리스 예술의 지반이 그들에게 피상적으로 나타난다면, 그것은 부분적으로는 그들의 책임이고, 부분적으로는 그 책임이 그리스적 명랑성의 본질에도 놓여 있다는 것을 납득해야만 합니다 : 이러한 연관성에서 나는 그들 중 가장 뛰어난 자들을 예로 들려 하는데, 그들은 가장 맑고 태양에 의해 투명하게 비치는 바닷물 속을 들여다보며, 바다의 바닥이 그의 손이 닿을수 있듯이 아주 가까이 있다고 망상하는 사람들과 같습니다. 그리스 예술이 우리에게 가르치는 것은, 무시무시한 심연 없이는 진정한 아름다운 표면은 없다는 사실입니다. 그 동안 순수한 표면들의 예술을 추구한 사람은 확실히, 도굴꾼들을 위한 진정한 낙원인 현재로 추방될 것이며, 반면에 그는 그리스 고대 정신의 낯선 빛 안에서 다이아몬드를 물방울로 경시하거나, 또는—더 큰 위험은, 훌륭한 예술 작품을 실수와 미숙함에서 파괴하는 일이 일어날 수 있다는 점입니다. 말하자면 나는 그리스적 지반을 점차 파엎는 것에 불안해하며, 고대 정신을 향해 직업적인 일정한 경향을 감지하는, 재능이 있거나 없는 모든 사람의 손을 이끌어, 그 앞에서 다음과 같은 방식으로 열변을 토하고자 합니다 : "그대는 어떤 위험이 당신을, 즉 적당한 학교 지식을 가지고 여행하고 있는 미숙한 자인 그대를 위협하는지 아는가? 아리스토텔레스에 따르면 조각상에 맞아죽는 것은 비극적이지 않은 죽음이라는 사실에 대하여 들었는가? 그런데 바로 이렇게 비극적이지 않은 죽음이 그대를 위협하는 것이다. 만약 단 하나의 그리스 조각상만 존재한다면, 그대는 아름다운 죽음이여라고 말할 것이다! 또는 그대는 이것을 결코 이해하지 못하는가? 이렇게 우리 문헌학자들이 수백 년 간 땅에 쓰러져 전복된 그리스 고대 정신의 조각상을 지금까지 항상 불충분한 힘으로 다시 세우려고 노력했다는 것은 확실하다. 그것은 땅에서 결코 일으켜지지 않은 채, 항상 다시 떨어지며 그 밑에 깔린 인간들을 파괴한다. 그것은 아직도 가능하다. 왜냐하면 모든 본질은 어떤 것에 의해 몰락해야만 하기 때문이다. 그러나 그때 누가 조각상 자체는 부분들로 파괴되지 않는다는 우리 입장에 서겠는가? 문헌학자들은 그리스인들에게서 몰락한다 : 이것은 견뎌내야만 할 어떤 것이다. 그러나 고대 정신은 문헌학자들의 손에 의해 조각나 파괴된다! 미숙하고 경솔한 인간인 그대, 이것을 잘 생각하고 되돌아가라. 만약 그대가 우상 파괴자가 아니라면!"

이제 나는, 언젠가 그 앞에서 내가 이러한 말을 할 수 없는 그러한 사람, 분노하는 존엄함과 자긍심을 지닌 시선, 가장 대담한 의욕을 지닌 본질, 즉 투쟁자이며, 시인이고 철학자이며, 동시에 한 걸음으로 뱀과 괴물들을 넘어서가는 그러한 본질을 만나는 것 이상을 원하지 않습니다. 이러한 비극적 인식에 대한 미래의 영웅은, 자신의 이마에 그리스적 명랑성의 여운을 지닌 자일 것이며, 아직도 임박한 고대 정신의 재탄생을 보증하는 후광이고, 헬라적 세계의 **독일적** 재탄생인 것입니다.

5

아, 나의 존경하는 친구여, 나는, 내가 어떤 방식으로 이러한 재탄생의 희망을 독일 이름의 현재적인 피투성이의 영광과 연결시키려는지 결코 말할 필요가 없습니다. 나 또한 희망들을 가지고 있습니다. 이러한 희망들은, 대지가 아레스의 군화 아래서 떨고 있을 때, 나로 하여금 끊임없이, 그리고 전쟁의 무시무시하고 가장 가까운 영향력들의 한가운데서조차도, 내 주제를 고찰하는 것에 몰두하는 것을 가능하게 하였습니다. 즉 나는 고독한 밤에 부상병들과 함께 화차에 누운 채 그들을 돌보는 일을 하면서, 나의 사상을 가지고 비극의 세 가지 심연들 안에 있었던 것이 기억납니다 : 그것들의 이름은 '광기, 의지, 비통'입니다. 그리고 나는 그때 어디서부터 위로하는 확실성을, 즉 비극적 인식과 그리스적 명랑성의 미래적 영웅은 전혀 다른 종류의 인식과 명랑성들 아래에서 이미 그 탄생부터 질식해 죽은 것이 아니라는 확실성을 퍼냈을까요?

10

15

당신은, 내가 어떻게 혐오감을 가지고 민족이나 심지어 국가가 '자기 목적'이어야 한다는 망상을 거부했는지 아십니다 : 그러나 그와 마찬가지로 나는 인류의 목적을 인류의 미래에서 찾는 것에 반대했습니다. 국가도, 민족도, 인류도 그 자체를 위해 존재하는 것이 아니라, 그것들의 정점에, 위대한 '개인' 안에, 성인 안에, 예술가 안에 목적을 지니고 있으며, 그 목적은 우리의 앞뒤가 아니라, 시간 밖에 놓여 있는

20

것입니다. 그러나 이러한 목적은 완전히 인류를 넘어 지시합니다. 일반적인 교육이나 금욕적인 자기 멸절, 또는 심지어 보편 국가를 준비하기 위해서가 아니라, 도처의 모든 추측에 반하여, 위대한 천재들은 그들의 머리을 쳐드는 것입니다. 그러나 천재의 실존이 어디를 가리키는지, 어떤 숭고한 현존재의 목적을 갖는지, 여기서는 단지 전율과 더불어 나중에 느껴질 수 있을 뿐입니다. 누가 황야 안에 있는 성인에 대하여, 그가 세계 의지의 최고의 의도를 그르쳤다고 대담하게 말하려 하겠습니까? 비록 피디아스의 조각상을 완성시킨 돌의 이데아가 파괴되지 않더라도, 그 조각상이 완전히 멸절될 수 있다고 믿는 누군가가 실제로 있을까요? 그리고 누가, 호메로스의 영웅 세계가 단지 한 사람의 호메로스 때문에 존재했다는 것을 의심하려 하겠습니까? 그리고 프리드리히 헵벨의 심오한 질문과 더불어 결론을 내린다면 :

예술가는 한 형상을 만들었고, 그것이 영원하리란 것을 알고 있다,
그러나 다른 것과 비교할 수 없이 깊이 숨겨진 유일한 생김새,
현재와 미래 인간 누구에 의해서도 인식되지 않으리,
시간의 끝까지, 그대는 그가 그것을 없애리라 믿는가?

이 모든 것에서, 천재는 인류를 위해 존재하는 것이 아니라는 점이 분명해집니다 : 반면에 그는 어쨌든 인류의 정점이며 궁극적 목적입니다. 천재에 대한 준비와 발생보다 더 높은 문화의 경향은 존재하지 않습니다. 국가 또한, 그것의 야만적인 근원과 교만한 태도에도 불구하고, 단지 이러한 목적을 위한 하나의 수단에 불과합니다.

그리고 이제 나의 희망들!

독일 안에서, 우리들, 아무도 아닌 자들이 더 상세히 특징지을 필요가 있는 유일하게 생산적인 **정치적** 힘은, 이제 가장 놀라운 방식으로 승리에 이르렀고, 그 힘은 지금부터 그것의 원자에 이르기까지 독일적 본질을 지배할 것입니다. 이 사실은 최고의 가치를 지닙니다.
5 왜냐하면 우리가 모든 심오한 철학과 예술 고찰의 본래 적으로 싫어하는 것, 즉 독일적 본질이 특히 위대한 프랑스 대혁명 후 앓아온 병적 상태, 그리고 항상 되풀이되는 중풍의 경련에서 또한 최고 종류의 독일적 자연들을 괴롭히면서도, 이러한 고통을 긍정적인 단어에 경멸적인 모독을 수반하여 '자유주의'라고 부르고, 다수에 대해서는 완
10 전히 침묵하는 병적 상태와 같은 것이, 저러한 힘에 의해 파멸하기 때문입니다. 이렇게 완전히 몽상된 인간의 고귀함과, 인간이란 류적 개념 위에 놓인 자유주의는 그의 야비한 형제들을 포함하여, 바로 전에 지시한, 응시하는 힘에 의해 피흘리며 죽어가게 됩니다. 그리고 우리는 자유주의에 달라붙어 있는, 작은 유혹들과 좋은 점을 기꺼이
15 포기하기를 원합니다. 만약 단지 이렇게 본래적으로 문화 거부적인 교리가 천재의 길에서 제거된다면.—그리고 저렇게 응시하는 힘은, 권력, 지배, 피의 목욕에서 수백 년 간을 지속해온 탄생과 더불어, 천재에게 길을 준비하는 것 외에 무엇에 이바지해야 하겠습니까?

그러나 어떤 길!

20 아마도 비극적 인식과 그리스적 명랑성에 대한 우리의 미래적인 영웅은 은자일 것입니다—아마도 그는 더 심오한 독일적 자연들을 황야로 가도록 규정할 것입니다—두려운 고난을 통해 내면화된 세계가 아폴로적 백조의 노래를 듣게 되는 지복의 시대!

나의 고귀한 친구여, 혹시 내가 지금까지 내 자신을 당신의 의

미 안에서 표현했는지요? 거의 그렇다고 나는 추정하려 합니다 : 그리고 내가 당신의 '베토벤'에게 던진 모든 시선은, 내가 이런 말을 하게끔 합니다 : "독일인은 용감하다 : 비록 평화 안에 있을지라도. 독일인은 자신이 아닌 어떤 것으로 나타나는 것을 경멸한다. 자연은 그에게 호의적인 것을 거부했다. 그 대신 그는 내적이고 숭고하다."

마지막에 언급된 특성을 포함하여, 이러한 용감함은 나의 희망들에 대한 또다른 담보입니다. 만약 모든 인식은 무시무시하다는 것—그것을 나의 신앙 고백이라 불러도 좋을 것입니다—이 옳다면, 독일인 외에 누가, 내가 천재의 준비로 귀족적 품위를 추구하는 젊은이의 새로운 교육 목적으로 요구한, 인식의 비극적 입장을 받아들일 수 있겠습니까? 독일 젊은이 외에 누가, 자유주의적 낙관주의의 모든 유약한 안락에 대한 교리에서 모든 형식으로 등을 돌리고, 전체적으로 그리고 완전히 '단호하게 살기' 위해, 놀라운 것으로 돌리는 시선의 대담성과 영웅적 행진을 갖겠습니까? 그때 비극적 인간은, 진지함과 경악을 스스로 훈련하는 경우에도, 우리가 의도한 그리스적 명랑성을 헬레나로서 갈망해야 하고, 주먹을 들고 외쳐야 한다는 점이 빠지지 않을 것입니다.

그리고 나는 가장 연모하는 권력에게
가장 유일한 형태의 생명을 불어넣어야 하지 않을까?

프리드리히 니체

1871년 2월 22일, **루가노에서**
쇼펜하우어의 생일날.

[12 = Mp XII 1 d. 1871년 봄]

12[1]

　　우리가 여기서 음악에 대한 언어의 관계에 대하여 제시한 것은, 같은 이유로 음악에 대한 **모방극 배우**의 관계에도 유효해야 한다. 음악의 영원한 중요성에 걸맞게, 인간에 대한 고양된 태도 상징학으로서, 모방극 배우는 또한 단지 하나의 비유로, 이 비유는 자신의 가장 내적인 비밀은 결코 묘사할 수 없으며, 단지 그것의 리듬적 외면만을, 그리고 이 외면도 단지 매우 외적으로, 즉 격정적으로-움직이는 인간 육체의 토대에서만 묘사할 수 있다. 그러나 우리가 또한 언어를 육체적 상징학의 범주 아래서 파악한다면, 우리 자신은 **드라마**를, 우리가 제시한 규칙에 맞게 음악에 근접시키는 것이다 : 따라서 이제 쇼펜하우어의 문장이 가장 명료한 빛 안으로 들어올 것이다(《소품 Parerga》, 2권, 465쪽) : "비록 순수한 음악적 정신이 그것을 요구하지 않더라도, 비록 순수한 음들의 언어는 자족적이며 어떤 도움도 필요로 하지 않지만, 사람들이 이 순수한 음의 언어에 말, 더욱이 관조적으로 상연된 행위를 합하고 부가한다는 점이 고려되었으면 한다. 전적으로 불필요한 것이기를 원치 않는 우리들 관조하고 반성하는 지성이 그때 가볍고 유비적인 일에 종사하고, 이것을 통해 심지어 음악에 더 견고한 주의력이 주어지고 따르게 되기 위하여, 그리고 또한 동시에 음들이 보편적이고 형상 없는 마음의 언어로 말하는 것, 바로 이러한 것에 관조적 형상이, 마치 하나의 본보기처럼, 또는 보편적 개념에 대한 한 예의 관계와 같이 놓이도록 하기 위해서이다 : 그렇다. 이러한 것은 음악의 감동을 높일 것이다." 만약 우리가 합리적이고 외면적인 동기 부여를—이때 우리의 관조하고 반성하는 지성은 완전히 불필요한 것이기를 원치 않는데—도외시한다면, 그리고 관조적인 행위에서 주의력을 더 잘 따른다면—이렇게 쇼펜하우어에 의해 아주 정당하게 드라마는 음악과의 관계에 있어 하나의 본보기로서, 보편적 개념에 대한 한 예로서 특징지워졌다 : 그리고 만약 그가 다음과 같이 덧붙인다면 : "그렇다. 이러한 것은 음악의 감동을 높일 것이다." 이렇게 형상, 개념과 음의 연결인 성악의 놀라운 보편성과 근원성은 이러한 진술의 정당성을 보증한다. 모든 민족의 음악은 절대 음악으로 생각되기 훨씬 이전에, 서정시와의 연합해서 시작되고, 이와 같이 합치된 상태에서 가장 중요한 발전 단계를 뚫고 지나간다. 만약 우리가 한 민족의 원서정시를—우리는 그래야만 하는데—예술적 전형인 자연의 모방으로 이해한다면, **언어의 본질** 안에 있는, 자연에 의해 미리 형성된 **이중성**은, 우리에게 음악과 서정시가 합치되는 근원적 전형으로 간주되어야 한다 : 이러한 것에서 우리는 이제 형상에 대한 음악의 입장을 다루는 논의에 더 깊이 들어가게 될 것이다.

　　　언어의 다양성에서 당장, 단어와 사물은 완전하고 필연적으로 일치하는 것이 아니며, 단어는 하나의 상징이라는 사실이 알려진다. 그러나 무엇이 단어를 상징화시키는가? 그것은 확실히 표상들이다. 비록 그것이 이제 의식적인 것이든, 더 많은 경우 무의식적인 것이든 : 그렇다면 단어-상징, 즉 그것의 모상이 세계를 포함하여 우리 자신인 단어-상징이 어떻게 가장 내밀한 본질에 상응하는가? 우리는 단지 표상들로서만 그러한 핵심을 알고, 단지 그것이 형상적으로 표현되는 것에서만 우리는 그것과 친숙하다 : 그 밖에 우리를 그것 자체로 이끄는 직접적인 다리는 존재하지 않는다. 또한 좀 더 정확히 실험해보면, 모든 충동의 삶, 감정, 느낌, 정서, 의지가 행하는 유희는 우리에게—여기서 나는 쇼펜하우어에 반하여 덧붙여야만 한다—단지 표상으로서만, 즉 그 본질에 따르지 않고 알려진다 : 그리고 우리는 쇼펜하우어의 '의지' 조차도 더욱이 우리에게 전혀 해독될 수 없는 것의 가장 보편적인 현상 형식과 같은 것이라고 말해야 한다. 이렇게 우리가 이미 고정된 필연성에 정해져 있어, 표상들을 넘어서는 어떤 곳에도 도달할 수 없는 것이 틀림없다면, 그렇지만 우리는 다시 표상의 영역들에서 두 가지 근본 종류를 구분할 수 있다. 하나는 우리에게 쾌감과 불쾌감의 느낌으로 개시되며, 아무것도 결핍되지 않은 기초 저음으로 그 밖의 모든 표상들을 수반한다. 그것에서 그리고 그 아래서 우리가 모든 변화와 모든 의욕을 유일하게 이해하며, 그것을 위해 우리가 '의지'란 이름을 확보하려는, 가장 보편적인 현상 형식은, 이제 또한 언어 안에서도 고유한 상징적인 영역을 갖는다 : 그리고 특히 이것은, 마치 현상 형식이 그 밖의 모든 표상을 위해 그렇듯, 그만큼 언어를 위해 근본적이다. 모든 **쾌감과 불쾌감의 정도**는—우리에게 불투명한 원근거의 표현들—**말하는 자의 음**을 상징화한다 : 반면에 그 밖의 모든 표상은 말하는 자의 **몸짓 상징학**을 통해 표현된다. 저러한 원근거가 모든 인간에게 동일한 한, **음의 지반** 역시 보편적이고, 언어의 다양성을 넘어 이해될 수 있는 것이다. 그것에서 이제 더 임의적이고, 그 근본에 완전히 일치하지 않는 몸짓 상징학이 전개된다 : 이것과 더불어 언어의 다양성이 시작되며, 우리는 언어의 다수성을 비유적으로, 쾌감의 언어와 불쾌감의 언어의 원멜로디 위에 있는 단으로 나뉘어진 텍스트라고 보아도 좋을 것이다. 우리는 자음과 모음의 전 영역이 단지 몸짓 상징학 아래서 평가되어야 한다고 믿는다─자음 그리고 모음은 무엇보다도 필요한 근본적인 음 없이는 언어 기관의 배치, 즉 간단히 말하자면 몸짓에 불과하다─; 우리가, 단어는 인간의 입에서 솟아나온다고 생각하자마자, 우선 단어의 뿌리와 저러한 몸짓 상징학의 근본, **음의 지반**, 쾌감과 불쾌감의 반향이 만들어진다. 우리의 모든 육체성이 바로 그 가장 근원적인 현상 형식, 즉 의지와 관계하듯이, 자음-모음의 단어는 음의 근본과 관계한다.

그러나 이러한 가장 근원적인 현상 형식, 즉 쾌감과 불쾌감에 대해 나름의 척도를 가지는 의지는, 음악의 발전에서 점점 더 일치하는 상징적 표현에 이른다 : 이러한 역사적 과정으로서 서정시의 지속적인 추구는 동시에, 음악을 형상으로 고쳐 쓰는 것으로 진행된다 : 마치 이러한 이중적 현상들이, 위의 논의에 따라, 언어 안에서 태곳적부터 이미 형성되어 놓여 있었듯이.

우리들 중 이러한 어려운 고찰들에 기꺼이, 주의 깊게, 상당한 상상력을 가지고 따르는 자는─표현이 너무 간결하거나, 또는 너무 무조건적으로 빠져 있는 곳에서도 호의를 가지고 보충하면서 ─, 이제 우리와 더불어 오늘날 미학에 대한, 그리고 그 이상으로 현대 예술가에 대한 몇 몇의 자극적인 논쟁점을 진지하게 제시하고,─흔히 그렇듯─심오하게 대답할 수 있는 장점을 지니게 된다. 모든 전제들에 따라, 음악이 개념 언어가 되도록 하기 위해 음악을 하나의 시로 만드는 것, 즉 하나의 시를 음악을 통해 설명하려 하는 것이 어떤 시도인지 생각해보자 : 얼마나 전도된 세계인가! 내게는 마치 아들이 아버지를 낳으려는 것처럼 여겨지는 시도이다! 음악은 형상을 그 자체에서 산출할 수 있으며, 그 다음에 이 형상들은 항상 단순한 도식, 즉 본래 일반적인 내용들의 예가 될 뿐이다. 그러나 어떻게 형상과 표상이 그 자체에서 음악을 산출할 수 있겠는가! 하물며 이것이 개념, 또는 사람들이 말하듯이 '시적 이념'일 수 없다면. 이렇게 음악가의 불가사의한 성에서 하나의 다리가 형상이라는 자유로운 마을로 이어지는 것이 확실하듯이—그리고 서정 시인은 그 다리를 넘어서 달려간다—, 전도된 길을 가는 것은 불가능하다. 비록 그 길을 갔다고 공상하는 몇몇 사람들이 있다 하더라도. 사람들은 라파엘에 대한 상상력으로 공기를 꽉 채우곤 하며, 사람들은 어떻게 라파엘과, 성스러운 케실리아가 황홀경에 차서 천사들의 합창의 화음들을 엿듣는지를 보곤 한다—음악에서 외형상 사라진 이러한 세계에서 아무 음도 솟아나오지 않는다. 그렇다. 우리는 단지 저러한 화음이 실제로 기적을 통해 우리 귀에 들리기 시작하고, 갑자기 케실리아, 바울, 막달라, 그리고 노래하는 천사의 합창조차도 우리에게서 사라져 버리는 것과 같은 것을 표상할 수 있을 것이다. 우리는 곧바로 라파엘이 기를 멈추게 될 것이다! 그리고 그 형상에서 그 세계의 악기들이 파괴된 채 땅 위에 놓여 있듯이, 우리 화가의 환상은 천상적인 것에 의해 정복되어 그림자같이 빛바래고 꺼져갈 것이다.—그러나 어떻게 그러한 기적이 일어날 수 있겠는가? 전적으로 관조에 몰두한 아폴로적인 눈의 세계가 어떻게 음을—하지만 음은 바로 아폴로적인 존재가 사라지는 것을 통해 가상 안에서 제외되고 극복된 영역을 상징한다—그 자체에서 산출할 수 있겠는가! 가상에 대한 쾌감은 스스로에게서 비-가상에 대한 쾌감을 자극할 수 없다 : 바라보는 즐거움은 단지, 그 안에서 개체화가 파괴되고 지양되는 영역에 대해 우리가 어떤 기억도 갖지 않을 때만 즐거움일 수 있는 것이다. 우리가 아폴로적인 것을 디오니소스적인 것과 대비하여 어떤 식으로든 올바르게 특징 지웠다면, 이제 형상과 개념, 가상에 어떤 식으로든 스스로로부터 음을 산출할 수 있는 힘을 부여한다는 생각은 단지 엄청난 잘못임이 분명하다. 우리의 반박에 대해 사람들은 우리에게 현존하는 서정시를 작곡한 음악가를 예로 들려고 하지는 않을 것이다 : 왜냐하면 우리는, 이미 말했듯이, 작곡에 대한 서정시의 관계는 어쨌든 그의 아들에 대한 아버지의 관계와는 달라야만 한다고 주장해야 하기 때문이다. 그렇다면 특히 어떤 것이 그런가?

여기서 사람들은, 애호받는 미학적 직관을 근거로 하여, 다음의 문장으로 우리의 뜻을 받아들일 것이다 : "시가 아니라, 시를 통해 만들어진 **감정**이, 스스로로부터 작곡을 낳은 것이다." 나는 여기에 동의하지 않는다 : 감정, 즉 쾌감과 불쾌감의 지반이 가진 부드럽거나 강렬한 자극은 대체로 창조적인 예술의 영역 안에서는, 그 자체가 비예술적인 것이며, 이러한 것을 완전히 배제한 것이 예술가가 완전하게 몰두하고 무심하게 관조하는 것을 가능케 한다. 여기서 사람들은, 나 스스로 곧장 음악 안에서 항상 일치하는 상징적 표현에 이르는 '의지'에 대해 말했다고 반박할 수 있다. 나의 대답은, 미학적 근거율로 요약한다면, 다음과 같다 : '의지'는 음악의 대상이지, 그 근원은 아니라는 것, 말하자면 의지는 최대의 보편성 안에서 가장 근원적인 형상 형식이라는 것에서 모든 변화가 이해되어야 한다. 이러한 의지와 연관하여, 우리가 **감정**이라고 부르는 것은, 이미 의식적, 무의식적인 표상들로 꽉 차서 포화되었으며, 따라서 더 이상 음악의 대상이

아니다 : 하물며 감정이 스스로로부터 음악을 산출할 수는 없다. 예를 들어 사람들은 사랑, 공포, 희망의 감정들을 받아들이곤 한다 : 음악은 직접적으로는 이것들을 가지고 결코 아무런 시작도 할 수가 없으며, 이러한 감정들 각각은 이미 표상들로 채워져 있다. 이에 반하여 이러한 감정들은 음악을 상징화하는 데 이바지할 수 있다 : 마치 개념적이고 형상적으로 접근될 수 없는 '의지'의 영역을, 음악과 본래적인 대상과 내용을, 감정들의 비유세계로 번역하는 서정 시인이 그러한 일을 하듯이. **음악의 효과를** 그것의 **감동에서** 느끼는 음악 청자는 모든 서정 시인과 비슷하다 : 음악이 지닌 멀어지게 하고, 황홀하게 하는 힘은 그들에게서 **중간 영역**, 즉 그들에게 마치 시식처럼 본래적인 음악에 대한 상징적인 선(先) 개념을 제공하는 감동의 중간 영역에 호소한다. 그들에 대하여 사람들은 음악의 유일한 대상인 '의지'를 고려하여, 그들은 이러한 의지에 대하여. 마치 쇼펜하우어의 이론에 따르면 본래적인 꿈에 대하여 유비적인 아침의 꿈이 관계하듯이, 관계한다고 말할 수 있다. 그러나 단지 자신들의 감동만으로 음악에 접근할 수 있는 모든 자에 대해서는, 그들이 항상 대기실에 머물고 음악의 성스러움에는 들어서지 못할 것이라고 말해야 한다 : 이러한 것으로서 감동은, 내가 말했듯이, 지시할 수는 없으며, 단지 상징화할 수 있을 뿐이다.

반면에 음악의 근원에 대하여 나는 이미 이러한 근원이 결코 '의지' 안에 놓일 수 없으며, 오히려 '의지'의 형식 아래서 스스로부터 환상의 세계를 산출하는 힘의 품안에 놓여 있다고 설명했다 : 음악의 근원은 모든 개체화의 피안에 놓여 있다는 것, 이것은 디오니소스적인 것에 대한 우리의 논의에 그 자체로 입증된 명제이다. 여기에서 나는, 우리가 다룬 디오니소스적인 것과 아폴로적인 것의 대립이 우리에게 강요한 결정적인 주장에 대하여 다시 한번 각각 개괄하는 것이 허락되기를 원한다.

가장 근원적인 현상 형식으로서 '의지'는 음악의 대상이다 : 이러한 의미에 있어 음악은 자연을 모방한 것이지만 자연의 가장 보편적인 형식으로 불릴 수 있다.

'의지' 자체와 감정들은—이미 표상들로 꽉 채워진 의지의 표명으로서—스스로로부터 결코 음악을 산출할 수 없다 : 마치 다른 한편으로 음악의 유일한 대상은 의지일 뿐, 음악이 감정들을 묘사하고 감정을 대상으로 삼는 것은 거부된 것과 마찬가지로.—

감정들을 음악의 작용으로 취급하는 자는, 감정들 안에서 마치 상징화된 중간 영역을 갖는데, 이러한 중간 영역은 그에게 음악에 대한 시식을 제공할 수 있으나, 동시에 그를 음악의 가장 내적인 성스러움에서 배제시킨다.—

서정 시인은 감동이 상징화된 세계에서 음악을 해석하는 반면 그 자신은 아폴로적인 관조의 평안 안에서, 바로 그 감동에서 벗어난다.—

따라서 음악가가 서정적인 노래를 작곡한다면, 그는 음악가로서 형상을 통해서도, 감정의 언어를 통해서도 흥분되지 않으며 : 오히려 완전히 다른 영역에서 오는 음악적 흥분이 그 자신에 대한 비유적인 표현으로서 바로 그 노래의 텍스트를 선택하는 것이다. 따라서 노래와 음악 사이의 필연적인 관계에 대해서는 더 이상 말해질 수 없다. 왜냐하면 여기에서 이 양자는, 외형적인 연결보다 더 깊이 들어갈 수 있기 위해서는, 연결된 음과 형상의 세계에서 너무 멀리 떨어져 있기 때문이다. 노래는 바로 하나의 상징으로, 마치 용감함을 뜻하는 이집트 상형 문자가 용감한 승리자 자신에 관계하듯이, 음악에 관계한다. 심지어 우리는 음악이 최대한으로 경우에도 비의도적으로 모든 형상성의 **조야함**과 모든 유비적인 감동들을 느낀다 : 예를 들어 마치 베토벤의 마지막 4중주가 모든 직관성을, 심지어 경험적 실재성의 모든 왕국을 완벽히 능가하듯이. 상징은 최대한으로, 그리고 실제적으로 스스로를 계시하는 신 앞에서는 아무런 중요성도 갖지 못한다 : 오히려 그것은 이제 불쾌한 피상성으로 나타난다.

사람들은 여기서, 비록 우리가 이러한 입장에서 베토벤에 대해 아주 솔직하게 말하기 위해, 자신의 마술에서 헤어나올 수 없는, 그의 〈9번 교향곡〉의 마지막 악장을 우리의 고찰 안으로 끌어들여도, 우리를 나쁘게 보지는 않을 것이다. 이 음악의 열광적인 세계 구원의 환호와, 〈기쁨에 대하여〉라는 실러의 시는, 마치 불바다처럼 창백한 달빛이 흘러넘치는 것처럼, 완전히 일치하지 않는다는 사실, 이러한 가장 확실한 감정을 누가 나에게서 빼앗으려 하겠는가? 이러한 음악을 들을 때에 저러한 감정이 뚜렷하게 표현되지 않는다는 사실은, 단지 형상과 언어가 음악을 통해 완전히 약화되어서 우리는 이미 실러의 시에 대해서는 아무것도 듣지 않기 때문이라는 것에 대하여 누가 도대체 내게 맞서려 하겠는가? 저러한 모든 고귀한 도약, 즉 실러의 시구의 숭고함이 진정으로 소박하고 순진무구한 기쁨의 민족 멜로디 옆에서 이미 방해하고 불안케 하며 스스로 조야하게 하고, 불쾌감을 주는 작용을 한다 : 점점 더 풍부해지는 합창 노래와 오케스트라의 수적 확장에도 불구하고, 오로지 사람들이 그것을 듣지 않는다는 사실만이, 바로 그 불일치의 느낌을 우리에게서 멀게 한다. 베토벤이

〈9번 교향곡〉 4악장으로 스스로 절대 음악의 한계에 대하여 엄숙한 고백을 제시했다는 사실, 즉 그와 더불어 하나의 새로운 예술의 문이 거의 빗장을 풀었으며, 이 새로운 예술 안에서 음악은 심지어 형상과 개념을 묘사할 능력을 지니며, 이러한 것으로서 '의식화된 정신'에게
5 드러났다는 사실과 같은 놀라운 미학적 미신에서 우리는 무엇을 지켜야만 하는가? 그리고 베토벤은 낭음조를 통해 이러한 합창 노래를 도입하면서, 그 스스로 우리에게 다음과 같이 말했다 : "아 친구여, 이러한 음이 아니라, 우리로 하여금 더 편안하게 하는 음과 더 기쁘게 하는 음을 부르도록 하자!" 더 편안한 음과 더 기쁘게 하는 음! 이
10 를 위해 그는 인간의 음성을 입증하는 음을 필요로 했고, 민요의 순진무구한 방식을 필요로 했다. 이러한 숭고한 거장은, 자신의 오케스트라가 영감에 찬 전체 연주를 할 수 있도록 추구함에 있어, 언어가 아니라 '더 편안한 소리'를, 개념이 아니라 내적으로-기쁨에 겨운 음들을 붙잡으려고 했다. 그리고 어떻게 사람들이 그를 오해할 수 있는
15 가! 오히려 이 악장에 대하여는, 리하르트 바그너가 위대한 〈장엄 대미사Missa solemnis〉를 '가장 참된 베토벤 정신의 순수한 교향악적 작품'이라고 말한 것이 똑같이 적용된다. '베토벤' 47쪽 : "노랫소리는 여기서 완전히 인간적 도구들과 같은 감각 안에서 취급되어야 하는데, 이러한 감각이, 쇼펜하우어는 정당하게도 단지 인간적 도구들
20 에게 돌려져야 함을 알기를 원했다 : 이것들에 맞춰 이뤄진 텍스트는 바로 이러한 위대한 교회 악곡에서 우리에 의해 그것의 개념적 의미에 따라 파악되는 것이 아니라, 그 텍스트는 음악적 예술 작품들의 감각 안에서 단지 성악을 위한 도구로만 쓰이며, 그 때문에 음악적으로 규정된 우리의 느낌을 방해하지 않으며 관계한다. 왜냐하면 그것

은 우리로 하여금 결코 이성적 표상들을 자극하지 않으며, 오히려—이것 역시 그것의 교회적 성격이 제한하듯이— 우리를 단지 잘 알려진 상징적인 신앙 형식의 인상과 접촉하게 하기 때문이다." 그 밖에 나는, 만약 베토벤이 기획된 〈10번 교향곡〉을 썼다 하더라도—이것에 대한 초안들이 존재한다—그는 바로 그 〈10번 교향곡〉을 썼으리란 점을 의심하지 않는다.

이러한 준비에 따라 이제 우리는, 오페라에서 장차, 그리스 비극 안에 있는 오페라의 원형으로 계속 나아가기 위하여, 오페라에 대한 논의에 좀 더 접근하도록 하자. 〈9번 교향곡〉 마지막 악장에서, 즉 근대적 음악 발달의 정점에서 우리가 인지한 것, 말하자면 언어 내용이 들리지 않은 채, 보편적인 음향의 바다에서 사라져간다는 사실은, 개별적인 어떤 것도 특유한 어떤 것은 아니며, 오히려 서정적 노래의 근원에 유일하게 적합한, 모든 시대의 성악 안에 있는 보편적이고 영원히 유효한 규범이다. 디오니소스적으로 흥분된 인간은, 열광적인 국민 대중과 마찬가지로, 이들이 무엇인가를 전달해야만 할 청자를 갖지 않는다 : 반면에 서사적 화자와 아폴로적 예술가는 완전히 청자를 전제로 한다. 오히려 디오니소스적인 예술의 본질 안에는, 이것이 청자에 대해 고려하는 것을 알지 못한다는 사실이 놓여 있다 : 열광한 디오니소스 숭배자는, 내가 이미 말했듯이, 단지 자신과 같은 자에게서만 이해받는다. 그러나 우리가, 디오니소스적인 흥분이 풍토병적으로 생겨났을 때 한 청자를 생각한다면, 우리는 그에게 발견된 엿듣는 자인 펜테우스가 당한 것과 같은 운명 : 즉 메나데에 의해 찢겨 죽을 것이라는 예언을 해야만 할 것이다. 서정 시인은 단지 가장 내적인 강요에 의해, 마치 '새가 노래하듯', 노래하며, 만약 청자가 그를 강제로 거부한다면, 그는 입을 다물어야만 한다. 따라서 사람들이 자신이 부르는 노래의 텍스트 또한 이해할 것을, 서정 시인에게 요구한다는 것은 완전히 부자연스러운 것일 것이다. 그것이 비자연적인 까닭은, 여기서 요구하는 **청자**는, 서정적인 토로에 있어 아무런 권리도 주장해서는 안되는 자이기 때문이다. 이제 사람들은 확실히 정당하게도, 손에 놓인 위대한 고대 서정 시인들의 시작품들로, 혹시 그들이 또한 단지 그들의 형상 세계와 사상 세계를 가지고, 주위에 서 있는 도취한 국민 대중들을 명료하게 하는 것만 생각하는 것은 아닌지 물을 수 있다 : 사람들은 이러한 진지한 질문에 대하여, 핀다로스와 아이스킬로스적인 합창 노래를 참조하여 대답할 수도 있다. 사상의 이러한 가장 뻔뻔하고 암울한 착종들, 이러한 광포하고 스스로 새롭게 태어나는 형상의 혼란, 이러한 전체 신탁의 음, 이것을 우리는 음악과 오케스트라 연주를 통한 전향 없이는, 가장 긴장한 주의에도 불구하고, 종종 꿰뚫어볼 수 없는 것이다—이러한 완벽한 기적의 세계는 그리스 대중에게 유리처럼, 즉 하나의 형상적—개념적인 음악의 해석처럼 명료했었음이 틀림없는가? 그리고 핀다로스가 보유하는 그러한 사상의 불가사의로 인해 놀란 시인이, 그 자체로 철저하게 명료한 음악을 더 명료하게 하기를 원했던 말인가? 여기서 사람들은 서정 시인이 누구인지에 대한 통찰에 이르러야만 하지 않는가, 즉 그는 형상과 정서의 상징학을 통해 음악을 **스스로** 해석해야 하지만, 청자에게는 전달할 아무것도 갖고 있지 않은 예술적 인간이란 점이다 : 심지어 그는, 완전한 황홀경 안에서 누가 열망적으로 엿들으려고 자신 주위에 서 있는지를 잊어버린다. 그리고 서정 시인이 자신의 송가를 노래하듯, 국민은 스스로를 위해 내적인 충동에서 민요를

노래 부른다. 그때 언어가 함께 노래부르지 않는 자들에게 이해되는
지와 상관 없이. 더 높은 예술 음악의 영역 안에서 우리의 경험들을
생각해보자 : 우리는 팔레스트리나의 〈미사〉, 바하의 〈칸타타〉, 헨델
의 〈오라토리움〉의 텍스트에서 무엇을 이해했는가? 만약 우리가 스
5 스로 함께 노래하지 않았다면. 단지 **함께 노래하는** 자를 위해서만 서
정시가 존재하고, 성악이 존재한다 : 청자는 절대 음악으로서의 이
것에 대립된다.

그러나 이제 오페라는, 가장 분명한 증거들에 따르면 **청자의 요
구와 함께, 언어를 이해하기 시작한다.**

10 어떻게? 청자가 요구한다고? 언어는 이해되어야만 하는가?

[13＝ Mp XII ₁ₐ. 1871년 봄~가을]

13[1]

　　도입문의 결론에 대하여 :

　　그대는 천재를 떠나지 않으며,

　　그를 진흙탕 길 위로 끌어올린다

　　불의 날개로 ;

　　마치 꽃의 발을 가진 듯

　　도이칼리온의 홍수의 진흙탕 위로

　　그는 거닐 것이다,

　　피톤을 죽이면서 가볍고 위대하게,

　　피티우스인 아폴로여.

　　13[2]

　　그리고 우리는 특히 그리스인에게서 무엇을 배워야만 하는가?

우리의 철학을 통해서는 행동이 없는 휴지 상태로, 우리의 음악을 통

해서는 황홀경적인 본질로 되어야 하지 않는가? 우리는 불교에서 비

극을, 또한 음악의 황홀경에서 비극의 신화를 구원해야만 한다.

　　페르시아 전쟁의 국민은 비극을 필요로 했다.

　　예를 들면, 트리스탄의 3막 : 생기를 잃은 피로, 죽어가는 자의

떨리는 손, 탄식하는 사람들 안에서 숨을 거둠. 원고향에 대한 갈망

: 형이상학의 목동의 노래. '연모함-죽음', 도망치기 위한, 영혼의 발작적인 펼쳐 늘림, 날개의 돌출.

　　신화는 이제 우리를 달래기 위하여, 그 사이에 형상과 언어를 세운다.─신화의 영웅들은, 세계를 등에 지고 있는 아틀라스와 비슷하다. 그들은 우리의 짐을 면해준다.─우리는 여기서 음악이 **무엇때문**에 형상들을 요구하는지 파악한다 : 음악은 치유하는 아폴로를 원한다. 그것은 음악에 대한 드라마의 관계이다.

　　우리는 이러한 과정을 가장 순수한 상태에서야 비로소 경험했다 : 이제 우리는 음악을 배태한 그리스 대기의 의미 안에서 비극을 이해한다. 즉 그 대기를 치유하기 위해, 그 대기로부터 태어났다. 이제 우리는, 왜 지속적인 음악에서 교육된 그리스인이 자신 주변에 가장 훌륭한 조각들을 가졌는지 이해한다.

　　우리는, 음악에 대한 최대의 재능에서 유일하게 보편적인 예술의 희망을 본다. 음악은 우리 사이에서 다시 신화를 낳는다 : 이와 더불어 학문의 정신은 밑에 놓여진다. 모든 예술에서 우리는 비판자이다 : 여기 음악에서 우리는 여전히 충만하게 생동적인 인간이다. 여기에 모든 희망이 놓여 있다.

　　그리스인에게서 우리는, 우리 스스로 체험한 것을 배울 수 있다. 그들은 우리에게 우리의 체험들을 암시한다. 아스클레피오스는 소포클레스를 방문했다. 이렇게 우리는 바그너적인 비극의 재탄생을 이해해야만 한다. 소크라테스적 인간에서 우리는 다시 비극적 인간이 되어야 한다─그리고 우리 독일인의 경우 그것은 모든 것을 다시 돌려주는 것이다. 우리의 페르시아 전쟁은 결코 시작되지 않았다.

　　단지 음악 안에서만 우리는 아직 학문적, 역사적 인간이 아니다

: 우리는 여전히 팔레스트리나 곁에 산다 : 우리가 여기서 실제적으로 살고 있다는 한 증거.

따라서 최대의 독일적 예술 축제는 유일하게 바이로이트에서만 존재한다 : 여기에서 비극적 인간들은, 새로운 문화가 시작됐다는 증거로 신성한 축제를 거행한다. 건강함으로 되돌아가려는 열망.

지식에 대한 비극적 인간의 입장 : 그는 가장 깊은 심오함을 추구하며, 어떤 인식—환상을 통해서도 뒤로 물러나지 않으며, 또한 천박함에도 머물지 않는다— 왜냐하면 그에게는 자신의 현존재를 견뎌낼 올바른 수단이 있기 때문이다. 가차 없는 진리.

13[3]

부처에 대한 특별한 이야기 : 춘분 축제에서 그와 더불어, 그때 잘못된 가르침들을 창시한 자의 승리를 위한 투쟁이 축제적으로 행해진다 ———. 그는 여기서 극적인 표상들 안에 잠긴다. 황홀경적인 취함과 방종함 안에 있는 사제 : 부처 자신도 수많은 인간에게 자신의 구원에 대하여, 8일 동안 속세〈적인〉 희열들.

"운명의 수레바퀴 물거품, 공허한 둥근 선."

13[4]

4. 뒤러, 〈기사의 죽음〉
1. '로마로 또는 인도로.'
3. 신화의 복구.
2. 트리스탄.
5. 음악 안에서 살아 있는 자들.

6. 바이로이트.

13[5]

우리에게 비극은 무엇을 의미하는가?

우리는 그리스인에게서 바그너의 예술 작품을 이해해야 한다.
비극의 탄생.
비극의 의미.
현재의 혼란.

13[6]

19.

1. 로마로 또는 인도로.
2. 트리스탄.
3. 신화의 복구.

20.

1. 살아 있는 자들.
2. 뒤러, 〈기사의 죽음〉.
3. 바이로이트.

13[7]

팔레스트리나와 르네상스의 화가들.
바그너에 대한 혼란.

새로운 문화가 시작된다 : 우선 그 안에서 살 수 있기 위한 수단
이 있어야만 한다.

[14 = P I ₁₆ b. 1871년 봄~1872년 초]

14[1]

진행.

조형 세계에 대한 음악 활동의 영향력.

신화들을 창조하는 힘.

합창은 전체 비극을 코투른 위로 끌어올린다.

말하는 배우가 설명되어야 한다 : 우리의 멜로 드라마와는 완전히 다른 작용을 한다.

그는 **아폴로적 음유 시인**으로 등장한다.

두 가지 예술의 스타일이 서로 맞선다.

그것은 그것은 신이 종교적으로 현현한 것이다. 그는 황홀경에

빠진 자신의 사제들과 혼동되어서는 안 된다.

14[2]

자동 해결사인 신은 형이상학적 해결을 **지상적인** 해결로 번역했다. 이와 더불어 비극은 끝났다.

드라마의 근원에서 도출되는 **근본 충동들** :

1. 드라마의 구조 : 합창단의 입장eisodos, 신의 등장epeisodion.

2. 통일성, 4부극.

3. 영웅, 음유 시인으로.

4. 오케스트라로서 합창단.

14[3]

　　이러한 인식, 즉 리하르트 바그너가 이러한 인식의 영원한 진리의 강화를 위해 '베토벤'안에서 그의 각인을 그 위에 찍은 인식의 충만함에서, 나는 비극의 근원을 설명하기 위해 최고의 가치를 지니는 입장을 부각시켰다. 쇼펜하우어는 음악이 모든 회화, 즉 실제적 삶과 세계의 장면들을 곧바로 더 높아진 중요성 안에서 눈뜨게 한다고 말했다 : 물론 이러한 점이 더 많을수록, 그것의 멜로디는 주어진 현상의 내적 정신에 더 유사해진다. 이제 우리가 음악의 가장 숭고한 상승을 생각한다면, 간단히 말해 모든 세계상을 **신화 안으로 변화**시키고, 영원히-유효한 보편적 진리의 표현으로 이끄는 수단을 얻게 될 것이다. 우리는 이러한 놀라운 음악의 능력이 기존의 세계사 안에서 **신화**를 두 번 **창조**하게 되었음을 본다 : 그리고 우리는 한 번 이 놀라운 과정을, 즉 여기서에서 또한 첫번째 것을 우리와 유비적으로 명료화하기 위해, 놀라운 과정을 스스로 체험하는 충분한 행운을 가졌다. 만약 단 한 번 어떤 것을, 신화를 창조하는 음악의 올바르고 종교적인 영향력을 경험한다면, 그는 ———

14[4]

　　20쪽 디오니소스적인 것과 아폴로적인 것에 대하여.

　　12쪽 비극에 대한 묘사.

　　6　　비극의 죽음. 2쪽 전이.

　　28　　바그너.

14[5]

24   디오니소스적인 것과 아폴로적인 것에 대하여.

7   이제 우리는—미궁에 가까워진다.

12

2쪽   죽음으로 가는 전이.

27쪽 비극의 죽음.
———
72

14[6]

8

도입문 :   21

본문 :   21

본문 :   27

결론 : 바그너 20
———
97

14[7]

I. 1~21쪽   디오니소스적인 것과 아폴로적인 것. 소박한 것.
서정 시인

22~43쪽 합창, 영웅, 그리고 신화.

44~70쪽 에우리피데스와 소크라테스.

14[8]

두 가지 충동들 : 학문적 충동 | 비극의

비극적 충동 | 시대.

이제는 달라졌다 : 학문적 충동이 자신의 한계에 다다랐다

비극적 충동이 도달되었다.

하나의 합일화가 가능하다. '신화'가 탄생되었다.

14[9]

비극의 죽음과 더불어 음악은 쇠락했다.

음악은 가시적 사물들의 모방 안으로 빠져들었다.

비극에서 음악은 자신의 정점에 이르렀다.

에우리피데스에서 디오니소스적 흥분 대신 자극 자체가 들어섰다. 아폴로적 평정함 대신 사유의 싸늘함이. 그는 음악의 전체 영역을 압류하고, 효용적인 모든 것을 빌려 썼다. 즉 그는 하나의 스타일 혼용을 만들어냈다. 그는 무한한 **신화**를 포기하고, 그 자리에 단편 소설을 세웠다.

음악, 신화, 비극의 쇠락. 세계 고찰의 진지함은 지하 세계로 도피해야만 했다.

우리는 학문의 놀라운 발전을 인지할 수 있다 : 신화는 완전히 사라졌다. 시작(詩作)은 학식적인 특징을 갖게 되었다.

진지한 세계 고찰의 갱신 : 지금까지 우리는 르네상스의 여파 아래 있었다. 우리의 음악, 우리의 철학은 하나의 새로운 왕국을 지시한다. 우리는 독일 천재 역시 르네상스의 낙관적 세계에서 해방되는 것이 필요함을 발견한다.

전도된 순서에서 그리스 고대 정신의 발견.

14[10]

우리의

교육 기관들의

미래에 대하여.

메모들. 71년 가을.

14[11]

교육.

확대에의 노력 대신 **정예화**가 필요하다.

이러한 확대를 향한 노력의 지반에 놓여 있는 것은 :

1) 국민 경제학자들의 낙관주의―가능한 한 많은 인식―가능한
   한 많은 생산―가능한 한 많은 행운

2) 종교적 억압에 대한 공포

3) 다수에 대한 믿음, 천재에 대한 불신.

이러한 노력에 반대하며, **정예화**를 찬성하는 경우

1) 분업, 또한 학문을 위해서도

2) 다양한 교회들

3) 위의 낙관주의의 열매인 사회주의에 대한 공포.

우리의 입장은 **정예화**이며 **집중화**이며 따라서 **강력화**(2에 반하여)이고, **정예화**(1에 반하여)이다.

여기서 **자연**은 자신의 언어를 말한다.

전자는 **노력**이고, 후자는 **진리**이다.

모든 우리의 **교육** 기관들은 (저 노력에서 발생된) 이러한 원진리에 의해 측정 되어야 한다.

그러나 진리의 유효성은 시대에 따라 매우 상이하다 : 저러한 노력의 지반에 놓여 있는 원리들은 또한 진리를 요구하며, 따라서 진리를 은폐한다.

두 가지 노력들은 **교육의** 원칙으로서, 물론 정신적 귀족주의의 수준을 끌어 내리고, 그 영향력을 감소시키는 데 성공할 수 있었다.

왜냐하면 정신의 출생의 귀족주의 역시 자신에 걸맞는 **교육과 유효성을** 가져야만 하기 때문이다. 올바른 교육 원리는 단지, 더 많은 다수를 정신적 귀족주의의 올바른 관계로 이끌 수 있는 점에 있다 : 이것이 본래적인 **교육** 과제이다(세 가지 헤시오도스적인 가능성에 따르면) ; 천재 국가의 조직화─이것이 올바른 플라톤적 국가이다.

14[12]

나는 **윤리적이고 지성적인 교육을** 생각한다.

윤리적 교육의 표현들은, 이성적 배후에 따르면 매우 상이하다.

국가에 대한 봉사로서 교육.

사회에 대한 봉사로서 교육.

직업에 대한 봉사로서 교육.

학문에 대한 봉사로서 교육.

교회에 대한 봉사로서 교육.

이러한 비자연적인 차등화의 결과가 두 가지 **방향들이다** : 확대화와 정예화.

공동적인 것은 천재에 대한 불신이다 : 이것을 통해 그들의 비자

연성이 폭로된다 : 마찬가지로 거대한 낙관주의도.

14[13]

    1. 교육을 통한 천재의 성취, 좁은 길을 평탄케 하는 것

    2. 정당한 경외심을 통해 그의 영향력을 가능하게 하는 것

    3. 그를 발견하는 것.

    비천재의 입장에서 :

    1. 배우는 데 복종함과 겸손함.(헤시오도스.)

    2. 모든 천직의 제한됨에 대한 올바른 인식.

    3. 천재에게 자료들을 집중시키는 것.

14[14]

    '지성적인 계급 제도의 조직화' 순간적인 교회와 국가에 상관없는, 교육의 영원한 과제.

14[15]

고전적 교육.

    최고의 교육은 완전히 쓸모 없는 어떤 것과 같다 : 천재의 특권. 그의 교육으로 살 수 있는 어떤 **삶의 직업도** 만들 수 없다. 이것은, 아무 돈도 받지 않는 현자에 대한 소크라테스의 표상이다.

교육자 대신에 학자	중세의
전형적인 현자 대신에 직업을 위한 선생	특징.

    우리의 학교들은 이러한 중세적 원리에 따라 설립되었다. 고유한 **교직**의 교육은 그 결과였다.

거의 대부분은 학자가 될 수 있지만, 교육자는 소수만이 될 수 있다. **박식함의 일반화**―이것이 고대 교육 목적이다. 가능한 한 많은 학자들을 훈련시키는 것―최고의 고대 교육의 과제. **학문의 노예가 된 삶.**

여기에서 비민족적인 학자들의 교육 학교인, **라틴적 학교들이** 생겨났다.

고전적 교육에 대한 요구는, 아주 근대적인 것이고 김나지움의 경향에 대한 전도이다.

그 사이에 명백한 것은, 사람들이 라틴어로 학문에 도달할 필요가 없었다는 점, 그리고 마찬가지로 학자와 교육자는 동일하지 않다는 점이다.

이제 대담한 파악 : 고대 김나지움은 **형식적 학교로** 다시 낙인찍혔다.

거대한 **공공연한 거짓말.** 고대인들은 진정으로 한 단계 더 높은, 우리의 올바른 주인이고 스승이다 : 그러나 어린이를 위해서는 아니다.

(우리의 **최고의**)김나지움 선생들은 전혀 이러한 요구에 부응하지 못했다. 그들은 여전히 학자를 교육하지만, 단지 여전히 문헌학자들일 뿐이다.

사람들이 훌륭하기를 원한다면, 언젠가 김나지움을 학문에 봉사하는 문헌학적-역사학과로 바꿔야 한다.

14[16]

인간이 더 많이 교육받을수록, 그는 더 고독해진다 : 즉 그는 모든 시대의 위대한 자들과 교제하는 것이며, 이러한 고상한 사회는 그를 신중하게 만든다. 그는 '유통되지' 않는다.

14[17]

　　자연에 대한 소박한 태도는 너무 빨리 파괴되어서는 안 된다.
　　예술들을 일찍 익히는 것.

14[18]

　　대중적이고 지성적인 요구들을 포함하는 시험들은 미래적 국
가 설립에 봉사하는 다수의 윤리적 성취를 보증한다. 여기에 굴종을
보이는 자는 이미 서명한 것이다.

14[19]

　　약간의 머리—김나지움들의 준비.

14[20]

실습학교.

　　이 이름은 근대 김나지움의 명목상 형식 학교에 대한 하나의 항
의이다.

　　본질에 따르면, 실습학교는 그 사이에 여전히 김나지움이 만들
어낸 엄청난 균열들을 메꾸려고 시도한 혼합체이다. 그것이 포괄하
기 원했던 영역의 엄청난 크기 때문에, 실습학교는 일반적으로 머무
는 것이 요구되었고, 이렇게 실천적으로 다시 형식적으로 되었다.

　　실습학교가 아니라, 무수한 전문학교들이 균열 안으로 들어가야
만 한다 : 그리고 특히 직업학교 뿐만 아니라 교육학교Gelehrtenschule

도. 따라서 이것들이 나타남은 중대한 필연성이고, 고대 김나지움이 인식되었다는 표징이다. 이 형식의 모호함은, 그 사이에 이러한 사상이 얼마나 어린 것인지 보여준다. 그것들은 대부분 김나지움을 희미하게 반영한 것이다.

5   이것은 특히 동일한 요구들의 경우, 군사학교와 대학을 위한 준비기관으로 나타난다.

대학과 김나지움은 하나의 공동된 지반을 갖는다 : 대학과 실습학교는 그렇지 않다. 그 때문에 실습학교는, 만약 철저하게 생각한다면 대학의 독재권을 부정해야만 한다.

10   **공업학교는**, 실습학교가 김나지움에 관계하듯이, 대학에 관계한다.

어린 것, 여전히 성숙하지 못한 것. 공업학교들, 즉 학문적 전문학교의 수많은 형식들이 필요하다. 지금은 도처에서 아직도 **형식적 교육**이 매우 강조되고 있다 : 거대한 일반성에서.

15   김나지움들의 형식적 교육에 대한 정당한 비난 : 실습학교는 교육의 길을 위해서 김나지움의 독재권과 싸웠다.

실습 지식은 저렇게 좋은 선생을 가지게 될 것인가?

실습학교는 **전문학교**이기를 원치 않는다 : 그렇지만 직접적인 직업의 종류들을 더 가까이에서 보고 있다. 모든 것은 언젠가 유용하

20   게 될 것이다 : 중요한 사상!

14[21]

국민학교.

추상적 선생.

사회와의 격리.

교회의 이용.

14[22]

수험 예비학교Presse의 재조직.

단지 가장 숭고한 입장만이 그것을 견딜 수 있고, 순간의 고통에서 해방된다. 가상적인 영원성Sub specie aeterni, ―――

14[23]

선생.

절대적 선생.―교직.

국가의 영향.

시험―국가를 위해. 충성의 표지.

국가로부터 선생의 해방.

교육된 국민 무리―슬픈 개념.

군인의 경우, 시험을 받은 자의 특권.

시험과 연공서열제를 통해 사람들은 국가에서 공명심 있는 자들을 고삐를 조인다.

14[24]

대학.

국가 기관으로 변질되었다.

아카데미.

식량과 보호기관.

국가에 대한 최고의 대항 세력으로서 그것은 완전히 소진되고 멸절되었다.

14[25]

결과들.

우리의 학교들은 아주 더 많은 **분업**에 대하여 언급한다. **완전한 교육**을 추구하는 것은 거의 드물다 : 자신의 과제를 스스로 세우는 학교는 존재하지 않는다. 사람들이 이와 같은 완전한 교육을 위한 교재를 찾을 때 그들은 어찌할 바를 모른다.

이에 따라, 연결시키는 보편적 인간의 힘, 즉 **저널리스트**들의 힘이 한동안 점점 더 커졌는지도 모른다 : 그들은 상이한 영역들을 합일시켰다 : 즉 그 안에 그들의 본질과 과제가 놓여 있는 영역들을.

언젠가 좀 더 강력하게 **완전한 인간**이 다시 일어날 것임에 틀림없다. 그러나 모든 동아리의 중재자가 아니라, 운동의 **지도자**로서. 이러한 지도자를 위한 조직이 지금은 존재하지 않는다. 완전히 무용하고 아무것도 요구하지 않으며 정신의 재판소를 위한 아레오파그인 가장 고상한 인간들의 학교에 대하여 생각해볼 만 하다 — 그러나 이러한 교육인들은 어려서는 안 된다. 그들은 전형으로서 살아야만 한다 : 본래적인 교육 관청으로서.

이러한 최고의 교육을 나는 지금까지 단지 **헬레니즘**의 재각성으로만 인식한다. 문화에 대한 투쟁.

이러한 재판소에서, 학문의 진행은 도대체 어떤 한계를 갖는지 결정되어야 한다 :

지식의 고유한 특성인 고난은 어쨌든 분업을 통해 매우 약화되었다.

양 극단에 따라 본질적으로 새로운 조직이 필요하다 : 어린이 교육을 위해서는 추상적인 선생 정신을 제거하는 것이, 최고의 교육을 위해서는 공생의 가능성이 필요하다. 그 중간에서 발전은 이루어진다. 국민 교직은 아주 해롭다. 어린이를 가르치는 것은 부모와 사회의 의무이다 : 전통을 보존하는 것은 근본 과제이다. 광대한 자유로운 시선의 높이에서. 양자는 잘 화합된다.

이러한 정신적 귀족주의는 국가에서 자유 또한 제공받아야만 한다 : 이 국가는 지금 학문을 울타리 안에 가두고 있다.

14[26]

새로운 교육의 토대.

역사적이 아니라, 그날 그날 살아가는 것.
'신적인 일면성들.'

14[27]

§ — 2. 철학적 인간의 준비.

플라톤은, 지혜를 가르치는 자는 우선 망설이며, 다른 이름 아래에 자신을 숨긴다고 생각했다.

철학자로서 시인. 태곳적 격언의 교훈. 헤시오도스 ··· 테오그니스 ··· 포킬리데스.

철학자로서 사제 : 계보론, 다양한 세계의 현자들, 규제로서 델피. 신비의 지혜.

누군가 첫번째 철학자라고 말하는 것은 항상 임의적인 것이다. 탈레스가 선택되는 것은, 그가 하나의 원리를 세웠기 때문이다. 그러나 이것은 체계주의자가 비로소 유효하게 한 아주 후대의 입장이다 (플라톤적-아리스토텔레스적 영역에서의 규정). 그 전에 개별적인 세계 조망이 많이 있었다 : 변화의 문제는 이미 오랜 역사를 신화적 덮개하에 표현했으며, 체계화의 힘 역시 그곳에 이미 있었다. 우리는 전 단계로서 사제적 시인을 발견한다.

전 그리스는 본〈래적으로〉 철학을 논했다 : 무수한 격언들. 그 다음엔 상이한 종교적 예식들의 투쟁 : 올림푸스적 세계와 신비의 세계. 비극적 신화들.

왜 탈레스인가?
보다 이전에, 하나의 원리를 세우고 체계화한 힘.
그가 비신비적이었기 때문.
시인은 극복되어야 한다. 개념 안에서의 관조.
그는 단지 격언적이기만 한 것은 아니다. 그는 일곱 명의 현자 중 하나만도 아니다.

철학자의 형상은 천천히 무세우스, 오르페우스, 헤시오도스, 솔론, 일곱 현자로부터 전개되었다.
1) 철학의 신화적 형식.
2) 철학의 격언에 걸맞는 형식, 체계화를 통해 산재적으로 철학하기.

이렇게 다양한 남성들은 현자들sophoi이다.

14[28]

플라톤 이전의 철학자들.

5   어떻게 그리스인들은 철학에 이르렀는가?

어떤 철학에?

그것의 고전적 시대(6세기와 5세기)와 동시대적인 것으로 바로 플라톤 이전 철학들이 있다. 특징적인 것은, 어떻게 한 시대가 자신의 위대한 남성들을 받아들이는가 하는 점이다. 이러한 철학자들의

10   본원적 직관들은, 도달했던 최고의, 그리고 가장 순수한 직관들이다. 남성들 자신은 철학과 철학의 다양한 형태가 형식적으로 육화(체현된)한 것이다. 질문은 : 어떻게 그 철학자는 헬라인들 사이에서 두드러졌는가? 플라톤부터 이 질문에 대한 답은 그다지 결정적이지 못했다. 거기에는 철학적 학자들을 타락시킬 수 있었던, 학자층이 존재했

15   기 때문이다.

전 단계 : 제사장과 가수. 델피의 신탁이 명명했던, 지혜로운 남성들은 육체를 가진 교리 문답서였다.

그들은 우리에게 헬라적인 것을, 간접적으로 드러냈다 : 왜냐하면 그들은 예절 등에 대하여 말하지 않았지만, 인식의 충동으로 발

20   생한 철학이 죄책감과 삶의 위기를 통해 자극된 것이 아님을 제시했기 때문이다. 그들은 영원한 문제들과 또한 영원한 해결들을 파악했다. 수많은 개인들.

그들은 자신들의 행위 안에서 의식적인 사유가이기보다는, 오히려 무의식적 인간으로 자신들을 드러냈다.

14[29]

　　　첫번째 시대. 변화가 *경이Thaumajein*를 자극한다.
　　　　　　　　이오니아 철학자들.
　　　두 번째 시대. 변화의 문제가 알려진다.
　　　　　　　　형이상학.
　　　세 번째 시대. 목적론, 변화의 목표.
　　　네 번째 시대. 가장 확실한 것으로서 변증론. 인식 없는 유능함은
　　　　　　　　없다. 철학은 개혁적, 명령적, 공격적으로 되었다.

　　　플라톤은 첫번째 세계 개혁을 시도했다.

　　　회의론적인 순환—네 번의 발아.

14[30]

　　　괴테의 노래들이 내 친구 로데E. Lohde를 위해 부를 수 있도록
니체F. N.에 의해 편곡되었다.
　　　　　1. 첫번째 상실.　　　　　　G 또는 더 낮게는, 올림 바장조.
　　　　　2. 비애의 희열.　　　　　　A 장조.
　　　　　　방랑자의 밤노래.　　　　B 단조.
　　　　　　가을의 느낌.　　　　　　G 단조.

[15 ＝ U I 6 a. 1871년 7월]

15[1]

쓸쓸함에 바침.

쓸쓸함이여, 성내지 말라,
내가 그대를 기리기 위해 펜을 세우는 것을,
그리고 내가 머리를 무릎까지 숙인 채,
은자처럼 나무 그루터기에 앉아 있지 않은 것을.
그렇게 그대는 나를 종종 보았으며, 또한 어제는 특히
뜨거운 태양의 아침 햇살 안에서 :
골짜기에서 독수리는 간절하게 울어대고,
죽은 말뚝 위에서 죽은 살코기를 꿈꾼다.

황폐한 새여, 그대는 내가 곧 저렇게 마치 미라처럼
나의 통나무 위에 누우리라 잘못 생각하는구나!
그대는 당당하고 의기양양하게, 기쁨에 차 아직도
여기저기로 움직이는 눈을 보지 못하는구나.
그리고 그것이 아주 먼 구름 파도에 생기를 잃어,
그대의 높이에 이르지 못한다면,
그것은 스스로 안에서 현존재의 심연을 번개같이
밝히기 위해, 더 깊이 가라앉으리라.

15 = U I 6a. 1871년 7월 503

이렇게 나는 종종 깊은 황야 안에 앉아 있었다
마치 제물을 바치는 야만인같이, 추하게 구부린 채,
그리고 쓸쓸함이여, 젊은 날이었던가,
참회자인 그대를 나를 기억하고 있다!
5 이렇게 앉은 채, 나는 독수리의-비행을,
구르는 눈사태의 우뢰 같은 돌진을 즐거워했다,
그대는 나에게, 감각의 무능한 미혹에 대하여,
진실하게, 그렇지만 놀랍도록 엄격한 표정으로 말했다.

10 그대, 거친 암석의 가혹한 여신이여, 여인이여,
그대는 내 가까이 나타나기를 좋아한다.
그리곤 그대는 나에게 위협하면서 독수리의 흔적을,
그리고 나를 부정하도록, 눈사태의 즐거움을 보여준다.
사방에서 이를 드러내며 살육의 욕망이 숨을 몰아쉰다 :
15 스스로 삶을 강탈하려는 고통스런 탐욕!
응고된 암석 위에서 유혹적으로,
꽃들은 그곳에서 나비를 그리워한다.

나는 이 모든 것이다―전율하면서 그것을 그대로 느낀다―
20 유혹받는 나비, 고독한 꽃,
독수리와 얼음 같은 개울,
폭풍의 신음소리―모든 것은 그대의 명예,
그대 격노의 여신이여, 무릎에 머리를 구부린 채,
그대에게 나는 허리를 숙여 소름끼치는 사랑의 노래를 신음처

럼 부른다,
내가 동요하지 않고, 삶, 삶, 삶에 목말라한다는 것,
그것은 단지 그대의 명예일 뿐!

5   사악한 신성이여, 성내지 말라,
내가 시구로 사랑스럽게 그대를 잣는 것을.
그대가 가까이 갔을 때 사람들은 놀란 얼굴로 떨며,
그대가 악한 오른손을 내밀었을 때 그들은 경련한다.
그리고 여기서 나는 떨면서 노래에 노래를 더듬거리고,
10   그리고 운율적 형태들 안에서 섬광처럼 움직인다 :
잉크가 흐르고, 예리한 펜이 번득인다—
이제 여신이여, 여신이여 나를—나를 맡아주시오!

김멜발트.
15   (1871년 여름).

15[2]
밤의 뇌우(雷雨) 후에.

20   음울한 여신이여, 오늘 그대는 나의 창가에,
안개의 베일로 걸려 있다.
가득한 창백한 부스러기들이 소름끼치게 움직인다,
그 안에서 가득 찬 개울이 소름끼치게 소리친다.

아! 그대는 갑작스런 섬광에,
천둥의 성난 소리에,
골짜기의 안개에, 마술사인 그대는
음산한 독약을 휘젓고 있구나!

5

자정에 나는 전율하며,
그대 소리의 즐거움의—, 괴로움의 울부짖음을 듣는다,
눈의 번쩍임을 보았고, 오른손에
날이 선 채 내리꽂히는 뇌신의 화살을 보았다.

10

그리고 이렇게 그대는 나의 황량한 침대로 들어선다
완전히 무장한 채 무기를 번쩍이며,
그대는 청동 사슬로 창문을 두들기며 나에게,
나에게 말했다 : "이제 내가 누군지 들으라!

15

"나는 위대하고 영원한 아마존,
"여성은 결코 아니지만, 비둘기같고, 부드러운
"남성을 싫어하고 조롱하는 여전사
"승리자이며 동시에 암호랑이!

20

"내가 짓밟은 시체 주변에 접근하며,
"햇불은 나의 눈에 분노를 던지며
"나의 뇌는 악의를 생각한다—이제 무릎 꿇어라! 빌어라!
"또는 썩은 구더기 같은 인간! 도깨비불, 스러져라!"

[16 = P II 8 b. 1871년 여름~1872년 봄]

16[1]

"음악의 정신에서 비극의 탄생."

"호메로스의 대결."

"리듬."

"우리의 교육 기관들의 미래."

16[2]

문헌학자의 미래.

김나지움.

독일 스타일.

그리스적 리듬.

호메로스.

헤시오도스.

바그너.

쇼펜하우어.

시학과 학식.

16[3]

7. 투쟁적 개체의 고난.

7. 소포클레스의 〈로클레트Philoktet〉―유배의 노래로 이해해야

한다. 그 그리스인은 그렇게 이해했다.

〈트라키아 여인들〉은 결코 질투의 비극이 아니다. 사랑의 마술이 불행이 된다. 사랑은 여성을 멍청한 행동으로 눈멀게 한다. **사랑에 의한 멸절.**

5   엘렉트라Elektra―소포클레스에 의해 창조된 영웅적 여성.

Ajax―위대한 개인―그리스인들은 이 인간의 무엇이 마음에 들었는가! 시구 50에 따르면 이제 한 아이아스Ajax는 불가능할 것이다.

소포클레스의 단편들은 매우 좋은 것을 포함하고 있다. 예를 들면 사랑에 대하여. 이것은 플라톤의 〈국가 I〉에 있는 소포클레스의 진술

10   들과 함께 보존되어 있다.

16[4]

헤시오도스와 ―――

예수회원들―그들의 고대 교육―교육에 있어서 공명심과 결투.

15   결투의 문제점.

7. 결투하는 예술가. (우리에게는 위대함이 결핍되어 드물다 :

실러와 괴테.]

호메로스와 헤시오도스.

7. 예술에 대하여 판결하는 델피의 신탁.

20   7. 소재적 판결―문외한에 걸맞게 도덕적.

7. 비판과 예술. 아리스토파네스에 있어 아이스킬로스와 소포

클레스.

미학에서의 고대인의 무의식.

16[5]

4. 고대인들, 호메로스에 대하여.

4. 호메로스 신화와 헤시오도스 신화들. 호메로스에 대한 예식. 올바른 것을 가르치는 자로서 시인.

상징적 해석. 왜냐하면 시인은 전적으로 옳음을 관철해야 하기 때문이다.

7. 결투에서 판결은 미학적이 아니라, 전 세계적인 것이다.

7. 시인은 '최고의 인간'으로, 그의 노래는 올바르고, 선하고, 아름답다고 판정된다.

7. 판단이 정당한 것은, 오로지 시인과 그의 청중들이 모든 것을 공유할 때이다.

7. 드라마 작가는 이제 다시 서사시에서 그들의 소재를 끌어내고, 새로운 것에 의해 농축된다.

4. 호메로스의 노래들은 **노래 시합의 결과**이다. 헤시오도스의 노래도 그렇다. 가수는 오디세이아Odyssee의 가수이듯이, 일리아스Ilias의 가수이다. 호메로스와 헤시오도스의 이름은 승자의 명예이다.

4. 헤시오도스(에르가)에 있어서 더 의식적이지만 더 나빠진 작곡 예술이 증명되어야 한다.

16[6]

7. 예술가와 비예술가. 무엇이 예술을 판단하는가? 이것은 일반적인 문제이다.

시인은 단지 그 청중들에게서만 가능하다. (바그너의 〈니벨룽엔〉의 영향.) 환상에 찬 청중들. 청중은 마치 그가 형성하는 소재와 같다. 시작 자체는 단지 상상력을 자극하고 지배하는 것일 뿐이다. 본래적인 향유는 시인의 손 안에서, 형상들의 창작이다. 따라서 시인과 비판가는 하나의 불합리한 대립이며—오히려 조각가와 대리석, 시인과 소재가 올바른 대립물이다.

투쟁agon 안에서의 결정은 단지 고백일 뿐이다 : 이러저러한 남자는 우리를 더욱 시인답게 만든다 : 우리가 시인을 따를 때, 우리는 더 빨리 형상들을 창작한다. 따라서 예술적 판단은, 예술적 능력을 자극하는 것에서 얻어진다. 개념에서 얻어지는 것이 아니다.

이렇게 신화는, 시인이 자신의 꿈을 전달하는 동안, 계속해서 살아남는다. 모든 예술 법칙은 전달과 연관되어 있다.

미학은 단지 자연과학으로서의 의미를 가질 뿐이다 : 마치 아폴로적인 것과 디오니소스적인 것과 같이.

16[7]

대결하고 있는 호메로스와 헤시오도스 .

코〈지마〉 바〈그녀〉에 부치는 서언.

가장 존경스런 여성.

문외한과 예술가.

16[8]

6. 예술의 *조물주demiourgos*인 음유 시인—그는 본래 천재로 여겨지지 않고, 그 다음엔 오히려 모든 서정시의 근원적 영웅, 즉 호메로스에 용해된다.

기묘한 것. 그것들은 시적 개체들의 실존을 막는다. 결투는 수공업자를 특별 취급한다. 단지 수공업자가 있는 곳에 결투도 있다.

진정 **개인적으로 살아** 있는 것은 오로지 **영웅들뿐**이다. 그들 안에서 현재는 스스로를 다시 인식하고, 그들 안에서 삶을 지속한다.

그리스인들의 경우 언제부터 개체가 발생했는가?

16[9]

결투! 그리고 개체의 이러한 거부!

그것은 역사적 인간들이 아니라, 신화적 인간들이다.

인격성이 먼 신화 안에 은폐될 때만, 그 인격성은 영예를(핀다로스의 경우와 같이) 얻는다.

결투! 그리고 그리스인에 있어 귀족주의적인 것, 태생에 걸맞는 것, 고귀한 것!

개체들이 아니라, 이데아들이 서로 투쟁한다.

16[10]

기독교는 신화들 안에서 창조적이지 않다.

16[11]

아폴로적인 것과 디오니소스적인 것.

결투—리듬으로서—영예, 개인.

리듬.

16[12]

본래 건축적 민족인 이집트인.

16[13]

무의식적인 형식을 형성하는 힘은 생산에서 나타난다 : 여기에서
도 예술 충동은 활동한다.

5. 예술가를 자연의 이상화로 강요하는 예술적 충동과, 모든 인
간에게 자기 자신과 자연을 형상적으로 관조할 것을 강요하는 예술
적 충동은 동일한 것으로 보인다. 결국 그 충동은 눈의 구성을 유발
시켜야 한다. 지성은, 처음에는 예술적인 장치의 한 결과로 입증된다.

예술 충동의 각성은 동물적 피조물들을 분류한다. 자연을 그렇
게 본다는 사실, 그렇게 예술적으로 본다는 사실을 우리는 어떤 동물
과도 공유하지 않는다. 그러나 동물들의 예술적 등급 또한 존재한다.

형식들을 보는 것—이것은 충동의 지속되는 고통을 넘어서는
수단이다. 그것이 기관들을 창조한다.

그와는 반대인 음! 음은 결코 현상 세계에 속하는 것이 아니라,
오히려 영원히 이해할 만한, 현상하지 않는 것에 대하여 말한다. 그
것은, 눈이 분리될 때 결합한다.

16[14]

2. 교육에 대한 고대의 수단 : 결투와 사랑.
선한 에리스— 어떻게 이해해야 하는가?
7. 투쟁적인 개인의 고통에 대한 시인인 소포클레스.

16[15]

호메로스의 질문.

예술가와 청중.

개인 : 형식들과─외형상─개인들을 창조하면서 분류하는 아
폴로적 충동.

4. 아폴로적 호메로스는 단지, 우리가 개체화할 수 있는 보편적
이고 인간적인 예술 과정의 계승자일 뿐이다. 시인은 더 나아가서, 분
류하면서 언어를 창작한다,

5. 시인은 투쟁을 하나의 자유로운 결투로 이상화시키면서 생
존 투쟁을 극복한다. 여기서 여전히 그 목적으로 투쟁이 진행되는 현
존재는 찬미 안에 있는 현존재, 명성 안에 있는 현존재이다.

시인은 **교육한다** : 그는 호랑이처럼 고기를 갈기갈기 찢으려는
그리스인들의 충동이, 선한 에리스 안으로 전이하는 것을 알았다.

5. 아폴로의 국민은 또한 개체들의 국민이다. 결투의 표현.

5. 이상화된 전쟁인 체육.

5. 국가들의 원리, 특히 작은 신적인 예식 영역의 에리스.

16[16]

개체의 무절제한 이기심을 막는 수단.

고향 본능

공공성

결투

사랑philia.

모든 점에서 알렉산더는 스스로를 야만적인 희화화로 드러냈

다 : 유사 이전의 신들과의 결투에서.

16[17]
플라톤 이전의 철학자들.

5

언어 안에서의 철학. 비극과 평행하는 시대. 현자로소 노인이고 왕이자 제사장인 마그누스. 삶과 철학의 동일성. 그러나 항상 헬라적인 것의 한계 속에서만. 헬라적인 것과 대결했던 플라톤까지. 신화안에서의 철학.

10
1. 탈레스. 신화와의 투쟁. 정치가.

2. 아낙시만드로스. 학교. 염세주의.

3. 피타고라스. 그리스인과 외국인. 종교적 신비주의. 의지로부터 금욕을 설명하는 것. 불사에 대한 신앙. 영혼의 윤회와 질료의 윤회.

15
4. 헤라클레이토스. 결투에 대한 변용. 세계는 하나의 유희. 철학자와 여성.

5. 크세노파네스. 창조자로서 음유 시인. 호메로스와 대결하는 그와 플라톤.

6. 파르메니데스. 추상화의 황폐화. 변증법.

20
7. 아낙사고라스. 하늘의 자연사. 아테네적인 자유주의. 목적론.

8. 엠페도클레스. 투쟁적인 자연. 수사학자.

9. 데모크리토스. 우주적 인식. 책을 서술하는 자로서 철학자들.

10. 피타고라스 학파. 리듬과 절제. 악센트의 성취.

11. 소크라테스. 사랑과 교육. 주도적인 개념. 첫번째 부정적 철

학자, 그리고 공격적인. 그리스적인 것과의 단절. 결론으로
플라톤.

16[18]

그리스적 자연이 모든 두려운 속성을 이용할 줄 알았던 방식 :
결투에서 호랑이와 같은 (종족 등의) 멸절을 향한 격정
비자연적인 충동 (남성을 통한 젊은이의 교육에서]
아시아적 황홀경적 본질 (디오니소스적인 것 안에서]
아폴론적인 것 안에서 개체(에르가)에 대한 적대적인 격리.
해로운 것을 필요한 것으로 이용하는 것은 헤라클리트의 세계
고찰 안에서 이상화되었다.
7. 결론 : 예술과 예술가에 의한 주신 송가 : 그들이 인간을 처음
으로 제거하고 그의 모든 충동을 문화로 전이시켰기 때문.

16[19]

7. 대가에게서 배우고, 원수에게서 스스로를 인식하라!
예술적 **학교**, 그리고 그때 **결투**!
7. 학교들의 *유산diadoxe*. 소크라테스적 충동이 궁극적으로 몰
아갈 수 있었던 조형 예술 안에서 특히, 학교들의 힘찬 영향력.
7. **학교들**, 그리고 예술의 전제로서 **결투**.
범헬라적인 명성. (호메로스적인 송가. 테오그니스.]
2. 법정 앞에서 결투.
7. 비극의 대화는 결투에서 발생했다.
결투의 시각 아래서의 **패각 추방**. (이것은 개인, 즉 에베수스인

헤르모도르의 나타나면서 불가능해 졌다.)

에리스의 발전.

3. 신들의-결투.

헤시오도스의 에리스는 일반적으로 잘못 이해되었다 : 즉 사람들을 전쟁과 싸움으로 몰아가는 것은 나쁜 에리스이고 : 사람들을 명예로운 행동으로 몰아가는 것은 선한 에리스라는 식으로.

16[20]

명예, 결투 등에 대한 기독교의 견해.

뵈오티아의 농부들의 음울한 분위기를 호메로스적인 것 이전의 특징으로 이용하기.

16[21]

I장. 헤라클리트.	결투의 개념은 헤라클리트에게서 발전했다.
II장. 그리스인에 있어서 결투	그 다음 국가 안에서 예식 안에서 교육 안에서 문화 안에서 (플라톤과 소피스트들) 결투.
III장. 영웅적-신화적인 것의 개체와의 투쟁	개체가 깨어나기 전에, 개체들의 세계로서 **영웅들**의 세계가 깨어났다. 영웅적으로-대표자들과 임종시의 개체의 투쟁 : 핀다와 호

이러한 청중이 없다면, 그는 유배중
이다

록테트Philoktet. 모든 예술 법칙
들은 단지 전이에 연관된다(본원
적인 꿈들과 도취와 연관된 것이
아니라).

16[22]

2. 놀라운 과정, 즉 모든 그리스인의 보편적인 투쟁이 점차 모든
영역에서 어떻게 하나의 덕으로 인정되었는가 : 이 덕은 어디에서
왔는가? 결투는 개체를 해방시켰다 : 그리고 동시에 결투는 그 개체
를 영원한 법칙에 묶어 놓았다.

반목하고 있는 신들. 티탄들의 **투쟁**은 아직 결투에 대해서는 아
무것도 모른다.

가장 오래된 그리스는 에리스의 가장 조야한 해방을 지시한다.

2. 범헬라적 축제들 : 결투의 규준들 안에서 그리스인들의 통일성.

2. 법정 앞에서의 **투쟁**.

16[23]

투쟁*agon*은 아마도 '저울에 다는 것Waegen'일 것이다.

그렇다면 마차der Wagen와 저울die Wage은 같은 어근에서 나
온 것인가?

질투는 그리스인에게 아주 **강력하게** 각인되어 있었다 : 플라톤,
핀다로스.

정의의 개념은 우리 경우보다 훨씬 더 중요했다 : 그런데 기독교는 아무런 정의도 알지 못했다.

일리아스, 또는 아이아스 안에서의 질투.

16[24]

호메로스 이전의 세계에 대한 서술

그 다음에는 호메로스에 대한 서술 :

그 다음에는 다가오는 결투.

사랑의 쾌감philotes, *환상apate*. 옛 시대와 에리스—모두 밤의 자식들.

호메로스 이전의 표상 : 네 명의 여신들이 가사자를 파멸적으로 지배했다 : 착각, 사랑에 대한 갈망, 옛 시대, 불화.

잔인하고 신(神) 계통론적인 전설은 고대 헬라적이고, 잔혹한 것에 익숙한 상상력의 한 예이다. 그 이야기들은 어떤 지상적 실존을 반영하는가! 그곳에서, 금욕과 순화를 재촉하는 (오르페우스, 피타고라스) 경향이 출발한다. 하나의 잔인하고 호랑이 같은 상상력! 그때 육욕적 음침함!

살인의 속죄는 정의의 가장 오래된 부분이다.

16[25]

2. 방랑하는 헬라인들. 그들은 자연의 지배자였다.

16[26]

1. 문제 : 무시무시한 의지가, 어떻게 순화되고 정화되었는가, 즉

바뀌고, 더 고귀한 충동으로 변했는가?

표상 세계의 변화를 통해, 자신의 목표의 거대한 아득함을 통해, 따라서 그것은(의지) 과도한 펼쳐짐 안에서 고귀하게 되었음이 틀림없다.

5   의지를 순화시키는 데 끼친 예술의 영향력.

결투는 전쟁에서 발생했는가? 하나의 예술적 유희와 모방으로서?

결투의 전제.

'천재'! 천재가 그런 시대에 실존했을까?

10   고대에서 명예의 무한히 드높은 중요성.

동양 민족들에게는 계급 제도가 있었다.

학교, *유산diadoxai* 같은 제도들은 계급이 아니라, 개체에 이바지한다.

15   16[27]

호메로스에 대한 세 가지 방식의 공격, *승리를 위한 투쟁philoneikia* 에서 그를 몰아내기 위하여.

플라톤. 고대 정신에서 우리에게 단지 플라톤만이 전달되었다면, 우리는 호메로스에 대하여 마치 소피스트들에 대하여와 같이 판
20   단할 것이다.

크세노파네스는 호메로스와 헤시오도스 자리에 자신이 앉으려는 의도를 갖고 있었다. 그 안에서 우리는 그의 삶의 경향을 이해한다. 아리스토텔레스는 분명하게 (시인에 대한 대화에서) 이러한 의향을 지시하고 있다.

헤시오도스. 신(神)계보론의 도입.

투쟁 전설.

마지막으로—이미 *동시대인isochronia*은 헤로도토스에게서, 그리고 태곳적인 계보*Stemmata*를 통해, 입증되었다, 태곳적으로.

에르가의 세계는 근원적으로 아직도 영웅들 시대와 일치한다 : 그 이전엔 티탄들의 시대, 청동의 시대가 놓여 있다 : 철의 시대는 현대이다.

16[28]

고대의 잔인한, 호메로스 이전의 세계는 아직도 오르페우스 무사에우스, 그리고 그들의 금욕적인 속죄의 제사장 제도 안에서, 자신의 파도의 고랑을 만들고 있다.

이러한 방향으로 존재하는 모든 것과, 그 다음에는 다시 **디오니소스적인 흐름**이 연결된다.

호메로스 이전의 것을 위해서 사람들은 에트루리아적인 것을 공부해야 한다 : 그것은 유사하다. (그리스-로마 민족은 아마도 또한 세계 안에서 명랑성에 이르지 못한듯이 보인다.]

아시아적 문화는 저렇게 잔인한 호메로스 이전의 세계를 완화시키는 데 많은 공헌을 했다.

헤시오도스적 세계는 (에르가 안에서) 아직도 바로 그 비호메로스적인 상태들의 빛바랜 여운이다.

호메로스적 세계는 또한 대부분, **도덕적인 측면에서 잘못** 그려져 있다. 그 세계는 아름답고, 조화롭고 선하지 않다. 그러나 그것은, **예술적으로** 볼 때 그 계통들의 믿을 수 없는 충만함, 명랑성, 순수성,

견고성을 지닌다.

16[29]

　　7. 희극 안에서 개인적 공격의 무한한 **자유**.
　　신들의 질투.
　　그리스인들은 증오와 질투에 대하여 다르게 느꼈다는 표징.

16[30]

　　조각가odium figulinum의 증오.
　　신들의 질투.
　　패각 추방.
　　플라톤과 소피스트들.

16[31]

　　3. 가장 오래된 결투 전설 : 마르시아스와 아폴로,
　　　　　　　　　　　　뮤즈들, 니오베와 타미리스.
　　여기서 스스로 신적인 것을 화해시키는, *에리스의 참람함hyperbasia.*

16[32]

　　2. 증오와 질투가 아주 크기 때문에, **정의**는 그렇게 무한히 더 큰 하나의 덕인 것이다. 그것은 싫어함과 질투가 박살나는 절벽이다.

16[33]

　　깊은 원한을 묘사하고, 대체로 긴 시간을 묘사한 호메로스의 주요 수단, 이것을 통해 그는 그 사이에 전혀 다른 어떤 것을 생기게 했다, 예를 들면 첫번째 책 : 아킬은 분노에 차 해안에 앉아 있다, 반면에 그에겐 크리세스로의 진군이 단행된다.

16[34]

예술의 대적자는 그리스인들을 지적하며 말한다 : 보라, 이것이 그들의 예절이다! 인간은 모든 예술과 문화를 가지고 이 정도로 이끈다!

16[35]

투키디데스가 서술하듯이, 테미스토클레스의 아주 **본능적인 정치적 천재성.**

테미스토클레스와 아리스티데스의 결투.

페리클레스는 무한히 더 예술적이고 준비성 있는 자이다.

테미스토클레스의 결투 : 밀티아데스의 월계관은 그를 잠들게 하지 않았다. 한계가 없는 공명심.

그의 삶의 끝에서 가장 깊은 불명예는, 바로 그 대결감각에서 이해될 수 있을 뿐이다.

16[36]

재판 절차는, 아마도 결투에서 얻어진 관례들을 지닌 *투쟁*일 것이다.

특별한 경우에 관계하는 경향이 아니라 (전 과거와 인물을 판결하는 경향), 소집된 아테네 고등법원의 본질적인 특징 중 하나.

16[37]

그리스인에게는 많은 명예에 마음을 혼란시키는 요소가 있다.

행운을 통해 그리스 남성은 도취적이고 타락하게 된다.

그리스의 국민의회에서 **현재적인** 감정의 특별한 강력함.

16[38]

패각 추방이 적용되는 것은, 결투자 중 한 명이 투쟁의 분격을 통해 위험한 도구에 마음을 빼앗기는 위험이 존재할 때이다.

16[39]

두 당 사이의 멸절을 위한 투쟁인 **코르키라** 혁명korkyraeische Revolution.

이와 달리 아테네 안에서는 결투라는 방식이 있었다. Grote, 3, 536쪽

그러고는 최고 지휘관의 개인적인 시기로 인한 철저한 살육.

16[40]

강연들 : 그리스인에 있어 결투.

투쟁적인 것과 신화적 개체의 투쟁.

호메로스의 결투에 대한 이야기.

문화의 장으로서 델피.

음유 시인과 서사시의 작곡.

미학적 판단.

예술의 영향하에 있는 윤리학.

결투에 대한 헤라클레이토스의 변용.

16[41]

　　문장가로서 그리스인. 종교적 인간으로서 그리스인.

16[42]

　　모든 경향, 우정, 사랑은 동시에 생리학적인 어떤 것이다. 우리 모두 자연이 얼마나 깊이, 얼마나 높이 도달하는지, 모른다.

16[43]

　　알렉산더는 단지 호메로스적 세계의 희화화일 뿐이다.

　　전쟁과 결투.

　　친구의 에로스와 교육.

　　리듬은 태곳적부터 언어 안에서 활동했다 : 말하기, 움직이기, 활동하기.

16[44]

독일 정신의 갱신으로부터

그리스의 재탄생.

　　비극의 탄생.

　　리듬.

　　호메로스의 결투.

　　종교와 예술.

　　철학과 헬라적 삶.

더 높은 교육 기관들.
우정과 교육.

16[45]
플라톤과 디오니소스.

16[46]
신들의 질투.

공명심 있는 경쟁심, 전 역사 안에서 소박하게, 공적으로는 패각 추방에서 인정됨(에페수스).

전체 교육, 그러나 또한 교육자들 (플라톤, 소피스트들). 도시들의 결투는 종종 투쟁으로 이어진다. 그리스인들의 경우 결투하지 않음의 위험성 : 밀티아데스, 아테네, 스파르타.

[17 = N I ₂. 1871년 9월~10월]

5   17[1]*

    덜렁쇠를 자극하지 말라,
    그렇지 않으면 몽둥이가 멎게 한다.

    17[2]

10   넓은 개울은 쾌적한 소리를 내고
    덜렁쇠는 말들을 따라 날뛴다.

    17[3]

    성채 위에 개가 앉아 있다,
15   그 입에는 소세지 하나.
    지붕 위에 소가 앉아 있다
    그 소세지를 물어뜯고, 게다가 담배를 피운다.

    17[4]

20   용감한 남자가 호사스럽게 먹어댄다,
    그는 그것을 지불할 수 있기 때문이다.

---

* 옮긴이주—이 문장의 해석은 잠정적인 것임.

17[5]

　　짐말이 가장 깊은 탄갱에서 환호한다,

　　녹색 눈에서 화려함이 격렬하게 타오른다.

17[6]

　　진심의 농담이

　　　　농담하는 진심에서

　　　　　　흘러나온다.

17[7]

　　왼쪽 장화의 신적 화려함

　　이 화려함이 이제 그대의 발에 주어진다.

　　그대 고귀한 남성, 나는 그대에게 감사한다,

　　왜냐하면 나는 이제 다시 걸을 수 있기 때문이다.

17[8]

　　그때 훌륭한 예수가 없었다면,

　　우리의 몰락은 얼마나 갑작스러웠을까.

17[9]

　　도난*phora* ― 괴틀링Göttling, 강조.

　　　　　　슈테판 사전Stephanus Lexicon.

　　　　　　로베크Lobeck.

　　　　　　헤시키우스Hesychius.

무덤*thema* — 헤시키우스.

로이취Leutsch, 문헌학 지(志), 테오그니스에 대하여.

아이스킬로스 주석들.

투쟁.

카일, 비명록들, 보에티아묘비Boeoticae.

자우-페Sauppe, 아티카의 연설가 모음집.

탐구Phoran　헤시오도스Hes. 찾는다는 의미ten ereunan, 여기
는 악센트를 통해 구분된다 (Pollux, 8, 69]

　　'도둑질하는'이란 의미가 아니라, '찾는다'는 의미로서 탐구를
뜻한다. 레르티우스Laert., 1, 96 ; 아킬레우스Ach. 타티우스Tat. 7,
11. 견유학파 오시노마오스Oenomai Cynici, *마술책*Buch phora
goeton. 오비세우스Euseb. 복음서 입문Praeparatio evangelica 5, 213
쪽. 테오도레투스Theodoret. App. Gr. 86, 21쪽

17[10]*

　　한 집에서 한 쌍둥이가

　　세계 속으로 용감하게 나아간다,

　　세계-용을 찢어죽이기 위하여.

　　두-아버지들-작품! 하나의 기적이었다!

　　그렇지만 쌍둥이의 어머니

　　그녀는 우정이라 불린다.

---

* 니체의 원주—이후1873년에 생겼음.

[18 ＝ Mp XII ₂. 1871년 말~1872년 봄]

18[1]

틀린 것이 항상 진지하게 받아들여진다 :

종교에서―역사적인 것

예술에서―오락 잡지들

학문에서―마이크로적인 것, 호기심 있는 것, 고유한 창작,

10   철학에서―어리석은 유물론.

18[2]

I. 도입문.

제목.

15   특별한 바젤〈적〉 태도가 아니다.

교훈에 대한 아무 책임도 지지 않음.

거기에서 사람들이 그렇게 많이 행동하고 또한 이에 상응해 잘

생각하는 장소. 기억함, 가르침이 아니라.

모든 문화 국민의 지평에서가 아니라.

20   오히려 독일 기관, 국민학교, 김나지움, 대학.

그것들은 우리를 우리의 과거와 연결한다.

근대의, 시대에 걸맞는 정신의 신중한 갱신.

그것의 미래와 관련해 모든 희망은 독일 정신의 갱신에 놓여

있다.

우리의 주제에서 중요한 것은 근원적 의미를 다시 근대적으로 기형화하지 않고 이해하는 것이다.

따라서 '당연한 것'을 위해서도 아니고,

회의를 위해서도 아니고,

오히려 투쟁하는 자를 위해서이며, 그 형상은 바로 실러이다.

본문.   교육을 정의하지 말 것.

중요한 것은, 교육이 이바지하게 될 **궁극적 목적**이다.

우리는 '자기 목적'으로서 교육의 용어법에 대해서는 도외시한다.

우리가 우리 시대 교육 목적을 장, 절로 분류하고자 한다면, 다음과 같은 것을 발견하게 된다

        교육,   직업에 이바지하는

                   사회

                   국가

                   교회

                   학문

두 방향이 통용된다 :

    1. 가능한 최대한 확대

     국민 경제의 낙관주의

     종교적 압박에 대한 두려움

     과장된 헤겔의 국가 개념.

     또한 사회.

    2. 축소, 약화, 때로는 의도적으로, 때로는 의도하지

않은 채
분업
다양한 교회들
사회주의에 대한 두려움.

5

    두 방향들은 **부자연스러운 어떤 것을 지닌다 : 지성적 피라미드**
와 **천재에 대한 불신**, 즉 **강화와 정예화에 대한 반의지.**

18[3]

10   자연은 **완전성**에 이르는 것을 의도한다. 이렇게 볼 때 천재는 무
시간적이다. 그 목적은 항상 도달되어 있다.
    교육의 목적은 이러한 무시간적인 완전성을 위하여 자연을 지
지하는 것이다 : 마치 약이 자연의 건강 노력을 지지하듯이.
    이기주의, 시간성의 입장에서 볼 때 이러한 교육의 최고의 표지

15 는 **무용성**이다.
    반면 한 민족은 천재들을 통해 실존의 권리를 획득한다 : 최고
의 **유용성.**
    교육의 과제 : 천재를 완성하고, 그의 길을 곧게 하고, 명예를
                통해 영향력을 가질 수 있게 하고, 그를 발견하는

20   것이다.
    이와 더불어 천재가 아닌 사람을 교육하기 위한 목적으로
1. 복종심과 겸손함
2. 모든 직업의 협소함에 대한 올바른 인식
3. 천재를 위한 봉사, 즉 자료를 모으는 것.

전체는 '지성적 계급의 조직화'이다. 이와 더불어 천재의 탄생을 위한 산파로서 봉사. 최고의, 그리고 가장 어려운 노동!

세 가지 헤시오도스적 가능성들.

특히 : 고대 정신의, 따라서 개혁 운동의 재각성의 소생.

18[4]

그는 참으로 올바른 인간이다

그 자신은 스스로 결심할 수 있다.

또한 그는 우리의 찬미를 받아들여야 한다,

비록 그는 스스로 결심할 수 없지만,

기꺼이 좋은 충고를 받아들인다.

그렇지만 스스로 결심할 수 없는 자,

또한 낯선 충고를 기꺼이 받아들이지 않는 자,

오 슬프다! 그는 나쁜 인간이다!

그는 사라지고 탕진된다!

18[5]

1. 장면. 도입문. 권총들. (결투.)

2. 김나지움.

3. 실습학교.

4. 국민학교.

5. 대학.

6. '박피(剝皮)'. 유성. 권총들. 웃음. 지옥에서의 투쟁. 미래의 꿈.

18[6]

두 친구. 롤란트제크Rolandseck 집에서 알게 되었다. 매해 한 번은 거기에 있겠다고 약속. 바로 이 날 만나다. 많은 수고, 벗어나다.

18[7]

학자의 이기주의.

정화된 새로운 열망

오락병Unterhaltungssucht ⎫ 학문적 인간의

통찰력의 시험 ⎭

사람들은 이들을 오랫동안 어떤 사물로 생각하는 데 익숙해졌으며,

그들은 사는 동안 이것을 행한다. 특히 이것에 빵을 얻는 것이 연결되어 있다면.

18[8]

사람들은, 얼마나 **영예로운** 인간이 드문지, 생각한다 : 순수한 진리의 사랑이 더 높은 사물에 얼마나 드물게 존재하는가!

18[9]

철학자는 하나의 기적이다.

그의 목적은 어쨌든 문화일 수 없다.

그러나 그것은 예술 작품도 마찬가지이다.

그렇지만 양자는 문화와 관계를 갖는다.

그것들은 ———

18[10]

우리의 교육 기관들의

미래에 대하여.

6판

프리드리히 니체에 의하여

1872년 초.

18[11]

첫번째 강의	1월 16일
두 번째 강의	2월 6일
세 번째 강의	2월 27일
네 번째 강의	3월 5일
다섯 번째 강의	3월 23일
여섯 번째 강의	

첫번째 강연은 1월 16일 열렸다.

두 번째 강연은 2월 6일 열렸다.

18[12]

우리의 교육 기관들의 미래에

대하여,

여섯 번째 공개 강연,

바젤 학술원 강연집에 보존

프리드리히 니체

18[13]

　　라이프치히의 보편적 독일 문헌학자—교원 집회에.
　　1872년 5월 22일.

해설

·

최상욱

이 책은 프리드리히 니체의 유고집(1869 가을~1872 가을) (니체전집 III3)을 번역한 것이다.

1. 니체라는 철학자에 대하여

흔히 사람들이 어떤 한 철학자에 대하여 호감을 표하거나 비판의 입장을 취하는 경우는 자연스러운 일이다. 그런데 많은 경우 이러한 비판이나 호감은 냉정하고 엄격한 판단에 입각하기 보다는, 막연한 선입견이나 그가 진행해 온 지적인 관성에 따르는 경우를 볼 수 있다. 뿐만 아니라 독자가 어떤 한 철학자를 선호하여 선택하는 것은, 그 철학자에서 바로 자신의 성향과 관심을 발견할 수 있기 때문이기도 하다. 이런 점은 니체의 경우도 마찬가지이다.

그가 《이 사람을 보라》에서 "내 말을 들어라! 나는 바로 이런 사람이다. 그러니 다른 모든 사람과 나를 혼동하지 말라!"고 주장한 것은 독자들로 하여금 니체에 대한 호/불호의 경향을 더 극단적으로 몰고 갈 수도 있다. 그러나 어떤 경우든 이러한 극단성은 바로 니체만이 갖는 정신의 폭발력과 흡인력에 기인한다고 볼 수 있다. 그렇다면 이러한 정신의 강렬한 힘은 어디서 연유하는가? 이점을 우리는 니체 개인과 당시의 사회적 시대 정신에서 찾아볼 수 있을 것이다. 그리고 이러한 시도를 통해 우리는 어떤 위대한 천재도 역사에서 전적으로 이탈하여 독자적으로 존재할 수는 없다는 점, 따라서 당연하지만 니체 역시 자신의 사회적 시대 정신과 무관하게 존재한 것은 아니라는 점을 둘러 보고자 한다.

우선 니체 당시 유럽의 사회 현상을 개괄적으로 살펴 본다면, 우리는 그때의 특징을 '기존 진리체계의 몰락과 새로운 진리에의 탐색'의 시기라고 부를 수 있을 것이다. 즉 역사적으로 볼 때 그때의 사회적 분위기는, 1) 정치적으로, 기존의 왕이나 귀족체제가 '몰락'하고 새로운 역사의 주인공인 부르주아가 등장하여 자신의 정체성을 주장하는 시기이며, 2) 새로운 과학의 발견을 통해 '우상'에서, '자유로운 실험 정신'에로 해방되는 시기이며, 3) 이러한 과학을 바탕으로 새로운 대륙이 발견되고, 무엇보다도 이러한 새로운 대륙에서 기존의 역사적 전통과 진리 체계로에서 벗어나 자유롭게 '새로운 인간'으로 구성된 '새로운 사회 공동체'를 실현시킬 수 있는 가능성이 현실화된 시기였다. 4) 경제적으로 볼 때도, 국가 내에서는 기존의 농업 위주의 경제력에서 상업을 중심으로 한 새로운 세력으로의 힘의 이동이 있었고, 따라서 새로운 사회세력은 자신의 등장의 정당성과 정체성을 확인할 '필요'를 느끼던 시대였고, 5) 국가들 간의 관계에 있어서는, 자신의 국가를 위해 타국에 대한 공격적이고 지배적인 '힘의 확장이 당연시되던' 제국주의적인 특징을 지닌 시대였으며, 6) 형이상학적으로 볼 때도 데카르트 이후 진행된 기존 형이상학이 붕괴고 새로운 형이상학의 확립 가능성이 시도되었던 것이 바로 당시 유럽 사회의 현상이었다.

이러한 현상의 공통점은 기존의 진리가 몰락하고, 기존의 가치가 새로운 가치로 전도되어야 하며, 기존의 가치에 얽매인 상태는 이제 우상으로 평가되고, 따라서 새로운 가치를 위한 실험적인 자유 정신이 요청되는 시대, 즉 새로운 진리와 새로운 인간형의 확립을 위한 혼돈의 시대였다고 볼수 있다. 그리고 니체가 이러한 역사적 격변기에서 살았다는 것은 자명한 사실이며, 이것은 어떤 식으로든 그에게 직접적·간접적 영향을, 혹은 긍정적, 부정적 영향을 끼쳤으리란 것도 분명하다.

그런데 이러한 유럽적 사회 분위기 외에 그에게 보다 직접적인 영향을 끼친 것으로 우리는 당시 독일의 시대 정신을 들어야 한다. 우선 위의 경향에 대하여 영국과 프랑스의 경우 지난 진리 체계와의 '단절'이란 형태로 사회가 '사실적'으로 진행되었던 반면, 독일에서는 단절보다는 '지양', 혹은 '극복'이란 형태가 선호되었는데, 이러한 독일 특유의 '낭만주의적' 경향은, 당시 독일이 '사실적 개혁의 역사'에 아직 이르지 못하고, 따라서 타국의 '사실'을 '관념'을 통해 받아들였기 때문이라고 볼 수 있다. 이렇게 당시 독일의 사회 정신은 이미 '사실'과 '관념'의 두 요소가 혼합된 형태로 존재하고 있었으며, 이것이 바로 낭만주의란 형태로, 즉 니체의 경우 플라톤을 비판하면서, 스스로 '전도된 플라톤주의'라고 고백하는 형태로 나타나고 있음을 알 수 있다. 왜냐하면 니체라는 천재는, 신으로부터 신적 재능을 '그냥' 받아, 역사에서 초월하여 스스로 존재하는 비역사적(혹은 초역사적) 인물이 아니라, 단지 역사 속에서 예민한 감수성과 냉철한 지성으로 역사의 모순을, 그리고 모순을 통해 역사 이면에 감춰진 역사의 새로운 가능성을 예감했던 자이기 때문이다.

그런데 이러한 예민함과 냉철함은 니체 자신의 유전적 생리적 구조나, 아버지와 동생의 죽음, 새 도시로의 이사, 자신에 나타난 병적 징후, 대인 관계에서 나타난 몰입적인 애증관계라는 외적 현상에 기인하는 것으로도 추측할 수 있다. 다만 우리가 명확히 할 것은 니체 자신이 곧 니체의 작품과 동일하다는 것은 아니다. 단지 여기서 이러한 지적을 하는 것은, 니체의 모습은 너무나 많은 내적, 외적 요인에 의해 복합적으로 구성되어 있으며, 따라서 어느 한면 만을 강조하여 니체를 극단적인 이원론적 판단의 기준하에 두지 않기를 바라는 점에 있다. 즉 니체는 자신 안에 천재적 대담함과 소심함, 자유로움과 구속, 열정과 비겁함, 냉정한 이성과 광기, 사랑과 증오, 사회와 실존 등이 골고루 섞여 있는 복합체라는 것이다. 그럼에도 니체가 높이 평가될 수 있는 것은, 바로 니체 스스로, 자신이 혹은 인간 자체가 이러한 복합체라는 것을 예민한 감수성과 냉철한 지성을 통해 예감함으로써 스스로 몰락과 극복을 위해 모든 힘을 탕진한 천재라는 점을 들수 있다. 어쩌면 그는 성서의 표현대로, 생명과는 먹지 못했으나 이미 지혜의 열매는 먹어 심연을 바라 본 인간의 운명을 잘 보여주는 전형이라고도 볼 수 있겠다.

2. 니체의 작품 읽기

니체는《이 사람을 보라》에서 "나와 내 작품은 별개의 문제이다"라고 말하고 있다. 또 다른 곳에서는 "나에 대하여 무엇인가를 이해하고 있다고 생각하는 사람들도 누구나 자기 자신의 상을 가지고 나로부터 무엇인가를 만들어 놓고 있을 뿐이다"라고도 말한다. 이 두 가지 주장은 니체가 독자들에게서 심각하게 오해되고 있음을 염려한 대목이라고 볼 수 있으며, 그러한 오해 중 특히 니체가 지적하고 있는 것은, 첫째 니체의 작품이 니체라는 사람을 미루어 짐작해, 선판단되고 있다는 점이고, 둘째는 니체의 열려진 해석들을 독자들이 자신의 체계적 사상 안으로 집어 넣으려 한다는 점이다. 실제로 이러한 점은 많은 철학자들에 의해 이루어졌고, 이런 의미에서 칼 야스퍼스의 책《니체》가 평가받는 이유 중 하나는, 그가 자신의 주장을 하기 보다는 니체의 주장을 많이 "인용"했기 때문이라는데 놓여 있을 정도이다.

그렇다면 과연 독자들이 할 일은 무엇인가라는 의구심이 들기도 한다. 왜냐하면 니체 자신도《차라투스트라는 이렇게 말했다》에서 제자들로 하여금 차라투스트라를 떠나 갈 것을 요구하듯이, 독자 역시 니체 자신에게서 떠나기를 원하기 때문이다. 니체를 떠나 독자 자신이 되면서 니체를 이해한다는 것, 이것은 과연 무엇을 의미하는가? 이것은 과연 매우 어려운 해석학적 작업을 요구할 것이다. 우선 니체 자신이 지적했듯이, 니체와 그의 작품을 구별하려면, 슐라이어마허와 같이, 감정이입을 통하여 독자가 저자 자신의 심리적 상태를 재구성하는 것으로는 불가능할 것이다. 왜냐하면 이 경우 결국 강조점은 텍스트를 넘어 저자 자신에 놓여지기 때문이다. 그렇다면 딜타이와 같이, 저자의 심리 상태를 넘어 텍스트가 보여주는 '정신의 객관성'에 주목할 것인가? 우선 여기서 문제가 되는 것은, 니체의 경우, 딜타이와 달리, 시간의 연속성과 언어의 동일성을 부정하고 있다는 점을 들수 있다. 즉 니체는 시간의 연속성으로 대변되는 주관-관통적인(intra-subjektiv) 동일성을 부정하고, 오히려 인식론적인 '단절'을 주장하고 있으며, 언어가 타자와의 사이에서 간-주관적으로(inter-subjektiv) 교통 가능할 것이란 점 역시 부정하고 있기 때문이다. 그렇다면 다른 방법이 있을까?

그런데 위의 두가지 해석 방식이 니체에 전적으로 의존하는 방식이라면, 다음의 두가지는 니체를 떠나 '자신의 니체'를 주장하는 경우도 볼 수 있다. 우선 하이데거는 모든 위대한 철학자는 "동일한 것을 사유한다"는 주장하에, 니체 읽기를 시도한다. 즉 만약 모든 철학자가 형이상학의 역사를 통해 동일한 것을 말했다면, 당연히 하이데거는 니체가 표현한 언어보다는 표현하지 않은 언어에 주목하게 될 것이다. 왜냐하면 표현된 언어로 볼 때 니체는 이전의 철학자와는 전혀 다른 주장을 하고 있기 때문이다. 따라서 하이데거는 니체의 발표된 책들보다는 발표되지 않은 유고들에 더 관심을 가지며, 그 유고들이야말로, 정작 니체가 말하고 싶어 했지만 발표된 책에서는 말하지 않았던, 은폐된 본질을 알 수 있게 하는 유일한 전거라고 주장한다.(하이데거,《니체 I》, 17이하) 물론 이러한 하이데거의 주장은 니체를 근대 형이상학의 완성자로 단정한 자신의 판단에 기인하는 것이다. 이와 더불어 하이데거는 니체를 떠난다.

그런데 비록 방식은 다르지만 이런 경향을 보이는 또 다른 철학자로서 우리는 데리다를 들 수 있다. 다만 니체에 대해 하이데거가 '내용'에 주목한다면, 데리다는 글쓰기의 '형식'에 주목한다는 점에 차이가 있을 뿐이다. 즉 하이데거가 니체의 "본래적 주장"이 표현된 언어 배후에 놓여 "있다"고 주장한 반면, 데리다는 니체는 자신의 언어를 통해 쓰고자 한 것은 다 썼다는 주장이다. 즉 니체의 언어 배후에서 더 찾아야 할 "본래성"은 "없으며", 단지 니체는 그러한 글쓰기 방식을 통해 독자로 하여금 언어의 자기 동일성에 매이지 않기를 기대하고 있다는 주장이다. 말하자면 니체는 자신의 언어를 통해 나타난 무한히 열린 해석의 지평처럼, 삶이라는 것 역시 고정된 의미 동일성을 지니는 것이 아니라, 무한한 해석으로 열려 있음을 바로 글쓰기 방식 자체를 통해 보여주고 있다는 것이다. 말하자면 글쓰기 자체가 자유롭듯이 내용 자체도 무한히 자유로운 해석으로 열려 있다는 것이다. 그러나 이러한 무한한 자유로움으로 인해 이제 데리다 역시 하이데거와 마찬가지로 니체를 떠나게 된다. 그렇다면 니체를 어떻게 읽어야 할 것인가?

니체를 알기 전에 니체의 저작들의 제목을 보면 니체의 책이 꽤 재미있는 책처럼 여겨진다. 예를 들면《우상의 황혼》,《인간적인 너무나 인간적인》,《이 사람을 보라》중에서 〈나는 왜 이렇게 현명한가〉, 〈나는 왜 이렇게 영리한가〉, 〈나는 왜 이렇게 좋은 책을 쓰는가〉 등은 아무 부담 없이 읽힐수 있는 재미있는 수 이나 이야기처럼 들린다. 또한 한편으로는 웃음도 나오고, 다른 한편으로는 교만하다는 생각도 든다. 다른 한편《안티크리스트》,《도덕의 계보》등은 뭔가 긴장감을 주기도 한다. 그런데 막상 니체의 책을 펼치고 보면 니체의 책은 재미있는 책이 아니다. 비록 가끔 터지는 독설의 시원함이 있기는 하지만, 니체의 책은 이야기의 일관된 줄거리도 없고, 어떤 의미에서 독자들이 책 제목에서 예상했던 감상적이고 유미적인, 또 독자를 감동시키는 서정성은 별로 찾기 힘들다. 오히려 니체의 책은 엉뚱하고, 단편적이고, 맥락이 없고, 따라서 지루하기도 한 책이다. 그렇기에 니체 책을 한번 펼치고 끝까지 쭉 읽는 것은 매우 어려운 일이다. 그러나 바로 그 때문에 오히려 독자는 니체를 제대로 읽을 수 있는 가능성을 갖게 된다. 니체는 직선적으로 한번에 읽고 끝낼 책이 아니라, 오히려 천천히 둘러 보는 시선과 돌아보는 정신이 필요한 책이다. 왜냐하면 니체의 책은 니체 이상으로 여러 가지 요소들의 복합체이기 때문이다. 그렇다면 어떤 것을 돌아본다는 것은 무엇을 뜻하는가?

일반적으로 말해 어떤 것을 돌아본다는 것은, 특정한 의도를 가지고, 이미 지나간 것을 면밀하게 조사·분석하는 것을 뜻하지는 않는다. 오히려 돌아본다는 것은, 호흡을 길게 하고, 천천한 발걸음으로 정처없이 이곳저곳을 내키는 대로 다니며, 잠시 쉬기도 하고, 그곳 풍경에 빠져들어 침잠하기도 하는 유유자적한 발걸음을 뜻한다. 그러면서도 어떤 것을 돌아본다는 것은 그것을 긍정하고, 그것에 관심과 애정을 가지며, 그것과 함께 하려는 발걸음인 것이다. 마찬가지로 니체 책을 천천히 돌아보며, 둘러보며 읽는다는 것은, 니체의 책이 말하고자 하는 것을, 고정되고 박제된 미라로 대하는 것이 아니라, 오히려 삶과 죽음에 직면해 겪고, 풀고, 헤치고, 막히고, 울고, 웃고, 기억하고, 잊어버리는 가운데 조금씩 터득한 인간의 복합적인 흔적들로 대하는 것이며, 이러한 읽기는 또한 그 흔적을 읽기 위해 쌓인 먼지를 조심스럽게 거둬낼 것을 요구하는 것이다. 이런 점에 있어 데리다의 주장은 정당성을 지닌다. 그리고 이것을 니체는《도덕의 계보》에서 다음과 같이 말한다:

"경구란 단순히 읽는다고 해서 해독될 수 있는 것이 아니다 …… 독자들은 거의 소가 되어야 하고 …… 〈현대인〉이 되어서는 안 된다. 그 하나의 일이란 되새기는 것을 말한다"(29)

또한 G. Picht는 이러한 쓰기 방식이, 기존의 진리 체계에 반하여, 새로운 실험 철학을 시도하려는 자유 정신의 표현이며, 이러한 표현은 독자들에게 열린 지평을 기대하는 것이라고 주장한다. 이런 점에서 보면 니체의 책은 열린 지평을 제시하는 학문 분야, 즉 예술의 책으로 읽혀져야 한다. 왜냐하면 이러한 읽기방식은 해석을 열린 지평 밖으로 풀어 헤침으로써, 모든 해석은 관점Perspektivismus에 의한 것이며, 절대 진리는 존재하지 않고, 단지 특정한 관점과 자극에 의한 무한히 다양한 해석이 가능하며, 따라서 독자는 니체를 읽으며, 니체에 대한 해석을 니체를 통해, 자신의 시각에서 해석할 수 있기 때문이다. 이로써 과제는 독자 자신에게 돌려지게 되는 것이며, 독자는 니체를 읽으면서 그를 통해 드러난 흔적들의 자취를 뒤돌아 밟게 되는 것이다.

그러나 다른 한편 니체에 대한 해석은 무한히 니체를 떠난 독자 자신의 임의적 해석도 용납하지는 않는다. 왜냐하면 무한한 해석은, 텍스트와 그것을 구성하는 언어에 의해 제한되어야 하기 때문이다. 이런 의미에서 니체는 자신이 철학자이기 이전에 문헌학자임을 강조하고 있다.《아침놀》에서 그는 다음과 같이 말한다.

"내가 아직도 문헌학자라는 것이 헛되지 않았으며, 아마도 나는 여전히 천천히 읽는 방법의 교사다.(……) 문헌학은 잘 읽는 것, 즉 천천히, 깊게, 전후를 신중히 고려하며, 인내심을 가지고, 문을 열어두고 부드러운 손과 눈으로 읽는 것을 가르친다. …… 나의 참을성 강한 친구여, 이 책은 단지 완전한 독자와 문헌학자들만을 원할 뿐이다 : 나를 잘 읽기를 배우라!"(《아침놀》, 5)

이같은 주장은 앞서 제기된 해석의 다양성과 이로 인한 니체 자신에 대한 임의적 해석 가능성을 제한시킨다. 왜냐하면 해석은 무한히 가능하지만, 다른 한편 인간에게는 '거미'와 같이 자신이 쳐 놓은 거미줄에 걸린 것만을 포착할 수 있다는 제한성이 있으며, 이러한 제한성은 또 다시 텍스트에 대한 문헌학적 입장에 의해 제한되어야 하기 때문이다. 왜냐하면 문헌학은 자유로운 해석으로 인해 사실이 왜곡되는 것을 막고 신중함과 인내, 사려 깊음과 치밀함을 요구하기 때문이다. 즉 문헌학은 해석에 의해 사실이 왜곡되거나, 텍스트가 독자의 임의적인 해석에 의해 독자의 텍스트가 되는 것을 막는 방식으로, 비록 관점주의에 의한 다양한 해석이 가능하지만, 그러한 해석의 다양성은 텍스트가 지닌 계보론적 역동성에 의해 제한되어야 하고, 바로 이러한 것을 탐구하는 정신이 문헌학인 것이다. 그렇다면 우리들 독자는 이러한 두가지 해석 방식, 즉 자유로운 창조적인 해석과, 다른 한편 텍스트 내에서 이루어지는 텍스트 자체의 역동성에, 그러한 창조성을 제한하는 일을 통해 니체를 보다 정당하게 읽을수 있을 것이다.

3. 작품 해설

　니체의 《유고집》 III3. 이것에 대하여 해설한다는 것은 무척 어려운 일이다. 왜냐하면 이런 일은 자칫 니체와 독자 사이에 해설자라는 또 다른 방해물을 개입시키는 일이 될 수도 있고, 이를 통해 니체를 제한시키는 일이 될 수도 있기 때문이다. 따라서 여기에서는 이 텍스트가 다루는 주요 관심이 무엇인지를 지적하는 것으로 그치고자 한다.

　우선 이 유고집은 1부에서 18부로 나뉘어져 있는데, 각각은 통일된 주제를 갖고 있지 않으며, 또한 각 부들 사이에도 밀접한 체계의 연관성은 없다. 따라서 각 부에 대한, 혹은 전체에 대한 체계적인 해석은 불가능하다. 한편 이런 점이 당연한 것은, 전체 뿐 아니라, 각부들은 시간에 따라 분류한 것으로, 그 안에는 간단한 사실에 대한 메모, 그것에 대한 니체의 해석, 또는 예술적 표현, 철학적 분석 등이 혼재하고 있기 때문이며, 경우에 따라서는 니체에 의해 거부된 것이 아닌가 하는 추측이 드는 표현들도 이 유고집 안에 포함되어 있기 때문이다. 그리고 심지어는 서로 모순되는 듯이 보이는 표현들도 모두 포함되어 있다는 사실 때문이기도 하다.

　그럼에도 우리는 이 유고집 전체를 면면히 흐르는 니체의 관심과, 그러한 관심이 어떻게 간행물이나, 후기 사상으로 연결되는지 확인할 수 있는 요소들을 발견할 수 있다. 그리고 니체의 구상과 강의 계획들은, 니체의 책 안에 포함되어 있지만, 어떤 것을 그가 선택하고 방기했는지, 그리고 그 이유가 무엇인지를 추측할 수 있는 자료를 제공하기도 한다. 그리고 무엇보다도 이 유고집에는, 발간된 책인 《비극의 탄생》이 나오기까지 그의 노력들과 관심들을 제공하고 있으며, 다른 한편 《비극의 탄생》에는 실리지 않았지만, 후기 저서들에서 나타나는 개념들이 이미 거의 씌여지고 있다는 사실에 주목할 수 있다. 왜냐하면 '의지', '이론적 인간', '예술', '천재', '인식과 행동의 관계', '소크라테스', '기독교', '유일신', '여성과 진리', '인식과 세포의 자극' 등은 발간된 책《비극의 탄생》보다는 그 이후의 저서들에서 자주 등장하는 개념들이기 때문이다. 그리고 이러한 개념들이 이 유고집에 등장함으로써, 우리는 니체의 사상에 대한 시대적, 도식적 분류의 위험성을 예방할 수도 있다. 예를 들어 카우프만W. Kaufman(니체, 철학자—심리학자—《안티크리스트》, 208쪽 이하)의 경우 '의지', 혹은 '힘에의 의지'란 표현이 시대별로 다른 의미를 지니며, 특히 초기《비극의 탄생》과《반시대적 고찰》에서도 악한 것으로,《인간적인 너무도 인간적인》에서는 도덕적 가치로 파악되고 있다고 주장하지만, 막상 우리가 유고집을 살펴 보면 이러한 분류가 정당하지 않다는 것을 알 수 있기 때문이다. 따라서 해설자의 역할은, 본 유고집을 읽는 것이 이와 같은 면에서 니체를 이해하는데 도움이 된다는 지적에서 제한하려고 하며, 구체적 내용에 대한 것은 독자들에게 맡기는 것이, 독자를 제한시키지 않는데 도움이 되리라고 생각한다. 그리고 니체가 원했듯이 천천히, 세심하게, 돌아보면서 니체 읽기를 즐길 수 있기를 바란다.

4. 유고집 번역에 대하여

이 책을 번역하면서 느낀 것은, 니체는 철학자이기 이전에, 상상을 초월할 정도로 세심한 문헌학자라는 점이다. 그래서 니체의 사상을 논할 때는 어느 정도 자유로울 수 있지만, 그의 책을 대할 대는 철저하게 구속되어야 한다고 생각했고, 따라서 번역을 할 때 가급적이면 니체가 사용한 언어에 충실하게 번역하려고 노력했다. 어려웠던 점은, 가끔씩 등장하는, 맥락을 전혀 갖지 않는 문장들, 그렇지만 문장만으로는 여러 해석이 가능한 문장들, 그러한 문장을 번역할 때는 되도록 해석을 포함시키지 않고 중립적으로, 언어에만 의존해 번역했다. 그리고 헬라어, 라틴어, 그리고 현대 독일어가 아닌 표현들에 대하여 최선을 다해 번역했지만, 혹시 오류가 발견된다면, 기꺼이 감사하는 마음으로 받아들일 것이다.

정신보다 물질이 강조되는 현대에서 니체 전집 번역을 시도한 책세상에 감사하며, 헬라어 번역에 도움을 주신 김선희 선생님과 윤병열 박사님께 감사한다.

연보

1844년

10월 15일 목사였던 카를 루드비히 니체Carl Ludwig Nietzsche와 이웃 고장 목사의 딸 프란치스카 윌러Franziska Öhler 사이의 첫 아들로 뢰켄에서 태어난다. 1846년 여동생 엘리자베트가, 1848년에는 남동생 요제프가 태어난다. 이듬해 아버지 카를이 사망하고 몇 달 후에는 요제프가 사망한다.

1850년

가족과 함께 나움부르크Naumburg로 이사한다. 그를 평범한 소년으로 교육시키려는 할머니의 뜻에 따라 소년 시민학교Knaben-Bürgerschule에 입학한다. 하지만 학교에 적응하지 못하고 곧 그만둔다.

1851년

칸디다텐 베버Kandidaten Weber라는 사설 교육기관에 들어가 종교, 라틴어, 그리스어 수업을 받는다.

이때 친구 쿠룩의 집에서 처음으로 음악을 알게 되고 어머니에게서 피아노를 선물받아 음악교육을 받기 시작한다.

1853년

돔 김나지움Domgymnasium에 입학한다.

대단한 열성으로 학업에 임했으며 이듬해 이미 작시와 작곡을 시작한다. 할머니가 사망한다.

1858년

14세 때 김나지움 슐포르타Schulpforta에 입학하여 철저한 인문계 중등교육을 받는다. 고전어와 독일문학에서 비상한 재주를 보일 뿐만 아니라, 작시도 하고, 음악서클을 만들어 교회음악을 작곡할 정도로 음악적 관심과 재능도 보인다.

1862년

〈운명과 역사Fatum und Geschichte〉라는 글을 작성한다. 이것은 이후의 사유에 대한 일종의 예견서 같은 역할을 한다. 이 외에도 다양한 문학적 계획을 세운다.

이처럼 그는 이미 소년 시절에 창조적으로 생활한다. 그렇지만 음악에 대한 천부적인 재질, 치밀한 분석능력과 인내를 요하는 고전어에 대한 재능, 그의 문학적 능력 등에도 불구하고 그는 행복하지는 못한 것 같다. 아버지의 부재와 여성들로 이루어진 가정, 이 가정에서의 할머니의 위압적인 중심 역할과 어머니의 불안정한 위치 및 이들의 갈등 관계, 자신의 불안정한 위치의 심적 대체물로 나타난 니체 남매에 대한 어머니의 지나친 보호 본능 등으로 인해 그는 불안스러운 어린 시절을 보내게 되며 이런 환경에서 아버지와 가부장적 권위, 남성상에 대한 동경을 품게 된다.

1864년

슐포르타를 우수한 성적으로 졸업한다. 본Bonn 대학에서 1864/65년 겨울학기에 신학과 고전문헌학 공부를 시작한다.

동료 도이센과 함께 '프랑코니아Frankonia'라는 서클에 가입하며 사교적이고 음악적인 삶을 살게 된다. 한 학기가 지난 후《신약성서》에 대한 문헌학적인 비판적 시각이 형성되면서 신학공부를 포기하려 한다. 이로 인해 어머니와의 첫 갈등을 겪은 후 저명한 문헌학자 리츨F. W. Ritschl의 강의를 수강한다.

1865년

1865/66년 겨울학기에 리츨 교수를 따라 라이프치히로 학교를 옮긴다. 라이프치히에서 니체는 리츨의 지도하에 시작한 고전문헌학 공부와 쇼펜하우어의 발견에 힙입어 학자로서의 삶을 시작하다. 하지만 육체적으로는 아주 어려운 시기를 맞게 된다. 소년 시절에 나타났던 병증들이 악화되고 류머티즘과 격렬한 구토에 시달리며 매독 치료를 받기도 한다. 늦가을에 고서점에서 쇼펜하우어의《의지와 표상으로서의 세계》를 우연히 발견하여 탐독한다. 그의 염세주의 철학에 니체는 한동안 매료되었으며, 이러한 자극 아래 훗날《음악의 정신으로부터의 비극의 탄생Die Geburt der Tragödie aus dem Geist der Musik》(이하《비극의 탄생》)이 씌어진다. 이 시기에 또한 문헌학적 공부에 전념한다.

1866년

로데E. Rhode와 친교를 맺는다. 시인 테오그니스Theognis와 고대 철학사가인 디오게네스 라에르티우스Diogenes Laertius의 자료들에 대한 문헌학적 작업을 시작한다. 디오게네스에 대한 연구와 니체에 대한 리츨의 높은 평가로 인해 문헌학자로서 니체라는 이름이 알려지기 시작한다.

1867년

디오게네스 논문이 《라인문헌학지Rheinische Museum für Philologie(이하

RM)》, XXII에 게재된다. 1월에 아리스토텔레스 저작의 전통에 대해 강연한
다. 호머와 데모크리토스에 대한 연구를 시작하고. 칸트 철학을 접하게 된
다. 이어 나움부르크에서 군대생활을 시작한다.

1868년

여러 편의 고전문헌학적 논평을 쓰고 호머와 헤시오도스에 대한 학위논
문을 구상한다. 이렇게 문헌학적 활동을 활발히 해나가면서도 문헌학이 자
신에게 맞는가에 대한 회의를 계속 품는다. 이로 인해 그리스 문헌학에 관
계되는 교수자격논문을 계획하다가도 때로는 칸트와 관련된 철학박사논
문을 계획하기도 하고(주제: Der Begriff des Organischen seit Kant), 칸트의
판단력 비판과 랑에G. Lange의 《유물론의 역사Geschichte des Materialismus》
를 읽기도 하며, 화학으로 전공을 바꿀 생각도 잠시 해보았다. 이 다양한 논
문 계획들은 1869년 초에 박사학위나 교수자격논문 없이도 바젤의 고전문
헌학 교수직을 얻을 수 있다는 리츨의 말을 듣고 중단된다. 3월에는 말에서
떨어져 가슴에 심한 부상을 입고 10월에 제대한 후 라이프치히로 돌아간
다. 11월 8일 동양학자인 브로크하우스H. Brockhaus의 집에서 바그너를 처음
만난다. 그와 함께 쇼펜하우어와 독일의 현대철학 그리고 오페라의 미래에
대해 의견을 나눈다. 이때 만난 바그너는 니체에게 깊은 인상을 심어준다.
이 시기에 나타나는 니체의 첫번째 철학적 작품이 〈목적론에 관하여Zur
Teleologie〉이다.

1869년

4월 바젤Basel 대학 고전어와 고전문학의 원외교수로 위촉된다. 이 교수
직은 함부르크 대학으로 자리를 옮긴 키슬링A. Kiessling의 후임자리로, 그

가 이후 독일 문헌학계를 이끌어갈 선두적 인물이 될 것이라는 리츨의 적극적인 천거로 초빙되었다. 5월 17일 트립센에 머물던 바그너를 처음 방문하고 이때부터 그를 자주 트립센에 머물게 한다. RM에 발표된 그의 논문과 디오게네스 라테리우스의 자료들에 대한 연구를 인정받아 라이프치히 대학으로부터 박사학위를 받는다. 부르크하르트Jacob Burckhardt를 존경하여 그와 교분을 맺는다. 스위스 국적을 신청하지 않은 채 프로이센 국적을 포기한다.

1870년

1월과 2월에 그리스인의 악극 및 소크라테스와 비극에 대한 강연을 한다. 오버베크F. Overbeck를 알게 되고 4월에는 정교수가 된다. 7월에는 독불전쟁에 자원 의무병으로 참가하지만 이질과 디프테리아에 걸려 10월에 다시 바젤로 돌아간다.

1871년

〈Certamen quod dicitur Homeri et Hesiodi〉를 완성하고, 새로운 RM(1842~1869)의 색인을 작성한다. 2월에는《비극의 탄생》의 집필을 끝낸다.

1872년

첫 철학적 저서《비극의 탄생》이 출판된다. 그리스 비극 작품의 탄생과 그 몰락에 대해서 쓰고 있는 이 작품은 바그너의 기념비적인 문화정치를 위한 프로그램적 작품이라고 여겨지기도 하지만 니체의 독창적이고도 철학적인 초기 사유를 제시하고 있다고 평가받는다. 그렇지만 이 시기의 유고글들을 보면 그가 얼마나 문헌학적 문제와 문헌학에 대한 근본적인 비판에 전념하고 있는지를 알 수 있다.

《비극의 탄생》에 대한 학계의 혹평으로 상심한 후 1876년 바그너의 이념을 전파시키는 데 전념할 생각으로 바이로이트 축제를 기획하고 5월에는 준비를 위해 바이로이트로 간다.

1873년

다비드 슈트라우스에 대한 첫번째 저작 《반시대적 고찰*Unzeitgemäse Betrachtungen : David Strauss, der Bekenner und der Schriftsteller*》이 발간된다. 원래 이 책은 10~13개의 논문들을 포함할 예정이었지만, 실제로는 4개의 주제들로 구성된다. 다비드 슈트라우스에 대한 1권, 삶에 있어서 역사가 지니는 유용함과 단점에 관한 2권, 교육자로서의 쇼펜하우어를 다룬 3권은 원래의 의도인 독일인들에 대한 경고에 충실하고, 바그너와의 문제를 다룬 4권에서는 바그너에 대한 긍정적 평가가 행해진다. 여기서 철학은 진정한 삶을 가능하게 하는 예술의 예비절차 역할을 하며, 다양한 삶의 현상들은 문화 안에서 미적 통일을 이루는 것으로 제시된다. 이러한 시도는 반 년 후에 쓰이는 두 번째의 《반시대적 고찰》에서 이루어진다.

1872년 초에 이미 바이로이트에 있던 바그너는 이 저술에 옹호적이기는 했지만, 양자의 관계는 점점 냉냉해진다. 이때 니체 자신의 관심은 쇼펜하우어에서 볼테르로 옮겨간다. 이 시기에 구토를 동반한 편두통이 심해지면서 육체적 고통에 시달린다.

1874년

《비극의 탄생》 2판과 《반시대적 고찰》의 2, 3권이 출간된다. 소크라테스 이전 사상가에 대한 니체의 1873년의 강의를 들었던 레P. Ree와의 긴밀한 관계가 형성되기 시작한다. 10월에 출간된 세 번째의《반시대적 고찰》인 '교육자로서의 쇼펜하우어Schopenhauer als Erzieher'에서는 니체가 바그너와 냉정한 거리를 유지한다는 사실이 드러난다.

1875년

《반시대적 고찰》의 4권인《바이로이트의 바그너*Richard Wagner in Bayreuth*》(1876년에 비로소 출간된)는 겉으로는 바그너를 위대한 개인으로 형상화시키지만, 그 행간에는 니체 자신의 청년기적 숭배를 그 스스로 이미 오래 전에 멀리해버린 일종의 기념물쯤으로 생각하고 있다는 사실이 숨겨져 있다. 이것이 출판되고 나서 한 달 후, 즉 1876년 8월 바이로이트 축제의 마지막 리허설이 이루어질 때 니체는 그곳에 있었지만, 바그너에 대한 숭배의 분위기를 더 이상 견뎌내지 못하고 축제 도중 바이로이트를 떠난다.

겨울학기가 시작할 때 쾨젤리츠Heinrich Köselitz라는 한 젊은 음악가가 바젤로 찾아와 니체와 오버베크의 강의를 듣는다. 그는 니체의 가장 충실한 학생 중의 하나이자 절친한 교우가 된다. 니체로부터 페터 가스트Peter Gast라는 예명을 받은 그는 니체가 사망한 후 니체의 여동생 엘리자베트와 함께《힘에의 의지》편집본의 편집자가 된다. 이 시기에 니체의 건강은 눈에 띄게 악화되어 10월 초 1년 휴가를 얻어 레와 함께 이탈리아로 요양을 간다. 6월과 7월에 니체는《반시대적 고찰》의 다른 잠언들을 페터 가스트에게 낭독하여 받아 적게 하는데, 이것은 나중에《인간적인 너무나 인간적인*Menschliches, Allzumenschliches*》의 일부가 된다.

1876년

《인간적인 너무나 인간적인》의 원고가 씌어진다. 3월 제네바에 있는 '볼테르의 집'을 방문하고 그의 정신을 잠언에 수록하려고 한다.

1877년

소렌토에서의 강독모임에서 투키디데스, 마태복음, 볼테르, 디드로 등을 읽으며 8월까지 요양차 여행을 한다. 9월에는 바젤로 돌아와 강의를 다시 시작한다. 가스트에게《인간적인 너무나 인간적인》의 내용을 받아 적게 했는데, 이 텍스트는 다음해 5월까지는 비밀로 해달라는 부탁과 함께 12월 3일에 출판사에 보내진다.

1878년

5월 바그너가《인간적인 너무나 인간적인》의 1부를 읽으면서 니체와 바그너 사이의 열정과 갈등, 좌절로 점철되는 관계는 실망으로 끝난다. 12월 말경에《인간적인 너무나 인간적인》의 2부 원고가 완결된다.

《인간적인 너무나 인간적인》의 1부, 2부는 건설의 전 단계인 파괴의 시기로 진입함을 보여주며 따라서 문체상의 새로운 변화를 보인다.

1879년

건강이 악화되어 3월 19일 강의를 중단하고 제네바로 휴양을 떠난다. 5월에는 바젤 대학에 퇴직 희망을 밝힌다. 9월에 나움부르크로 오기까지 비젠Wiesen과 모리츠St. Moritz에서 머무르며,《인간적인 너무나 인간적인》의 2부 중 한 부분인《혼합된 의견 및 격언들Vermischte Meinungen und Sprüche》을 발간한다. 모리츠에서 지내는 여름 동안 2부의 다른 부분인《방랑자와 그의 그림자Der Wanderer und sein Schatten》가 씌어지고 1880년에 발간된다.

1880년

1월에 이미《아침놀Morgenröthe》을 위한 노트들을 만들고 있었으며, 이 시기에 특히 도덕문제에 대한 독서를 집중적으로 한다. 가스트와 함께 3월에 베네치아로 간 후 여러 곳을 전전하여 11월에는 제노바로 간다.

1881년

다른 작품들과 마찬가지로《아침놀》의 원고들이 가스트에 의해 옮겨 적혀 7월 1일에 출간된다. 7월 초 처음으로 실스 마리아Sils-Maria로 간다. 그곳의 한 산책길에서 영원회귀에 대한 구상이 떠올랐다는 이야기는 유명하다. 10월 1일 제노바로 다시 돌아간다. 건강 상태, 특히 시력이 더욱 악화된다. 11월 27일 처음으로 비제의 〈카르멘〉을 보고 감격한다.《아침놀》에서 제시되는 힘의 느낌은 나중에 구체화되는《힘에의 의지》를 준비하는 단계이다.

1882년

《아침놀》에 이어 1월에 가스트에게 첫 3부를 보내다. 이것들은 4부와 함께 8월 말에《즐거운 학문Die fröhliche Wissenschaft》이라는 제목으로 출판된다. 3월 말에는 제노바를 떠나 메시나Messina로 배 여행을 하며 그곳에서 4월 20일까지 머무른다. 〈메시나에서의 전원시Idyllen aus Messina〉에 대한 소묘들은 이 여행 며칠 전에 구상되었다. 이것은 니체가 잠언적인 작품 외에 유일하게 발표한 시가로서《인터나치오날레 모나츠슈리프트Internationale Monatsschrift》5월호에 실린다(267~275쪽). 4월 24일에 메시나를 떠나 로마로 가고 모이센부르크의 집에서 살로메를 소개받는다. 5월 중순에는 타우텐부르크에서 여동생과 살로메와 함께 지낸다. 27일 살로메가 떠난 뒤 나움부르크로 되돌아오고, 10월에 라이프치히에서 살로메와 마지막으로 만난 후 11월 중순부터 제노바를 거쳐 이탈리아의 여러 곳을 전전하면서《차라투스트라는 이렇게 말했다》의 첫 부분을 구상하기 시작한다.

지속적인 휴양 여행, 알프스의 신선한 공기나 이탈리아나 프랑스의 온화한 기후도 육체적인 고통을 덜어주지는 못한다. 아주 한정된 사람들과 교제를 했고, 특히 이 교제방식이 살로메와의 만남으로 인해 변화의 조짐을 보이지만, 그는 다시 고독한 삶의 방식으로 되돌아갈 수밖에 없었다.

1883년

《차라투스트라는 이렇게 말했다》의 1부가 씌어진 후 아주 빠른 속도로 3부까지 씌어진다.

1884년

1월에《차라투스트라는 이렇게 말했다》의 4부를 완성한다.

건강은 비교적 호전되었고, 정신적인 고조를 경험하면서 그의 사유는 정점에 올라 있었다. 그러나 이 시기에 여동생 및 어머니와의 화해와 다툼이 지속된다. 여동생이 푀르스터B. Förster라는, 반유대주의자이자 바그너 숭배자이며, 파라과이에 종족주의적 원칙에 의한 독일 식민지를 세우려는 계획을 갖고 있던 자와 약혼을 결정하면서, 가까스로 회복된 여동생과의 불화는 다시 심화된다.

1885년

《차라투스트라는 이렇게 말했다》의 4부를 출판할 출판업자를 찾지 못하여 이 책을 자비로 출판한다. 5월 22일 여동생이 결혼하지만 결혼식에 참석하지 않는다. 6월 7일부터 9월까지 실스 마리아에서 지내고, 그 후 나움부르크, 뮌헨, 플로렌츠를 경유하여 11월 11일 니차로 온다. 실스 마리아에서 여름을 보내면서《힘에의 의지》라는 책을 쓸 것을 구상한다. 저술 제목으로서 '힘에의 의지'는 1885년 8월의 노트에 처음으로 등장한다. 이후에 따르는 노트들에는 힘에의 의지라는 제목으로 체계적이고 일반적인 내용을 서술하겠다는 구상들이 등장한다. 이 구상은 여러 번의 변동을 거치다가 결국에는 니체 자신에 의해 1888년 8월에 포기된다.

1886년

《선악의 저편*Jenseits von Gut und Böse*》역시 자비로 8월 초에 출판한다. 이전의 작품들을 다시 발간하는 데 관심을 가지고 이전의 작품들에 대한 새로운 서문을 쓰기 시작한다.《인간적인 너무나 인간적인》의 서문,《비극의 탄생》을 위한〈자기비판의 시도Versuch einer Selbstkritik〉라는 서문,《아침놀》과《즐거운 학문》의 서문들이 이때 씌어졌다.

1887년

악화된 그의 건강은 6월에 살로메의 결혼소식을 접하면서 우울증이 겹쳐 심각해진다. 이런 상태에도 불구하고 그의 의식은 명료했다.

1887년

6월에《아침놀》과《즐거운 학문》,《차라투스트라는 이렇게 말했다》의 재판이 출간된다. 6월 12일 이후 실스 마리아에서《도덕의 계보*Zur Genealogie der Moral*》를 집필하며 11월에 자비출판한다.

1888년

4월 2일까지 니차에 머무르면서 '모든 가치의 전도'에 대한 책을 구상하고 이 책의 일부를 《안티크리스트*Der Antichrist*》란 제목으로 출판한다. 7월에는 《바그너의 경우*Der Fall Wagner*》를 출판사로 보낸다. 6월에 투린을 떠나 실스 마리아에서 《우상의 황혼*Götzen-Dämmerung*》을 쓴다. 투린으로 다시 돌아가 《이 사람을 보라*Ecce Homo*》를 11월 4일에 끝내고 12월에 출판사로 보낸다. 그 사이 《바그너의 경우》가 출판된다. 《디오니소스 송가*Dionysos-Dithyramben*》를 포함한 이 시기에 씌어진 모든 것이 인쇄를 위해 보내진다.

1887~88년이라는 그의 지적 활동의 마지막 시기의 유고글에서도 니체는 여전히 자신을 실현시키고자 하는 강한 저술적 의도를 보인다. 그렇지만 그는 파괴와 건설작업에서 그가 사용했던 모든 도구들이 더 이상은 쓸모없다는 생각을 한다.

1889년

1월 3일(혹은 1월 7일) 카를로 알베르토 광장에서 졸도하면서 심각한 정신이상 신호가 나타나기 시작한다. 오버벡은 니체를 바젤로 데리고 가서 정신병원에 입원시킨다. 1월 17일 어머니에 의해 예나 대학 정신병원으로 옮겨진다. 《우상의 황혼》, 《니체 대 바그너*Nietzsche contra Wagner*》, 《이 사람을 보라》가 출판된다.

1890년

3월 24일 병원을 떠나 어머니 옆에서 머무르다가 5월 13일 나움부르크로 돌아오다.

1897년

4월 20일 어머니가 71세의 나이로 사망하고 여동생을 따라 바이마르로 거처를 옮긴다. 1892년 가스트는 니체 전집의 편찬에 들어가고, 같은해 가을에 차라투스트라의 4부가 처음으로 한 권으로 출판된다. 1894년 초에 여동생은 가스트의 전집을 중지할 것을 종용하고, 니체 전집의 편찬을 담당할 니체 문서보관소Nietzsche Archiv를 설립한다.

1900년

8월 25일 정오경 사망.

■ 옮긴이 최상욱

연세대학교 독어독문학과를 졸업하고 독일 프라이부르크 대학교에서 논문 〈Sein und Sinn: Die Hermeneutik des Seins hinsichtlich des Und-Zusammenhangs〉으로 철학박사 학위를 취득했다. 현재 강남대학교 종교철학과 교수로 재직 중이며, 〈하이데거의 인간론〉, 〈하이데거 철학에 있어서의 신의 의미〉, 〈하이데거의 언어론〉 등 하이데거에 관한 여러 편의 논문을 썼다. 역서로는《셸링》등이 있다.

니체전집 4(KGW III3) 유고(1869년 가을~1872년 가을)

초판 1쇄 발행 2000년 8월 20일
초판 6쇄 발행 2025년 1월 20일

지은이 프리드리히 니체
옮긴이 최상욱

펴낸이 김준성
펴낸곳 책세상
등록 1975. 5. 21. 제2017-000226
주소 서울시 마포구 월드컵로23길 38, 2층(04011)
전화 02-704-1250(영업) 02-3273-1334(편집)
팩스 02-719-1258
이메일 editor@chaeksesang.com
광고 제휴 문의 creator@chaeksesang.com
홈페이지 chaeksesang.com
페이스북 /chaeksesang 트위터 @chaeksesang
인스타그램 @chaeksesang 네이버포스트 bkworldpub

ISBN 978-89-7013-240-2 04160
    978-89-7013-542-7 (세트)

* 잘못되거나 파손된 책은 구입하신 서점에서 교환해드립니다.
* 책값은 뒤표지에 있습니다.